Materieller und prozessualer Rechtsschutz gegen sexuelle Belästigung am Arbeitsplatz in der USA, Europa und Deutschland

Recht der Arbeit und der sozialen Sicherheit

Herausgegeben von Wolfgang Däubler, Hagen Lichtenberg,
Ursula Rust, Roderich Wahsner

Band 19

PETER LANG
Frankfurt am Main · Berlin · Bern · Bruxelles · New York · Oxford · Wien

Alexandra Nöth

Materieller und prozessualer Rechtsschutz gegen sexuelle Belästigung am Arbeitsplatz in den USA, Europa und Deutschland

PETER LANG
Europäischer Verlag der Wissenschaften

Bibliografische Information Der Deutschen Bibliothek
Die Deutsche Bibliothek verzeichnet diese Publikation in der Deutschen Nationalbibliografie; detaillierte bibliografische Daten sind im Internet über <http://dnb.ddb.de> abrufbar.

Zugl.: Bremen, Univ., Diss., 2002

D 46
ISSN 0178-4285
ISBN 3-631-39474-8

www.peterlang.de

Für

meine Eltern

Holger

Lukas, Niels und Konstantin

Vorwort

Die Arbeit ist im Wintersemester 2001/2003 von der Rechtswissenschaftlichen Fakultät der Universität Bremen als Dissertation angenommen worden. Das Manuskript wurde im September 2001 abgeschlossen, die Änderungen durch die Schuldrechtsreform sowie die Schadensersatzreform wurden berücksichtigt. Ebenso wurde die Richtlinie 2002/73 EG eingearbeitet.

Ganz herzlich danken möchte ich meiner Doktormutter Frau Prof. Dr. Ursula Rust, die die Dissertation mit wertvollen Anregungen und großer Geduld begleitet hat. Mein Dank gilt auch Frau Dr. Konstanze Plett für die Erstellung des Zweitgutachtens.

Ohne die Unterstützung durch meine Familie wäre die Arbeit nicht möglich gewesen. Ihnen gilt meine besondere Dankbarkeit.

Das Praktikum in der Rechtsabteilung des District Office der Equal Employment Opportunity Commission in St. Louis, Mo. und die dortigen Mitarbeiter haben mich erstmals mit der rechtlichen Problematik der sexuellen Belästigung am Arbeitsplatz vertraut gemacht und mir Einblicke in das amerikanische Rechtssystem gewährt. Auch ihnen gilt mein Dank. Bedanken möchte ich mich weiter bei State Senator John Loudon und seiner Frau Dr. Gina Gentry-Loudon, die mich während dieser Zeit großzügig bei sich zu Hause aufgenommen haben und stets zur Diskussion bereit gewesen sind.

Einleitung ... 19

A **Rechtliche Behandlung von sexueller Belästigung im Recht der USA** ... 24
1 Title VII als Zentralnorm des Bundesrechts ... 24
1.1 Ansprüche gegen den Belästiger selbst ... 24
1.2 Schutzmöglichkeiten des zu Unrecht beschuldigten Belästigers ... 25
1.3 Ansprüche aus anderen Rechtsnormen gegen den Arbeitgeber ... 25
1.3.1 Sexuelle Belästigung unter dem Gesichtspunkt des Deliktsrechts ... 25
1.3.2 Weitere Anspruchsgrundlagen gegen den Arbeitgeber ... 27
2 Die Ausgestaltung durch Fallrecht (Case Law) ... 27
2.1 Gerichtsaufbau der Bundesgerichte ... 28
2.2 Die Bedeutung von Präzedenz und Stare Decisis im amerikanischen Zivilprozess ... 30
2.3 Concurring und Dissenting Opinions im Urteil ... 32
2.4 Die besondere Rolle des US Supreme Court ... 33
2.4.1 Die Bedeutung der Richterauswahl auf die Rechtsfortbildung ... 35
2.4.2 Zugang zum US Supreme Court ... 37
2.5 Gesetzesauslegungstechnik in den USA ... 38
3 Die Employment-at-will-Doktrin im amerikanischen Arbeitsrecht und Diskriminierungsschutz ... 39

B **Materielle Standards** ... 42
1 Die Quid-pro-Quo-Belästigungs-Fälle ... 42
1.1 Quid pro Quo ist keine Diskriminierung auf Grund des Geschlechts – die ältere Ansicht ... 43
1.2 Quid pro Quo ist eine Diskriminierung auf Grund des Geschlechts – die neuere Ansicht ... 44
1.2.1 Williams v. Saxbe ... 44
1.2.2 Barnes v. Costle ... 44
1.3 Haftung des Arbeitgebers für belästigendes Verhalten eines Vorgesetzten ... 46

2 Richtlinien der EEOC zur sexuellen Belästigung am Arbeitsplatz 48
2.1 Organisationsstruktur und Aufgaben der EEOC 49
2.2 Richtlinien der EEOC 51
2.2.1 Definition von sexueller Belästigung 51
2.2.2 Haftung des Arbeitgebers bis 1998 52
2.2.3 Präventionsmaßnahmen des Arbeitgebers 53
3 Hostile Work Environment – Die Entscheidung des US Supreme Court in Meritor Savings Bank v. Vinson 1986 54
3.1 Sachverhalt 54
3.2 Hostile Work Environment 55
3.3 Erfordernis von schwerwiegender und durchdringender Belästigung 56
3.4 Unwillkommenheit anstelle von Freiwilligkeit 57
3.4.1 Zweistufiger Test der Unwillkommenheit 59
3.5 Haftung des Arbeitgebers nach dem Recht der Stellvertretung 62
3.5.1 Das Restatement of Torts des Common Law 63
3.5.2 Scope of Employment (§ 219 (1)) 64
3.5.3 Haftung des Arbeitgebers bei eigenem Vorsatz (§ 219 (2) (a)) 65
3.5.4 Haftung des Arbeitgebers bei Fahrlässigkeit oder Leichtsinnigkeit (§ 219 (2) (b)) 65
3.5.5 Haftung nach der Apparant-Authority-Theorie (§ 219 (2) (d)) 67
3.5.6 Haftung nach dem Aided in the Agency Relation Standard (§ 219 (2) (d)) 68
3.6 Rechtsunsicherheit durch unterschiedliche Anwendung der Stellvertretungsregeln durch die Bundesgerichte 70
3.7 Betonung des Präventionsgedankens 70
3.8 Strategien zur Vermeidung von sexueller Belästigung 71
4 Arbeitgeberhaftung für belästigendes Verhalten von Kollegen und Kunden 72
4.1 Belästigung durch Kollegen 73
4.2 Belästigung durch Kunden oder andere Betriebsfremde 74
4.2.1 Assumption of Risk Theory 75
4.2.2 Kritik an der Theorie 76
5 Die Entscheidung des US Supreme Court in Harris v. Forklift 1993 77
5.1 Sachverhalt 77
5.2 Die Entscheidung des Distriktgerichts und des Appellationsgerichts 78

5.2.1 Die Ansicht in Rabidue v. Osceola Refining Co. 78
5.2.2 Die Ansicht in Ellison v. Brady 79
5.2.3 Kritik an den Perspektiven 80
5.3 US Supreme Court: Kein Nachweis eines psychischen Schadens notwendig 81
5.4 Etablierung des Reasonable Person Standards durch den US Supreme Court 82
5.5 Versuch eines Respectful Person Standard 84
6 Die Entscheidungen des US Supreme Court in Burlington Industries, Inc. v. Ellerth und Faragher v. City of Boca Raton 1998 86
6.1 Der Sachverhalt in Industries Burlington, Inc. v. Ellerth 87
6.1.1 Die Bewertung durch die Untergerichte 88
6.2 Der Sachverhalt in Faragher v. City of Boca Raton 88
6.2.1 Die Bewertung durch die Untergerichte 89
6.3 Die Entscheidung des US Supreme Court 89
6.3.1 Keine notwendige Trennung zwischen Quid-pro-Quo- und Hostile-Work-Environment-Belästigung 89
6.3.2 Klarstellung der Arbeitgeberhaftung und Stare Decisis 90
6.3.2.1 Anwendbarkeit der Aided-in-the-Agency-Relation- Doktrin 92
6.3.2.2 Vicarious Liability 93
6.3.2.3 Exkulpation bei Fehlen von spürbaren Maßnahmen 94
6.3.2.4 Avoidable-Consequences-Doktrin 95
6.4 Abweichende Meinungen von Richter Thomas und Richter Scalia 95
6.5 Die EEOC passt ihre Interpretation der Arbeitgeberhaftung bei belästigendem Verhalten von Vorgesetzten an 96
7 Weitere Arten der sexuellen Belästigung am Arbeitsplatz 97
7.1 Belästigung auf Grund der Zugehörigkeit zur Gruppe der Frauen 97
7.2 Gleichgeschlechtliche Belästigung 98
7.2.1 Oncale v. Sundowner Offshore Services, Inc. 100
8 Sexuelle Belästigung am Arbeitsplatz kontra Redefreiheit des 1st Amendment 101
9 Darlegungs- und Beweislast im Sexual-Harassment-Verfahren 103
9.1 Prima-facie-Beweis des Opfers 104
9.2 Verteidigungsmöglichkeiten des Arbeitgebers 105
9.2.1 Belästiger war kein Stellvertreter (Agent) 106

9.2.2 Das Verhalten war willkommen ... 106
9.2.3 Der Vorgesetzte hatte andere Gründe für die Maßnahme ... 107
9.2.4 Redefreiheit ... 107
9.2.5 Arbeitgeber verfügt über effektiven Beschwerdeweg und sanktioniert belästigendes Verhalten ... 108
9.2.6 Opfer hat ohne vernünftigen Grund die interne Beschwerdemöglichkeit nicht in Anspruch genommen ... 110

C Rechtsfolgen und Sonderbestimmungen des Civil Rights Act ... 111
1 Möglicher Schadensersatz gemäß Title VII des Civil Rights Act von 1964 und 1991 ... 111
1.1 Schadensersatzmöglichkeiten nach dem Civil Rights Act von 1964 ... 111
1.2 Compensatory und Punitive Damages nach dem Civil Rights Act von 1991 ... 113
2 Geschworenenprozess (Jury Trial) ... 115
3 Auswirkungen des Civil Rights Act von 1991 ... 116
4 Anwaltsgebühren ... 117
5 Versicherungen ... 117
6 Zwischenergebnis ... 118

D Prozessuale Besonderheiten im Recht der USA ... 119
1 Zwingende Vorschaltung des EEOC-Verfahrens ... 119
1.1 Politische Ziele der EEOC in den 90-er Jahren ... 119
1.2 Gang eines typischen Verfahrens bei der EEOC ... 121
1.3 Effektivität der EEOC in Fällen der sexuellen Belästigung am Arbeitplatz ... 124
1.4 Rückgriff auf Datensammlungen ... 125
1.5 Allgemeine Effektivität der Bundesbehörde ... 126
1.5.1 Dauer des Verfahrens und Statistik zum Beendigungsgrund ... 126
1.5.2 Vergleich mit den Ergebnissen der privaten Prozesse ... 127
1.6 Zwischenergebnis ... 128
2 Alternative Streitbeilegung (ADR) ... 129
2.1 Private Richter ... 131
2.2 Schiedsgerichtsbarkeit (Arbitration) ... 132
2.2.1 Zulässigkeit von Schiedsvereinbarungen in Title-VII-Fällen ... 133
2.2.2 Die EEOC lehnt obligatorische Schiedsklauseln ab ... 136
2.2.3 Haltung der Untergerichte zu obligatorischen Schiedsklauseln ... 136

2.2.4 Bedeutung der Schiedsverfahren für Fälle sexueller Belästigung 137
2.3 Mediation 138
3 Vergleich (Settlement) 139
3.1 Geschlossene Vergleiche der EEOC in Fällen sexueller Belästigung 140
4 Besondere Prozessregeln 142
4.1 Verhaltensmuster und Charakter 142
4.2 Rape Shield Rule 412 145
4.3 Zwingende psychologische Begutachtung 147
5 Beweisermittlung im Pre-Trial-Discovery-Verfahren 148
5.1 Die Rolle des Richters im Discovery-Verfahren 151
5.2 Die Rolle der Anwälte und der Parteien im Discovery-Verfahren 152
5.2.1 „Freundliche Zeugen" und „Coaching the Witness" 153
5.3 Reformbestrebungen im Discovery-Verfahren 154
5.4 Maßnahmen der Discovery 157
5.4.1 Requests for the Production of Documents (Urkundenvorlage) 157
5.4.2 Mündliche Aussage von Zeugen (Depositions) 159
5.4.3 Schriftliche Zeugenbefragungen (Interrogatories) 160
5.4.4 Körperliche und mentale Untersuchung von Personen 161
5.4.5 Schutzanordnungen (Protective Orders) durch das Gericht 163
6 Auswirkungen auf den multinationalen Konzern 164
6.1 Zustellung im Ausland 165
6.2 Zustellung an Tochtergesellschaften in den USA 166
6.3 Gerichtszuständigkeit in den USA 167
6.4 Die Pre-Trial Discovery im Ausland 168
6.5 Vollstreckbarkeit amerikanischer Punitive-Damages- Urteile in Deutschland (Exequatur) 170
6.6 Der Justizkonflikt zwischen Deutschland und den USA 173
7 Class Action als Instrumente der Veränderung 174
7.1 Class Actions im Anti-Diskriminierungsrecht 175
7.2 Die allgemeinen Erfordernisse von FRCP 23 (a) 176
7.3 Zusätzliche Zugehörigkeit zu einer der Fallgruppen in FRCP 23 (b) 177
7.4 EEOC-Sammelklagen 178
7.5 Class Actions bei sexueller Belästigung am Arbeitsplatz 179

E	**Extraterritoriale Anwendbarkeit von Title VII**	182
1	Der US Supreme Court lehnt die extraterritoriale Applikation von Title VII ab	182
2	Der Kongress ordnet Extraterritorialität im Civil Rights Act von 1991 an	184
3	Durchsetzung im Ausland	186
4	Anwendung von Title VII auf ausländische Firmen mit Tätigkeit in den USA und FCN-Verträge	187
F	**Die Situation in Europa**	190
1	Einfluss der Europäischen Union auf das deutsche Antidiskriminierungsrecht durch die Instrumente der EU	190
1.1	Richtlinien und die Rechtsprechung des EuGH	190
1.2	Entschließungen und Empfehlungen	191
1.2.1	Entschließung des Europäischen Parlamentes von 1986	192
1.2.2	Entschließung des Rates von 1990	192
1.2.3	Empfehlung der Kommission von 1991 an die Mitgliedstaaten	193
1.2.3.1	Gesellschaftliche Wirklichkeit als Handlungsgrundlage	193
1.2.3.2	Folgen der sexuellen Belästigung am Arbeitsplatz	194
1.2.3.3	Länderbericht der Kommission über die Reaktionen der Mitgliedstaaten	194
1.3	Vorschlag der Kommission zur Änderung der Richtlinie 76/207 EWG	195
1.4	Gemeinsamer Standpunkt des Europäischen Parlamentes und des Rates zur Änderung der Richtlinie 76/207 EWG	197
1.4.1	Sexuelle Belästigung ist Diskriminierung	197
1.4.2	Schadensersatz muss angemessen und abschreckend sein	198
1.4.3	Etablierung einer „Förderungsstelle“ und Verbandsbeteiligung	199
1.5	Änderungsrichtlinie 2002/73 EG	201
1.5.1	Definition der sexuellen Belästigung	201
1.5.1	Schadensersatz	201
1.5.3	Aufgabenbereich der „Förderungsstellen“	202
1.5.4	Umsetzungserfordernis	202
G	**Rechtliche Instrumentarien in Deutschland**	203
1	Das Beschäftigtenschutzgesetz	203
1.1	Ziel und Adressatenkreis des Beschäftigtenschutzgesetzes (BeschSchG)	204

1.2 Schutz vor sexueller Belästigung gemäß § 2 BeschSchG 206
1.2.1 Schutzverpflichtete 206
1.2.2 Arbeitsplatz 207
1.2.3 Vorbeugende Maßnahmen 208
1.2.4 Definition des Begriffes sexuelle Belästigung 210
1.2.4.1 Definition durch die Regelbeispiele in § 2 II S. 2 Nr. 1 und Nr. 2 BeschSchG 210
1.2.4.2 Die Legaldefinition im § 2 II S. 1 BeschSchG 212
1.2.4.3 Der Begriff der Pornographie im § 2 II S. 2 Nr. 2 BeschSchG 216
1.2.4.4 Erkennbare Ablehnung des Verhaltens 218
1.3 Zwischenergebnis 219
1.4 Beschwerderecht der Beschäftigten gemäß § 3 BeschSchG 220
1.4.1 Zuständige Beschwerdestelle gemäß § 3 I und 3 II BeschSchG 220
1.4.2 Kompetenzen der Beschwerdestelle 221
1.4.3 Externe Beschwerdestelle 223
1.5 Sanktionen des Arbeitgebers gemäß § 4 I BeschSchG 223
1.6 Leistungsverweigerungsrechte gemäß § 4 II BeschSchG 226
1.7 Zwischenergebnis 226
2 Handlungsmöglichkeiten gegen den selbst belästigenden Arbeitgeber 227
2.1 Arbeitsvertragliche Fürsorgepflichten 227
2.2 Ansprüche gemäß § 611 a BGB 228
2.2.1 Anwendbarkeit von § 611 a BGB auf sexuelle Belästigung am Arbeitsplatz 229
2.2.2 Das pönale Moment des § 611 a BGB 231
2.3 Ansprüche aus dem Deliktrecht 233
2.3.1 Ansprüche auf Schadensersatz gemäß § 823 II BGB in Verbindung mit einem Schutzgesetz 233
2.3.2 Ansprüche aus § 823 I BGB wegen Persönlichkeitsverletzung 234
2.3.2.1 Bemessungsgrundlage für ein angemessenes Schmerzensgeld 235
3 Haftung des Arbeitgebers für belästigendes Verhalten von Kollegen und Vorgesetzten 237

H Zusammenfassung 238

Glossar 241
Verzeichnis der wichtigsten US-amerikanischen Gerichtsentscheidungen 244
Literaturverzeichnis 245

Abkürzungsverzeichnis

a.A.	anderer Ansicht
AAA	American Arbitration Assossiation
a.a.O.	am angegebenen Ort
Abl.	Amtsblatt
A.B.L.J.	American Business Law Journal
AbbEG	Amtsblatt der Europäischen Gemeinschaften
ADEA	Age Discrimination in Employment Act
ADR	Alternative Dispute Resolution
a.F.	alte Fassung
AG	Amtsgericht
AiB	Arbeitsrecht im Betrieb
A.J.C.L.	American Journal of Comparative Law
Anl.	Anlage
AnwBl.	Anwaltsblatt
ArbG	Arbeitsgericht
ArbGG	Arbeitsgerichtsgesetz
ArbuR	Arbeit und Recht
Ariz.St.L.J.	Arizona State Law Journal
Art.	Artikel
AuA	Arbeit und Arbeitsrecht
Aufl.	Auflage
Az.	Aktenzeichen
BAG	Bundesarbeitsgericht
Baylor L. Rev.	Baylor Law Review
BB	Betriebsberater
BBG	Bundesbeamtengesetz
Berkeley J. Emp. & Lab. L.	Berkeley Journal of Employment and Labor Law
BeschSchG	Gesetz zum Schutz der Beschäftigten vor sexueller Belästigung am Arbeitsplatz
BetrVG	Betriebsverfassungsgesetz
BGB	Bürgerliches Gesetzbuch
BGBl.	Bundesgesetzblatt
BGH	Bundesgerichtshof
BGHZ	Entscheidungen des Bundesgerichtshofs in Zivilsachen

BMA	Bundesministerium für Arbeit
BNA	Bureau of National Affairs
Boston College L.Rev.	Boston College Law Review
BRAGO	Bundesrechtsanwaltsgebührenordnung
BT-Drs.	Bundestagsdrucksache
BverG	Bundesverfassungsgericht
BVerfGE	Entscheidungen des Bundesverfassungsgerichts
bzw.	beziehungsweise
Cal. L. Rev.	California LawReview
Cal. Rptr.	California Reporter
cert.	certiorari
cert. den.	certiorari denied
CFR.	Code of Federal Regulations
Cir.	Circuit
Co.	Company
Colum. J. Gender & L.	Columbia Journal of Gender and Law
Colum. L. Rev.	Columbia Law Review
Cong.	Congress
Conn. L. Rev.	Connecticut Law Review
Corp.	Corporation
Cornell Int'l. L. J.	Cornell International Law Journal
CRA	Civil Rights Act
Creighton L. Rev.	Creighton Law Review
DAJV	Deutsch-Amerikanische Juristenvereinigung
D.	District
DB	Der Betrieb
Dept.	Department
ders.; dies.	derselbe; dieselbe
diss.	dissenting
DLR	Daily Law Report
Duke J. Gender L. & Pol'y	Duke Journal of Gender Law and Policy
Duke L.J.	Duke Law Journal
E.D.	Eastern District
EEOC	Equal Employment Opportunity Commission
EG	Europäische Gemeinschaft
EGBGB	Einführungsgestz zum BGB

Employee Relations L.J.	Employee Relations Law Journal
EP	Europäisches Parlament
EPLI	Employment Practices Liability Insurance
ErfK	Erfurter Kommentar zum Arbeitsrecht
EU	Europäische Union
EuGH	Europäischer Gerichtshof
EuGVÜ	Brüsseler EWG-Übereinkommen über die gerichtliche Zuständigkeit und die Vollstreckung gerichtlicher Entscheidungen in Zivil- und Handelssachen
EuZW	Europäische Zeitschrift für Wirtschaftsrecht
EWGV	Vertrag zur Gründung der Europäischen Wirtschaftsgemeinschaft
f/ff	folgende/fortfolgende
F., F.2d, F.3d	Federal Reporter/Federal Reporter 2nd bzw. 3rd Series
FBI	Federal Bureau of Investigations
FCN Treaties	Verträge über Friendship, Commerce and Navigation
Fed. Reg.	Federal Regulations
Fed. R. Civ. P.	Federal Rule of Civil Procedure
Fed. R. E.	Federal Rule of Evidence
Fla. L. Rev.	Florida Law Rev.
Fn.	Fußnote
Fordham L. Rev.	Fordham Law Review
F. Supp.	Federal Supplement
GG	Grundgesetz für die Bundesrepublik Deutschland
Georgetown L. J.	Georgetown Law Journal
Harvard C. R.-C. L. L. Rev.	Harvard Civil Rights-Civil Liberties Law Review
Harvard J. L. & Pub. Pol'y	Harvard Journal of Law and Public Policy
Harvard L. Rev.	Harvard Law Review
Hastings L. J.	Hastings Law Journal
h. Rspr.	herrschende Rechtsprechung
HzF	Handbuch zur Frauenförderung
Ill. L. Rev.	Illinois Law Review
Inc.	Incorporated
Int'l L. J.	International Law Journal

IPR	Internationales Privatrecht
IPRax	Praxis des Internationalen Privat- und Verfahrensrechts
i.S.	im Sinne
i.V.m.	in Verbindung mit
JA	Juristische Arbeitsblätter
J. Int'l Law	Journal of International Law
J. Corp. L.	Journal of Corporation Law
J. Psychiatry & L.	Journal of Psychiatry and Law
JuS	Juristische Schulung
KJ	Kritische Justiz
KOM	Kommission
KSchG	Kündigungsschutzgesetz
LAG	Landesarbeitsgericht
Lab. L. J.	Labor Law Journal
Lab. Rep.	Labor Report
Law & Soc'y Rev.	Law and Society Review
L. J.	Law Journal
L. Rev.	Law Review
Marquette L. Rev.	Marquette Law Review
M.D.	Middle District
m.w.N.	mit weiteren Nachweisen
N.D.	Northern District
NJW	Neue Juristische Wochenschrift
NJW-RR	Neue Juristische Wochenschrift Rechtsprechungsreport
No.	Number
Notre Dame L. Rev.	Notre Dame Law Review
Nr.	Nummer
N.Y. U. L. Rev.	New York University Law Review
NZA	Neue Zeitschrift für Arbeitsrecht
OHG	Offene Handelsgesellschaft
Ohio St.L.J.	Ohio State Law Journal
OLG	Oberlandesgericht
pVV	positive Vertragsverletzung

RabelsZ	Rabels Zeitschrift für ausländisches und internationales Privatrecht
RdA	Recht der Arbeit
Rdnr.	Randnummer
Rev. Litig.	The Review of Litigation
RIW	Recht der Internationalen Wirtschaft
Rs.	Rechtssache
Rutgers L. Rev.	Rutgers Law Review
s.	siehe
S.	Seite/Seiten, Satz
S. Cal. L. Rev.	Southern California Law Review
SchwbG	Schwerbehindertengesetz
S. Ct.	US Supreme Court/US Supreme Court Reporter
Sec.	Section
Sess.	Session
S. Cal. L. Rev.	Southern California Law Review
S. D.	Southern District
Slg.	Amtliche Sammlung der Entscheidungen des EuGH
slip op.	slip opinion
Stan. L. Rev.	Stanford Law Review
StGB	Strafgesetzbuch
St. Louis U. Pub. L. Rev.	St. Louis University Public Law Review
U.	University
u.a.	und andere
U. Chi. L. Rev.	University of Chicago Law Review
U. Cin. L. Rev.	University of Cincinnati Law Review
UCLA L. Rev.	University of California Los Angeles Law Review
UKlaG	Gesetz über Unterlassungsklagen
U. Pa. L. Rev.	University of Pennsylvania Law Review
U. S.	United States
U. S. C.	United States Code
U. S. F. L. Rev.	University of San Francisco Law Review
UWG	Gesetz gegen den unlauteren Wettbewerb
v.	versus

Vand. L. Rev.	Vanderbilt Law Review
vgl.	Vergleiche
Villanova L. Rev.	Villanova Law Review
Wake Forest L. Rev.	Wake Forest Law Review
W.D.	Western District
Wis. L. Rev.	Wisconsin Law Review
Yale L. J.	Yale Law Journal
ZBR	Zeitschrift für Beamtenrecht
ZfA	Zeitschrift für Arbeitsrecht
ZfRV	Zeitschrift für Rechtsvergleich, Internationales Privatrecht und Europarecht
ZRP	Zeitschrift für Rechtspolitik
ZPO	Zivilprozessordnung
ZVglRWiss.	Zeitschrift für vergleichende Rechtswissenschaft
ZZP	Zeitschrift für Zivilprozess

Einleitung

Sexuelle Belästigung am Arbeitsplatz existiert nicht erst, seitdem die inzwischen weitgehend bekannte Dortmunder Studie von 1991[1] dies positiv auch für Deutschland festgestellt hat. In anderen Ländern besteht schon seit sehr viel längerer Zeit ein ausgeprägtes Problembewusstsein für die Beeinträchtigungen des Arbeitslebens durch sexuelle Belästigung am Arbeitsplatz.

In den USA setzt sich die Wissenschaft seit den 70-er Jahren mit der Problematik auseinander.[2] Doch auch die Rechtsprechung hat sich schon sehr früh des *sexual harassment* angenommen.[3] Der *US Supreme Court* geht davon aus, es sei heutzutage weitgehend bekannt, dass sexuelle Belästigung durch Vorgesetzte und Kollegen ein ständiges Problem am Arbeitsplatz ist.[4] Es wurde bereits 1986 höchstrichterlich durch den *US Supreme Court* in der Entscheidung Meritor Savings Bank v. Vinson[5] klar herausgestellt, dass es sich bei der sexuellen Belästigung von Frauen am Arbeitsplatz um Diskriminierung auf Grund des Geschlechtes handelt und diese daher unter die zentrale Norm des Anti-Diskriminierungsrechts *Title VII* des *Civil Rights Act* von 1964[6] zu subsumieren ist.[7]

In diese Richtung weist die Betrachtung in Deutschland nicht. Hierzulande wird sexuelle Belästigung am Arbeitsplatz vielfach als ein Würdeproblem angesehen.[8] Auch die Europäische Union stellte zunächst auf den Würdebegriff als Anknüpfungskriterium ab. Jetzt wird in einer geplanten, jedoch noch nicht verabschiedeten Richtlinie verdeutlicht, dass es sich bei der sexuellen Belästigung am Arbeitsplatz um eine geschlechtsbedingte Diskriminierung handelt.[9]

---

1 Holzbecher u.a. (1991) (Dortmunder Studie).

2 Vgl. Farley (1978); Mac Kinnon, Sexual Harassment of Working Woman: A Case of Sex Discrimination Westford, Mass. (1979); die Zeitschrift „Redbook" nahm 1976 eine Befragung vor, nach der 88% von 9.000 Frauen angaben, sie hätten sexuelle Belästigung am Arbeitsplatz erfahren.

3 Williams v. Saxbe, 413 F. Supp., 654 (D.D.C. 1976); Williams v. Bell, 587 F. 2d, 1240 (D.C.Cir. 1978).

4 Faragher v. City of Boca Raton, 118 S. Ct., 2275 (1998).

5 Meritor Savings Bank v. Vinson, 106 S. Ct., 2399 (1986).

6 Civil Rights Act of 1964 (Pub. L. 88-352); 42 USC, § 2000 e (Title VII) (im Folgenden CRA).

7 Meritor Savings Bank v. Vinson, 106 S. Ct., 2399 (1986).

8 S. § 1 BeschSchG, nach dem das Ziel des Gesetzes die Wahrung der Würde von Frauen und Männern durch den Schutz vor sexueller Belästigung am Arbeitsplatz ist; s. dazu auch Baer, Würde oder Gleichheit? (1995).

9 Empfehlung der EG-Kommission vom 27. November 1991, Abl. Nr. L 49/4 vom 24. Februar 1992 (92/131/EWG), und Rat der Europäischen Union, Interinstitutionelles Dossier 2000/0142. Inzwischen ist die Richtlinie 2002/73 EG verabschiedet worden, s. Kapitel F 1.4 in dieser Arbeit.

In den USA ist *sexual harassment* ein häufiger Vorwurf, den Frauen in Diskriminierungsklagen vor Gericht oder vor der *Equal Employment Opportunity Commission* (EEOC, amerikanische Gleichstellungsbehörde) in den 90-er Jahren erheben, obwohl gerade in diesem sensiblen Bereich immer noch sehr viele Vorkommnisse weder innerbetrieblich noch der EEOC zur Kenntnis gebracht werden.[10]

Frauen wehren sich gegen anzügliche sexualisierte Arbeitsplatzatmosphären, die ihnen das Arbeiten schwer bis unmöglich machen. Jedoch findet Belästigung auch zu Lasten von Männern durch Frauen sowie zwischen gleichgeschlechtlichen Arbeitnehmern statt. Auch diese Gruppen gehören zu den geschützten Personenkreisen. Die rechtlichen Möglichkeiten, die ihnen dabei in den USA und in Deutschland zur Verfügung stehen, sollen in dieser Arbeit dargestellt werden. Der Schwerpunkt liegt bei der Belästigung von Frauen durch Männer.

Der Vergleich mit den USA wurde gewählt, weil das Land über eine nunmehr fast 30-jährige forensische Erfahrung auf dem Gebiet verfügt, während Deutschland, gemessen am tatsächlichen Aufkommen der sexuellen Belästigung – forensisch gesehen –, eher als Entwicklungsland einzustufen ist.[11]

Es bestehen zwar große Unterschiede in den beiden Rechtssystemen sowie in der Kultur und Tradition beider Länder. Doch dies soll und muss den juristischen Betrachter nicht davon abhalten, einen Blick auf die Handhabung des gleichen Problems in einem anderen Land zu werfen und gegebenenfalls hieraus Lösungsansätze für das eigene Rechtssystem zu entnehmen.[12]

Es ist möglich, dass Anita Hill 1991 durch ihre Aussage vor dem Senatsanhörungsausschuss bezüglich der Ernennung von Clarence Thomas zum US-Supreme-Court-Richter[13] den amerikanischen Arbeitnehmerinnen verstärkt Mut

---

10 Gilbert F. Casellas, EEOC Chairman in einer Rede vor japanischen Managern am 16. Oktober 1996, No. 205 Daily Lab. Rep. (BNA), 6 (23. Oktober 1996).

11 S. auch Herzog (1997), S. 30; Müller, RIW 1998, S. 765; im Ergebnis wohl auch Mästle (2000), S. 97; in jüngerer Vergangenheit nimmt das Problem der Belästigung auch Raum in der Rechtsprechung ein, vgl. ErfK/Schlachter (2001), § 4 BeschSchG, Rn. 1 m.w.N.

12 So auch Baer (1995), S. 18; Schlachter (1993), S. 385; Kuhn, RIW 1997, S. 654, 657; zur Vergleichbarkeit des Arbeitsrechts der USA und Deutschlands allgemein: Seeland, ZVglRWiss. 81, 1982, S. 286.

13 Anita Hill ist eine amerikanische Jura-Professorin, die Mitarbeiterin von Clarence Thomas in seiner Zeit als Chairman der EEOC gewesen ist. In der Senatsanhörung beschuldigte sie ihn der sexuellen Belästigung am Arbeitsplatz. Sie hatte ihn während der gemeinsamen Tätigkeit niemals angezeigt. Die Vorwürfe wurden von ihr erstmals erhoben, als sie im Rahmen einer Routine-Vorbefragung zur Ernennung von Thomas durch das FBI zu diesem Thema befragt wurde. Vgl. Pollack, 48 Vand. L. Rev., 1011 (1995); Petersen/Massengill, 18 Employee Relations L. J., 489 (1992-93); Monnin, 48 Vand. L. Rev., 1156 (1995), Casellas, S. 8, Fn. 10

machte, sexuelle Belästigung öffentlich zu machen und juristisch zu verfolgen. Es ist auf der anderen Seite auch möglich, dass die im CRA von 1991[14] aufgenommene Möglichkeit, bei sexueller Belästigung *compensatory* und *punitive damages*[15] geltend zu machen, die Klagebereitschaft vergrößerte.[16] Sicher ist jedoch, dass sexuelle Belästigung am Arbeitsplatz ein wichtiges und ernst genommenes Thema in Gesellschaft und Judikatur der USA geworden ist.[17]
1998 hat der Problembereich der sexuellen Belästigung am Arbeitsplatz einen unerwarteten Bekanntheitsgrad in den USA und international erreicht, weil der damalige amtierende Präsident der Vereinigten Staaten, William J. Clinton, sich in einem Zivilverfahren gegen den Vorwurf der sexuellen Belästigung und der damit verbundenen Forderung der Zahlung von 700.000 US-$ an die ehemalige Staatsangestellte Paula Corbin Jones verteidigen musste und man sich im Vergleichswege auf die Zahlung von 850.000 Dollar gegen Rücknahme der Klage durch Jones geeinigt hatte.[18]
Hier war es zwar nicht der Fall Paula Jones, der die meisten Schlagzeilen machte, sondern die daraus resultierende Lewinsky-Affäre,[19] die fast zur Amtsenthebung des Präsidenten führte.

---

14 Civil Rights Act of 1991 (Pub. L. No. 102-166), in Kraft getreten am 21. November 1991.

15 zivilrechtlicher Strafschadensersatz

16 Von 1989 bis 1993 sind die Beschwerden, die bei der EEOC wegen sexueller Belästigung eingegangen sind, um 112% von 5.623 im Jahr 1989 auf 11.908 im Jahre 1993 angestiegen, s. Monnin, 48 Vand. L. Rev., 1157, Fn. 6 (1995), und Study finds Sexual Harassment Awards from EEOC Doubled from 1992-1993, Daily Lab. Rep. (BNA) No. 100, D-9 (26. Mai 1994), Casellas, S. 8, Fn. 10, verzeichnet für die EEOC einen Anstieg zwischen 1991 und 1995 um 300% von 3.300 auf 9.100.

17 S. weiter Abrams, 42 Vand. L. Rev., 1205 f. (1989); Estrich in: Stan, 79 (1995); Segrave (1994), der in seinem Buch detailliert sexuelle Belästigung in den verschiedenen Arbeitsbranchen vom Blue-Collar-Worker über das Militär bis in die Politik beschreibt.

18 S. Jay Branegan: Clinton's Tormentor finally settles, in: Time, November 23, 1998, S. 50; der *US Supreme Court* hatte angeordnet, dass sich Präsident Clinton sich nicht auf Immunität auf Grund seines Präsidentenamtes berufen könne, weil die Verfassung den Präsidenten nicht vor Klagen schütze, die mit seinem Verhalten vor seinem Amtsantritt tu tun hätten (s. FAZ vom 28. Mai 1997, S. 2). Nur für die Dauer des Wahlkampfes im Jahre 1996 wurde Immunität und damit das Ruhen des Verfahrens angeordnet (72 F. 3d, 1354 (1996).

19 Sonderermittler Kenneth Starr hatte Monica Lewinsky vor der Grand Jury über eine angebliche Affäre mit dem Präsidenten während ihrer Zeit als Praktikantin im Weißen Haus unter Eid befragt. Ebenfalls unter Eid wurde der Präsident dazu befragt. Beide stritten zunächst eine sexuelle Affäre miteinander ab, mussten dann aber ein „unangemessenes Verhältnis" einräumen. Dies führte zu einem Sonderbericht, in dem der Präsident von Kenneth Starr des Meineides, der Zeugenbeeinflussung sowie der Behinderung der Justiz beschuldigt wurde. Der Rechtsausschuss des Kongresses musste sich daraufhin mit der möglichen Einleitung eines Amtsenthebungsverfahrens (*Impeach-*

Dass es im Zuge des Jones-Verfahrens überhaupt zur Lewinsky-Affäre kam, ist auf eine Besonderheit des US-amerikanischen Zivilprozesssystems, dem Pre-Trial-Discovery-Verfahren zurückzuführen. Darauf und auf die 1998 vom *US Supreme Court* entschiedenen Fälle wird im Verlauf dieser Arbeit noch detailliert eingegangen werden.
Auch die Existenz der EEOC, die die Einhaltung verschiedener Anti-Diskriminierungsgesetze überwacht und durchsetzt, spielt eine wichtige Rolle, denn in ihr haben die Arbeitnehmerinnen eine kompetente und auch durchsetzungsfähige Ansprechpartnerin, die mit weitreichenden eigenen Befugnissen ausgestattet ist und die Richtlinien zur Behandlung von sexueller Belästigung entwickelt hat, an denen sich die Gerichte orientieren (sollen).[20]
Sexuelle Belästigung im Betrieb ist für die amerikanischen (sowie für die deutschen) Unternehmen aber auch ein enormer Kostenfaktor geworden. Schätzungen zufolge verursacht sexuelle Belästigung am Arbeitsplatz bei einem durchschnittliches „Fortune 500"-Unternehmen in den USA ca. 8 Mio. US-$ pro Jahr an indirekten Kosten, die sich aus Anwaltsgebühren, Vermeidungsstrategien, nicht an die Öffentlichkeit gelangten Vergleichen und Arbeits- und Produktionsausfällen zusammensetzen.[21] Verliert ein Unternehmen einen Schadensersatzprozess vor Gericht, kommen weitere direkte Kosten hinzu, da ein hoher Strafschadensersatz nicht selten ist. Ebenso schwerwiegend wie die enormen Kosten ist für amerikanische Unternehmen der Imageverlust in der Öffentlichkeit.[22]
In Deutschland wird kein vergleichbarer Schadensersatz ausgeurteilt. Ein Schadensersatz nach § 611 a BGB für die geeigneteste Bewerberin soll angemessen sein, für andere Arbeitnehmerinnen ist er begrenzt auf drei Monatsgehälter.[23]
Auch eine schwere Persönlichkeitsrechtsverletzung, die sexuelle Belästigung am Arbeitsplatz gemäß § 823 I BGB darstellen kann, rechtfertigt nach h. Rspr.

---

ment) des Präsidenten befassen (s. Der Spiegel vom 3. August 1998, S. 100 ff, Time vom 17. August 1998, S. 24 ff); zur Öffentlichkeitswirksamkeit dieser Fälle s. auch Mästle (2000), S. 57.

20 45 Fed. Reg. 74, 677 (1980); codified at 29 CFR, § 1604.11 (1993).

21 Ingrassia, in: Newsweek 57, 58 (25. Oktober 1993); nach einer Studie über den Zeitraum von Mai 1985 bis Mai 1987 hatte die Bundesverwaltung (*Federal Government*) Kosten in Höhe von 267 Mio. US-$, die auf sexuelle Belästigung zurückgeführt werden mussten, s. Epstein, 84 Georgetown L. J., 405 (1996), und Weitzman, 6 Duke J. Gender L. & Pol'y, 27 ff.

22 S. Schwarz, RIW 1999, S. 253, der auch auf die Höhe des Schadensersatzes verweist.

23 Der EuGH hatte die frühere nationale Regelung, die für jede Arbeitnehmerin einen auf drei Monatsgehälter begrenzten Schadensersatz vorsah, als unvereinbar mit Art. 119 EGV und der Richtlinie No. 76/207/EEC angesehen: EuGH, Urt. vom 22. April 1997, Slg. 1997, 2212 (Nils Draehmpaehl/Urania Immobilienservice OHG) = DB 1997, S. 983 ff = NJW 1997, 1839 ff, s. auch Schlussantrag des Generalanwaltes P. Léger vom 14. Januar 1997 in Tätigkeiten des Gerichtshofes und des Gerichtes Erster Instanz der EG Nr. 02/97.

lediglich ein Schmerzensgeld, das im ‚Normalfall' der Höhe eines Monatsverdienstes entspricht.[24]
Das 1994 in Kraft getretene Beschäftigtenschutzgesetz, das explizit die sexuelle Belästigung am Arbeitsplatz verhindern soll, sieht in seinem Maßnahmenkatalog in § 4 I BeschSchG, in dem die möglichen Sanktionen des Arbeitgebers geregelt sind, keinen finanziellen Schadensersatz vor.
Weitere Ansprüche aus anderen Normen werden allerdings auch nicht ausgeschlossen. Ob § 611 a BGB neben dem BeschSchG anwendbar ist, ist derzeit noch offen.[25] Ebenfalls offen ist die Entwicklung, die auf Grund der erforderlichen Umsetzung der geplanten Richtlinie der EU in nationales Recht einsetzen wird.
Die Arbeit beginnt mit der ausführlichen Darstellung des US-amerikanischen Rechts in materieller und prozessualer Hinsicht und gibt danach einen Überblick über die rechtlichen Instrumentarien in Europa und Deutschland.
Im amerikanischen Teil soll ein besonderer Schwerpunkt auf die Rechtsprechung gelegt werden, da die Entwicklung des Rechts sehr stark von der Fallrechtsprechung der Gerichte abhängig ist.
Anders als in anderen Arbeiten zu diesem Thema[26] soll beim gesamten Gang der Darstellung immer ein besonderer Blick auf die prozessualen Besonderheiten der amerikanischen Rechtsordnung gerichtet werden. Strafrechtliche Aspekte sollen ganz außer Acht gelassen werden.[27]

---

24 BAG, DB 1989, S. 2281.

25 S. ErfK/Schlachter (2001), § 2 BeschSchG, Rn. 13, und Baer (1995), S. 116.

26 S. zur angemessenen grundrechtlichen Konzeption Baer (1995); sehr ausführlich zu den rechtlichen Grundlagen vor allem im deutschen Bereich Herzog (1997) und Mästle (2000).

27 S. dazu Herzog (1997), S. 90-108; Mästle (2000), S. 83-89; Schäfer/Wolf, ZRP 2001, S. 27 ff.

A Rechtliche Behandlung von sexueller Belästigung im Recht der USA

1 Title VII als Zentralnorm des Bundesrechts

Die zentrale Norm des US-amerikanischen Anti-Diskriminierungsrechtes ist der bereits in der Einleitung erwähnte *Title VII* des CRA von 1964 mit den Zusätzen des CRA von 1991.[28] Bei *Title VII* handelt es sich um ein Bundesgesetz, das somit einheitlich auf dem gesamten Territorium der USA zur Anwendung kommt und vor den Bundesgerichten, den Federal Courts, verhandelt wird.
Title VII ist Bestandteil der Bürgerrechtsgesetze und muss daher in der Tradition der Bürgerrechtsbewegung gesehen werden. *Title VII* hatte zunächst zum Ziel, die Diskriminierung von Schwarzen und anderen Minderheiten im Arbeitsleben zu verhindern. Das Merkmal ‚Geschlecht' als weiteres Tatbestandsmerkmal des Diskriminierungsparagraphen wurde *Title VII* erst kurz vor dessen Verabschiedung im Kongress hinzugefügt und hatte eigentlich den Zweck, das ganze Gesetz ad absurdum zu führen und die Einführung zu verhindern.[29]
Title VII richtet sich an private und öffentliche Arbeitgeber mit mehr als 15 Beschäftigten[30] und besagt: „It shall be an unlawful employment practice for an employer – to fail or refuse to hire or discharge any individual, or otherwise to discriminate against any individual with respect to his compensations, terms, conditions, or privileges of employment, because of such individual's race, color, religion, sex, or national origin."[31]

1.1 Ansprüche gegen den Belästiger selbst

Title VII regelt nur die Ansprüche gegen den Arbeitgeber der betroffenen belästigten Arbeitnehmerin. Arbeitsrechtlichen Schutz gegen den Belästiger selbst gibt es nicht, da das arbeitsrechtliche Diskriminierungsverbot auf ihn keine Anwendung findet. Daher sind Belästigungsopfer, die sich an den Belästiger selbst wenden wollen, auf das allgemeine Deliktrecht angewiesen.[32]

---

28 Paetzold/O'Leary-Kelly, 31 American Business L. J., 365 (1993/94); Seeland, ZVglRWiss. 81, 1982, 300; so auch Mästle (2000), S. 58.

29 Vgl. Kohl, 36 Lab. L. J., 837 (1985); Schlei, N. im Vorwort zu Lindemann/Schlei/Grossman (1994) mit Ausführungen zum politischen Hintergrund bei der Vorbereitung von Title VII.

30 42 USC, Sec. 2000 e.

31 42 USC, Sec. 2000 e-2.

32 Baer (1995), S. 288; Lindemann/Kadue (1992), S. 521; Mästle (2000), S. 75, spricht insofern von einer Stärkung der Rechtsposition des Opfers, als sich neben den Arbeitgeber auch an den Belästiger gewendet werden kann.

Da die Inanspruchnahme des Belästigers selbst durch die Inanspruchnahme des Arbeitgebers gemäß *Title VII* in der Praxis verdrängt wird,[33] wird hier auf eine nähere Darstellung verzichtet.

1.2 Schutzmöglichkeiten des zu Unrecht beschuldigten Belästigers

Obwohl der Schutz des fälschlich beschuldigten Belästigers nicht Gegenstand dieser Arbeit ist, soll darauf hingewiesen werden, dass es auch Verteidigungsmöglichkeiten für den zu Unrecht Beschuldigten gibt. Die Kernpunkte von Klagen angeschuldigter Belästigter basieren auf der Unverhältnismäßigkeit der von Arbeitgebern vorgenommenen Sanktionen sowie des Weiteren auf Diffamierung, die der Arbeitnehmer durch das Verfahren erlitten hat.
Common-Law-Klagen werden dabei auf Vertragsbruch, Verletzung des *ordre public* oder vorsätzliche Zufügung emotionaler Leiden gestützt. Aber auch Belästiger haben sich auf den Schutz der Diskriminierungsgesetze berufen, etwa wenn Angehörige einer anderen Rasse weniger harten Sanktionen bei gleicher Belästigungsintensivität ausgesetzt waren.
Bedienstete des Öffentlichen Dienstes können sich weiter auf die Verletzung der Due-Process-Klausel des fünften Zusatzartikels der amerikanischen Verfassung berufen (Gebot des fairen Verfahrens).[34] Zu den Handlungsmöglichkeiten des zu Unrecht Beschuldigten im deutschen Straf- und Arbeitsrecht nimmt Herzog ausführlich Stellung.[35]

1.3 Ansprüche aus anderen Rechtsnormen gegen den Arbeitgeber

1.3.1 Sexuelle Belästigung unter dem Gesichtspunkt des Deliktsrechts

Theoretisch ist es möglich, Ansprüche nach dem Common-Law-Prinzip des Deliktsrechts gegen den Arbeitgeber geltend zu machen. Hier kämen unter anderem Ansprüche aus tätlicher Bedrohung (*assault*), tätlichem Angriff (*battery*),

---

33 Baer (1995), S. 288.

34 Diese Entwicklung ist verständlich, weil gegen den Belästiger selbst Maßnahmen wie Wiedereinstellung und Lohnnachzahlung nicht zu erreichen sind und er meist auf Grund der wirtschaftlichen Lage auch nicht zur Zahlung von Strafschadensersatz in der Lage wäre. Vgl. Lindemann/Kadue (1992), S. 526-534; Vorwerk, 48 Vand. L. Rev., 1019 ff (1995); Piskorski, 18 Employee Relations L. J., 617 ff (1993); Veidt, 19 Rev., Litig., 71 ff (2000) mit zahlreichen Beispielen aus der Rechtsprechung.

35 Herzog (1997), S. 170-185.

Zufügung von emotionalen Leiden (*infliction of emotional distress*), Verleumdung (*defamation*) und Eingriff in die Privatsphäre (*invasion of privacy*) in Betracht. Bis zur Qualifizierung von sexueller Belästigung als Diskriminierung von Frauen am Arbeitsplatz kam das Deliktrecht als einzige Anspruchsgrundlage in Betracht.[36]

Von Kommentatoren wurde eingewandt, dass sexuelle Diskriminierung am Arbeitsplatz nicht in das traditionelle Deliktsrechtsschema passe.[37] Dieses Manko habe auch nicht durch die richterliche Rechtsfortbildung ausgeräumt werden können, weshalb die Forderung nach Etablierung eines eigenständigen Delikts für sexuelle Belästigung erhoben wurde.[38]

Während *battery* und *assault* auf verbale sexuelle Angriffe noch so schwerwiegender Art nicht anwendbar sind, trifft auf diese Fälle die Rechtsfigur der Zufügung seelischer Qualen zu, die jedoch von einigem Ausmaß sein müssen.

Der Nachteil am Deliktschema ist jedoch die uneinheitliche Behandlung in der Rechtsprechung.

Einige Staaten fordern zur Bejahung des Deliktes ‚Zufügung seelischer Qualen' den Nachweis eines psychischen Schadens. Auch stehen viele *Worker's Compensation Statutes* berufsbezogenen Delikten im Wege. Weiterhin erreichen viele behauptete sexuelle Verhaltensweisen nicht den für *emotional distress* erforderlichen Grad von „verabscheuungswürdig"[39].

Die Inanspruchnahme von Deliktrecht war früher erforderlich, um *compensatory* und *punitive damages* geltend machen zu können und somit den Opfern einen hohen Ersatz ihrer Schäden zusprechen zu können. Dieses rechtliche Hilfsmittel ist jedoch auf Grund des CRA von 1991 obsolet geworden, da diese Schäden nun auch unter *Title VII* kompensiert werden können. Eine eigenständige Bedeutung neben *Title VII* kann die deliktische Anspruchsgrundlage erhalten, wenn über eine solche Anspruchsgrundlage die in *Title VII* enthaltenen Höchstgrenzen (*caps*) umgangen werden können.[40]

---

36 Streseman, 80 Cornell L. Rev., 1279 (1995); Rogers v. Loews L'enfant Plaza Hotel, 526 F. Supp., 523, 534 (1981) hat der Klägerin bei *intentional infliction of emotional distress* wegen sexueller Belästigung am Arbeitsplatz *punitive damages* gewährt; s. generell hierzu auch Drouven (1987), S. 129 f.

37 Streseman, 80 Cornell L. Rev., 1279 (1995), MacKinnon (1979) in: Wall, 144 (1992) („Most broadly considered, tort is conceptually inadequate to the problem of sexual harassment to the extent that it rips injuries to women's sexuality out of the context of women's social circumstances as a whole"), a.A.: Frankel Paul (1991) in: Wall (1992), S. 155, und Minson (1991) in: Wall (1992, S. 160, die der Ansicht sind, dass im Gegenteil *Title VII* nicht auf diese Fälle passe bzw. Deliktrecht als Ergänzung heranzuziehen sei.

38 Schoenheider, 134 U. Pa. L. Rev., 1461 (1986).

39 Streseman, 80 Cornell L. Rev., 1280 (1995), s. zum gesamten Bereich des Deliktrechts Lindemann/Kadue (1993), S. 351 ff.

40 S. Kapitel C 1.2 in dieser Arbeit und Mästle (2000), S. 74 f.

Die Inanspruchnahme deliktischer Normen sowie die Geltendmachung von *punitive damages* nach *Title VII* erfordert in beiden Fällen den Nachweis eines rücksichtslosen, besonders verwerflichen Verhaltens (*severe and outrageous conduct*). Deliktisches Verhalten des belästigenden Arbeitnehmers kann dem Arbeitgeber über die Stellvertreterhaftung zugerechnet werden.[41]

1.3.2 Weitere Anspruchsgrundlagen gegen den Arbeitgeber

Weiterhin gibt es noch Spezialvorschriften für Bedienstete des Öffentlichen Dienstes, die bereits genannten *Worker's Compensation Statutes*, die in den meisten Staaten vorhandenen *Fair Employment Practices Statutes*, die ein gewisses Pendant zu *Title VII* auf Landesebene bilden, und den allgemeinen Schutz des Strafrechts.

Sexuelle Belästigung am Arbeitsplatz ist ebenfalls ein Thema in Tarifverträgen und in den Gewerkschaften. Die hier zitierten Rechtsgrundlagen können im Rahmen dieser Arbeit nicht im Detail dargestellt werden.[42] In der Praxis hat sich herausgestellt, dass *Title VII* die mit Abstand wichtigste Norm im Bereich der sexuellen Belästigung am Arbeitsplatz ist, wie auch die zitierte Literatur und Rechtsprechung zeigen.

2 Die Ausgestaltung durch Fallrecht (Case Law)

Aus dem Katalog der verbotenen Maßnahmen gemäß *Title VII* lässt sich nicht entnehmen, dass hierunter auch die Subsumierung von sexueller Belästigung am Arbeitsplatz vorgenommen werden kann. Die Möglichkeit, auch *sexual harassment* als sexuelle Diskriminierung am Arbeitsplatz anzusehen, wurde durch Richterrecht eröffnet.[43]

Aus diesem Grunde ist die Ausgestaltung des Gesetzes durch die Bundesgerichte von besonderer Bedeutung. Im amerikanischen Recht ist das Fallrecht (*case law*) besonders wichtig, weil das Gesetzesrecht der bindenden Auslegung der Rechtsprechung unterliegt.[44] Da die Untergerichte im System des Fallrechts an die Entscheidungen der Obergerichte gebunden sind (Theorie der *Stare Decisis),* und es sich bei *Title VII* um Bundesrecht handelt, sind letztlich die Ent-

---

41 So auch Mästle (2000), S. 75.

42 Es wird verwiesen auf die ausführliche Darstellung bei Lindemann/Kadue (1993), S. 291 ff: Part III - Other Sources of Legal Protection; ein Beispiel zu den landesrechtlichen Anspruchsnormen des Staates New York gibt Müller; RIW 1998, S. 765 ff.

43 In Meritor Savings Bank v. Vinson, 477 U.S. 58 (1986) wurde höchstrichterlich festgelegt, dass sexuelle Belästigung am Arbeitsplatz Diskriminierung am Arbeitsplatz und als solche unter Title VII zu subsumieren ist. Zur Bedeutung des Fallrechts für das amerikanische Antidiskriminierungsrecht s. auch Gleß, Streit 1, 1994, S. 16.

44 Vgl. Hay (1990), S. 3 f.

scheidungen des *US Supreme Court* für alle Untergerichte bindend. Nur das höchste Gericht kann jeweils von ihm aufgestellte Präjudizien ändern und aufheben (*overrule*) und dadurch neues Recht schöpfen.[45]
Im Bereich der sexuellen Belästigung am Arbeitsplatz sind bis 1993 zwei Entscheidungen des *US Supreme Court* ergangen, die wesentliche Grundsätze festlegten. Trotzdem brachten diese beiden Entscheidungen keine endgültige Rechtsklarheit, sondern warfen in der Haftungsfrage des Arbeitgebers neue Probleme auf. Dies führte dazu, dass die Untergerichte die Haftung des Arbeitgebers unterschiedlich bewerteten und eine Klärung durch den *US Supreme Court* notwendig wurde.
Im Jahr 1998 ergingen gleich drei neue Entscheidungen zum Bereich der sexuellen Belästigung am Arbeitsplatz. Diese sollen ausführlich dargestellt werden. Eine Auseinandersetzung mit den vielfältigen Entscheidungen der Untergerichte soll nur vorgenommen werden, um Entscheidungen von grundlegender Bedeutung hervorzuheben oder das unterschiedliche Behandeln verschiedener Einzelfragen in den einzelnen Gerichtsbezirken (*Circuits*) zu verdeutlichen.
Dazu wird vorab der Gerichtsaufbau der Bundesgerichtsbarkeit zum besseren Verständnis der Bedeutung der vorliegenden Entscheidung kurz erläutert.

2.1 Gerichtsaufbau der Bundesgerichte

Das Gerichtssystem in den USA ist aufgeteilt in zwei Bereiche, die völlig selbstständig sind. Auf der einen Seite gibt es die Bundesgerichte, vor denen das Bundesrecht verhandelt wird, auf der anderen Seite gibt es die Staatengerichte der Einzelstaaten, die im Aufbau variieren.[46]
Die Bundesgerichte bestehen aus drei Instanzen. Eingangsinstanz sind die *US District Courts,* von denen jeder Staat über mindestens einen verfügt. Es können aber größenabhängig auch mehrere *District Courts* eingerichtet werden, so dass zur Zeit fast 100 *District Courts* mit einem oder mehreren Richtern bestehen.[47]
Als nächste Rechtsmittelinstanz sind 13 *Circuit Courts of Appeals* (Berufungsgerichte) eingerichtet, denen die *District Courts* jeweils zugeordnet sind.[48]
Als dritte und oberste Rechtsmittelinstanz fungiert der *US Supreme Court* in Washington, der in einer Besetzung von neun Richtern entscheidet.
Der *US Supreme Court* ist – anders als in Deutschland das Bundesverfassungsgericht – nicht ausschließlich mit Fragen der Verfassungsmäßigkeit von Gesetzen und Urteilen befasst, sondern hat eine Doppelfunktion als oberste Revisionsinstanz sowie als die Verfassung auslegendes Gericht.[49]

---

45 Hay (1990), S. 8 f.

46 Schack (1995), S. 2 f; Lange/Black (1987), Fn. 7 m.w.N.

47 28 USC, § 133 (1986).

48 28 USC, § 1291 und § 41.

49 S. Schack (1995), S. 3, und speziell zum Arbeitsrecht Thau (1998), Rn. 17, und Kapitel A 2.4 in dieser Arbeit.

Auf die besondere Rolle des *US Supreme Court*, der auf Grund des Besetzungsrechtes durch den Präsidenten und der Ernennung der Richter auf Lebenszeit auch politische Bedeutung hat, soll unten noch eingegangen werden.[50]
Zur Abgrenzung zwischen dem deutschen und dem amerikanischen Zivilverfahren muss weiter angemerkt werden, dass die Überprüfungskompetenz der amerikanischen Berufungsgerichte anders ist als die der deutschen Berufungsgerichte. Das amerikanische Berufungsgericht kann tatsächliche Feststellungen des erstinstanzlichen Gerichtes nur dann aufheben, wenn sie offensichtlich unrichtig sind, während es rechtliche Fragen stets anders bewerten kann.[51]
Aus diesem Grunde wäre es nicht korrekt, von den *Circuit Courts* als Berufungs- und dem *US Supreme Court* als Revisionsinstanz zu sprechen.
Die Bundesgerichte sind dann sachlich zuständig (*subject matter jurisdiction*), wenn es sich um Rechtsstreitigkeiten aus Bundesrecht, um Rechtsstreitigkeiten aus Staatsverträgen oder aus der Verfassung handelt.[52] Weiter wird die Zuständigkeit begründet (*diversity jurisdiction*), sofern es sich um Zivilstreitigkeiten mit einem Streitwert von mehr als 50.000 US-$ handelt und die Parteien US-Amerikaner mit Sitz in verschiedenen Staaten sind bzw. nur eine Partei die amerikanische Staatsbürgerschaft besitzt.[53]
Das US-Anti-Diskriminierungsrecht existiert auf Bundesebene und ist daneben einzelstaatlich für jeden Gliedstaat unterschiedlich geregelt. Da alle amerikanischen Einzelstaaten über ihr eigenes Individualarbeitsrecht verfügen, kann hier nur auf das durch Bundesrecht geregelte Recht eingegangen werden, das ohnehin schon – bedingt durch den Gerichtsaufbau im Federal-Court-System – nicht immer einheitlich, aber sehr reichhaltig ist.[54]
Da es sich bei der Zentralnorm des Diskriminierungsrechtes – *Title VII* – um Bundesrecht handelt,[55] ist *subject matter jurisdiction* als Zugangsvoraussetzung zu den Bundesgerichten gegeben. Dies ist für den einzelnen Arbeitnehmer von Vorteil: Termine zur Verhandlung von Verfahren vor den Bundesgerichten im ersten Rechtszug sind erheblich schneller zu erwarten als Termine in den einzelstaatlichen Gerichten.[56] Weiterhin bietet die Klärung des *US Supreme Court* in Rechtsfragen, die Bundesrecht betreffen, eine Möglichkeit erhöhter Rechtsklarheit und damit verbunden eine bessere Einschätzungsmöglichkeit der Erfolgsaussichten einer eventuellen Klage, denn generell erhält auch der obsiegende Kläger seine Kosten nicht erstattet,[57] was das Prozessrisiko erhöht.

50 S. Kapitel A 2.4 in dieser Arbeit.
51 Lange/Black (1987), Rn. 87.
52 28 USC, § 1331 und spezielle Zuständigkeitsvorschriften aus Bundesgesetzen.
53 28 USC, § 1332.
54 S. auch Thau (1998), Rn. 217 f.
55 S. 42 USC, §§ 2000 e ff.
56 Thau (1998), Rn. 217.
57 Lange/Black (1987), Rn. 87.

Der CRA von 1991 sieht nun jedoch ausdrücklich die Möglichkeit vor, bei Klagen, die die Verletzung von *Title VII* rügen, Anwaltskosten in vernünftiger Höhe der obsiegenden Partei zuzubilligen.[58]
Weiterhin sieht der CRA ausdrücklich die Möglichkeit des Geschworenenprozesses (*Jury-Trial*) vor, wenn die klagende Partei *compensatory* oder *punitive damages* geltend machen will.[59] Dies ist nach verbreiteter Ansicht ein immenser Vorteil für einen Schadensersatz suchenden Arbeitnehmer, da von einem Laiengremium die größere Bereitschaft zur Ausurteilung hoher Schadensersatzsummen erwartet wird, zumal wenn auf Beklagtenseite ein finanziell potenter Arbeitgeber steht.[60] Inwieweit der Jury-Prozess auch für Klagen im Bereich der sexuellen Belästigung am Arbeitsplatz von besonderer Bedeutung ist, wird weiter unten noch dargestellt.

2.2 Die Bedeutung von Präzedenz und Stare Decisis im amerikanischen Zivilprozess

Da sich das amerikanische Recht durch das fallrechtliche System auszeichnet, bedeutet dies für die Untergerichte, dass diese an die Entscheidungen der Obergerichte (*precedents*) gebunden sind. Für den Bereich des Bundesgerichtssystems sind somit für die *District Courts* die jeweiligen Entscheidungen ihrer *Circuit Courts* und für alle Bundesgerichte die Entscheidungen des *US Supreme Court* bindend.
Wenden Bundesgerichte einzelstaatliches Recht an, so ist für sie das verbindliche Recht des Einzelstaates ebenfalls bindend, sofern es nicht gleichzeitig Bundesrecht betrifft.[61]
Nur das jeweils höchste Gericht kann von seinem Präjudiz abweichen und durch so genanntes *overruling* neues Recht setzen. Ein *overruling* entfaltet nur Wirkung für den entschiedenen Fall und für die Zukunft. Nach altem geltenden Recht entschiedene Fälle erwachsen in Rechtskraft (*res judicata*) und können nicht erneut anhängig gemacht werden.[62]

58 42 USC, § 1988 Sec. 103.

59 42 USC, § 1977 A. Der siebte Zusatzartikel der amerikanischen Verfassung sieht in den Fällen, in denen es um einen zivilrechtlichen Anspruch mit einem Streitwert von mehr als 20 US-$ und einem Ursprung im *Common Law* geht, grundsätzlich die Möglichkeit des *Jury-Trial* vor (s. dazu Fed. R. Civ. P., 38, 39).

60 Lange/Black (1987), Fn. 87; kritisch Schack (1995), S. 56; vgl. zum Psychogramm der Juroren: Heidenberger (1988), S. 40/41.

61 Vgl. Hay (1990), S. 8, 47. In den Fällen, in denen die bundesgerichtliche Zuständigkeit nur auf Grund der Verschiedenheit der Staatsangehörigkeit (*diversity of citizenship*) begründet wird, wendet das Bundesgericht das einzelstaatliche Recht an, in dessen Bezirk es liegt (Erie R.R. v. Tompkins, 304 US, 64 (1938); Klaxon v. Stentor elec. M.f.g. Co., 313 US, 487 (1941).

62 S. Hay (1990), S. 8; s. auch Bluefields S.S. Co. v. United Fruit Co., 243 F. 1, 9 (3rd Cir. 1917): „Die Lehre von res judicata [...] besagt, dass ein von einem zuständigen Ge-

Diese an Präjudizien gebundene Rechtsprechung wird auch Doktrin der *stare decisis* genannt. Streng genommen verlangt die Doktrin der *stare decisis* auch von den Obergerichten, sich an von ihnen in der Vergangenheit getroffene Entscheidungen zu halten, selbst wenn das auf den Einzelfall passende Präjudiz im vorigen Jahrhundert getroffen worden ist und auf die gewandelten gesellschaftlichen und sozialen Verhältnisse nicht mehr passt.[63]
Dass die Common-Law-Gerichte anders als die kontinentaleuropäischen Gerichte auf Grund oftmals fehlender gesetzlicher Vorschriften vermehrt auf Urteile als Entscheidungsgrundlage zurückgreifen müssen, ist dem angloamerikanischen Rechtskreis angemessen. Dass die *stare decisis* aber eine teilweise sehr weite Einengung für das erkennende Gericht bedeutet, ist für die Rechtsfindung eher von Nachteil. Wie die Richter diesen Widerspruch in der Praxis lösen, wird weiter unten noch beschrieben.
Um das amerikanische Fallrecht verstehen zu können, ist von entscheidender Bedeutung zu wissen, welche Urteilsbestandteile Präjudiz-Eigenschaft erlangen. Macht das Gericht im Urteil Ausführungen zu allgemeinen Rechtsfragen oder macht es seine Rechtsauffassungen deutlich, so handelt es sich hierbei nur um *obiter dicta*,[64] die für die Rechtsentwicklung von Belang sein können, aber keine Präjudiz-Wirkung entfalten.
Präjudiz-Wirkung entfalten nur die Teile eines Urteils, die zur Entscheidung des dem Urteil zu Grunde liegenden Sachverhaltes notwendig gewesen sind.[65]
Weiter wird die Bindungswirkung dadurch eingeengt, dass für den zu Grundeliegenden Fall nur der tragende Grund, die so genannte *ratio decidendi*[66] der Vorentscheidung von Bedeutung ist.[67]
So ist für die Entscheidung der Gerichte, aber vor allem für die Vorbereitung der Fälle durch die Anwälte,[68] die besonders gründliche Erarbeitung des Sachverhaltes von großer Wichtigkeit. Darauf aufbauend müssen die Anwälte für jedes Tatbestandsmerkmal die entsprechenden Präjudizien aus anderen Urteilen herausarbeiten. Es versteht sich dabei von selbst, dass jeder Anwalt die ihm günstigsten Präjudizien ins Verfahren einbringt und ungünstige mit in „diesem speziellen Fall für völlig abwegig" erklären wird, um so den erkennenden Richter von seinen Ansichten zu überzeugen.[69] Aus dem vorher Gesagten ergibt

---

richt, in einer Sache, in letzter Instanz zwischen den Parteien endgültig entschiedener Rechtsstreit von derselben Partei weder bei demselben noch bei einem anderen Gericht wieder streitanhängig gemacht werden kann."

63 Zweigert/Kötz (1996), S. 253.
64 Vgl. Pilny (1993), S. 39.
65 Hay (1990), S. 9.
66 Ausführlich dazu Pilny (1993), S. 35-37.
67 Zweigert/Kötz (1996), S. 254.
68 S. auch Zweigert/Kötz (1996), S. 257, die betonen, dass die als geeignet erscheinenden Urteile meist von den Anwälten ins Verfahren eingebracht werden.
69 Vgl. Hay (1990), S. 9.

sich, dass für die Beschäftigung mit amerikanischem Recht die Urteilsanalyse unerlässlich ist.[70]
Damit die sehr strenge Stare-Decisis-Doktrin den sich ständig ändernden Anforderungen des gesellschaftlichen und wirtschaftlichen Lebens Rechnung tragen kann, haben die obersten Gerichte Wege gefunden, von veralteter Judikatur abzuweichen und durch *overruling* und *precedent* neues Recht zu schöpfen.
Auch bei der Interpretation der Verfassung steht dem *US Supreme Court* der Weg des overruling offen.[71] Ein deutliches Abweichen von einer früheren Entscheidung ist jedoch nur unter sehr engen Voraussetzungen möglich.[72]
Durch das ständige Abwägen passender Präjudizien im Wege der Differenzierung (*to distinguish*) ergibt sich auch für die Untergerichte die Möglichkeit, abweichende Rechtsauffassungen für den Einzelfall zu vertreten, ohne das *holding* der Obergerichte anzutasten, indem ähnliche Sachverhalte als im Einzelfall nicht in allen Punkten als vergleichbar angesehen werden.[73]
Somit lässt sich für das amerikanische Fallrechtssystem durchaus feststellen, dass ihm eine Dynamik innewohnt, die ein schnelles Reagieren auf geänderte rechtliche aber auch gesellschaftliche und politische Wertungen möglich macht.
Den amerikanischen Richter und den deutschen Richter trennt somit in der Theorie zwar einerseits die Bindung an die Vorentscheidungen höherer Gerichte und andererseits die garantierte richterliche Unabhängigkeit, aber auch in der deutschen Rechtswirklichkeit wird ein unteres Gericht die Rechtsprechung der übergeordneten Gerichte zur Kenntnis nehmen und größtenteils seine eigenen Urteile darauf stützen.[74] Somit sind allenfalls die Methodik der Rechtsfindung und die Bedeutung des Sachverhaltes von grundsätzlich unterschiedlicher Bedeutung.

2.3 Concurring und Dissenting Opinions im Urteil

In den Fällen, in denen mehrere Richter an der Urteilsfindung beteiligt sind,[75] entscheidet das Mehrheitsvotum. Die Meinung aller Richter, die die Mehrheitsentscheidung tragen, wird in einer Meinung (*opinion*) durch einen dieser Richter schriftlich verfasst.
Wird die Entscheidung zwar von mehreren Richtern getragen, haben sie jedoch unterschiedliche Begründungen zu einzelnen Tatbestandsmerkmalen oder Rechtsauffassungen, so legen sie ihre nur in den Gründen abweichende Mei-

70 Vgl. zum Auffinden des einschlägigen Fallrechts Hay (1990), S. 10 ff.
71 Zweigert/Kötz (1996), S. 255.
72 Vgl. dazu generell Probst (1993).
73 Zur Technik des Distinguishing auch Pilny (1993), S. 39-41.
74 So auch Zweigert/Kötz (1996), S. 256 f.
75 Die *Courts of Appeals* entscheiden meist in einer Besetzung von drei Richtern, der *US Supreme Court* entscheidet immer in voller Besetzung von neun Richtern.

nung in einer concurring opinion dar. In diesen Fällen ist es schwerer, den Präjudizwert einer Entscheidung festzustellen, weil bereits der zur Entscheidung stehende Sachverhalt von den votierenden Richtern unterschiedlich eingestuft wurde.[76]

Weicht ein Richter ganz vom Mehrheitsvotum ab, so kann er sein abweichendes Votum und dessen Begründung in einer abweichenden Meinung (*dissenting opinion*) veröffentlichen. Von dieser Möglichkeit wird sehr häufig Gebrauch gemacht und es wird noch an geeigneter Stelle darauf einzugehen sein, wie sich die Meinung der verschiedenen Richter des *US Supreme Court* zur Frage der sexuellen Belästigung am Arbeitsplatz dezidiert ausdrückt.

In diesem Zusammenhang wird bereits deutlich, dass die Besetzung der Gerichte von entscheidender Bedeutung für die Rechtsfortbildung ist.

Concurring oder *dissenting opinions* können die Anwälte bereits entnehmen, ob sich bei wechselnder Besetzung beispielsweise des *US Supreme Court* Änderungen in der Rechtsprechung erwarten lassen.[77]

Behält man darüber hinaus im Blick, dass ca. 20% der Supreme-Court-Entscheidungen nur durch die Mehrheit von einer Stimme entschieden werden, kann die abweichende Meinung eines Richters durch Auswechslung auf der Richterbank vielleicht plötzlich zum Mehrheitsvotum werden.[78]

2.4 Die besondere Rolle des US Supreme Court

Der *US Supreme Court* ist nicht nur oberste Revisionsinstanz, sondern um seine Rolle als dritte Staatsgewalt effizient ausüben zu können,[79] auch befugt, Gesetze der Legislative und Erlasse der Exekutive einschließlich des Präsidenten auf ihre Verfassungsmäßigkeit hin zu überprüfen[80] sowie die US-amerikanische Verfassung auszulegen.[81]

Einzig die Etablierung des *US Supreme Court* ist in Art. III der amerikanischen Verfassung explizit geregelt, wohingegen die anderen Gerichte durch Bundesgesetz vom Kongress eingesetzt werden.[82]

---

76 S. dazu auch Hay (1990), S. 40.

77 Kroll, JuS 1987, S. 946.

78 Tribe (1985), S. 31 f.

79 Zur Gewaltenteilung und der Rolle des *US Supreme Court* innerhalb dieses Systems s. Currie/Wyatt, JA 1991, S. 261-264.

80 Marbury v. Madison, 5 US, 137 (1. Cranch); United States v. Nixon, 418 US, 683 (1974); Martin v. Hunter's Lessee, 14 US, 304 (1816).

81 S. Texas v. Johnson 105 L. Ed. 2d 342, 373-374 (1989).

82 Art. III, Abschnitt 1, 1 der amerikanischen Verfassung besagt: "The Judicial Power of the United States, shall be vested in one US Supreme Court, and in such inferior Courts as the Kongress may from time to time ordain and establish." Die Einrichtung der Untergerichte erfolgte 1789 durch den *Judiciary Act*, der mehrfach geändert wurde. Vgl. hierzu auch Dubrinsky, 42 American J. Comp. L., 298 f (1994), und Schechter

Dem *US Supreme Court* und seinen untergeordneten Bundesgerichten ist gemein, dass ihre Richter vom Präsidenten der USA vorgeschlagen und mit Zustimmung des Senates auch von ihm ernannt werden.
Alle Bundesrichter werden – anders als die Richter der Staatengerichtsbarkeit – auf Lebenszeit ernannt.[83] Sie können nur auf Grund schwerer Vergehen oder Verbrechen ebenso wie der Präsident und der Vizepräsident aus dem Amt enthoben werden (Impeachment).[84]
Hieraus ergibt sich, dass die Nominierung der Bundesrichter durch den Präsidenten politische Auswirkungen auf die Judikative der Vereinigten Staaten hat, da der Präsident selbstverständlich ihm politisch nahestehende Personen nominieren wird und diese weit länger als er selbst im Amt verbleiben werden, wodurch ihm die potentielle Möglichkeit gegeben wird, auf politische Fragen auch für die Zukunft Einfluss zu nehmen.[85]
So wird beispielsweise der achtjährigen Amtszeit Ronald Reagans von 1980 bis 1989 ein konservatives Umschwenken der Justiz attestiert, da Reagan von Beginn seiner Amtszeit der Besetzung der Bundesrichter einen hohen Stellenwert einräumte, um sein konservatives politisches Programm in Fragen der Rechtsauslegung gegen die bis dahin eher liberale Bundesgerichtsbarkeit zu stärken.[86]
Im Jahre 1986 gab Ronald Reagan in einer Rede bekannt, er habe bereits 284 Bundesrichter nominieren können, die seinen Moral- und Wertvorstellungen entsprächen.[87]

Für die vorliegende Arbeit ist das politisch gelenkte Umschwenken der Justiz von besonderer Bedeutung, da traditionell die eher liberalen Richter zu einer individualrechtlichen Interpretationshaltung der Gesetze, die ihren Schwerpunkt auf Integration und Antidiskriminierung von Minderheiten legen, neigen.[88]
Da die sexuelle Belästigung am Arbeitsplatz in den USA als Diskriminierung verstanden wird, ist für die gerichtliche Auseinandersetzung mit diesem Pro-

---

Poultry Corp. v. United States, 295 US, 495 (1935). In dem Urteil reagierten die US-Supreme-Court-Richter auf die Androhung des Präsidenten, zusätzliche Richter zu ernennen.

83 Vgl. Art. III, Sect. 1, US-Verfassung.

84 Vgl. Art. II, Sect. 4, US-Verfassung.

85 S. auch Kroll, JuS 1987, S. 945; Brugger, ZRP 1987, S. 52.

86 Speziell zur geänderten Interpretation während der Reagan Administration: Wines, 77 Marquette l. Rev., 645 ff (1993-94) und generell Brugger, ZRP 1987, S. 52; Fiebig, DuR 1992-1993, S. 89 ff zur konservativen Wendung des *US Supreme Court* durch die Ernennungen von den Präsidenten Reagan und Bush (Justices Sandra Day O'Connor, Antonin Scalia, Anthony Kennedy; David Souter, Clarence Thomas) sowie Coil/Weinstein, 18 Employee Relations L. J., 21 (1992).

87 Riess (1993), S. 164.

88 Brugger, ZRP 1987, S. 53.

blemkreis von großer Bedeutung, ob die Gerichte und allen voran der *US Supreme Court* überwiegend konservativ oder liberal besetzt sind.[89]

An anderer Stelle wird noch darauf einzugehen sein, inwieweit konservative Richter in ihren Urteilsausführungen zur sexuellen Belästigung Stellung genommen haben, sich zwar mit ihrer Meinung bisher nicht durchsetzen konnten, aber aus diesen veröffentlichten Ansichten bei einem Richterwechsel durchaus eine Tendenz für die Zukunft abzulesen sein könnte.[90]

2.4.1 Die Bedeutung der Richterauswahl auf die Rechtsfortbildung

Aus dem vorher Gesagten ergibt sich, dass die Nominierung eines US-Supreme-Court-Richters durch den Präsidenten von besonderer politischer Bedeutung ist und das Nominierungsverfahren in der amerikanischen Öffentlichkeit auf breites Interesse stößt. Es hat politische Bedeutung, aber auf Grund des großen Einflusses des *US Supreme Court* auch großen Einfluss auf die Rechtsfortbildung.

Am 1. Juli 1991 wurde Clarence Thomas als Nachfolger des aus Gesundheits- und Altersgründen in den Ruhestand getretenen Richter Thurgood Marshall von Präsident Bush nominiert. Seine Nominierung wurde im anschließenden Anhörungsverfahren durch den Senat zu einem Medienereignis, weil ihm die Rechtsprofessorin der Oklahoma School of Law, Anita Hill, der sexuellen Belästigung am Arbeitsplatz bezichtigte.[91] Sie war zu der Zeit, als Thomas Chairman der EEOC in Washington war, ebenfalls dort als Anwältin beschäftigt.

Bevor ein Supreme-Court-Richter vom Präsidenten ernannt werden kann, holt er sich „den Rat und die Zustimmung des Senats"[92]. Dem potentiellen Kandidaten werden vom Justizausschuss des Senats persönliche und politische Fragen gestellt und es werden wissenschaftliche Veröffentlichungen und Reden diskutiert.[93] Hierbei geht es auch immer darum, die Haltung des Kandidaten zu poli-

---

89 Vgl. zu den verschiedenen Ären der US-Supreme-Court-Geschichte generell: Brugger, ZRP 1987, S. 53 ff; Fiebig, DuR 1992-1993, S. 86 ff; Kroll, JuS 1987, S. 947. Riess (1993), S. 180, kommt zu dem Ergebnis, dass sich der *US Supreme Court* seine Eigenständigkeit als dritte Gewalt der USA auch in der Reagan-Ära bewahrt habe und führt dies unter anderem auch auf die Stare-Decisis-Doktrin zurück. Reagan habe keinen Reagan-Court erreicht, der eine Rechtsprechung der „Neuen Rechten" spreche, aber es habe eine Rehnquist-Ära begonnen (*Chief Justice* des *US Supreme Court* von Ronald Reagan 1986 ernannt).

90 S. Kapitel A 2.3 in dieser Arbeit zur konservativen Wende des *US Supreme Court* in anderen arbeitsrechtlichen Bereichen, die teilweise durch den Kongress im CRA 1991 korrigiert wurde, s. Lansing/Podhajsky, 41 Lab. L. J., 67 ff (1990).

91 Eine Autorin sprach auch von Medientheater, s. Baker, 17 J. Corp. L., 691 (1991-92).

92 Art. II, Sect. 2, S. 2, US-Verfassung.

93 Vgl. Fiebig, DuR 1992-1993, S. 89.

tischen Brennpunkten wie der Diskussion um das Abtreibungsrecht oder dem Minderheitenschutz herauszufinden.[94]
Wird der Ernennung eines Kandidaten durch den Justizausschuss des Senates beigepflichtet, so wird das positive Votum dem Vollsenat mitgeteilt und der Kandidat diesem vorgeschlagen, was meistens dessen Nominierung zur Folge hat.[95]
So befand sich im Sommer 1991 auch Clarence Thomas im senatorischen Anhörungsverfahren, als die amerikanische Rechtsprofessorin Anita Hill den Vorwurf der sexuellen Belästigung durch Thomas erhob und darüber auch vor dem Ausschuss selbst detailliert aussagte. So sagte sie unter anderem aus, dass er nach einem kurzen Gespräch über die Arbeit zu Themen mit sexuellem Inhalt gekommen sei. Er habe ihr Szenen aus Pornofilmen geschildert, die er selbst gesehen habe. Hierbei sei es auch um Filme gegangen, die Sex von Frauen mit Tieren oder Vergewaltigungsszenen zum Inhalt gehabt hätten. Weiterhin habe er darüber gesprochen, wie große Penisse und Brüste in verschiedenen Sexualpraktiken einzusetzen seien. Bei mehreren Gelegenheiten habe er ihr auch über seine eigene sexuelle Potenz berichtet.[96]
Die Aussagen Hills spalteten die amerikanische Nation. Sollten die Anschuldigungen wahr sein, so konnte Thomas nicht zum höchsten Richter ernannt werden. Thomas‘ Befürworter versuchten, die Person Anita Hills zu diskreditieren, um sie unglaubwürdig zu machen und sie als eine Person darzustellen, die männliche Zurückweisung nicht verkraftet und sich auf diese Weise rächen wolle.[97] Öffentlich als Lügnerin gebrandmarkt, bestand sie sogar einen Lügendetektortest unter der Aufsicht eines früheren führenden FBI-Angestellten.[98]
Da jedoch Aussage gegen Aussage stand und Thomas konsequent seine Unschuld beteuerte, entschied sich der Senat letztlich in einem 52:48-Votum für seine Nominierung, und Thomas wurde am 18. Oktober 1991 zum Richter des *US Supreme Court* ernannt.[99]
Von verschiedener Seite wurde angenommen, dass der Fall Hill/Thomas dazu führen könne, Frauen davon abzuhalten, erlittene Belästigung am Arbeitsplatz anzusprechen, um so kompromittierenden Fragen zur Intimsphäre zu entgehen.[100] Diese Befürchtung erwies sich jedoch als unbegründet.

94 Obwohl es eine breite Diskussion darüber gibt, ob es dem Senat erlaubt sei, die politische Ansicht eines Kandidaten zu bewerten: negativ: Fein, 102 Harvard L. Rev., 672 (1989); positiv: Monaghan, 101 Harvard L. Rev., 1207 (1988).

95 Vgl. auch Fiebig, DuR 1992-1993, S. 89.

96 Hill: The most difficult experiences of my life, Phila. Inquirer, Oct. 12, 1991, 7.

97 Streseman, 80 Cornell L. Rev., Fn. 3-7 (1995) m.w.N. zu den verschiedenen Einstufungen ihrer Persönlichkeit und Beweggründe.

98 Isikoff, Hill's Story Said to Pass Polygraph Examinations, Wash. Post, October 14, 1991, A 1, A 22.

99 Gunther, 513 (1996 Supplement), Appendix B.

100 Vgl. Streseman, 80 Cornell L. Rev., 1272 (1995) m.w.N.

Nach der Öffentlichmachung durch amerikaweite TV-Übertragung der Hearings stiegen die Beschwerden, die bei der EEOC eingingen, im darauf folgenden Jahr um 50% an.[101]

2.4.2 Zugang zum US Supreme Court

Der *US Supreme Court* als oberste Instanz bietet keine uneingeschränkte Zugangsmöglichkeit.[102] Um den *US Supreme Court*, der beispielsweise in der Sitzungsperiode 1994-1995 7.000 Anträge erhielt, arbeitsfähig zu erhalten, nimmt dieser nach eigenem Ermessen nur eine geringe Zahl von Fällen zur Entscheidung an und gewährt den Parteien den so genannten *writ of certiorari.*[103] In der oben erwähnten Zeit gewährte er *certiorari* zur vollen Überprüfung nur in 93 Fällen, während der Rest entweder ohne Angabe von Gründen abgelehnt oder die Durchführung eines Gerichtsverfahren entschieden wurde.[104]
Der Antrag auf Gewährung von *certiorari* wird nur dann angenommen, wenn sich mindestens vier der neun Richter dafür aussprechen.[105] Da die Richter nach eigenem Ermessen über die Annahme entscheiden, gibt es keinen Rechtsanspruch auf *certiorari.* Es gibt nur in eingeschränkter Form nachvollziehbare Kriterien, nach denen der *US Supreme Court* entscheidet. Zum Einen fühlt er sich berufen, in den Fällen eine höchstgerichtliche Entscheidung zu fällen, in denen der gleiche Sachverhalt von verschiedenen *Circuit Courts* oder einem höchsten Staatengericht unterschiedlich bewertet wird, um so die Rechtseinheit sicherzustellen.[106] Des Weiteren werden Anträge oft angenommen, in denen die United States, vertreten durch ihren Generalanwalt, um Überprüfung bitten.[107]
Das zahlenmäßig wichtigste Annahmekriterium ist zugleich auch das von den Parteien am Schwersten einzuschätzende: Der *US Supreme Court* nimmt Verfahren dann zur Entscheidung an, wenn die Richter der Ansicht sind, dass es sich um einen Inhalt von Wichtigkeit und Dringlichkeit für die Lösung eines nationalen Problems handelt.[108]

---

101 Basore Elliot, Sex Harassment Filings Keep Rising, Dallas Morning News, October 25, 1992, 5 H; Smith, 63 U. Cin. L. Rev., 1893, 1910 (1995); andere Stimmen befürchteten stattdessen, dass die Berichterstattung im Nominierungsverfahren von Justice Thomas dem Ansehen des *US Supreme Court* oder gar der USA in der Welt Schaden zugefügt haben könnte; Pilny (1993), S. 90.

102 Außer in den Fällen, in denen in einer Entscheidung ein Bundesgesetz für verfassungswidrig erklärt wurde, vgl. 28 USC, 1252-1258.

103 McKeever (1997), S. 77.

104 McKeever (1997), S. 77.

105 Hay (1987), S. 40.

106 McKeever (1997), S. 80.

107 McKeever (1997), S. 80, wonach die United States als Antragstellerinnen in 80% der Fälle erfolgreich sind, wohingegen private Anwälte nur eine Erfolgsquote von 3% haben.

108 Hay (1990), S. 40; McKeever (1997), S. 81.

Hieraus wird wiederum die Wichtigkeit der Zusammensetzung des *US Supreme Court* evident. Aber auch die die Nation bewegenden Probleme sind von einiger Bedeutung, so dass das tagespolitische Klima mit auf die Entscheidung der Richter Einfluss haben dürfte.
Im Bereich der sexuellen Belästigung am Arbeitsplatz hat der *US Supreme Court* in der Sitzungsperiode 1997-1998 in vier Fällen *certiorari* gewährt und diese voll überprüft. Daraus ließe sich schließen, dass dieses Problem einerseits von großer öffentlicher Bedeutung ist. Andererseits sah sich der *US Supreme Court* jedoch veranlasst, Fragen, die in seiner 1986 getroffenen Meritor-Entscheidung offen geblieben waren und zu unterschiedlicher Urteilsfindung innerhalb der einzelnen *Circuit Courts of Appeals* geführt hatten, aus Gründen der Rechtseinheitlichkeit zu klären.[109]
Die noch ausführlich zu behandelnden Entscheidungen fanden weltweites Echo, was wiederum für die immense Bedeutung des *US Supreme Court* spricht.[110]

2.5 Gesetzesauslegungstechnik in den USA

Die hier infrage kommende Gesetzesauslegung durch den *US Supreme Court* betrifft *Title VII* des CRA von 1964 und somit die eines vom US-Kongress erlassenen Statutes. Eine solche Auslegung eines förmlichen Bundesgesetzes wird *statutory interpretation* oder *statutory construction* genannt.[111]
Gerade in der kreativen Auslegung des CRA von 1964 hat sich der *US Supreme Court* besonders hervorgetan und einige Innovationen eingeführt, die nicht im eigentlichen Gesetzestext zu finden sind.[112] So ist auch die Subsumierung von verbotener sexueller Belästigung am Arbeitsplatz unter die Antidiskriminierungsvorschrift *Title VII* der Interpretation durch Richterrecht zu verdanken.
Seit dem Inkrafttreten des CRA von 1964 musste der *US Supreme Court* die Vorschrift immer wieder auslegen. In einem Fall führte er aus, dass seine Entscheidung nicht auf einer wörtlichen Interpretation des Gesetzes beruhe, sondern auf der weiteren Absicht von *Title VII*, Afro-Amerikanern den Weg in Jobs zu öffnen, von denen sie bisher ausgeschlossen worden waren.[113]
In der höchstrichterlichen ersten Entscheidung zur sexuellen Belästigung führt Justice Rehnquist, der die Meinung des Gerichtes niederschrieb, aus, dass die verbotene Geschlechterdiskriminierung erst in letzter Minute in den CRA von

---

109 S. Kapitel B 6 in dieser Arbeit.

110 S. Winter, Frankfurter Rundschau vom 29. Juni 1998, S. 1; Neffe, Der Spiegel vom 3. August 1998, S. 104 ff; generell zum Einfluss des *US Supreme Court* auf das Ausland: Fiebig, DuR 19923-1993, S. 86; Kroll, JuS 1987, S. 944, hält es für „das wohl legendenreichste Gericht der westlichen Welt".

111 Vgl. McKeever (1997), S. 96.

112 McKeever (1997), S. 97.

113 United Steelworkers v. Weber, 433 US, 193, 20 FEP 1 (1979).

1964 mit aufgenommen wurde und daher kaum Gesetzesgeschichte als Interpretationshilfe zur Verfügung stünde, um dem Statut zu entnehmen, was alles unter ‚Diskriminierung auf Grund des Geschlechtes' zu verstehen sei.
Der *US Supreme Court* unterstreicht, dass der Wortlaut von *Title VII* nicht begrenzt ist auf Diskriminierung, die wirtschaftlich negative Folgen für das Opfer hat. Justice Rehnquist entnimmt dem Wortlaut von *Title VII*, der auch von Arbeitsbedingungen spricht, dass der Kongress gewollt habe, dass das volle Spektrum der Ungleichbehandlung von Männern und Frauen am Arbeitsplatz durch die Vorschrift abgedeckt werden sollte.[114]
Hieraus wird deutlich, dass sich der *US Supreme Court* die wörtliche Auslegung, den Willen des Kongresses und die Gesetzesgeschichte als Instrumentarien der Auslegung von Statuten zu eigen macht.

3 Die Employment-at-will-Doktrin im amerikanischen Arbeitsrecht und Diskriminierungsschutz

Im gesamten amerikanischen Arbeitsrecht, das nicht einheitlich, sondern unterschiedlich in den Einzelstaaten ausgeprägt ist, gilt die Regel des *Common Law* der Employment-at-will-Doktrin, was bedeutet, das Arbeitsverträge jederzeit ohne Angabe von Gründen gekündigt werden können. Der Arbeitgeber muss lediglich Kündigungsfristen einhalten, die sich nach der Zeitspanne richten, für die der Lohn gezahlt wird. Daher handelt es sich oftmals nur um einwöchige Fristen.[115] Als Prinzip gilt, dass der Arbeitgeber das Recht hat, dem Arbeitnehmer zu kündigen „for good reason, bad reason, or no reason absent discrimination"[116].
Dem Konzept der At-will-Doktrin liegt die Annahme zu Grunde, dass die Dauer eines Arbeitsverhältnisses eine Angelegenheit zwischen zwei freien Vertretern ist, die, wenn sich aus ihrem Vertrag explizit nichts Gegenteiliges ergibt, ihr Verhältnis miteinander beenden können, wodurch das Prinzip der Vertragsfreiheit besonders betont wird.[117] Diese scharfe Regelung schützt selbst langjährige Mitarbeiter, die unter Umständen dem Arbeitgeber ihre gesamte Arbeitskraft gewidmet hatten, nicht vor einer Kündigung.[118]
Aber der Arbeitgeber darf nicht aus diskriminierenden Gründen die Kündigung aussprechen. Aus diesem Grunde entwickelte sich die Rechtsprechung zu *Title*

---

114 Meritor Savings Bank v. Vinson, 106 S. Ct., 2399, 2404 (1986); Los Angeles Dept. Of Water and Power v. Manhart, 435 US, 702, 707 (1978).

115 Thau (1998), Rn. 193.

116 Tims v. Board of Education, 452 F. 2d, 551, 552, 4 FEP, 127, 128 (8th Cir. 1971).

117 Lindemann Schlei/Grossman (1994), S. 743; hierzu auch Kittner/Kohler, BB, S. 5, Beilage 4 vom 30. März 2000.

118 Zum Beispiel Pearson v. Youngstown Sheet and Tube Co., 332 F. 2d, 439, 441 (7th Cir.), cert. denied, 379 US (1964).

VII, der auch die Kündigung auf Grund diskriminierender Erwägungen verbietet, zu einem durch Richterrecht entwickelten Kündigungsschutz,[119] dem im heutigen Arbeitsrecht immense Bedeutung zukommt.[120]
Während einige Staaten in neuerer Zeit Kündigungsschutzvorschriften erlassen haben, gibt es bundesweit keine spezifischen Kündigungsschutzgesetze für Arbeitnehmer.[121] Es gibt aber auch bei den Bundesgerichten Bestrebungen, Kündigungen dann nicht zuzulassen, wenn Zusicherungen bei Vertragsverhandlungen oder in Arbeitnehmerhandbüchern gemacht wurden[122] oder die Kündigung im Einzelfall gegen staatliche Prinzipien verstoßen würde.[123] Einige Staatengerichte führen auch guten Glauben oder im Arbeitsverhältnis enthaltene Fairnessgründe als möglichen Einwand gegen eine At-will-Entlassung an.[124]
Für den hier zu behandelnden Bereich der sexuellen Belästigung am Arbeitsplatz ist von besonderer Bedeutung der Schutz von *Title VII* bei *constructive discharge*. Dies ist dann der Fall, wenn der betroffenen Arbeitnehmerin zwar nicht gekündigt wurde, sie jedoch auf Grund unzumutbarer Arbeitsbedingungen selbst gekündigt hat. Eine solche Konstellation liegt häufig in Fällen von langanhaltender bzw. besonders eindringlicher sexueller Belästigung vor, wenn sich das Opfer aus verschiedenen Gründen nicht traut, sich gegen die Übergriffe zur Wehr zu setzen, aber die peinigende Situation am Arbeitsplatz nicht mehr erträgt.[125]

---

119 Beispiele s. Lindemann Schlei/Grossman (1994), S. 743, Fn. 22/23 zum Bundesrecht und einzelstaatlichen Recht.

120 So auch Kittner/Kohler, BB, S. 5 und 8 f, Beilage 4 vom 30. März 2000; vgl. Lindemann Schlei/Grossman (1994), S. 594, die annehmen, dass aus diesem Grunde auch die große Mehrheit der Beschwerden, die die EEOC erhält, auf Kündigungen zurückzuführen sind. Die Beschwerde führenden Parteien rügen dann eine Verletzung von *Title VII*, was oftmals in Verkennung der rechtlichen Prinzipien und der Beweisproblematik von *Title VII* geschieht, vgl. auch Schlachter (1993), S. 311. Hamilton/Veglahn, 45 Lab. L. J., 587 (1994) sehen im CRA von 1964 und 1991 eine Grenze der Employment-at-will-Doktrin.

121 Thau (1998), Rn. 196/209; Kittner/Kohler, BB, S. 5, Beilage 4 vom 30. März 2000, sprechen von einer Tendenz zur Verrechtlichung der Arbeitsverhältnisse in den USA innerhalb des letzten Jahrzehnts.

122 Vorwerk, 48 Vand. L. Rev., 1019, 1045 (1995) sieht solche im Vertrag implizit enthaltenen Zusätze als Möglichkeit für den Belästiger an, gegen eine Kündigung vorzugehen.

123 Perritt (1992), §§ 1. 13-1. 63, at 26-66; Schlachter (1993), S. 311; Thau (1998), Rn. 198-207 sowie Gould (1988), S. 193 f.

124 Noye v. Hoffmann-La Roche, Inc., 238 N. J. Super., 430, 570 A. 2d, 12, 13 (1990) ist der Ansicht, dass alle Verträge implizit den guten Glauben und das faire Behandeln enthalten für den Staat Montana auch: Thau (1998), Rn. 209; Vorwerk, 48 Vand. L. Rev., 1019, 1046 (1995); weitere Möglichkeiten der Gegenwehr bei Kündigungen s. Kittner/Kohler, BB, S. 10-18, Beilage vom 30. März 2000.

125 So Yates v. Avco, 819 F. 2d, S., 630, 637 (6th Cir. 1987), vgl. auch Schlachter (1993), S. 312; Herzog (1997), S. 54; Baer (1995), S. 57, zur Flucht in die Eigenkündigung

In solchen Situationen verliert das Opfer durch die Eigenkündigung nicht nur seinen Arbeitsplatz und hat damit verbundene Einkommenseinbußen. Darüber hinaus verliert die Arbeitnehmerin auch noch eventuelle Ansprüche aus einem Senioritätssystem und engt ihre Aufstiegsmöglichkeiten ein, weil sie wenige oder keine Referenzen vorweisen kann.[126]
Eine solche Eigenkündigung, die auf Grund sexueller Belästigung vorgenommen wurde, wird dann dem Arbeitgeber zugerechnet und löst für die betroffene Arbeitnehmerin Schadensersatzansprüche aus.[127]

---

deutscher Arbeitnehmerinnen bei sexueller Belästigung, die allerdings eine andere Rechtsfolge hat.

126 Conte (1990), S. 8.

127 Lopez v. S. B. Thomas, Inc., 831 F. 2d, 1184, 1188 (2nd Cir. 1987).

B Materielle Standards

1 Die Quid-pro-Quo-Belästigungs-Fälle

Sexuelle Belästigung am Arbeitsplatz wurde in den USA bis 1998 durch die Rechtsprechung in zwei Kategorien eingeteilt.[128]
In die erste Kategorie gehörten die so genannten Quid-pro-Quo-Fälle.[129] Bei den Quid-pro-Quo-Fällen handelt es sich um die ersten Fälle, die von den Gerichten als Verletzung von *Title VII* durch sexuelle Belästigung am Arbeitsplatz und damit als Diskriminierung auf Grund des Geschlechtes eingestuft wurden und in ständiger Rechtsprechung bestätigt werden. Hierbei handelte es sich zunächst um Entscheidungen der Untergerichte.
Der *US Supreme Court* hat erstmals in der Meritor-Entscheidung Quid-pro-Quo-Belästigung erwähnt und ist erst näher in der Entscheidung Burlington Industries, Inc. v. Ellerth darauf eingegangen.[130] Obwohl die letztgenannte Entscheidung die Trennung zwischen Quid pro Quo und der zweiten Kategorie, den Fällen der feindseligen Arbeitsumgebung, den Hostile-Work-Environment-Fällen, aufgibt, sollen die unterschiedlichen Kategorien hier anhand ihrer Entwicklung durch die Rechtsprechung dargestellt werden, da sich aus „vollzogener" Quid-pro-Quo-Belästigung auch nach der aktuellen Rechtsprechung des *US Supreme Court* eine andere bzw. keine Exkulpationsmöglichkeit für den Arbeitgeber ergeben kann.[131]
Der Kernpunkt sexueller Belästigung *quid pro quo* bildet die Fallkonstellation, dass sich eine Person auf seine vorhandene oder anscheinende Autorität verlässt, um von einer Angestellten sexuelles Entgegenkommen zu erzwingen.[132] Dies geschieht in der Form, dass ein Vorgesetzter der Angestellten ökonomische Vorteile bzw. arbeitsplatzbezogenen Nutzen (Beförderung) in Aussicht stellt, soweit sie ihm sexuell zu Diensten ist oder sie dafür bestraft (zum Beispiel durch Kündigung, niedrige Bewertung, Verweigerung einer Beförderung), wenn sie dieses Ansinnen ablehnt.[133]

---

128 Burlington Industries, Inc. V. Ellerth, 118 S. Ct., 2257 (1998) und Faragher v. City of Boca Raton, 118 S. Ct., 2275 (1998) wollen die Trennung zwischen Quid-pro-Quo-und Hostile-Work-Environment-Belästigung nicht beibehalten, geben die unterschiedlichen Kategorien jedoch auch nicht völlig auf und knüpfen unterschiedliche Exkulpationsmöglichkeiten des Arbeitgebers daran, s. ausführlich unter Kapitel B 6 in dieser Arbeit.

129 Der Terminus „Quid pro Quo" stammt von MacKinnon (1979; S. 32, Fn. 2; Baer (1995), S. 282, nennt diese Form der sexuellen Belästigung meines Erachtens sehr treffend „sexuelle Erpressung".

130 vgl. Barnes v. Costle, 561 F. 2d, 983 (D.C. Cir. 1977); Williams v. Saxbe 413 F. Supp., 654, 12 (D.D. Circ. 1976); Lindemann/Kadue (1993), S. 129 m.w.N., Meritor Savings Bank v. Vinson, 106 S. Ct., 2399, 2404 (1986), Burlington Industries, Inc. v. Ellerth, 118 S. Ct., 2257 (1998) (slip op. at 6/7).

131 Vgl. Kapitel B 6 in dieser Arbeit.

132 Henson v. City of Dundee, 682 F. 2d, 910 (11th Cir. 1982).

133 Spencer v. General Electric Co., 894 F. 2d, 658 (4th Cir. 1990); Herzog (1997), S. 54.

1.1 Quid pro Quo ist keine Diskriminierung auf Grund des Geschlechts – die ältere Ansicht

Nicht immer wurde Quid-pro-Quo-Belästigung als eine Verletzung von *Title VII* angesehen. Eine weit verbreitete Meinung bei den Gerichten nahm zunächst an, dass es sich bei den Quid-pro-Quo-Fällen um einen mehr persönlichen Konflikt zwischen Belästiger und Opfer oder mehr um eine persönliche Vorliebe, Eigenart oder Angewohnheit des Vorgesetzten, nicht aber um eine Geschlechterdiskriminierung handelte.[134] Es wurde auch angeführt, eine nachteilige Maßnahme am Arbeitsplatz sei auf die Attraktivität der Angestellten (der Vorgesetzte wurde von ihr zurückgewiesen), nicht aber auf ihre Geschlechtszugehörigkeit zurückzuführen.[135]

Selbst wenn Gerichte schon früh sexuelle Belästigung am Arbeitsplatz als Diskriminierung auf Grund des Geschlechts eingestuft haben, so wurde zumindest die Haftung des Arbeitgebers hierfür verneint, weil die sexuellen Avancen des Vorgesetzten nicht mit dem Job in Zusammenhang standen, mit der nur verschwindend geringen Ausnahme, der Arbeitgeber hätte dieses Verhalten ausdrücklich gebilligt.[136]

Es war somit auch in der Rechtsprechung der USA zunächst nicht selbstverständlich, Quid-pro-Quo-Fälle unter den bereits seit 1964 existierenden *Title VII* zu subsumieren und hieraus Schadensersatzansprüche für die Opfer herzuleiten. Dies ist auch nicht erstaunlich, wenn man bedenkt, dass der Begriff ‚sexuelle Belästigung' weder im Wortlaut noch in der Gesetzgebungsgeschichte zu *Title VII* Erwähnung findet.[137]

Einer anderen Erklärung zufolge resultiert die (Nicht-)Einordnung von *sexual harassment* unter *Title VII* aus einer männerdominierten Bundesjustiz, die die traditionelle Form männlicher Sozialisation widerspiegelt und daher aus einer männlichen Perspektive entscheidet, ob eine „vernünftige Person" ein konkretes Verhalten als sexuelle Belästigung zu empfinden hat.[138]

Auch hier hat die Rechtsprechung mittlerweile neue Standards entwickelt, die extra erläutert werden.

---

134 Corne v. Bausch und Lomb, 390 F. Supp., 161 (D. Ariz. 1975).

135 Barnes v. Train, 132 FEP Cases 123 (D.D.C. 1974).

136 Miller v. Bank of America, 600 F. 2d, 1211 (9th Cir. 1979).

137 S. Meritor Savings Bank v. Vinson, 106 S. Ct., 2399, 2404 (1986), wo Justice Rehnquist in seiner Meinung für das Gericht beschreibt, dass der Kongress die Gerichte mit einer sehr geringen Gesetzesgeschichte als Interpretationshilfe zur Diskriminierung auf Grund des Geschlechtes zurück gelassen habe; Lindemann/Kadue (1993), S. 11; w.N. in Fn. 21 bei Lindemann/Kadue.

138 So Lindemann/Kadue (1993), S. 11; Abrams, 42 Vand. L. Rev., 1203 (1989).

1.2 Quid pro Quo ist eine Diskriminierung auf Grund des Geschlechts – die neuere Ansicht

1.2.1 Williams v. Saxbe

1976 erkannte ein erstinstanzliches Bundesgericht zum ersten Mal, dass sexuelle Belästigung eine Form von sexueller Diskriminierung am Arbeitsplatz darstellt.
In Williams v. Saxbe[139] hatte der Richter drüber zu entscheiden, ob die benachteiligenden Maßnahmen eines Vorgesetzten im Justizministerium gegenüber einer weiblichen Angestellten, die seine sexuellen Avancen zuvor zurückgewiesen hatte, durch *Title VII* verboten waren und daher für die Klägerin einen Anspruch auf Schadensersatz begründeten. Das Gericht analysierte zunächst die Intention des Kongresses beim Gesetzgebungsverfahren und kam zu dem Ergebnis, *Title VII* solle jegliche Form von Diskriminierung unterbinden. Zwar fehlten auf Grund des erst am Schluss des Gesetzgebungsverfahrens in *Title VII* ebenfalls aufgenommenen Merkmals „auf Grund des Geschlechts" zu diesem Merkmal Gesetzesmaterialien, aber die Zielrichtung des Kongresses, mit *Title VII* alle Formen von Diskriminierung am Arbeitsplatz zu bekämpfen, konnte auch auf dieses Merkmal übertragen werden. Weiter nahm das Gericht an, dass nicht nur der Bezug auf sexuelle Stereotypen Diskriminierung darstellt.
Die Beklagte (Firma) hatte behauptet, *Title VII* komme nur dann zur Anwendung, wenn die Maßnahme an das Stereotyp Frau anknüpft, und im vorliegenden Fall sei lediglich daran angeknüpft worden, dass die Klägerin keine sexuelle Beziehung mit dem Vorgesetzten eingehen wollte. Dies habe aber nichts mit ihrer Klassenzugehörigkeit zur Klasse der Frauen zu tun.
Der Richter verglich die vorliegende Situation mit den Fällen, in denen Väter von Vorschulkindern für bestimmte Positionen angestellt wurden, während der Betriebspolitik zufolge Mütter von Vorschulkindern nicht angestellt wurden[140] und weiter mit den Fällen, in denen Stewardessen nicht heiraten durften.[141]
In diesem Fall konnte das Heiratsverbot zwar theoretisch beide Geschlechter treffen, doch es betraf eben faktisch nur Frauen und stellte somit ebenfalls sexuelle Diskriminierung am Arbeitsplatz dar.

1.2.2 Barnes v. Costle

In die nächste Entscheidung, durch die ein Quid-pro-Quo-Fall unter *Title VII* subsumiert wurde, war ein Berufungsgericht involviert. Somit war die Ent-

139 Williams v. Saxbe 413 F. Supp 654 (D.D.C. 1976).
140 Phillips v. Martin Marietta Corp., 400 US, 542 (1971).
141 Sprogis v. United Air Lines, Inc., 444 F. 2d, 1196 (1969).

scheidung eines zweithöchsten Gerichtes ergangen, der ein erhöhter Präjudizgehalt zukam.

In Barnes v. Costle[142] ging es um die Klage einer Assistentin in der Verwaltung, die von ihrem Vorgesetzten kurz nach Aufnahme ihrer Arbeit mehrfach aufgefordert wurde, sich mit ihm nach Büroschluss zu treffen, obwohl sie dies stets ablehnte. Weiterhin machte er ihr gegenüber wiederholt Bemerkungen, die sexuell gefärbt waren und stellte ihr in Aussicht, dass sich ihr Jobstatus verbessere, wenn sie mit ihm eine sexuelle Affäre eingehe. Die Klägerin erklärte unmissverständlich, ihr Verhältnis rein berufsbezogen zu sehen. Danach habe der Vorgesetzte angefangen, sie herunterzumachen, sie zu belästigen und ihr Aufgaben wegzunehmen. All das habe er aus Rache wegen der Zurückweisung getan. Die Klägerin führte weiter aus, all dies wäre nicht passiert, wenn sie nicht weiblichen Geschlechts gewesen sei.

Ebenso wie in Williams v. Saxbe behauptete die Beklagte – und so urteilte auch das erstinstanzliche Gericht –, dass die Rachemaßnahmen die Klägerin nicht deshalb trafen, weil sie eine Frau war, sondern lediglich, weil sie keine Affäre mit ihrem Vorgesetzten eingegangen sei. Dieser Meinung schloss sich das Berufungsgericht nicht an. Es führte aus, dass sie niemals Ziel der sexuellen Avancen des Vorgesetzten geworden wäre, wenn sie keine weibliche Untergebene des Vorgesetzten gewesen wäre. Somit sei ihre Zugehörigkeit zur Gruppe der Frauen für das Verhalten des Vorgesetzten kausal gewesen.

Konstellationen, die so gelagert sind, dass sexuelle Gefälligkeiten gegen berufliche Vorteile ausgetauscht werden (sollen), sind seit den oben genannten Entscheidungen in ständiger Rechtsprechung unter *Title VII* subsumiert worden,[143] was den Opfern den Klageweg und die Schadensersatzmöglichkeiten gemäß *Title VII* des CRA von 1964 mit den Zusätzen von 1991 eröffnet.[144]

Eine ungeschriebene Voraussetzung für die Tatbestandsmäßigkeit ist jedoch, dass die sexuellen Gefälligkeiten von den Arbeitnehmerinnen unerwünscht waren.[145] Dies ist meines Erachtens jedoch überflüssig, da sexuelle Gefälligkeiten im Austausch gegen berufliche Vorteile niemals erwünscht sein können.[146]

---

142 Barnes v. Costle 561 F. 2d, 983 (D.C.Cir. 1977).

143 So auch Hohmann/Moors, KJ 1995, S. 156.

144 Vgl. Spencer v. General Electric Co., 894 F. 2d, 651, 51 FEP Cases 1725 (4th Cir. 1990), wenn kleine sexuelle Anerkennungen für Vorteile am Arbeitsplatz verlangt werden; Highlander v. National Mgmt. Co., 805 F. 2d, 644, 42 FEP Cases, 1725 (6th Cir. 1986), wenn eine Angestellte sich gezwungen sieht, in sexuelle Avancen einzuwilligen im Gegenzug für Weiterbeschäftigung, Vorteile am Arbeitsplatz oder ansonsten spürbare Einschnitte im Job hinzunehmen. Vgl. Lindemann/Kadue (1993), S. 130 m.w.N.

145 S. Herzog (1997).

146 Ebenso: Estrich, 43 Stan. L. Rev., 813, 831 (1991).

Somit war zwar entschieden, dass die Gewährung sexueller Gefälligkeiten im Austausch für berufliche Vorteile und die Nichtgewährung mit anschließenden Repressalien sexuelle Diskriminierung darstellt und von *Title VII* sanktioniert wird. Darüber hinaus war aber auch die Frage zu klären, inwieweit der Arbeitgeber für das Verhalten seines belästigenden Vorgesetzten haftet, da er ja nicht selbst gehandelt hat.

1.3 Haftung des Arbeitgebers für belästigendes Verhalten eines Vorgesetzten

In ständiger Rechtsprechung haben die Gerichte stets entschieden, dass der Arbeitgeber automatisch für die Vergehen eines Vorgesetzten gemäß dem Rechtsinstitut der stellvertretenden Haftung (*vicarious liability*) in Quid-pro-Quo-Fällen haftet, die mit beruflichen Nachteilen einhergehen.

Weil der Vorgesetzte die an ihn delegierte Autorität besitzt, arbeitsplatzbezogene Entscheidungen zu treffen, muss der Arbeitgeber für diese Entscheidungen haften, auch wenn er nichts von den diskriminierenden Maßnahmen seines Vorgesetzten wusste oder der Vorgesetzte keine ausdrückliche Autorisierung hatte, so zu handeln.[147]

Die Klägerin muss lediglich nachweisen, dass der Belästiger die tatsächliche oder anscheinende Macht hatte, berufsbezogene Entscheidungen zu treffen.[148] Es darf also nicht ganz fern liegen, dass der Belästiger auf Grund seiner Stellung in der Betriebshierarchie in der Lage gewesen wäre, arbeitsplatzbezogene Maßnahmen zu treffen.

Als Haftungsmaßstab des Arbeitgebers wird vor und nach der Meritor-Entscheidung des *US Supreme Court*, die an anderer Stelle noch erläutert wird,[149] Gefährdungshaftung (*strict liability*) angewendet. Der *US Supreme Court* hatte in dieser Entscheidung zwar nicht zur Haftung in Quid-pro-Quo-Fällen Stellung genommen, jedoch hatte er in einem *obiter dictum* implizit seine Rechtsauffassung zur Richtigkeit des von den Untergerichten verwendeten Strict-liability-Standards zum Ausdruck gebracht.[150]

Wie bereits oben erwähnt,[151] erfolgt aus einem *obiter dictum* kein bindendes Präjudiz, weil es nur eine allgemeine Rechtsansicht darstellt, aber die Unterge-

---

147 Davis v. Sioux City, 115 F. 3d, 1365, 1367 (CA 8, 1997); Nichols v. Frank, 42 F. 3d, 503, 513-514 (CA 9, 1994); Bouton v. BMW of North America, Inc., 29 F. 3d, 103, 106-107 (CA 3, 1994); s. Lindemann/Kadue (1993), S. 221, Fn. 26 m.w.N. der Entscheidungen der *Circuit Courts*.

148 Vgl. auch Henson v. City of Dundee, 682 F. 2d, 910 (11th Cir. 1982).

149 S. Kapitel B 3 in dieser Arbeit.

150 Meritor Savings Bank v. Vinson, 106 S. Ct., 2399, 2407 (1986) durch Zitat des Amicus-Curiae-Brief der EEOC und Entscheidung der Untergerichte, ohne dies zu kritisieren.

151 Kapitel A 2.2 in dieser Arbeit.

richte haben in der Folgezeit ebenso wie bereits in der Vergangenheit für die Fälle von Quid-pro-Quo-Belästigung übereinstimmend Gefährdungshaftung angenommen.[152]
In der US-Supreme-Court-Entscheidung Burlington Industries v. Ellerth von 1998 hat das Gericht zur Trennung der Quid-pro-Quo-Belästigung von den Fällen der feindseligen Arbeitsumgebung Stellung genommen und die Trennung für größtenteils unwesentlich erachtet, da beide Formen sexuelle Belästigung am Arbeitsplatz darstellten und es nicht auf die Einteilung in Kategorien ankomme, sondern darauf, welche tatsächlichen Folgen für die betroffene Arbeitnehmerin an ihrem Arbeitsplatz aufgetreten seien.[153]
Zur Zurechnung des belästigenden Verhaltens des Vorgesetzten gegenüber einer untergebenen Arbeitnehmerin führt das Gericht weiter aus, dass es hier in allen Fällen der sexuellen Belästigung am Arbeitsplatz den strengen Vicarious-Liability-Standard gemäß den in Meritor niedergelegten Agency-Prinzipien,[154] auf die an anderer Stelle eingegangen wird, anwendet und dem Arbeitgeber in den klassischen Fällen der „vollendeten" Quid-pro-Quo-Belästigung, nämlich dann, wenn der Vorgesetzte spürbare berufsbezogene Maßnahmen für nicht gewährtes sexuelles Entgegenkommen getroffen hat, keine Exkulpationsmöglichkeiten gibt.[155]
Hieraus wird deutlich, dass die Trennung zwischen *hostile work environment und quid pro quo harassment* für die Fälle von Bedeutung bleiben wird, in denen der Vorgesetzte seine Drohungen gegenüber der untergebenen Arbeitnehmerin letztlich wahrgemacht hat. In welcher Form er reagiert hat, ist unwesentlich. Es muss für die betroffene Arbeitnehmerin lediglich ein spürbarer beruflicher Nachteil gewesen sein, wie Kündigung, Degradierung oder unerwünschte Neuübertragung von Aufgaben.[156]
Die EEOC hatte bereits in ihren 1980 niedergelegten Richtlinien stets betont, dass die Haftung des Arbeitgebers für sexuelle Belästigung seines Vorgesetzten für Quid-pro-Quo-Belästigung automatisch erfolge.[157]
Die Bundesgleichstellungsbehörde ging dabei schon 1980 nicht von einer notwendigen Trennung der Kategorien *quid pro quo* und *hostile work environment* bei der Haftungsfrage aus. Es bleibt abzuwarten, wie sie die Änderungen, die sich aus Burlington Industries, Inc. v. Ellerth ergeben haben, in ihre Richtlinien

---

152 Carrero v. New York City Housing Authorities, 890 F. 2d, 569, 579, 51 FEP Cases, 596, 603 (2nd Cir. 1989); Sauers v. Salt Lake County, 1 F. 3d, 1122, 1127 (11th Cir. 1993); Kotcher v. Rosa and Sullivan Appliance Center, Inc., 957 F. 2d, 59, 62 (2nd Cir. 1992) und Lindemann/Kadue (1999), S. 152, 231, Fn. 9 m.N. zu allen *Circuit Courts*.

153 Vgl. Burlington Industries, Inc. v. Ellerth, 118 S. Ct., 2257 (1998) (slip op. at 6).

154 S. Kapitel B 3.5 in dieser Arbeit.

155 Burlington Industries, Inc. v. Ellerth, 118 S. Ct., 2257 (1998) (slip op. at 20); Faragher v. City of Boca Raton, 118 S. Ct., 2275 (1998) (slip op. at 30).

156 Faragher v. City of Boca Raton, 118 S. Ct., 2275 (1998) (slip op. at 30).

157 29 CFR, § 1604.11 (c).

einarbeiten wird. Zum gegenwärtigen Zeitpunkt hat die EEOC – reagierend auf die oben zitierten Entscheidungen – die entsprechende Zurechnungsnorm Sec. 1604.11 (c) ganz aus ihren Richtlinien entfernt und verweist zum weiteren Verfahren auf ein Dokument, in dem sie ihre Haltung zur Haftungsfrage erläutert.[158]

Die EEOC begründete ihren Standpunkt in den Richtlinien von 1980 mit der weitgehenden Machtdelegation des Arbeitgebers an den Vorgesetzten, dessen Macht, eine Angestellte zu entlassen auch dazu führen muss, dass der Arbeitgeber für diskriminierende Maßnahmen dieses Vorgesetzten haftbar gemacht werden kann. Es könnten keine Fortschritte in der Anti-Diskriminierung gemacht werden, wenn sich das Unternehmen hinter den Aktionen ihrer mit Machtbefugnissen ausgestatteten Individuen verstecken könnte.[159]

Wie bereits in der Einleitung erwähnt, hat die EEOC als Überwachungsbehörde von *Title VII* großen Einfluss. Nachfolgend sollen daher die Richtlinien der EEOC dargestellt werden.

2 Richtlinien der EEOC zur sexuellen Belästigung am Arbeitsplatz[160]

Die von der EEOC aufgestellten Richtlinien zur Behandlung von *sexual harassment* am Arbeitsplatz befassen sich neben den Quid-pro-Quo-Fällen ebenfalls mit den Fällen der zweiten Kategorie, den Fällen der feindseligen Arbeitsumgebung, den Hostile-Work-Environment-Fällen.[161]

Obwohl auf die Hostile-Work-Environment-Fälle, die in der Praxis die wichtigsten Fälle der sexuellen Belästigung am Arbeitsplatz ausmachen,[162] erst im folgenden Abschnitt eingegangen werden soll, sollen die Richtlinien der EEOC hier zu beiden Kategorien zusammen erläutert werden, da diese inhaltlich zusammengehören.

Auch wenn es sich auch bei den Richtlinien der EEOC nicht um die Gerichte bindende Gesetzesnormen handelt, so hat doch der *US Supreme Court* entschieden, dass es sich bei den EEOC-Richtlinien um Expertenurteile handelt, an denen sich die Bundesgerichte generell orientieren sollten.[163]

---

158 S. 29 CFR, § 1604.11 (revised as of July 1, 2000) Appendix A to Sec. 1604.11-Background Information.

159 S. Lindemann/Kadue (1993), S. 220, Fn. 8.

160 29 CFR, § 1604.11 a-g (1980).

161 Dieser Terminus stammt ebenfalls von MacKinnon (1979), Fn. 2.

162 So auch Hohmann, ZRP 1995, S. 168.

163 Meritor Savings Bank v. Vinson, 477 US, 65 (1986): The EEOC Guidelines „constitute a body of experience and informed judgments to which courts and litigants may properly rsort for guidance“.

Die Richtlinien haben drei Schwerpunkte. Während zunächst der Begriff *sexual harassment* definiert wird (1604.11 (a) und (b)), werden im Anschluss daran die Haftungsmaßstäbe des Arbeitgebers in Sec. 1604.11 (c) für belästigendes Verhalten von Vorgesetzten, in Sec. 1604.11 (d) für belästigendes Verhalten von Kollegen und in Sec. 1604.11 (e) für belästigendes Verhalten Dritter und zuletzt Vorschläge zur Prävention gemacht (1604.11 (f)). Wie bereits ausgeführt ist der 1980-er Text zur Haftung für belästigendes Verhalten von Vorgesetzten derzeit außer Kraft gesetzt und bisher noch nicht erneuert worden.

Zunächst sollen die Organisationsstruktur und die Befugnisse der EEOC erläutert werden.

2.1 Organisationsstruktur und Aufgaben der EEOC

Die EEOC ist eine Bundesbehörde, die über die Einhaltung der Gesetze zur Verhinderung von Diskriminierung am Arbeitsplatz wacht und diese Gesetze auch durchsetzt. Sie wurde durch *Title VII* des CRA von 1964 eingerichtet.
Die Kommission selbst besteht aus fünf Mitgliedern, dem Chairman, dem Vice Chairman sowie drei Commissionern, die vom Präsidenten der Vereinigten Staaten von Amerika mit Zustimmung des Senats für fünf Jahre eingesetzt werden. Es dürfen jedoch nicht mehr als drei Mitglieder der Kommission derselben Partei angehören.[164]
Der Hauptsitz der Behörde befindet sich in Washington, D.C. Die Behörde hat ca. 2.800 MitarbeiterInnen in allen Staaten der USA.
Die Organisationsstruktur weist eine Unterteilung in *district offices* sowie Area und *local offices* auf. Die *offices* werden auch *field offices* genannt. Sie repräsentieren jeweils einen von der Kommission festgelegten Bereich auf dem Staatsgebiet der USA, der nicht mit den einzelnen Staaten übereinstimmen muss. Landesweit hat die EEOC 50 Büros.[165]
Die EEOC überwacht die Einhaltung und Durchsetzung von *Title VII* des CRA von 1964 und 1991, des *Equal Pay Act,* des *Age Discrimination Act,* des *Rehabilitations Act* von 1973 sowie den *Title I des Americans with Disabilities Act.*
Im Geschäftsjahr 1995 haben 95.000 Personen eine Beschwerde bei der EEOC eingereicht.[166] Es entfielen dabei 15.342 Beschwerden auf Fälle von sexueller Belästigung am Arbeitsplatz. Diese Zahl hat sich im Jahr 1999 auf 15.222 verringert.[167]

164 42 USC, Sec. 2000 e-4 (a).

165 42 USC, Sec. 2000 e-4 (f).

166 S. National Enforcement Plan vom 19. April 1995, S. 1.

167 S. Sexual Harassment Charges EEOC & FEPAs Combined: FY 1992-1999. www.eeoc.gov/stats/harass.html vom 30. Juli 2000.

Die EEOC stellt einen *National Enforcement Plan* auf, aus dem sich die politischen Ziele und Prioritäten der Behörde ergeben und aus dem hervorgeht, wie sie ihre Aufgabe erreichen will.
Während in den 80-er Jahren unter der Reagan-Administration stärker auf die Durchsetzung von Rechten Einzelner gesetzt wurde, ist in den 90-er Jahren unter der Clinton-Administration der Trend erkennbar gewesen, verstärkt gegen gruppenorientierte Diskriminierung mit dem prozessualen Mittel der *class action* (Gruppenklage) vorzugehen.[168]
Bei der *class action* handelt es sich um eine dem deutschen Prozessrecht unbekannte Zusammenfügung von Betroffenen zu einer Gruppe, die nur von einem Kläger vertreten wird. Die Möglichkeit der *class action* wurde geschaffen, um Grundsätze wie Prozessökonomie und Rechtssicherheit zu verwirklichen. Gleichgelagerte Rechtsstreitigkeiten sollen gleich entschieden werden. Weiter dient die *class action* dazu, Einzelpersonen, die sich sonst aus finanziellen Gründen gegen einen Prozess entscheiden würden, die Klagemöglichkeit als Mitglied einer Gruppe zu erleichtern. Da in Class-Action-Fällen durchaus mehrere Millionen Dollar Schadensersatz ausgeurteilt werden, finden sich leichter Anwälte, die auf Grund einer vorher getroffenen Honorarvereinbarung zu einer Vertretung bereit sind.[169]
In Anti-Diskriminierungsfällen ist die *class action* eine häufige Klageform.[170] Inwieweit die *class action* als Klageform für Klagen auf Grund sexueller Belästigung am Arbeitsplatz infrage kommt, soll noch untersucht werden. Denn obwohl sexuelle Belästigung oft nur zwischen zwei Personen vorkommt und möglichst verdeckt gehalten wird, gibt es auch Formen, die offen zu Tage treten und von einer großen Anzahl von weiblichen Angestellten als belästigend empfunden werden und somit nur einen generellen Adressatenkreis haben.
Die Möglichkeiten und Voraussetzungen einer *class action* vor einem Bundesgericht regelt *Federal Rule of Civil Procedure 23 (class actions).*
Es muss hervorgehoben werden, dass es sich bei der EEOC nicht um eine neutrale Behörde handelt. Die EEOC ist politisch deutlich beeinflusst, weil ihre führenden Mitglieder, die die Politik der Behörde festlegen, direkt vom Präsidenten der USA eingesetzt werden und jederzeit wieder entlassen werden können. Anders als die Bundesrichter werden die Mitglieder der fünfköpfigen EEOC-Behörde nicht auf Lebenszeit gewählt. Somit sind die Maßnahmen, die die EEOC zur Erreichung ihrer Ziele ergreift, immer auch abhängig vom herrschenden politischen Klima.

---

168 S. National Enforcement Plan vom 19. April 1995, S. 5.

169 S. Lange/Black (1987), Rn. 20.

170 S. Lange/Black (1987), Rn. 20; s. speziell zu diesem Bereich Schlachter (1993), S. 357 ff.

2.2 Richtlinien der EEOC

2.2.1 Definition von sexueller Belästigung

Nach der Definition der EEOC handelt es sich nach *Title VII* um sexuelle Belästigung bei

(a) unwillkommenen sexuellen Annäherungsversuchen,
Ersuchen um sexuelle Gefälligkeiten und andere verbale oder körperliche Verhaltensweisen sexueller Natur, wenn

  (a) die Unterwerfung unter ein solches Verhalten explizit oder implizit zur Bedingung für ein Arbeitsverhältnis eines Einzelnen gemacht wird,
  (b) die Unterwerfung unter oder die Zurückweisung eines solchen Verhaltens durch ein Individuum als Grundlage für berufsbezogene Entscheidungen bezüglich dieses Individuums gemacht wird,
  (c) oder dieses Verhalten die Absicht oder den Effekt hat, die Ausübung des Berufs eines Individuums unzumutbar zu stören oder diese Verhaltensweisen eine einschüchternde, feindliche oder beleidigende Arbeitsatmosphäre schafft.[171]

Diese Definition beinhaltet die Unterteilung der Formen sexueller Belästigung am Arbeitsplatz in zwei Kategorien: in die bereits dargestellten Quid-pro-Quo-Fälle sowie die Fälle, in denen eine feindliche Arbeitsatmosphäre herrscht.

b) Um beurteilen zu können, ob das behauptete Verhalten sexuelle Belästigung darstellt, wird sich die Kommission ein Bild von der ganzen Vorgeschichte und allen Umständen des Falles machen, so wie beispielsweise von der Natur der sexuellen Annäherungen und dem Kontext, in dem die behaupteten Vorfälle stattgefunden haben. Ob eine bestimmte Maßnahme legal gewesen ist, wird auf Grund der Fakten und von Einzelfall zu Einzelfall ermittelt.[172]
Die in den Richtlinien der EEOC dargestellten Definitionen waren 1980 deshalb von besonderer Bedeutung, weil es im Jahr 1980 noch keine unter 1604.11 (a) (3) zu qualifizierenden gerichtlich entschiedenen Fälle zur Kategorie der „feindlichen Arbeitsatmosphäre" gab und daher die Definition der EEOC bereits weitergehend als die Rechtsprechung gewesen ist.
Weiterhin sind die Richtlinien der EEOC deshalb beachtenswert, weil alle Arbeitnehmerinnen, die eine sexuelle Belästigung am Arbeitsplatz gemäß *Title VII* gerichtlich geltend machen wollen, sich zunächst mit einer förm-

---

171 29 CFR, § 1604.11 (a), eigene Übersetzung.
172 29 CFR, § 1604.11 (b), eigene Übersetzung.

lichen Beschwerde an die EEOC wenden müssen, die dann gegebenenfalls die Ermittlungen aufnimmt.[173]
Dieses besondere Verfahren der EEOC in Diskriminierungsfällen und deren Rolle bei der Durchsetzung und Einhaltung von *Title VII* wird im verfahrensrechtlichen Teil der Arbeit unter D 1 dargestellt.

2.2.2 Haftung des Arbeitgebers bis 1998

Bezüglich der Haftung für *sexual harassment* galten bis 1998 die allgemeinen Prinzipien der Haftung bei Title-VII-Fällen, bevor der *US Supreme Court* sein Urteil in Sachen Burlington und Faragher gesprochen hatte:

c) Ein Arbeitgeber ist in Bezug auf sexuelle Belästigung am Arbeitsplatz für sein eigenes Verhalten und das seiner Vertreter und Angestellten in Vorgesetztenfunktion verantwortlich (und damit haftbar), ohne Rücksicht darauf, ob das spezielle Verhalten durch den Arbeitgeber autorisiert oder sogar verboten war oder ob der Arbeitgeber davon wusste oder hätte wissen müssen.[174]
Auch hier wird in jedem Einzelfall geprüft, ob sich aus der in dem Unternehmen ausgeübten Funktion heraus eine Vertreter- bzw. Vorgesetztenfunktion herleiten lässt.
Dieser Abschnitt, der Bezug nimmt auf die Vorgesetztenfunktion, ist nunmehr aufgehoben.

(d) Im Verhältnis von sexueller Belästigung zwischen Kollegen ist der Arbeitgeber verantwortlich, wenn er oder seine Vertreter oder seine Angestellten in Vorgesetztenfunktion von dem Verhalten wussten oder hätten wissen müssen, es sei denn, dass er sofortige und angemessene Maßnahmen ergriffen hat.[175]

(e) Die Anwendung dieser Haftungsmaßstäbe werden ebenfalls auf das belästigende Verhalten firmenfremder Dritter empfohlen, wobei aber in diesen Fällen in die Bewertung mit einbezogen wird, inwieweit der Arbeitgeber Kontrolle über oder rechtliche Verantwortung für diesen Personenkreis hatte.[176]

Bemerkenswert ist in diesem Zusammenhang, dass die Richtlinien der EEOC keinen Unterschied in der Haftung des Arbeitgebers für seine Vertreter und

---

173 42 USC, § 2000 e-5 (1988); 85% aller Fälle zur Diskriminierung im Arbeitsleben werden zunächst von der EEOC initiiert, s. Donohue III/Siegelman, 66 S. Cal. L. Rev., 735 (1993).
174 29 CFR, § 1604.11 (c), eigene Übersetzung.
175 29 CFR, § 1604.11 (d), eigene Übersetzung.
176 29 CFR, § 1604.11 (e).

Vorgesetzten bei den verschiedenen Fällen der Quid-pro-Quo- und Hostile-Work-Environment-Fälle vorsehen, was zunächst von den Gerichten anders beurteilt wurde. Im Jahre 1998 betonte der *US Supreme Court* endlich, dass es keiner notwendigen Einteilung in die beiden Kategorien bedürfe.[177] Diese Entwicklung in der Rechtsprechung wird in den folgenden Abschnitten analysiert, und die Reaktion der EEOC bezüglich der Arbeitgeberhaftung bei belästigendem Verhalten von Vorgesetzten wird ebenfalls an dieser Stelle erläutert.[178]

2.2.3 Präventionsmaßnahmen des Arbeitgebers

Als einen wichtigen Punkt in ihren Richtlinien führt die EEOC an, dass Prävention die beste Waffe zur Beseitigung sexueller Belästigung ist.

(f) Ein Arbeitgeber sollte alle Schritte unternehmen, um das Auftreten sexueller Belästigung zu vermeiden; durch positiven Umgang mit der Problematik, Ausdruck von strikter Missbilligung, Entwicklung von angemessenen Sanktionsmöglichkeiten, Information der Angestellten über ihr Recht, gemäß *Title VII* gegen *sexual harassment* vorzugehen und Informationen darüber, wie sie dieses Recht ausüben können sowie die Sensibilisierung aller Betroffenen.[179]

Obwohl die Richtlinien der EEOC als Definitionshilfe für die rechtliche Ausgestaltung des Begriffs *sexual harassment* gedacht waren, warfen sie doch neue Fragen und Definitionsprobleme auf. So zum Beispiel war die Frage strittig, wann ein sexualisiertes Verhalten „unwillkommen“ ist[180] und wann ein Arbeitgeber tatsächlich für ein Verhalten seines Vorgesetzten rechtlich haftbar zu machen ist.[181] Diese Frage ist nunmehr geklärt.
Obwohl die strikte Haftung des Arbeitgebers für das Verhalten seines Vorgesetzten in den Richtlinien der EEOC empfohlen war,[182] hat der *US Supreme*

---

177 S. Burlington Industries, Inc. v. Ellerth 118 S. Ct., 2257 (1998), und Faragher v. City of Boca Raton 118 S. Ct., 2275 (1998).

178 S. Kapitel B 6 in dieser Arbeit.

179 29 CFR, § 1604.11 (f), eigene Übersetzung.

180 S. Burns, James A., 18 Employee Relations L. J., 681 (1993); Greenlaw/Kohl, 43 Lab. L. J., 165 (1992), der betont, dass es in erster Linie Sache des Richters ist zu entscheiden, wann ein Opfer ein Verhalten als unwillkommen empfunden hat; Hames, 43, Lab. L. J., 432 (1992) m.w.N. zur unterschiedlichen Bewertung in der Rechtsprechung.

181 Oh, 18 Employee Relations L. J., 227 (1992): „Employers recieved mixed news from the US Supreme Court in Meritor Savings Bank v. Vinson, 477 US, 57 (1986), regarding their liability in sexual Harassment cases“; Paetzold/O'Leary-Kelly, 31 American Business L. J., 375 f. (1993); Staszewski, 48 Vand. L. Rev., 1057 (1995) mit einer umfangreichen Darstellung der vom *US Supreme Court* angewendeten Agency-Prinzipien.

182 Vgl. Staszewski, 48 Vand. L. Rev., 1100 (1995).

Court sich für die Behandlung von Hostile-Work-Environment-Fällen anders entschieden.[183]
Probleme warf und wirft ebenfalls die Ausgestaltung des Begriffs *hostile work environment* selbst auf.[184] Zu diesem heute sehr wichtigen Begriff sowie auch zu den vorher aufgeworfenen Fragen äußerte sich 1986 der *US Supreme Court* erstmals in seiner Entscheidung Meritor Savings Bank v. Vinson,[185] die durchaus als bahnbrechend und richtungsweisend bezeichnet werden darf. Daher wird sie nachfolgend detailliert dargestellt.

3 Hostile Work Environment – Die Entscheidung des US Supreme Court in Meritor Savings Bank v. Vinson 1986[186]

Meritor Savings Bank v. Vinson war der erste Fall, in dem der *US Supreme Court* über die Frage der sexuellen Belästigung am Arbeitsplatz *certiorari* gewährte und entschied.

3.1 Sachverhalt

1974 wurde die Klägerin, Mechelle Vinson, von Sidney Taylor, einem Vize Präsidenten und Manager einer Zweigstelle der Beklagten, Meritor Savings Bank, eingestellt. Sie arbeitete vier Jahre in der Zweigstelle von Taylor und wurde während dieser Zeit mehrfach auf Grund von Leistung befördert. Zuletzt hatte sie die Position der stellvertretenden Zweigstellenleiterin inne.
Im November 1978 meldete sie sich für eine unbestimmte Zeit krank, woraufhin ihr die Bank kündigte. Vinson verklagte die Bank und Taylor, weil sie während ihrer vierjährigen Dienstzeit kontinuierlich von Taylor sexuell belästigt worden sei, und dies stelle eine Verletzung von *Title VII* dar.
Sie sagte vor Gericht aus, dass Taylor sie kurz nach ihrer ersten Beförderung zu einem Abendessen einlud und während dieses Essens vorschlug, danach in ein Motel zu gehen, um dort sexuelle Beziehungen aufzunehmen. Zuerst lehnte sie ab, doch schließlich willigte sie auf Grund von Angst um den Verlust ihres Arbeitsplatzes ein. Danach ersuchte Taylor mehrfach um sexuelle Gefälligkeiten bei der Klägerin, meistens in der Zweigstelle vor und nach Büroschluss.
In den folgenden Jahren hatten die beiden nach Schätzung der Klägerin 40 bis 50 Mal Geschlechtsverkehr.

---

183 Meritor Savings Bank v. Vinson, 477 US, 57 (1986).

184 S. Epstein, 84 Georgetown L. J., 410 f. (1996); Ravitch, 36, Boston College L. Rev., 257-260 (1995) m.w.N. zur Rechtsprechung.

185 477 US, 57 (1986) = 106 S. Ct., 2399 (1986).

186 Meritor Savings Bank v. Vinson, 106 S. Ct., 2399 (1986).

Weiterhin habe er sie vor anderen Angestellten berührt, sei ihr in die Damentoilette gefolgt, wo er sich entblößt habe und habe sie auch bei einigen Gelegenheiten vergewaltigt. Diese Aktivitäten hätten 1977 geendet, als sie einen festen Freund hatte.
Weiter sagte die Klägerin aus, sie habe keinen von Taylors Vorgesetzten informiert oder die Beschwerdemöglichkeit innerhalb der Bank wahrgenommen, weil sie Angst vor Taylor gehabt habe. Die Bank und Taylor wiesen alle Anschuldigungen als unwahr zurück und behaupteten, dass die Klägerin ihre Anschuldigungen auf Grund eines jobbezogenen Streites mache. Die Bank machte weiter geltend, dass ihr potentielle sexuelle Belästigungen Taylors unbekannt seien, und wenn sie passiert seien, so sei dies ohne Zustimmung oder Billigung der Bank geschehen.[187]

3.2 Hostile Work Environment

Der *US Supreme Court* führte aus, dass sich die Sprache von *Title VII* nicht auf ökonomische oder (den Job) berührende Diskriminierungen beschränke, sondern der Kongress habe bei der Gesetzesverabschiedung das Ziel gehabt, am gesamten Spektrum von ungleicher Behandlung von Frauen und Männern im Arbeitsleben zu rütteln.
In diesem Zusammenhang beruft sich der *US Supreme Court* zusätzlich auf die auslegenden Richtlinien der EEOC, die ebenfalls besagen, dass auch nichtwirtschaftliche Schäden eines Opfers eine Diskriminierung gemäß *Title VII* darstellen können.
Hier bezieht er sich auf die oben dargestellte Kategorie zwei der in der EEOC-Richtlinie unter 1604.11. (a) (3) erstmals als sexuelle Belästigung qualifizierten Fälle der feindlichen Arbeitsatmosphäre, in denen nicht *quid pro quo* „Sex gegen berufliche Vorteile“ gewährt wird, sondern sexuelle Annäherungen und anderes Verhalten das Arbeitsklima vergiften und für die Frauen unzumutbar machen.[188]
Durch diesen Spruch bestätigt das höchste amerikanische Gericht die Existenz von zwei Formen der sexuellen Belästigung, die beide *Title VII* verletzen und somit den Gerichtsweg für die Opfer eröffnen, um angemessenen Schadensersatz zu erhalten.
Weiterhin beruft sich der *US Supreme Court* in seiner Einschätzung der sexuellen Belästigung als Verletzung von *Title VII* darauf, dass auch in gefestigter Rechtsprechung Formen von rassistischer, religiöser und auf Abstammung beruhender Belästigung unter *Title VII* subsumiert wurden und die Richtlinien der EEOC dieser Rechtsprechung daher voll gerecht werden. Sexuelle Belästigung rechtfertige keine andere Behandlung als die oben genannten Fälle. Daher wer-

---

187 Meritor Savings Bank v. Vinson, 106 S. Ct., 2402 (1986).
188 Meritor Savings Bank v. Vinson, 106 S. Ct., 2404 (1986).

de die Rechtsprechung unterer Gerichte, die sich auf die Auslegung der EEOC berufen haben und *hostile work environment* als Verletzung von *Title VII* eingestuft haben, bestätigt.[189]
Der *Elfte Circuit Court* formulierte bereits 1982 und der *US Supreme Court* zitiert wörtlich: „Sexuelle Belästigung, die eine feindliche oder beleidigende Umgebung für die Mitglieder eines Geschlechtes schafft, ist ganz genauso eine willkürliche Barriere für die Gleichheit der Geschlechter am Arbeitsplatz wie die rassistische Belästigung eine ist für die Gleichheit der Rassen."[190]

3.3 Erfordernis von schwerwiegender und durchdringender Belästigung

Der Gerichtshof betonte aber auch, dass nicht jede Art von Belästigung am Arbeitsplatz unter *Title VII* subsumiert werden kann.
Die behauptete Belästigung muss schwer genug oder so durchdringend sein, die Arbeitsbedingungen beeinflussen zu können, um eine feindliche Arbeitsumgebung zu schaffen.[191]
Nach den Richtlinien der EEOC kommt es darauf an, ob es sich um verbale oder physische Belästigungen handelte, ob es sich um einzelne oder mehrfache Vorfälle handelte, ob der Vorfall beleidigend und feindselig war, ob es sich um einen Kollegen oder Vorgesetzten handelte und ob sich die Belästigung an mehr als eine Arbeitnehmerin richtete.[192]
Bei physischen Angriffen des Opfers haben Gerichte bereits einen einzigen Vorfall als ausreichend für ein schwerwiegendes und durchdringendes Verhalten angesehen. In Barrett v. Omaha National Bank genügte ein Anlass, an dem ein Belästiger über sexuelle Aktivitäten redete und sein Opfer in unverschämter Weise anfasste, während sie in einem Wagen saßen, aus dem die Belästigte nicht heraus konnte.[193]
Werden intime Körperstellen berührt, ist ein einziger Vorfall ebenso schwerwiegend, dass er dem Erfordernis *severe and pervasive* genügt.[194] Sind die Vorfälle nicht ganz so schwerwiegend, genügen einzelne Vorfälle nicht, um eine feindselige Arbeitsatmosphäre zu schaffen. In solchen Fällen muss noch eine gewisse Häufigkeit hinzutreten.[195]

---

189 Meritor Savings Bank v. Vinson, 106 S. Ct., 2405 (1986).

190 Henson v. City of Dundee, 682 F. 2d, 902 (1982).

191 Meritor Savings Bank v. Vinson, 106 S. Ct., 2405 (1986).

192 EEOC Policy Guidance on Sexual Harassment, 8 Fair Employment Practice Manual (BNA) 405:6689 (March 19, 1990).

193 Barrett v. Omaha National Bank, 726 F. 2d, 424 (8th Cir. 1984).

194 Lindemann/Kadue (1993), S. 177.

195 Lindemann/Kadue (1993), S. 177, Fn. 70 m.N. zur Rechtsprechung aller *Circuit Courts*.

Die von mir bewusst gewählte schwammige Formulierung macht deutlich, dass es gerade in diesen Randfällen von immenser Wichtigkeit ist, wie sexuell belästigende Vorfälle eingeschätzt werden. Dabei kann auch nicht außer Acht gelassen werden, dass Männer und Frauen die Schwere von Vorfällen sexueller Natur grundsätzlich unterschiedlich einstufen,[196] der gerichtliche Maßstab aber entscheidend ist.

Der Grad des beleidigenden Verhaltens ist ebenfalls wichtig, denn nicht jedes flirtende oder romantische Anschwärmen löst per se eine feindliche Arbeitsatmosphäre aus, die unter *Title VII* einklagbar wäre, wenn nicht schwerwiegende belästigende Momente hinzutreten.[197] Es versteht sich von selbst, dass unerwünschtes Anschwärmen auch einen gewissen Grad an Belästigung inne hat, aber es muss bei der gesamten Darstellung der sexuellen Belästigung am Arbeitsplatz daran gedacht werden, dass hier die Diskriminierung von Frauen eliminiert und nicht jeder zwischenmenschliche Konflikt im Keim erstickt werden soll. Wenn dies bedacht wird, werden auch die diffusen Ängste derjenigen ad absurdum geführt, die der Meinung sind, man dürfe sich am Arbeitsplatz keine Späße erlauben, ohne dass man gleich verklagt würde.[198]

Richtet sich die Belästigung an mehr als eine Frau oder gar an eine Gruppe von Frauen, so kann das Schwerwiegendheitserfordernis auch dann bejaht werden, wenn die Betroffene nicht direkte Adressatin der Belästigung gewesen ist, aber in der feindlichen Umgebung arbeiten musste. Dies kann dann der Fall sein, wenn sie beispielsweise Graffities oder Pin-Up-Kalender mit sexuellem Inhalt ansehen musste oder Zeugin wurde, wenn Kolleginnen von Vorgesetzten berührt oder verbal belästigt wurden.[199] Dass dieser Standard zu weiteren Interpretationsproblemen führen würde, ergibt sich bereits aus den Beispielen, und es waren zunächst wieder die Gerichte, die den Empfängerhorizont bestimmten. Die daran anschließende Diskussion um die Perspektive, aus der über die Schwere und Durchdringlichkeit von sexueller Belästigung am Arbeitsplatz zu erkennen ist, soll in Kapitel B 5 dieser Arbeit dargestellt werden, weil es auch hierzu eine höchstrichterliche Entscheidung des *US Supreme Court* gegeben hat.

3.4 Unwillkommenheit[200] anstelle von Freiwilligkeit

Während das Distrikt-Gericht noch annahm, auf Grund der Freiwilligkeit der eingegangenen sexuellen Beziehungen könnte die Klägerin sich nicht auf *Title*

196 Vgl. Abrams, 42 Va. L. Rev., 1183, 1206 (1989).

197 Lindemann/Kadue (1993), S. 177, Fn. 70.

198 Vgl. Larson, 25 Creighton L. Rev., 827 (1992); Burns Jr., 17 Employee Relations L. J., 693, 699 (1992).

199 Lindemann/Kadue (1993), S. 179, Fn. 77.

200 In deutschen Übersetzungen wird meistens der Terminus Unerwünschtheit verwendet, s. Gleß, Streit 1, 1994, S. 19; Pfarr/Bertelsmann (1989), S. 422; Hohmann, ZRP 1995, S. 168.

VII berufen, machte der *US Supreme Court* deutlich, dass es nicht auf die „Freiwilligkeit", sondern auf die „Unwillkommenheit" der sexuellen Annäherungen ankommt. Der Gerichtshof beruft sich in seiner Beurteilung explizit auf die Richtlinien der EEOC, in denen ebenfalls von *unwelcome* die Rede ist und es nicht auf die Freiwilligkeit ankommt. Zugleich macht der Gerichtshof die schwierige Beweislage hinsichtlich der Unwillkommenheit deutlich, die in großem Maße von der Glaubwürdigkeit des Opfers abhänge.[201]

Ein Beurteilungskriterium über die Willkommenheit von sexuellen Avancen soll nach Meinung des Gerichtshofes die sexuell provozierende Sprache oder Kleidung einer Klägerin sein. Auch bei der Einbeziehung dieses Kriteriums bezieht er sich wiederum auf die Richtlinien der EEOC. Er führt aus, dass die Richtlinien besagen, dass der gesamte Fall mit all seinen Umständen, wie der Natur der sexuellen Annäherungen oder dem Kontext, in dem sie stattfanden, zu beurteilen sei.[202]

Auch durch die wörtliche Übernahme der EEOC-Richtlinien zur Unwillkommenheit unterstreicht der Gerichtshof erneut die Wichtigkeit der EEOC-Richtlinien. Jedoch wird auch erkennbar, dass die Interpretationshilfen der EEOC zu neuen Interpretationen führen können, wenn der *US Supreme Court* provozierende Sprache und Kleidung unter den Begriff der Gesamtheit der Umstände subsumiert, obwohl hiervon in den Richtlinien explizit nicht die Rede ist. Die Antwort der EEOC auf diese Auslegung kam in ihrer *Policy Guidance On Current Issues Of Sexual Harassment* vom 19. März 1990.

Hierin führt sie aus, das gelegentliche Verwenden von sexuell gefärbter Sprache negiere nicht notwendigerweise die Unwillkommenheit von sexuellen Annäherungen. Obwohl die Verwendung von sexuellen Ausdrücken sowie schmutzigen Witzen zu dem Eindruck führen könnten, dass sexuelle Kommentare von anderen in dieser Situation nicht unwillkommen seien, so würden weder extreme, beleidigende oder gewohnheitsmäßige Kommentare oder gar körperliche Angriffe entschuldigt, noch sei Quid-pro-Quo-Harassment erlaubt.[203]

Diese Einschränkung durch die EEOC ist zu begrüßen, da eine gelegentliche Bemerkung auch des Belästigers nicht dem Schwerwiegendheitserfordernis des *US Supreme Court* Rechnung tragen würde, daher dürfte auch die gelegentliche Beteiligung einer Klägerin an vergleichsweise harmlosen, aber sexuell gefärbten Späßen nicht zu einer Exkulpation des Belästigers führen.

Auch ist es nicht unbedenklich, „provokative" Kleidung der Klägerin zur Beurteilung der Unwillkommenheit heranzuziehen. Zum Einen ist es erneut eine Auslegungsfrage und kommt auf unterschiedliche Moralvorstellungen an, was

---

201 Meritor Savings Bank v. Vinson, 106 S. Ct., 2406 (1986).

202 Meritor Savings Bank v. Vinson, 106 S. Ct., 2406 (1986).

203 EEOC Policy Guidance On Current Issues Of Sexual Harassment vom 19. März 1990, N-915-050.

als provokativ zu verstehen ist, zum Anderen ist ein kurzer Rock auch niemals eine ernste Einladung zu einer Vergewaltigung, und daher sollte es den Frauen selbst überlassen bleiben, wie sie sich kleiden.[204]
Die Anwendung des Welcomeness-Standards hat zu breiten Diskussionen geführt, weil er in der Praxis Anwendungsprobleme aufwirft und uneinheitlich von den verschiedenen Gerichten angewendet wird.[205]

3.4.1 Zweistufiger Test der Unwillkommenheit

Bereits im Jahre 1982 hatte der *Elfte Circuit Court* in Hensen v. City of Dundee einen aus zwei Teilen bestehenden Standard entwickelt, nach dem er die Unwillkommenheit sexueller Annäherungen bewertete, wobei er auf die bereits geschilderten EEOC Richtlinien Bezug nahm.[206]
Danach sind sexuelle Annäherungen dann unerwünscht, wenn die betroffene Arbeitnehmerin nicht dazu aufforderte oder aufwiegelte und die Annäherungen unerwünscht oder abstoßend und beleidigend sind.[207] Diesem Standard sind dann in der Zukunft die meisten Berufungsgerichte gefolgt, obwohl der zweistufige Test in der Praxis immer große Schwierigkeiten bereitete, weil das Verhalten des Belästigers auf der einen Seite zwar beleidigend und abstoßend ge-

---

204 So auch Hohmann/Moors, KJ 1995, S. 157; Cahill, 48 Vand. L. Rev., 1107 (1995) setzt sich mit der Frage auseinander, ob es für den Arbeitgeber eine Verteidigungsmöglichkeit gibt, wenn die Klägerin freiwillig eingewilligt hat, sexuell provozierende Arbeitskleidung zu tragen, weiter Monnin, 48 Vand. L. Rev., 1187 ff (1995) zur Anwendung der Rape Shield Rule auf Title-VII-Sexual-Harassment-Fälle, und Bull, 41 UCLA L. Rev., 117 ff. (1993), die dem *US Supreme Court* eine sexistische Haltung vorwirft, weil er provozierende Sprache und Kleidung in Betracht zieht und sexuelle Belästigung am Arbeitsplatz mehr mit sexueller Attraktivität verbindet als zu erkennen, dass es sich hierbei oft um den Wunsch des Belästigers handelt zu demonstrieren, dass er machtvoller als das Opfer ist.

205 S. Smith, 63 U. Cin. L. Rev., 1920 (1995); Omillian, 165 (1987), die beklagt, dass Meritor es offen lässt, welchen Beweis eine Klägerin erbringen muss, um die Unwillkommenheit von sexueller Belästigung aufzuzeigen, s. zur Rechtsprechung: Lipsett v. University of Puerto Rico, 864 F. 2d, 898 (1st Cir. 1988): („In some instances a woman may have the responsibility for telling the man directly that his comments or conduct is unwelcome. In other instanes, however, a woman's consistent failure to respond to suggestive comments or gestures may be sufficient to communicate that the man's conduct is unwelcome."); Swentek v. USAir, Inc., 830 F. 2d, 557 (4th Cir. 1987): „Plaintiff's use of foul language or sexuel innuendo in a consensual setting does not waive her legal protection against unwelcome harassment." Vermett v. Hough, 627 F. Supp., 599 (W. D. Mich. 1986), wo die Belästigungsklage dadurch geschwächt wurde, dass die Klägerin an sexuellen Witzen, Vulgärsprache und an Balgereien im Büro teilgenommen hatte.

206 Hensen v. City of Dundee, 682 F. 2d, 897, 903 (11th Cir. 1982).

207 Hensen v. City of Dundee, 682 F. 2d, 897, 903 (11th Cir. 1982).

wesen sein kann, auf der anderen Seite aber vom Opfer explizit keine Abwehrmaßnahmen erfolgten oder es sogar in den Augen des Belästigers dazu eingeladen hatte.[208]

So bleibt festzustellen, dass die Anwendung des Merkmals ,Unwillkommenheit' Vorteile gegenüber dem Merkmal ,Freiwilligkeit' mit sich bringt, aber durch die Gesamtwertung aller Umstände, die die Rechtsprechung durchführt, wird immer noch das Verhalten des Opfers zu sehr beachtet und es werden hohe Beweisanforderungen gestellt, damit das Opfer darlegen und beweisen kann, es habe nicht zu einem belästigenden Verhalten beigetragen oder aufgefordert.[209]

Kritiker dieser zweistufigen Prüfung weisen darauf hin, der der Klägerin auferlegte Beweis der Unwillkommenheit sei eine Anomalie in der Title-VII-Rechtsprechung, da zum Beispiel in Fällen der rassistischen Belästigung angenommen wird, ein beleidigendes Verhalten sei per se beleidigend.[210]

Weiter wird darauf hingewiesen, dass ein passives Verhalten des Opfers vielerlei Gründe haben kann, die aber meist arbeitsplatzbezogen sind und keinesfalls als ein Einverstandensein mit den sexuellen Annäherungen von Vorgesetzten gewertet werden sollen.[211]

Wird der zweistufige Test aufrecht erhalten, so führt dies meines Erachtens dazu, dass Aspekte von Unwillkommenheit und Freiwilligkeit unzulässigerweise

---

208 Vgl. Nachweise in Fn. 178. Sieben *Circuit Courts* haben den in Hensen aufgestellten Unwillkommenheitsstandard explizit übernommen: Chamberlin v. 101 Realty, Inc., 915 F. 2d, 777, 782-84 (1st Cir. 1990); Paroline v. Unisys Corp., 879 F. 2d, 100, 105 (4th Cir. 1989); Yates v. Avco Corp., 819 F. 2d, S., 630, 634 (6th Cir. 1987); Hall v. Gus Construction Co., 842 F. 2d, 1010, 1013 (8th Cir. 1988); EEOC v. Hacienda Hotel, 881 F. 2d, 1504, 1515 (9th Cir. 1989); Sparks v. Pilot Freight Carriers, Inc., 830 F. 2d, 1554, 1557 (11th Cir. 1987); auch der Zweite Circuit Court of Appeals nahm den Unwillkommenheitsstandard auf, ohne sich allerdings auf Hensen zu berufen: Carrero v. New York City Housing Authorities, 890 F. 2d, 569, 578 (2nd Cir. 1989); abweichend der *Dritte Circuit Court*: Drinkwater v. Union Carbide Corp., 904 F. 2d, S., 853, 860 (3rd Cir. 1990) und wohl auch der *Siebte Circuit Court*: Dockter v. Rudolf Wolff, Inc., 913 F. 2d, 456 (7th Cir. 1990), wo der Vorgesetzte die Brust der Angestellten angefasst hatte und diese ihn dafür maßregelte, was der *Circuit Court* nicht als ausreichend für die Unwillkommenheit ansah; anders in Brooms v. Regal Tube Co., 881 F. 2d, 412 (7th Cir. 1989), wo das Opfer stets das Verhalten des Vorgesetzten tadelte oder ignorierte und sich auch beim Management beschwerte. Bei einem besonders ernsten Vorfall begoss sie den Belästiger mit Kaffee und schrie ihn an. Dieses Verhalten wertete das Gericht als ausreichend.

209 Monnin, 48 Vand. L. Rev., 1155, 1167 (1995); Lester, 46 Lab. L. J., 323 (1995).

210 Rhode, 58 U. Cin. L. Rev., 779, 812 (1989) weist darauf hin, rassistische Kommentare seien von sich aus beleidigend; kritisch zur unterschiedlichen Behandlung von sexueller und rassistischer Belästigung Monnin, 42 Vand. L. Rev., 1155, 1167 (1995) und Childers, 42 Duke L. J., 854, 862 (1993).

211 Lester, 46 Lab. L. J., 323, 324, 331 (1995).

und den Begründungen der Entscheidungen auch zuwider planwidrig miteinander vermengt werden.[212]
Ein weiterer Grund, den Unwillkommenheitsstandard streng subjektiv auszugestalten, ist die unterschiedliche Beurteilung von Männern und Frauen, was sexuelle Belästigung ist. Frauen empfinden verbale oder körperliche sexuelle Vorfälle eher als Nötigung denn als schmeichelhaft, während Männer dies oft umgekehrt sehen.[213] Weiter denken Männer oft, ihr Verhalten sei erwünscht, während Frauen der Meinung sind, nur die machtvollere andere Seite wünsche dieses Verhalten.[214] Da aber die Rechtsprechung zu *Title VII* – dem Willen des Kongresses folgend – Diskriminierung auf Grund des Geschlechtes in der Gestalt sexueller Belästigung am Arbeitsplatz eliminieren will, muss das subjektive Empfinden des Opfers Maßstab für den Beweis der Unwillkommenheit sein.[215]
Sicher ist hingegen, dass die Unwillkommenheit der Situation ein wesentlich angemesseneres Kriterium als die Freiwilligkeit ist.
Ob eine Arbeitnehmerin den sexuellen Forderungen ihres Vorgesetzten oder Kollegen freiwillig nachgibt, kann ebenfalls nur schwer beurteilt werden. Nach außen kann es durchaus freiwillig erscheinen, nach innen kann die Arbeitnehmerin aber von ihrer Angst um den Verlust des Arbeitsplatzes oder anderer Nachteile geleitet worden sein,[216] so dass Freiwilligkeit schon dann entfällt, wenn die Angst um den Arbeitsplatz auch nur ein einziger Grund für ihr Entgegenkommen ist. Freiwilligkeit ist ebenfalls dann kein unangemessenes Kriterium, wenn es um sexuelle Bemerkungen oder sexuelle Darstellungen am Arbeitsplatz geht, die die Arbeitsplatzatmosphäre vergiften. Hier ordnet sich die Betroffene nicht freiwillig dieser Atmosphäre unter, nur weil sie dagegen nichts unternimmt. Denn auch in diesen Situationen ist der freie Wille dann keiner mehr, wenn er von (berechtigter) Angst um den Arbeitsplatz, Reaktion der Kollegen und anderen unkalkulierbaren Faktoren getragen wird.[217]

---

212 Ähnlich Paetzold/O'Leary, 31 American Business L. J., 365, 370 (1993), die kritisieren, dass Richter ihr eigenes (objektives) Empfinden, was beleidigend und unwillkommen war, mit in ihre Wertung einbringen und damit den subjektiven Unwillkommenheitsstandard mit objektiven Anteilen des „Durchdringend-und-schwer"-Standards mischen; a.A: Burns, Jr., 18 Employee Relations L. J., 681, 686 (1993), der der Meinung ist, die Gerichte müssten eine Möglichkeit haben auszubalancieren, was unverfängliche Bemerkungen seien, die niemandem die Karriere ruinieren dürfen, und auch von der Klägerin nicht als belästigend aufgefasst werden durften und dem Recht der Opfer von Belästigungen, einen belästigungsfreien Arbeitsplatz zu haben.

213 S. Kuhlmann (1996), S. 21, 105-108.

214 Abrams, 42 Vand. L. Rev., 1183, 1206 (1989).

215 So auch Abrams, 42 Vand. L. Rev., 1183, 1206 (1989).

216 Lester, 46 Lab. L. J., 323, 324, 331 (1995); zu wissenschaftlich nachgewiesenen Gründen der passiven Verhaltensstrategien von Belästigungsopfern.

217 So auch Hohmann/Moors, KJ 1995, S. 157; Bertelsmann, AiB 1987, S. 126 („nachvollziehbare und sinnvolle Definition"); Pfarr/Bertelsmann (1989), S. 423, die eine ge-

3.5 Haftung des Arbeitgebers nach dem Recht der Stellvertretung

Bis zur Meritor-Entscheidung des *US Supreme Court* gab es viele verschiedene Wege der einzelnen Berufungsgerichte, über die Haftung des Arbeitgebers zu entscheiden. Die EEOC hatte ebenfalls Ausführungen zur Haftungsfrage in ihren oben bereits vorgestellten Richtlinien gemacht. Da die Haftung des Arbeitgebers für die Fälle der sexuellen Belästigung so existentiell ist,[218] wurde ein klärender Spruch des *US Supreme Court* erwartet.
Während das Distriktgericht im Meritor-Verfahren noch der Ansicht war, da die Bank vom Tun ihres Vorgesetzten Taylor keine Kenntnis hatte, könne sie auch nicht haftbar gemacht werden,[219] urteilte das Berufungsgericht, dass die Bank für Taylors Belästigungen zu haften habe, denn, auch obwohl sie nichts von der Belästigung gewusst habe, sei ein Vorgesetzter notwendigerweise ihr Vertreter, auch wenn er keine Macht zum Einstellen, Kündigen oder Befördern gehabt habe, und deshalb habe die Bank für seine Vergehen nach *Title VII* einzustehen.[220]
Die beiden Parteien des Rechtstreites sowie verschiedene *amici curiie* äußerten unterschiedliche Ansichten zur Haftbarkeit in Hostile-Work-Environment-Fällen. Die EEOC führte in ihrem Amicus-curiae-Brief aus, dass nach dem Willen des Kongresses die Arbeitgeberhaftung aus den traditionellen Agency-Prinzipien (Vertreterhaftung) hergeleitet werden sollte, was bedeute, dass ein Arbeitgeber für einen Vorgesetzten hafte, der faktisch die Macht habe, arbeitsplatzbezogene Entscheidungen zu treffen. Da dies jedoch auf Hostile-Work-Environment-Fälle oft nicht passe, sollte in solchen Fällen die Haftung des Arbeitgebers nur dann bejaht werden, wenn in dem Unternehmen keine wirksame Beschwerdemöglichkeit gegen sexuelle Belästigung existierten und keine wirksamen Maßnahmen gegen sexuelle Belästigung ergriffen würden. Dies gelte für die Fälle, in denen der Arbeitgeber nichts von den Vorfällen gewusst habe. Habe er von den Vorfällen Kenntnis gehabt oder keine wirksame Politik gegen sexuelle Belästigung betrieben, so sei er stets direkt haftbar.[221]

---

naue Definition des Begriffes „Unerwünschtheit" (Unwillkommenheit) für nicht möglich halten, da das jeweilige Verhalten aus der konkreten Situation heraus gewertet werden müsse; so wohl auch die amerikanische Rechtsprechung, s. Fn. 208 in dieser Arbeit.

218 Staszewski, 48 Vand. L. Rev., 1059 (1995) spricht vom „Herzen einer Klage wegen sexueller Belästigung".

219 S. Meritor Savings Bank v. Vinson, 106 S. Ct., 2399, 2403 (1986), wo die Ausführungen des *District Court* zur Haftung wiedergegeben werden.

220 Meritor Savings Bank v. Vinson, 106 S. Ct., 2399, 2403 (1986).

221 Meritor Savings Bank, 106 S. Ct., 2399, 2407 (1986), dies ist auch nach allgemeiner Meinung der Haftungsmaßstab für sexuelle Belästigung von Kollegen, s. dazu Linde-

Der *US Supreme Court* lehnte es ab, eine definitive Regelung zur Behandlung der Haftungsfrage aufzustellen. Er stimmte jedoch der EEOC zu, der Kongress habe den Willen gehabt, die Haftungsfrage nach den traditionellen Common-Law-Prinzipien der Vertreterhaftung zu entscheiden. Auch die Wertung des Kongresses, unter den Begriff ‚Arbeitgeber' in *Title VII* auch dessen Vertreter einzubeziehen,[222] lasse darauf schließen, dass nach dem Willen des Kongresses eine begrenzte Arbeitgeberhaftung für die Handlungen ihrer Angestellten konstituiert werden sollte. Aus diesem Grunde lehnte der *US Supreme Court* die Urteile beider Untergerichte ab.[223] Er unterstrich weiter, dass nicht die bloße Existenz eines Beschwerdeweges innerhalb des Unternehmens und einer Politik gegen sexuelle Belästigung zu einer Enthaftung führe. Diese Instrumente müssten für das Opfer annehmbar und wirksam sein.[224]
Dass diese Entscheidung des *US Supreme Court* hinsichtlich der Arbeitgeberhaftung bei Fällen der feindseligen Arbeitsumgebung die Gerichte erneut vor Auslegungsprobleme stellen würde, war ersichtlich, da das *Restatement of Agency*,[225] in dem die Vertreterhaftung geregelt ist, mehrere Formen der Haftung des Meisters für seine Bediensteten bereit hält.[226]

3.5.1 Das Restatement of Torts des Common Law

Das Prinzip, nach dem ein Meister für das Fehlverhalten seines Bediensteten einzustehen hat, nennt sich *respondeat superior*, und geht zurück in die Zeiten, in denen der Diener noch ein Mitglied des Haushaltes seines Meisters war und während der Dienstzeit unter einer gewissen Kontrolle des Dienstherrn stand.[227]
Niedergelegt ist es im *Restatement (Second) of Agency*, § 219, der besagt:

(1) A master is subject to liability for the torts of his servants committed while acting in the scope of their employment.

---

mann/Kadue (1993), S. 233 ff; Gleß, Streit 1, 1994, S. 22; Baer (1995), S. 292, die allerdings meines Erachtens fälschlicherweise annimmt, eine weitere Haftung des Arbeitgebers ergebe sich aus Agency-Prinzipien; auf eine detaillierte Darstellung muss hier verzichtet werden, s. zur Haftung des Arbeitgebers für Kunden und andere Dritte (die ebenfalls in den EEOC-Richtlinien vorgesehen ist): Watson, 19 Employee Relations L. J., 227-237 (1993-94).

222 42 USC, Sec. 2000 e (b).

223 Meritor Savings Bank v. Vinson, 106 S. Ct., 2408 (1986).

224 Meritor Savings Bank v. Vinson, 106 S. Ct., 2408 (1986).

225 S. Restatement (Second) of Agency, Chapter 7, § 219 (1958): Verantwortlichkeit des Masters für Delikte seiner Servants.

226 S. Staszewski, 48 Vand. L. Rev., 1057 (1995), der eine detaillierte Darstellung der Agency-Prinzipien vornimmt.

227 S. Staszewski, 48 Vand. L. Rev., 1057, 1071 (1995).

(2) A master is not subject to liability for the torts of his servants acting outside the scope of their employment, unless:
    (a) the master intended the conduct or the consequences, or
    (b) the master was negligent or reckless, or
    (c) the servant purported to act or to speak in behalf of the principal and there was reliance upon apparent authority, or he was aided in accomplishing the tort by the existence of the agency relation (Scope of Employment § 219 (1)).

3.5.2 Scope of Employment (§ 219 (1))

Die traditionelle Scope-of-Employment-Theorie geht davon aus, dass ein Arbeitgeber dann für ein Fehlverhalten seines Arbeitnehmers haften soll, wenn dieser es im Kompetenzbereich seines Arbeitsverhältnisses begangen hat und auch davon ausgehen konnte (wenn auch missdeutend), dass er mit seinem Fehlverhalten ein Geschäft seines Arbeitgebers erledigt.[228]
Regelmäßig wird davon auszugehen sein, dass sexuelle Belästigung am Arbeitsplatz ein persönlicher Angriff des Belästigers ist und dieser sich auch nicht in der Annahme wähnt, er handele in Erledigung seiner Arbeitspflichten, so dass aus dieser klassischen Doktrin keine Arbeitgeberhaftung herzuleiten ist.[229]
Nach Meinung des *Sechsten Circuit Courts* kann allerdings auch sexuelle Belästigung innerhalb des Kompetenzbereichs des Arbeitsverhältnisses durch einen Vorgesetzten begangen werden. Es müsse darauf geachtet werden, wann der Vorfall stattgefunden habe, wo er stattgefunden habe und ob dies vorhersehbar gewesen sei. Dann komme sogar eine Haftung des Arbeitgebers infrage, wenn dieser solche Vorfälle ausdrücklich verboten hatte.[230] Die Vorhersehbarkeit wurde in diesem Fall daraus hergeleitet, dass die Firma eine Politik gegen sexuelle Belästigung am Arbeitplatz hatte.[231] In einem weiteren Fall bejahte der *Sechste Circuit Court* wiederum das Handeln eines Vorgesetzten als innerhalb seines Kompetenzbereiches, verneinte aber die Haftung des Arbeitgebers, weil dieser nach Kenntnis der Belästigung prompt und angemessen reagiert hatte.[232]
Meines Erachtens geht die Anwendung des Scope-of-Employment-Standards zu weit, da es in den wenigsten Fällen in den Kompetenzbereich des vorgesetzten Arbeitnehmers fallen dürfte, sexuelle Belästigung sowie andere kriminelle Taten zu begehen.[233]

---

228 Staszewski, 48 Vand. L. Rev., 1057, 1073 (1995).

229 So Hunter v. Allis-Chalmers Corporation, Engine Division, 797 F. 2d, 1417, 1421-22 (7th Cir. 1987); Salley v. Petrolane, Inc., 764 F. Supp., 61, 63 (W. D. N. C. 1991).

230 Yates v. Avco Corp., 819 F. 2d, 630, 636 (6th Cir. 1987).

231 Lester, 46 Lab. L. J., 323, 324, 331 (1995).

232 Kauffman v. Allied Signal, Inc., Autolite Division, 970 F. 2d, 178, 184 (6th Cir. 1992).

233 So auch Staszewski, 48 Vand. L. Rev., 1057, 1075 (1995).

Es passt inkonsequenterweise die vom *Sechsten Circuit Court* gewährte Exkulpationsmöglichkeit des Arbeitgebers nicht, da in der klassischen Respondeat-Superior-Lehre gerade die Entschuldigung des Masters ausgeschlossen ist.[234]

3.5.3 Haftung des Arbeitgebers bei eigenem Vorsatz (§ 219 (2) (a))

Eine weitere Zurechnungsmöglichkeit entsteht, wenn dem Arbeitgeber eigener Vorsatz hinsichtlich der Belästigung durch seinen Vorgesetzten nachgewiesen werden kann. Dies kann nur dann der Fall sein, wenn der Arbeitgeber das belästigende Verhalten des Vorgesetzten quasi in Auftrag gibt oder es billigt.[235] Ein solches Verhalten des Arbeitgebers kann ausdrücklich oder stillschweigend erfolgen und wird entsprechende Beweisprobleme nach sich ziehen.[236] Weiterhin kann ein solches Verhalten, das vom Arbeitgeber ausdrücklich geduldet wird, ebenso unter die Scope-of-Employment-Theorie eingeordnet werden, weil das belästigende Verhalten dann im Kompetenzbereich des Arbeitsverhältnisses stattfand.[237] Aus diesen Gründen gibt die Vorsatztheorie keine erweiterte Haftungsmöglichkeit für den Arbeitgeber.

3.5.4 Haftung des Arbeitgebers bei Fahrlässigkeit oder Leichtsinnigkeit (§ 219 (2) (b))

Ebenso wie bei Vorsatz des Arbeitgebers kommt eine Haftung bei Leichtsinnigkeit bzw. Fahrlässigkeit des Arbeitgebers in Betracht. § 219 des *Restatement of Agency* gibt für die Fahrlässigkeit des Masters folgende Definition: „A person conducting an activity through servants or other agents is subject to liability for harm resulting from his conduct if he is negligent or reckless: (a) in giving improper or ambiguous orders of in failing to make proper regulations; or (b) in the employment of improper persons or instrumentalities in work involving risk of harm to others; or (c) in the supervision of the activity; or (d) in permitting, or failing to prevent, negligent or other tortious conduct by persons, whether or not his servants or agents, upon premises or with instrumentalities under his control."

Aus der Definition für rücksichtsloses oder leichtsinniges Verhalten eines Arbeitgebers ergibt sich, dass eine solche Haftung sehr weitreichend sein kann und vom Arbeitgeber in allen Arbeitsbereichen eine sorgfältige Organisation

234 Prosser/Keeton (1984).

235 Staszewski, 48 Vand. L. Rev., 1057, 1078 (1995).

236 Salley v. Patrolane, Inc., 764 F. Supp., 61, 63 (W. D. N. C. 1991): Der Arbeitgeber ist dann haftbar, wenn er das Verhalten des Vorgesetzten ausdrücklich duldete.

237 So auch Staszewski, 48 Vand. L. Rev., 1057, 1078 (1995).

und ständige Überwachung der Arbeitsumgebungen und Mitarbeiter erfordert. Die Untergerichte haben den Fahrlässigkeits-Standard dann implizit oder explizit angewandt, indem sie bezüglich der Arbeitgeberhaftung darauf abstellten, ob der Arbeitgeber von der feindlichen, sexuell belästigenden Arbeitsumgebung wusste oder wissen musste, aber trotzdem keine geeigneten Maßnahmen ergriffen haben.[238]

Legt man die oben zitierte Definition von Fahrlässigkeit zu Grunde, ist ein Arbeitgeber automatisch für ein belästigendes Verhalten seines Vorgesetzten haftbar, wenn er es zumindest unterlassen hat, den Vorgesetzten entsprechend darüber zu instruieren, dass sexuelle Belästigung am Arbeitsplatz verboten ist, oder er hat seine Überwachungspflichten verletzt, weil er den Vorgesetzten nicht genügend überwacht hat, um auszuschließen, dass er Mitarbeiterinnen belästigt.

Aus dem Gesagten wird deutlich, dass es sich bei dem Fahrlässigkeits-Standard um den bisher weitestgehenden Haftungsumfang innerhalb des *Agency Restatement* handelt.[239]

Man muss dazu feststellen, dass ein Arbeitgeber nicht immer und überall sein kann und dass es auch für ein Organisationsverschulden gewisse Anforderungen geben muss. Aus diesem Grunde ist es einleuchtend, dass die amerikanischen Gerichte zur Etablierung eines Beweises im *Negligence Standard* einen zweistufigen Aufbau erarbeitet haben. Die Haftung des Arbeitgebers soll nur dann erfolgen, wenn er trotz Kenntnis oder obwohl er es hätte wissen müssen, keine prompten und angemessenen Maßnahmen zur Klärung und zur Abhilfe ergriffen hat.[240]

Auch hieraus wird deutlich, wie es auch schon in den Richtlinien der EEOC zum Ausdruck gebracht worden ist, welche immense Bedeutung ein effektiv eingerichteter betriebsinterner Beschwerdeweg für die Haftung bzw. Exkulpation des Arbeitgebers hat.[241]

---

238 Bouton v. BMW of North America, Inc., 29 F. 3d, 103, 107 (3rd Cir. 1994): Die Appellationsgerichte nehmen Arbeitgeberhaftung wegen Fahrlässigkeit an, wenn die Belästigung dem Arbeitgeber zur Kenntnis gebracht wird, dieser es aber unterlässt, schnelle und angemessene Maßnahmen zu ergreifen; Hunter v. Allis-Chalmers Corporation, Engine Division, 797 F. 2d, 1417, 1421-1422 (7th Cir. 1986); Lipsett v. University of Puerto Rico, 864 F. 2d, 881, 901 (1st Cir. 1988); bei Kenntnis bejahend auch Meritor Savings Bank v. Vinson, 106 S. Ct., 2399, 2408 (1986).

239 Nach Meinung eines Autors ergibt sich de facto eine automatische Haftung des Arbeitgebers in den Fällen, in denen ein Vorgesetzter Belästiger ist, da eine der Agency-Prinzipien immer passt, Note: The Aftermath of Meritor: A Search for Standards in the Law of Sexual Harassment, 98 Yale L. J., 1717, 1730-1731 (1989).

240 S. zu den Voraussetzungen Staszewski, 48 Vand. L. Rev., 1057, 1085-1086 (1995).

241 S. auch MacKinnon/Berry in ihrem Brief for Respondent, 38; Meritor Savings Bank v. Vinson, 106 S. Ct., 2399 (1986); allgemein zur Bedeutung einer gut funktionierenden Anti-Harassment Politik Parliman/Kelly, 21 Employee Relations L. J., S., 77, 87 (1995/96).

3.5.5 Haftung nach der Apparant-Authority-Theorie (§ 219 (2) (d))

Nach der Apparant-Authority-Theorie kommt eine Haftung des Arbeitgebers dann infrage, wenn er den Eindruck erwecken ließ, dass der belästigende Vorgesetzte in seinem Namen handelte, was zu einem Nachteil der Klägerin führen musste und dass die Klägerin aus irgendeinem Grund an die scheinbare Vertretungsmacht des Belästigers glauben konnte.[242]
Vorgesetzte haben über ihre Befugnis hinaus, Arbeitnehmer einzustellen, zu kündigen, sie zu befördern oder sie zu disziplinieren, oft auch noch die Befugnis, andere wichtige Dinge des täglichen Arbeitslebens wie den Arbeitsablauf zu regeln. Das gibt ihnen auch die Macht, die Arbeitsumgebung zu bestimmen und zu kontrollieren.[243] Gerade weil sie die ihnen eingeräumte Position bekleiden, sind Vorgesetzte in der Lage, sich Untergebenen in unwillkommener Weise sexuell zu nähern.[244]
In der Entscheidung Watts v. New York City Police Department[245] unterstrich das Distriktgericht seine Ansicht, dass ein Vorgesetzter, der eine Untergebene sexuell belästigt und dies dadurch verstärkt, dass er seine Macht zur Arbeitsplatzbewertung, zur Beförderung von Angestellten oder zur Vergabe der Arbeit nutzt, seine *Apparant Authority* ausnutzt und ein solches Verhalten dem Arbeitgeber zugerechnet werden kann, wenn dieser es versäumt, strenge Politiken gegen ein solches Verhalten zu entwickeln und darauf hinzuweisen, dass eine solche Macht für den Vorgesetzten nicht besteht.
Auch ein Appellationsgericht war der Ansicht, ein Vorgesetzter, der die ihm eingeräumte Macht über seine Untergebenen ausnutzt, kann durch eine scheinbare Vertretungsmacht in seinem belästigenden Verhalten unterstützt werden, was dem Arbeitgeber zugerechnet werden könne.[246] Hierbei ist es nicht von Bedeutung, ob der Arbeitgeber vom belästigenden Verhalten des Vorgesetzten gewusst hat.[247]

Die größte Hürde, die ein Opfer nehmen muss, um den Beweis für Apparant Authority erbringen zu können, ist jedoch ihr Glaube in die scheinbare Macht des Vorgesetzten, er sei zu dem belästigenden Verhalten befugt, da dies das dritte Element der Apparant-Authority-Theorie darstellt. Liegt beispielsweise eine Politik des Arbeitgebers vor, sexuelle Belästigung am Arbeitsplatz nicht zu

---

242 Agency Restatement, § 265.

243 Staszewski, 48 Vand. L. Rev., 1057, 1088 (1995); generell dazu: Comment, An Employer's Guide to Understanding Liability for Sexual Harassment under Title VII, 55 U. Cin. L. Rev., 1181 (1987).

244 So Staszewski, 48 Vand. L. Rev., 1057, 1088 (1995).

245 Watts v. New York City Police Department, 724 F. Supp., 99 (S. D. N. Y. 1989).

246 Bouton v. BMW of North America,Inc., 29 F. 3d, 103 (3d Cir. 1994).

247 Staszewski, 48 Vand. L. Rev., 1057, 1089 (1995).

gestatten, so kann sich das Opfer nicht darauf berufen, sie habe vernünftigerweise annehmen können, der Vorgesetzte sei vom Arbeitgeber autorisiert worden, sich seinen Untergebenen sexuell zu nähern.[248]

Während der *Dritte Circuit Court* annahm, es sei nicht erforderlich, dass eine solche Anti-Belästigungspolitik schriftlich von dem betroffenen Arbeitgeber niedergelegt sein musste, verlangt der *Southern District Court of New York* eine schriftliche Erklärung, in der sexuelle Belästigung am Arbeitsplatz explizit verboten wird, damit das Opfer keinesfalls vernünftigerweise davon ausgehen konnte, ihr Vorgesetzter habe die scheinbare Macht gehabt, ihr sexuell nahe zu treten.[249]

In vielen Firmen und Berufszweigen kann man sich schwerlich vorstellen, ein Vorgesetzter sei befugt, sich kriminell zu verhalten. Doch sexuelle Belästigung am Arbeitsplatz muss nicht erst dann bejaht werden, wenn der Grad eines strafrechtlichen Vergehens oder Verbrechens erreicht ist.[250] Sexuelle Belästigung kann subtiler erfolgen und die Arbeitsatmosphäre sukzessive beeinflussen.

Hat ein Vorgesetzter die Befugnis, über die Einrichtung des Arbeitsplatzes, die Anzahl von Vieraugen-Gesprächen oder die Art der anfallenden Arbeit zu bestimmen – und das wird ein Vorgesetzter in den allermeisten Fällen tun können –, so können sich vielfach Gelegenheiten zur Belästigung ergeben, von denen die Angestellte nicht genau wissen kann, inwieweit sie noch im Kompetenzbereich des Vorgesetzten liegen und inwieweit sie sich fügen muss, um ihren Arbeitsplatz nicht zu gefährden. Aus diesem Grunde ist die Anwendung dieser Haftungstheorie durchaus zu überlegen, obwohl sie vielleicht auf den ersten Blick abwegig erscheinen mag.[251]

3.5.6 Haftung nach dem Aided in the Agency Relation Standard (§ 219 (2) (d))

Ein Arbeitgeber, der an einen Vorgesetzten die Macht delegiert, die Arbeitsumgebung zu kontrollieren, kann nach der oben genannten Theorie haftbar gemacht werden, da er durch seine Entscheidung den Vorgesetzten erst in die entsprechende Position gebracht hat. Als Beispiel mag dafür dienen, dass der Arbeitgeber gar nicht vor Ort ist und dem Vorgesetzen die Organisation des täglichen Arbeitsablaufes allein obliegt. Dann muss der Arbeitgeber nach Agency-

248 Vgl. Bouton v. BMW of North America, Inc., 29 F. 3d, 103, 108-109 (3d Cir. 1994).

249 Vgl. Bouton v. BMW of North America, Inc., 29 F. 3d, 103, 109 (3d Cir. 1994); Watts v. New York City Police Department, 724 F. Supp., 99, 106 (S.D. N.Y. 1989).

250 Vgl. hierzu Herzog (1997), S. 90-108.

251 Ablehnend Herzog (1997), S. 71.

Prinzipien auch für ein falsches Verhalten des Vorgesetzten einstehen, dass dieser in Erfüllung seiner ihm übertragenen Kompetenz begeht.[252]
Der Unterschied zu der Apparant-Authority-Theorie besteht darin, das der Arbeitgeber eine Anscheinsvollmacht des Belästigers verneinen kann, weil er beispielsweise durch seine Firmenpolitik deutlich zum Ausdruck gebracht hat, keine sexuelle Belästigung zu dulden bzw. diese prompt zu ahnden, aber faktisch den Vorgesetzten durch Machtdelegation in eine Position versetzt hat, sexuelle Belästigung zu begehen, woraus seine Haftung folgt.[253]
Der *Zehnte Circuit Court* hat danach eine solche Haftung des Arbeitgebers bejaht, wenn der Vorgesetzte direkte Macht über die Arbeitsbedingungen der Arbeitnehmerin (Kündigung, Beförderung) hat und quasi als alter ego des Arbeitgebers fungiert.[254]
Hat der Vorgesetzte nicht nur mit der entsprechenden Anwendung seiner Machtbefugnisse gedroht, sondern diese auch tatsächlich ausgeübt, liegt letztlich ein Fall von *quid pro quo harassment* vor, was den *Circuit Courts* in der Bewertung der Haftungsfrage weniger Schwierigkeiten gemacht hat, weil hier die Hilfe durch die eingeräumten Machtbefugnisse auf der Hand liegt.[255]
Übt der Belästiger dagegen keine Macht aus einem Vorgesetztenstatus gegenüber der Belästigten aus, weil er ihr gegenüber gar keine Vorgesetztenfunktion hat, kann der Arbeitgeber nicht nach der Aided-in-the-Agency-Relation-Theorie haftbar gemacht werden.[256]
Kritisiert wird an dieser Beschränkung auf Vorgesetzte, die direkte Machtbefugnisse über die Belästigte haben, dass auch Vorgesetzte ohne direkte rechtliche Macht faktisch Macht ausüben können, indem sie eine Arbeitnehmerin in ihr Büro rufen und dort belästigen oder ihre Vorgesetztenfunktion dazu nutzen können, sich freier am Arbeitsplatz zu bewegen, um so Möglichkeiten zur Belästigung zu haben.[257] Meines Erachtens lässt sich eine solche Verhaltensweise besser unter den Fahrlässigkeits-Standard subsumieren, da es der Arbeitgeber unterlassen hat, die Vorgesetzten zu instruieren und zu beaufsichtigen.

---

252 Anderson, 87 Colum. L. Rev., 1258, 1274 (1987) und Note: Sexual Harassment Claims of Abusive Work Environment Under Title VII, 97 Harvard L. Rev., 1449, 1461 (1984).

253 Vgl. Staszewski, 48 Vand. L. Rev., 1057, 1091 (1995).

254 Sauers v. Salt Lake City, 1 F. 3d, 1122, 1125 (10th Cir. 1993).

255 Vgl. Sparks v. Pilot Freight Carriers, Inc., 830 F. 2d, 1554, 1559 (11th Cir. 1987); Herzog (1997), S. 71; Lindemann/Kadue (1993), S. 230, die die *Apparant Authority* und die Aided-in-the-Relation-Theorie als einheitlichen Begriff verwenden – meines Erachtens fälschlicherweise, da § 219 (2) (d) im Wortlaut von zwei Alternativen ausgeht, so auch Staszewski, 48 Vand. L. Rev., 1057, 1093 (1995).

256 Hirschfeld v. New Mexico Corrections Department, 916 F. 2d, 572, 576 (10th Cir. 1990); Herzog (1997), S. 71.

257 Staszewski, 48 Vand. L. Rev., 1057, 1093 (1995).

Weiter wird angeführt, dass ein Vorgesetzter in horizontaler Ebene Einfluss auf den direkten Vorgesetzten des potentiellen Opfers ausüben könnte, was ihm nur durch seine Eigenschaft als Vorgesetzter gelingen könnte.[258] Ein solches Verhalten eines Vorgesetzten lässt sich unter den hier behandelten Standard subsumieren, da auch ein kollusives Zusammenwirken zweier Vorgesetzter zur Schaffung einer feindseligen Arbeitsumgebung dem Arbeitgeber zugerechnet werden muss, auch wenn jeder nur ein Element des belästigenden Verhaltens ausübt.[259]

3.6 Rechtsunsicherheit durch unterschiedliche Anwendung der Stellvertretungsregeln durch die Bundesgerichte

Durch die Vorgabe des *US Supreme Court*, die Agency-Prinzipien zu verwenden, ist den Gerichten zwar eine gewisse Führung zur Lösung des Problems der Arbeitgeberhaftung in Fällen von Belästigung, die zu einer feindseligen Arbeitsumgebung führt, gegeben worden, doch ist durch den Gerichtshof keine abschließende Interpretation aufgestellt worden. Die oben aufgezeigten verschiedenen Möglichkeiten der Arbeitgeberhaftung für die Vorgesetzten, die von den Untergerichten angewendet werden, machen deutlich, dass die Gerichte zu unterschiedlichen Ergebnissen kommen können, je nach dem Verhältnis, das sie zwischen Master und Servant zu Grunde legen. Dies birgt die Gefahr der uneinheitlichen Bewertung in den einzelnen *District* und *Circuit Courts* in sich[260] und macht es sowohl für Arbeitgeber als auch für die klagende Arbeitnehmerin nicht wesentlich einfacher, Haftungsrisiken oder Erfolgsaussichten eines Prozesses einzuschätzen.[261]

3.7 Betonung des Präventionsgedankens

Sicher ist jedoch, dass sowohl der *US Supreme Court*, die Untergerichte wie auch die Richtlinien der EEOC großen Wert auf eine wirksame Beschwerde-

---

258 Staszewski, 48 Vand. L. Rev., 1057, 1094 (1995).

259 Vgl. auch Karibian v. Columbia University 13 F. 3d, 773, 780 (2nd Cir. 1994), wonach unterschieden werden muss, ob sich ein Vorgesetzter seiner Macht bedient, oder ob ein Manager auf unterer Ebene keine Macht, da ein solches Verhalten eher mit der Belästigung durch Kollegen zu vergleichen sei und daher anderen Zurechnungsregeln unterliege.

260 Weddle, 95 Columbia L. Rev., 734-738 (1995) stellt die unterschiedliche Anwendung der Arbeitgeberhaftung in den Untergerichten dar und übt Kritik an den unterschiedlichen Standards; Herzog (1997), S. 72, stellt eine Tendenz der Gerichte fest, von der Gefährdungshaftung abzurücken.

261 Staszewski, 48 Vand. L. Rev., 1105 (1995) meint jedoch eine strikte Anwendung der Agency-Prinzipien helfe, die zwei Ziele von *Title VII*, die Eliminierung von Diskriminierung am Arbeitsplatz und die angemessenen Wiedergutmachung für Opfer von sexueller Belästigung, zu verwirklichen.

möglichkeit und eine wirksame Politik des Unternehmens zur Vermeidung bzw. Sanktionierung von sexueller Belästigung am Arbeitsplatz legen. Dies kann dem Unternehmen einen Weg zur Exkulpation eröffnen, wenn es nachweisen kann, dass das Opfer sich innerhalb des Unternehmens mit einer Beschwerde an kompetente Stellen hätte wenden können und diese Stellen auch zu Sanktionsmöglichkeiten berechtigt und befähigt[262] gewesen wären.
Der betroffenen Arbeitnehmerin nützt es nichts, wenn ihr faktisch die Möglichkeit geboten wird, sich bei ihrem Vorgesetzten über sexuelle Belästigung zu beschweren, wenn dieser der Belästiger ist. Daher betonen Gerichtshof und EEOC, dass die alleinige Existenz eines Beschwerdeverfahrens innerhalb der Firma und eine Anti-Diskriminierungspolitik allein nicht ausreichend sind, vielmehr bedarf es zur Enthaftung der Wirksamkeit beider Instrumente.[263]

3.8 Strategien zur Vermeidung von sexueller Belästigung

Da diese Wirksamkeit im Endeffekt wiederum eine Beurteilungsfrage ist, bleibt in vielen Fällen wohl nur der Gang zum Gericht. Dies zu vermeiden, versuchen immer mehr amerikanische Unternehmen durch Schulung ihres Führungspersonals[264] oder das Angebot von internen Beschwerdeverfahren für Opfer von sexueller Belästigung, die nicht an den Weg über den Vorgesetzten gebunden sind. Amerikanische Unternehmen haben in den 90-er Jahren eingesehen, dass sexuelle Belästigung ihnen indirekte Kosten in Millionenhöhe – verursacht durch Abwesenheit vom Arbeitsplatz auf Grund von Krankheit, niedrige Motivation von Angestellten, fluktuationsbedingte Einarbeitung von neuen Mitarbeiterinnen und nicht zuletzt Imageverlust, sobald ein Fall an die Öffentlichkeit dringt.[265]
Öffentlich wird ein Fall spätestens dann, wenn der Gerichtsweg beschritten wird, denn amerikanische Zivilverfahren sind von Anfang an öffentlich. Einsicht in die Gerichtsakten, die alle Auskünfte enthalten, die in der *pre-trial discovery* zusammengetragen werden, können nicht nur die Parteien und das Gerichtspersonal nehmen, sondern sie sind auch interessierten Dritten (Presse) zu-

---

262 S. dazu Oh, 18 Employee Relations L. J., 227 ff (1992), der Unternehmen empfiehlt, die interne Ermittlung von sexueller Belästigung besonders ernst zu nehmen, weil es seit dem CRA 1991 die Möglichkeit des *Jury-Trial* und der Ausurteilung von *compensatory* und *punitive damages* gibt und der Arbeitgeber sehr auf Vermeidung seiner Haftung achten muss. Weiter schlägt er vor, mindestens zwei interne Ermittler einzusetzen und Vertraulichkeit der Vorfälle zu bewahren.

263 So auch Parliman/Kelly, 21 Employee Relations L. J., 78 ff (1995/96) mit einer Darstellung jüngster Entscheidungen zur Haftung von Arbeitgebern, die Anti-Harassment-Politik verfolgt und Beschwerdeverfahren im Unternehmen etabliert haben.

264 S. auch Mästle (2000), S. 78, und Kuhlmann (1996), S. 64.

265 Apruzzese, 17 Lab. L. J., 334 (1992).

gänglich, die sich sogar Kopien fertigen können.[266] Nicht zu unterschätzen ist auch die Wirkung direkter Kosten, die den Unternehmen durch die Zahlung von Strafschadensersatz in Millionenhöhe entstehen.[267]

Die Meritor-Entscheidung des *US Supreme Court* wurde auf Grund ihrer fehlenden deutlichen Direktiven zur Arbeitgeberhaftung für sexuelle Belästigung vielfach kritisiert.[268]

Nicht nur der Hinweis an die Untergerichte, sie sollten sich hinsichtlich der Beurteilung der Arbeitgeberhaftung an die traditionellen Stellvertreterregeln halten, sondern auch die Bemerkung des *US Supreme Court*, die Agency-Prinzipien mögen nicht in allen Fällen auf *Title VII* transferierbar sein, brachte weitere Rechtsunsicherheit.[269]

Die nächste Entscheidung des *US Supreme Court* im Jahre 1993 zum Bereich der sexuellen Belästigung am Arbeitsplatz, die in Kapitel B 5 dieser Arbeit analysiert werden soll, brachte in dieser Hinsicht keine Klärung. Erst 1998 fühlte sich der *US Supreme Court* auf Grund der unterschiedlichen Auslegung durch die Untergerichte zu einer endgültigen Klärung berufen. Auch auf diese beiden Entscheidungen wird detailliert eingegangen werden.

4 Arbeitgeberhaftung für belästigendes Verhalten von Kollegen und Kunden

Sexuelle Belästigung am Arbeitsplatz durch Kollegen und auch durch Kunden spielt in der forensischen Praxis nicht eine so große Rolle wie die Belästigung durch Vorgesetzte. Im regulären Arbeitsablauf ist die Zahl der Belästigungen jedoch größer als die durch Vorgesetzte.[270]

---

266 Lange/Black (1987), Rn 56, und Müller, RIW 1998, S. 766.

267 Im Ergebnis so auch Mästle (2000), S. 79.

268 Lindemann/Kadue (1993), S. 255; Oh, 18 Employee relations L. J., 227 (1992), Petersen/ Massengill, 18 Employee Relations L. J., 489, 490 (1992-93); Paetzold/O'Leary-Kelly, 31 American Business L. J., 365, 376 Fn. 54 (1993); Greenlaw/Kohl 43 Lab. L. J., 165, 169 (1992); indirekt Hartstein/Wilde, 19 Employee Relations L. J., 639, 651 (1994), die betonen, dass sich die Gesetze bezüglich der Belästigung am Arbeitsplatz in einem Stadium der rapiden Veränderung und Entwicklung befinden; Smith, 63 U. Ci. L. Rev., 1893, 1931 (1995); Weddle, 95 Columbia L. Rev., 724, 742 (1995) schlägt noch eine weitere Haftungsmöglichkeit des Arbeitgebers vor. Ebenfalls zu den Agency-Prinzipien gehöre es, dass Arbeitgeber nicht delegierbare Aufgaben haben, die ihnen meist durch Gesetze auferlegt werden. Weddle sieht in der Anti-Diskriminierungsvorschrift *Title VII* eine nicht delegierbare Aufgabe des Arbeitgebers, den Arbeitsplatz frei von sexuellen Belästigungen zu halten. Gelingt ihm dies nicht, so müsse dieser Arbeitgeber ebenso wie der Arbeitgeber haften, der es unterlässt, Sicherheitsvorschriften umzusetzen und deren Einhaltung zu kontrollieren (S. 744).

269 Vgl. Meritor Savings Bank v. Vinson, 477 US 57, 72 (1986).

270 Lindemann/Kadue (1993), S. 233.

4.1 Belästigung durch Kollegen

Belästigung durch Kollegen tritt nicht in Form von Quid-pro-Quo-Belästigung auf, da Kollegen auf der gleichen Stufe nicht die Möglichkeit haben, arbeitsplatzbezogene Maßnahmen zu treffen. Vielmehr kann es hier vielschichtige und subtile Möglichkeiten der Schaffung einer feindlichen Arbeitsatmosphäre geben.[271]

Ansprüche gegen die Mitarbeiter können nicht gemäß *Title VII* geltend gemacht werden, diese ergeben sich unter Umständen aus Common-Law-Prinzipien, aus staatlichen Anti-Diskriminierungsgesetzen oder auch aus Strafgesetzen.[272]

Da belästigendes Verhalten von Kollegen nicht eine Verletzung der vom Arbeitgeber eingeräumten Machtbefugnisse darstellt, sondern eher als eine Nichtkontrolle des Arbeitsplatzes durch den Arbeitgeber anzusehen ist, wird von den Gerichten heute unisono eine Haftung dann angenommen, wenn dem Arbeitgeber Fahrlässigkeit gemäß § 219 (2) (b) des *Restatement of Agency* vorgeworfen werden kann.[273]

Wie bereits in Kapitel B 3.5.4 dieser Arbeit geschildert, muss der Arbeitgeber Kenntnis vom belästigenden Verhalten gehabt haben bzw. er hätte Kenntnis haben müssen, und weiterhin muss er es unterlassen haben, sofortige und angemessene Maßnahmen zu treffen.[274]

Eine Kenntnis des Arbeitgebers (*actual notice*) wird dann angenommen, wenn Beschwerden über sexuelle Belästigung durch Kollegen an eine Stelle gerichtet wurden, die so hoch in der Unternehmenshierarchie steht, dass eine Beschwerde bei ihr der einer Beschwerde beim Arbeitgeber gleichkommt.[275]

---

271 Lindemann/Kadue (1993), S. 233 f, mit Beispielen von Belästigung durch Kollegen mit der Betonung darauf, dass sich gerade in gefährlichen Jobs die Kollegen aufeinander verlassen können müssen und Frauen wie auch Angehörige von Minderheiten oft das Gefühl haben, nicht genügend Sicherheit durch ihre (weißen) männlichen Mitarbeiter zu erhalten bzw. das Sicherheitssysteme durch diese sabotiert werde.

272 Lindemann/Kadue (1993), S. 234.

273 Lindemann/Kadue (1993), S. 234; Herzog (1997), S. 72; frühere Gerichte haben angenommen, es gäbe keine Haftung des Arbeitgebers bei Belästigung durch Kollegen, weil diese keine Macht hätten, die Arbeitsbedingungen für das Opfer zu bestimmen: Smith v. Rust Engineering Co., 20 FEP Cases, 1172 (N. D. Ala. 1978).

274 Vgl. Herzog (1997), S. 72 und Kapitel B 2.2 in dieser Arbeit. Zu den *Guidelines* der EEOC zur Haftung des Arbeitgebers bei Belästigung durch Kollegen, die eine Haftung seit 1980 vorsehen und denen der *Minnesota US Supreme Court* im selben Jahr gefolgt ist: Continental Can. Co. v. Minnesota, 297 N. W. 2d 241, 249, 22 FEP Cases, 1808, 1813 (Minn. 1980).

275 S. Katz v. Dole, 709 F. 2d, 251, 255, 31 FEP Cases, 1521, 1524 (4th Cir. 1983); Robinson v. Jacksonville Shipyards, 760 F. Supp., 1486, 1529 f (M. D. Fla. 1991).

Einige Gerichte haben es als ausreichend erachtet, wenn die Beschwerde nur beim mittleren bzw. unteren Management erhoben wurde.[276] Wird ein Vorgesetzter Zeuge einer sexuellen Belästigung, was auch bereits bei Kenntnis sexuell beleidigender Bilder oder Sprüche sein kann, wird dieses Wissen dem Arbeitgeber so zugerechnet, als habe er es gekannt.[277] Die Variante des ‚Hätte-kennen-Müssens' (*constructive notice*) ist dann verwirklicht, wenn die Belästigung eine solche Intensität erreicht hat, dass sie dem Arbeitgeber auffallen musste.[278]

Wenn Kollegen einen von allen genutzten Raum so ausstatten, dass sie Playboyfotos an die Wände kleben, für alle weiblichen Kollegen Spitznamen sexueller Art aushängen und weibliche Kollegen bildlich in sexueller Weise darstellen, ist eine solche Intensität erreicht, dass der Arbeitgeber die Belästigung hätte kennen müssen.[279]

Hat der Arbeitgeber Kenntnis der einen oder anderen Art erlangt, so muss er prompte und angemessene Maßnahmen treffen, um die Belästigung zu beenden. Welche Maßnahmen er treffen muss, kommt auf den Einzelfall an. Hierbei werden Kriterien wie Intensität und Dauer der Belästigung, Verwicklung von Vorgesetzten, Glaubwürdigkeit des Opfers, aber auch Ernsthaftigkeit der Abhilfemaßnahmen des Arbeitgebers bei der Entscheidung der Gerichte berücksichtigt, was je nach Gericht zu unterschiedlichen Ergebnissen führen kann.[280] Zu den angemessenen Maßnahmen gehören in jedem Fall die Durchführung einer ernsthaften Untersuchung und Sanktionen gegen den Belästiger wie Verwarnung, Versetzung, Zurückstufung, Gehaltskürzung oder sogar dessen Kündigung.[281]

4.2 Belästigung durch Kunden oder andere Betriebsfremde

Unter diese Kategorie der Belästigung fallen meist die Fälle, in denen weibliches Personal aufgefordert wird, eine bestimmte Arbeitsuniform zu tragen, die sexuell provozierend ist und die daher zu Kommentaren, aber auch Handgreiflichkeiten der männlichen Kundschaft Anlass gibt.

---

276 Vgl. Hall v. Gus Construction Co., 842 F. 2d, 1010, 1016, 46 FEP Cases, 573, 577 (8th Cir. 1988).

277 Lindemann/Kadue (1993), S. 242.

278 Katz v. Dole, 709 F. 2d, 251, 255, 31 FEP Cases, 1521, 1524 (4th Cir. 1983), und Hall v. Gaus Construction Co., 842 F. 2d, 1010, 1012, 1016, 46 FEP Cases, 573, 574, 577 (8th Cir. 1988).

279 S. Lipsett v. University of Puerto Rico, 864 F. 2d, 881, 54 FEP Cases, 230 (1st Cir. 1988).

280 Lindemann/Kadue (1993), S. 245.

281 Herzog (1997), S. 73 f, mit weiteren Beispielen.

Aus diesem Grunde liegt der Ort dieser Belästigungen oft in der Gastronomie, aber auch in anderen Branchen, in denen der Empfang oder die Betreuung der Kunden in Arbeitsuniformen gefordert wird, kommt es zu Belästigungen.[282]
In EEOC v. Sage Realty Corporation[283] wurden die Empfangsdamen in der Lobby eines New Yorker Bürohauses anlässlich der Zweihundertjahrfeier in eine rot-blau-weiße Uniform gekleidet, die nur in einer Größe geordert worden war. Der sehr großen Klägerin passte die Uniform nicht und entblößte Teile ihres Körpers. Während der zwei Tage, an denen sie die Uniform in der Lobby trug, wurde sie wiederholt Ziel von sexuell gefärbten Kommentaren und Gesten. Obwohl sie sich darüber bei ihrem Arbeitgeber beschwerte, reagierte dieser nicht. Daraufhin weigerte die Klägerin sich, die Uniform zu tragen, und ihr wurde gekündigt.
Das Gericht befand, der Arbeitgeber hätte vernünftigerweise annehmen können, dass die Klägerin belästigt würde, weil die Uniform sexuell provozierend war, und zweitens habe die Uniform in keinem Zusammenhang mit den Aufgaben der Klägerin als Empfangsdame in der Lobby gestanden. Weiterhin befand es, die Klägerin habe tatsächlich unter sexueller Belästigung zu leiden gehabt und der Arbeitgeber, der auf Grund ihrer Beschwerde davon gewusst hatte, habe keine Maßnahmen unternommen, um die Belästigung zu stoppen. Aus diesem Grund sah das Gericht die Haftung des Arbeitgebers als erwiesen an.[284]
Nimmt ein Arbeitgeber die sexuelle Belästigung seines weiblichen Personals durch sexuell aggressive Kleidungsvorschriften in Kauf, so läuft er Gefahr, dafür haftbar gemacht zu werden. Dies gilt insbesondere, wenn die Kleidung nichts mit dem eigentlichen Job zu tun hat.

4.2.1 Assumption of Risk Theory

Grauzonen, deren Haftungszurechnung nicht einheitlich beurteilt werden kann, entstehen dort, wo weibliche Angestellte von Anfang an wussten, dass sie sexuell provozierende Kleidung tragen würden, häufig auch im Zusammenhang mit Alkohol auf männliche Kunden treffen und vorhersehen konnten, Opfer von sexuellen Belästigungen zu werden.[285] Es wird in diesen Fällen diskutiert, ob sich der Arbeitgeber mit der Theorie der *assumption of risk* verteidigen kann, sofern er beweisen kann, dass die Arbeitnehmerin mit dem Risiko (hier der Belästigung) einverstanden gewesen ist.[286]

---

282 Watson, 19 Employee Relations L. J., 227 (1993-94); Lindemann/Kadue (1993), S. 249.

283 EEOC v. Sage Realty Corporation, 507 F. Supp., 599 (S.D. N.Y. 1981).

284 EEOC v. Sage Realty Corporation, 507 F. Supp., 599, 609 (S.D. N.Y. 1981); s. auch Cahill, 48 Vand. L. Rev., 1107, 1114 (1995) zu den Dress-Code-Fällen.

285 Vgl. Cahill, 48 Vand. L. Rev., 1107 (1995); Felepe v. Bloomington Hooters, Inc., No. 93-1134, Complaint (D. Minn. 1993).

286 Vgl. Cahill, 48 Vand. L. Rev., 1107, 1117 (1995).

Diese Theorie gehört als Verteidigungsmittel zum allgemeinen Deliktrecht und stößt dort auf ihre Grenzen, wo die Annahme einer *assumption of risk* gegen den *ordre public* verstößt. Dies wird gerade im Arbeitsrecht sehr eng ausgelegt, weil die Gerichte der Meinung sind, dass Arbeitnehmer eines gewissen Schutzes bedürften und leicht in Gefahren einwilligten, nur um einen Arbeitsplatz zu erhalten.[287]

4.2.2 Kritik an der Theorie

Meines Erachtens sollte es erwachsenen Arbeitnehmerinnen möglich sein zu entscheiden, ob sie in sexuell aggressiven Uniformen und Umgebungen arbeiten möchten, solange die Würde der Arbeitnehmerin am Arbeitsplatz nicht verletzt wird. Dies bedeutet, dass der Arbeitgeber seine weiblichen Angestellten vor belästigendem Verhalten von Kunden und sonstigen Dritten zu schützen hat, besonders dann, wenn er mit ihrem bewusst provokantem Auftreten Geld verdienen möchte. Genauso wie es in Vergewaltigungsfällen unerheblich sein sollte, ob ein Opfer einen Minirock getragen hat, muss auch eine Arbeitnehmerin, die in einem Minirock bedient, noch lange nicht ihre Zustimmung zur Belästigung gegeben haben.

Anders liegen die Fälle, in denen eine Frau Zutritt zu den Männerdomänen der so genannten *Blue Collar Jobs* haben möchte. Hier würde die Anwendung der Asumption-of-Risk-Theorie vergangene Diskriminierung perpetuieren.

In einem anders gelagerten Fall wurde eine Angestellte verbal und physisch belästigt, die bei einer Agentur beschäftigt war, die für Volkswagen Arbeitnehmer an verschiedene Verkaufsstellen entsandte. Die Arbeitnehmerin wurde an eine Niederlassung entsandt, wo sie von dem Manager massiv sexuell belästigt wurde. Sie beschwerte sich bei ihren Vorgesetzten in der Agentur und bei Volkswagen. Ihr wurde jedoch lediglich gesagt, sie solle um des lieben Friedens willen mit dem Verhalten klarkommen. Hier hielt das Gericht den Arbeitgeber für haftbar. Bezug nehmend auf die EEOC-Richtlinien, die eine Haftung für belästigendes Verhalten Dritter vorsehen, wenn der Arbeitgeber von der Belästigung wusste oder hätte wissen können und nichts dagegen unternommen hat, urteilte es, dass der Arbeitgeber korrigierend hätte eingreifen müssen.[288]

Zusammenfassend lässt sich sagen: Der Arbeitgeber muss auch darauf achten, seine Angestellten vor Belästigungen durch Kunden und andere Dritte zu schützen, um sich nicht haftbar zu machen. Hat er Kenntnis von sexuellen Belästigungen, muss er Maßnahmen ergreifen. Je intensiver die Belästigung ist und je mehr Kontrolle er ausüben kann, je eher ist er verpflichtet, adäquate Maßnahmen zu ergreifen.

---

287 Cahill, 48 Vand. L. Rev., 1107, 1120 f (1995), die der Ansicht ist, dass der Schutz der Arbeitnehmer zu weit geht und dazu führt, dass Arbeitnehmer nicht mehr frei die Arbeitsumgebung wählen können, in der sie arbeiten möchten.

288 S. Magnuson v. Peak Technical Services, 808 F. Supp., 500 (E. D. Va. 1992).

5 Die Entscheidung des US Supreme Court in Harris v. Forklift 1993

Bei dem zweiten Fall, der zur Entscheidung hinsichtlich eines Falles von sexueller Belästigung einer Arbeitnehmerin vor das höchste amerikanische Gericht gebracht wurde, handelt es sich um den Fall Harris v. Forklift.[289] Hier ging es um die Frage des Erfordernisses eines psychischen Schadens des Opfers von sexueller Belästigung am Arbeitsplatz. Des Weiteren wurde in dieser Entscheidung der Reasonable-Person-Standard etabliert.

5.1 Sachverhalt

Teresa Harris verklagte ihren früheren Arbeitgeber, Forklift Systems, eine Firma, deren Geschäftsgegenstand die Vermietung von technischer Ausrüstung war, gemäß *Title VII* wegen der Schaffung einer feindlichen Arbeitsumgebung. Sie war als Managerin in der Firma von 1985 bis 1987 tätig.

Der Präsident von Forklift, Charles Hardy, hatte ihr gegenüber während dieser Zeit mehrfach beleidigende Bemerkungen und sexuelle Andeutungen gemacht. Er hatte die Klägerin und andere weibliche Angestellte mehrfach aufgefordert, Geldmünzen aus seiner vorderen Hosentasche zu holen.

Weiter hatte er sie aufgefordert, Gegenstände, die er zuvor auf den Boden geworfen hatte, aufzuheben und kommentierte mit sexuellen Andeutungen die Kleidung der Klägerin sowie anderer weiblicher Angestellter.

Bei anderen Gelegenheiten bemerkte er gegenüber der Klägerin in Gegenwart anderer Angestellter „Sie sind eine Frau, was wissen Sie schon?", „ Sie sind doof wie eine Frau" und „ wir brauchen einen Mann als Manager für die Vermietung". Wiederum in Gegenwart von anderen Angestellten und eines Kunden äußerte er sich gegenüber Harris, dass sie mit ihm ins Holiday Inn gehen sollte, um eine Gehaltserhöhung auszuhandeln.

Im August 1987 hatte sich Harris bei Hardy über sein beleidigendes Verhalten beschwert. Obwohl sich dieser daraufhin bei ihr entschuldigte und versprach, weitere Belästigungen zu unterlassen, mutmaßte er im September im Beisein anderer Angestellter, dass die Klägerin einem Kunden wohl sexuelle Gefälligkeiten versprochen habe, um ein Geschäft zu sichern. Kurz nach diesem Vorfall kündigte Harris und verklagte Forklift wegen sexueller Belästigung auf Grund feindlicher Arbeitsatmosphäre.[290]

---

289 Harris v. Forklift Systems, Inc., 114 S. Ct., 367 (1993), im folgenden Harris v. Forklift zitiert nach No. 92-1168 slip op. (9. November 1993).

290 Harris v. Forklift, No. 92-1168 slip op. (9. November 1993), 1, 114 S. Ct., 367 (1993).

5.2 Die Entscheidung des Distriktgerichts und des Appellationsgerichts

Das Distriktgericht war nicht der Ansicht, dass das Vorbringen von Harris für eine Verurteilung wegen sexueller Belästigung reichte. Er war der Ansicht, dass es sich bei Hardy zwar um einen vulgären Mann handele, der die Frauen an seinem Arbeitsplatz erniedrige und dass sich eine vernünftige weibliche Managerin von Hardy beleidigt fühlen könnte, aber die Stufe für eine feindliche Arbeitsumgebung sei in diesem Fall nicht erreicht, weil die Kommentare von Hardy nicht schwerwiegend und durchdringend genug gewesen seien, um die psychologische Gesundheit der Klägerin ernsthaft zu beinträchtigen und ihr die Ausübung ihrer Arbeit ernsthaft zu erschweren.[291]
Diese Rechtsprechung wurde vom Appellationsgericht bestätigt.[292]

5.2.1 Die Ansicht in Rabidue v. Osceola Refining Co.

Das Distriktgericht wendete in seiner Rechtsprechung die Definition des Berufungsgerichtes in Rabidue v. Osceola Refining Co.[293] an.
Dieses hatte befunden, dass eine Klage wegen sexueller Belästigung auf Grund einer feindlichen Arbeitsumgebung nur dann begründet sei, wenn die Klägerin eine Verletzung ihres psychischen Wohlbefindens und eine Beeinträchtigung ihrer Arbeitsleistung, resultierend aus der Schwere der geltend gemachten sexuellen Belästigung, beweisen kann. Die sexuelle Belästigung müsse eine vernünftige Person als so schwerwiegend empfinden, dass dadurch ihre Arbeitsleistung beeinträchtigt werden könnte.[294] Somit wurde die Kumulation eines subjektiven Elements (der psychologischen Beeinträchtigung) mit dem objektiven Element der Arbeitsbeeinträchtigung einer vernünftigen Person (*reasonable person*) zur Anforderung für eine Title-VII-Sexual-Harassment-Klage erhoben.
Mit diesen hohen Anforderungen stellte das Rabidue-Gericht unzumutbare Beweisanforderungen für potentielle Klägerinnen auf. Die Problematik bestand darin, dass die *reasonable person* (das männlich besetzte Gericht oder die Jury) im konkreten Verfahren die wirklich krassen Vergehen von Hardy nicht als schwerwiegend genug ansah, die Arbeitsleistung zu beeinträchtigen. Eine solche Entscheidung forderte eine Korrektur heraus, weil hier zu wenig Rücksicht auf die Opferperspektive genommen wurde.[295]

---

291 Harris v. Forklift, 60 EPD 42, 070 (M. D. Tenn. 1991).
292 Harris v. Forklift, 976 F. 2d, 733 (6th Cir. 1992).
293 Rabidue v. Osceola Refining Co., 805 F. 2d, 611 (6th Cir. 1986).
294 Rabidue v. Osceola Refining Co., 805 F. 2d, 611, 620 (6th Cir. 1986).
295 Hohmann/Moors, KJ 1995, S. 158; s. auch Baker, 17 J. Corp. L., 704 (1992), die darauf hinweist, dass Frauen und Männer als Gruppen unterschiedliche soziale Erfahrun-

5.2.2 Die Ansicht in Ellison v. Brady

Ein anderes Berufungsgericht traf eine abweichende Entscheidung und legte die Perspektive einer *reasonable woman* als Maßstab zu Grunde.
In Ellison v. Brady lehnte das Neunte Berufungsgericht[296] die Ansicht des Rabidue-Gerichts ab. Er entschied, dass die Opferperspektive hinsichtlich der Schwere und der Durchdringlichkeit der erlebten Vorfälle von entscheidender Bedeutung sei, modifizierte diese Ansicht aber gleichzeitig dadurch, dass nicht die Opferperspektive des speziellen Opfers im Einzelfall, sondern die Perspektive der vernünftigen Frau ausschlaggebend sein sollte.[297]
Die Perspektive einer geschlechtslosen *reasonable person* zu Grunde zu legen, würde nach Ansicht des Gerichtes bedeuten, den derzeitigen Grad von Diskriminierung zu verstärken.[298]

Das Gericht wies auf die unterschiedlichen Wahrnehmungen von Frauen und Männern hinsichtlich belästigenden Verhaltens am Arbeitsplatz hin.[299] Auch stünde eine Frau deutlich öfter in der Gesellschaft Gewalt gegenüber. Daher sei es nicht übersensibel von einer Frau, wenn sie befürchte, dass die sexuelle Belästigung in einen sexuellen Angriff übergehen könnte.[300]
Die Perspektive des Opfers im speziellen Fall wurde abgelehnt, damit Arbeitgeber von der hypersensiblen Frau nicht haftbar gemacht würden,[301] die besonders empfindlich reagiert. Um eine solche Überreaktion mit ausufernden Haf-

---

gen gemacht haben und gleiche zwischenmenschliche Verhaltensweisen unterschiedlich wahrnehmen. Geschlecht sei dabei ein Faktor in der Erfahrung und in der Wahrnehmung. Die Frage danach, ob eine geschlechtslose (bei einem männlich besetzten Gericht ist sie das auch nicht) vernünftige Person vorgebrachte Anschuldigungen als schwerwiegend genug ansieht, führe daher zwangsläufig zu Fehlern und benachteilige weibliche Opfer.

296 Ellison v. Brady, 924 F. 2d, 872 (9Th Cir. 1991).

297 Ellison v. Brady, 924 F. 2d, 872, 879 (9th Cir. 1991).

298 Ellison v. Brady, 924 F. 2d, 872, 878 (9th Cir. 1991); Almony, 37 Villanova L. Rev., 195, 217 (1992) sieht die Etablierung des Reasonable-Victim-Standards durch den *Neunten Circuit Court* als großen Schritt zur Eliminierung von Geschlechterdiskriminierung im Erwerbsleben an.

299 Ellison v. Brady, 924 F. 2d, 872, 878 (9th Cir. 1991); vgl. auch Abrams, 42 Vand. L. Rev., 1183, 1206 (1989) zu den unterschiedlichen Perspektiven von Frauen und Männern.

300 Ellison v. Brady, 924 F. 2d, 872, 878 (9th Cir. 1991); zustimmend Baker, 17 J. Corp. L. 691, 702 (1992).

301 Eine angemessene Behandlung der hypersensiblen Klägerin schlägt Ravitch, 36 Boston College L. Rev., 257 (1995) durch Diskussion der Regeln des Deliktrechts zum *Tort of emotional Distress* (267) bzw. der *„eggshell skull" rule* (273) vor, die für diese Fälle spezieller seien.

tungsrisiken für Arbeitgeber zu vermeiden, müsse daher die Sicht der Gruppe der vernünftigen Frauen für die Bewertung zu Grunde gelegt werden.[302]
Aus der Darstellung ergibt sich die Uneinigkeit der Berufungsgerichte hinsichtlich des Maßstabs für die Beurteilung des Vorliegens einer feindlichen Arbeitumgebung, die schwerwiegend und durchdringend genug ist, um den Anforderungen aus der Meritor-Entscheidung zu genügen.[303]
Aber es war innerhalb der Berufungsgerichte die Tendenz erkennbar, die Perspektive des vernünftigen Opfers anzuwenden. Von den vier Berufungsgerichten, die sich nach der Rabidue-Entscheidung mit der Frage auseinander zu setzen hatten, welcher Standard anwendbar sei, entschied sich nur der Siebte Berufungsgerichtshof für den Reasonable-Person-Standard, während sich die anderen drei Gerichte für die Opferperspektive entschieden.[304]

5.2.3 Kritik an den Perspektiven

Fraglich ist jedoch, ob es männlichen Geschworenen in der Praxis gelingen wird, die weibliche Perspektive nachzuempfinden. Aus diesem Grund könnte ein solcher Standard, der sich in der Theorie gut und gerecht anhört, in der Praxis auf Schwierigkeiten stoßen, etwa wenn die weibliche Perspektive von einer Sachverständigen den Juroren erklärt werden müsste, was zu einer Kostenerhöhung führen könnte.[305]
Bei aller Kritik an dem oben dargestellten Standard muss immer berücksichtigt werden, dass eine Perspektive niemals ganz objektiv sein kann. Es gibt weder **die** vernünftige Person noch **die** vernünftige Frau in der Praxis, weil von den Menschen in der Praxis, nämlich den Richtern oder den Juroren, nur der Versuch unternommen werden kann, sich in die eine oder andere Figur hineinzuversetzen.[306]
Folgt man dieser Beurteilung, erscheint es jedoch gerechter, sich in die Lage eines vernünftigen Opfers hineinzuversetzen mit der legitimen Einschränkung, übersensible Personen auszuklammern, denn nur so wird der in Meritor ge-

---

302 Ellison v. Brady, 924 F. 2d, 872, 879 (9th Cir. 1991); Baker, 17 J. Corp. L, 691, 705 (1992) weist ganz richtig darauf hin, dass gerade diese Sichtweise zu neuen Problemen führen würde, weil zu entscheiden sei, wer die vernünftige Frau sei.

303 S. hierzu die Darstellung von Almony, 37 Villanova L. Rev., 195, 204-209 (1992) zu den Ansichten der einzelnen mit dieser Frage befassten *Circuit Courts* und dem mangelnden Konsens.

304 Almony, 37 Villanova L. Rev., 195,206 (1992); Simon, 17 Employee Relations L. J., 71, 76 (1991) hält die Entscheidung Ellison v. Brady für die sorgfältigste juristische Analyse des Reasonable-Woman-Standards.

305 Almony, 37 Villanova L. Rev., 195, 220 (1992).

306 So wohl auch Herzog (1997), S. 67; kritisch auch Ehrenreich, 99 Yale L. J., 1177, 1200, 1218 (1990).

schaffene Schwellenwert erreicht, der vorschreibt, die feindliche Arbeitsumgebung müsse schwerwiegend und durchdringend sein. Nimmt man den Auftrag von *Title VII* ernst, Diskriminierung am Arbeitsplatz zu eliminieren, kann man folgerichtig nur den Reasonable-Victim-Standard zu Grunde legen. Wenn sexuell gefärbte Angriffe auf Männer und Frauen unterschiedlich wirken[307] und Frauen sich unwohl am Arbeitsplatz fühlen oder die Flucht in die Eigenkündigung antreten, so muss, um eine Änderung dieser Verhältnisse erreichen zu können, die Opferperspektive berücksichtigt werden.[308]

5.3 US Supreme Court: Kein Nachweis eines psychischen Schadens notwendig

Der *US Supreme Court* nahm zuerst zu der Frage Stellung, ob der Nachweis einer psychischen Verletzung erbracht werden müsste, um die Schwere der sexuellen Belästigung darzutun.

Er wies die Ansicht des Berufungsgerichtes[309] zurück und erklärte, dass – auch wenn die diskriminierenden Vorkommnisse keine ernsten Auswirkungen auf die psychische Gesundheit des Opfers hätten – sie sehr wohl die Arbeitsleistung oder den Aufstieg der Angestellten behindern könnten. Auch wenn das belästigende Verhalten keine „greifbaren Auswirkungen" hinterließe, so könne ein solches diskriminierendes Verhalten eine feindselige Arbeitsumgebung schaffen, wenn der Arbeitsplatz mit diskriminierenden Einschüchterungen, Spott und Beleidigungen durchdrungen sei.[310] Er betonte, dass es zur Feststellung einer feindseligen Arbeitsumgebung keinen mathematisch präzisen Test gäbe. Daher müsse bei der Bewertung des Falles auf alle Umstände des Falles eingegangen werden, wie auf die Häufigkeit der Belästigungen, die Schwere, ob die Belästigungen körperlich oder verbal erfolgten oder ob sie demütigend seien und ob sie die Arbeitsleistungen einer Angestellten übermäßig beeinflussen könnten.[311] Ein psychischer Schaden könne dabei relevant sein, er sei aber nicht er-

---

307 Hames, 43 Lab. L. J., 430, 434 (1992) hält es für die signifikanteste Änderung der Rechtsprechung, als Reaktion auf soziologische Forschungen den Reasonable-Victim-Standard in den Vordergrund zu stellen.

308 Simon, 17 Employee Relations L. J., 71, 78 (1991) erwartet durch die Ellison-v.-Brady-Entscheidung weitreichende Effekte für den amerikanischen Arbeitsmarkt. Bisher als harmlos und allgemein üblich eingestufte Vorfälle müssten eventuell überdacht und von der neuen Perspektive aus betrachtet werden.

309 Dies bedeutete auch eine Absage an andere Gerichte, die einen psychologischen Schaden für notwendig erachteten, vgl. Hartstein/Wilde, 19 Employee Relations L. J., 639, 642 (1994).

310 Harris v. Forklift, No. 92-1168 slip op. (9. November 1993), 4.

311 Berish Brown/Germanis, 19 Employee L. J., 567, 577 (1994) sehen diese Klarstellung des *US Supreme Court* als wichtige Erinnerung an, dass sich die Doktrin der sexuellen Belästigung weiter entwickelt und nicht im Begriff ist, zu verschwinden.

forderlich.[312] Dieser Meinung des *US Supreme Court* schließt sich auch die EEOC an, die darauf verweist, dass die Entscheidung in Harris gänzlich ihren Richtlinien entspricht, in denen sie auf die Bewertung aller Umstände des Einzelfalles abstellt und nicht das Vorhandensein eines psychischen Schadens für erforderlich erachtet.[313]

Die Entscheidung des *US Supreme Court*, dass kein psychologischer Schaden notwendig ist, um eine Klage wegen feindseliger Arbeitsumgebung geltend zu machen, wurde überwiegend begrüßt, da sie dem Zweck von *Title VII* entspricht, Diskriminierung in allen Varianten zu verhindern und nicht nur die hervorstechendsten Vorfälle zu berücksichtigen.[314]

Zudem hat es den Appellationsgerichten eine klare Vorgabe gegeben, die bisher den psychischen Schaden als Standard für ihre Bewertungsgrundlage angewendet haben. Dies hat daher für eine einheitliche Behandlung in den Bundesgerichten gesorgt.[315] Somit hat der *US Supreme Court* mehr Rechtssicherheit geschaffen und vereinfacht es für Klägerinnen wie Beklagte, sich auf die Anforderungen eines Title-VII-Falles einzustellen.

Als Fazit aus der Rechtsprechung, den Richtlinien der EEOC sowie den Kommentaren lässt sich ziehen, dass körperliche Angriffe immer schwerer wiegen und selbst einmalige Vorfälle Title-VII-Klagen rechtfertigen können, während verbale Annäherungen eher eine Kontinuität bzw. ein diskriminierendes Verhaltensmuster voraussetzen, um eine feindselige Arbeitsumgebung zu konstituieren.[316] Wie der *US Supreme Court* jedoch ausführte, muss es nicht zu einem Nervenzusammenbruch des Opfers kommen, damit *Title VII* Anwendung findet.[317]

5.4 Etablierung des Reasonable Person Standards durch den US Supreme Court

Zum in der Praxis sehr wichtigen Streitpunkt zwischen den unteren Gerichten, welcher Blickwinkel bei der Beurteilung von Fällen der feindseligen Arbeitsumgebung angewendet werden soll, machte der *US Supreme Court* in Harris eine klare Aussage. Er urteilte, dass eine feindselige Arbeitsumgebung objektiv

312 Harris v. Forklift, No. 92-1168 slip op. (9. November 1993), 5-6.

313 EEOC-Notice vom 8. März 1994, No. 915-002, 6.

314 Estes/Futch, 45 Lab. L. J., 183 und 186 (1994).

315 Berish Brown/Germanis, 19 Employee Relations L. J., 573 (1994).

316 So auch Berish Brown/Germanis, 19 Employee Relations L. J., 73 (1994). McGuire, 46 Lab. L. J., 314, 316 (1995) kritisiert, dass auch Harris keine endgültige Klarheit gebracht hat, wann kleinere Vergehen als Belästigung anzusehen sind.

317 S. McGuire, 46 Lab. L. J., 314, 315 (1995).

dann vorliege, wenn eine vernünftige Person diese als feindselig oder beleidigend empfinden würde und das Opfer sie subjektiv so empfunden hat.[318]
Somit hat der Gerichtshof entschieden, dass die Beurteilung aus zwei Perspektiven zu erfolgen hat. Der objektive Standard der vernünftigen Person ist zu berücksichtigen, aber auch das subjektive Empfinden des Opfers darf nicht außer acht gelassen werden.
Der Entscheidung in Ellison v. Brady, die zu Gunsten einer vernünftigen Opferperspektive votiert hatte, wurde eine Absage erteilt.[319] Da der Gerichtshof jedoch keine näheren Ausführungen dazu machte, wie der objektive Standard zu bewerten sei, interpretiert die EEOC so, dass der Gerichtshof in Übereinstimmung mit ihrer Politik davon ausgehe, dass der objektive Standard einer vernünftigen Person zu Grunde zu legen sei und diese sei eine, die die Perspektive des Opfers berücksichtigt.[320] Ausgangspunkt ist jedoch eine geschlechtsneutrale Bewertung, die den oben genannten soziologischen Forschungsergebnissen widerspricht.[321]
Sollte eine Klägerin die seit dem CRA von 1991 bestehende Möglichkeit in Anspruch nehmen, *compensatory* oder *punitive damages* geltend zu machen, dann steht es ihr frei, einen Geschworenenprozess zu verlangen. War bisher eher die Richterbank die ‚vernünftige' Person, so ist dann die Jury in ihrer Ganzheit die ‚vernünftige' Person, deren Besetzung letzten Endes entscheidet, wie eine vernünftige Betroffene im konkreten Fall empfunden hätte. Hier kommt wiederum den Anwälten bei der Jury-Auswahl mit Hilfe speziell geschulter Berater große Bedeutung zu.[322]
Es ist jedoch von Vorteil, dass der Gerichtshof einige Eckpfeiler gesetzt hat, an denen die Schwere eines Sexual-Harassment-Falles gemessen werden kann.[323] Der Arbeitgeber kann nicht haftbar gemacht werden für einmalige Entgleisungen seiner Mitarbeiter, die zwar im Einzelfall beleidigend gewesen sein mögen, doch nicht die Ernsthaftigkeit von Diskriminierung am Arbeitsplatz erreichen. Sollten Stimmen in der Öffentlichkeit befürchten, eine liberale Handhabung von Fällen sexueller Belästigung in der Gerichtspraxis öffne Tür und Tor für übersensible Frauen, die sich an Männern rächen wollen, weil sie einen Aufstieg aus eigener Kraft nicht schaffen, so sei diesen entgegengehalten, dass sich jedes

318 Harris v. Forklift, No. 92-1168 slip op. (9. November 1993), 4.

319 A.A. Berish Brown/Germanis, 19 Employee Relations L. J., 567, 574 (1994).

320 EEOC-Notice vom 8. April 1994, No. 915.002, 6.

321 Robinson/Fink/Allen, 45 Lab. L. J., 111, 113 (1994).

322 In diesem Zusammenhang wird kritisch zu bedenken gegeben, ein männlicher Juror könne sich unter Umständen gar nicht in die Rolle eines vernünftigen Opfers hineinversetzen, vgl. Berish Brown/Germanis, 19 Employee Relations L. J., 567, 574 (1994).

323 Robinson/Fink/Allen, 45 Lab. L. J., 111, 113 (1994) sind der Meinung, der *US Supreme Court* habe die Frage nach der Schwere einzelner Belästigungen eher im Dunkeln gelassen als zur Erhellung beigetragen.

ernsthafte Opfer von sexueller Belästigung zweimal überlegt, ob es wirklich rechtliche Schritte einleiten soll.[324] Denn gleich wie ein Vergewaltigungsopfer wird es vor Gericht in einer öffentlichen Verhandlung zu allen Details der behaupteten Vorkommnisse befragt und auf seine Glaubwürdigkeit hin überprüft. Solche Verfahren sind langwierig, kostspielig und psychologisch nicht einfach durchzuhalten. In den USA haben die Opfer von sexueller Belästigung am Arbeitsplatz eine starke Partnerin, die EEOC, zur Seite, die in begründeten Fällen im eigenen Namen für die Opfer klagt. Auf ihre Rolle wird noch weiter unten einzugehen sein.

5.5 Versuch eines Respectful Person Standard

Da die Etablierung einer vernünftigen Person als Perspektive für die Schwere einer sexuellen Belästigung am Arbeitsplatz in der Praxis Schwierigkeiten bei der Interpretation dieses Begriffes macht, war auch die vernünftige Person mit subjektiven Elementen der Harris-Gerichts-Kritik ausgesetzt.
Ein Kommentator meinte, die vernünftige Person möge zwar das Recht darstellen, doch Sinn würde sie nur dann machen, wenn man sie nicht zu ernst nähme.[325] Weiter führt er aus, ein Opfer sexueller Belästigung am Arbeitsplatz werde belästigt, weil es eine Frau bzw. ein Mann sei, aber die Perspektive der vernünftigen Person würde von einem geschlechtslosen Opfer ausgehen, was dazu führe, dass auf der Suche nach Neutralität der Zweck von *Title VII* verfehlt würde.[326]
Gerade weil Frauen und Männer Belästigung am Arbeitsplatz unterschiedlich erfahren, könne nicht auf eine geschlechtsneutrale Person zurückgegriffen werden, meinten andere Kommentatoren.[327]
Nach anderer Ansicht sei die heutige vernünftige Person rechtsgeschichtlich aus dem vernünftigen Mann hervorgegangen und trage noch einige maskuline Aspekte in sich.[328]
Die Probleme, die der Standard der vernünftigen Person mit sich bringt, sind offensichtlich, doch auch die vernünftige Frau bringt, wie bereits geschildert, praktische Probleme mit sich.[329] Wer ist die vernünftige Frau? Weiß, farbig, heterosexuell, homosexuell, Blue-Collar-Arbeiterin, oder verfügt sie über gehobenes Einkommen, ist sie religiös oder eine Feministin?[330]

---

324 Vgl. auch Herzog (1997), S. 67.

325 Rutherglen, 18 Harvard J. L. & Public Pol'y, 487, 496 (1995).

326 Rutherglen, 18 Harvard J. L. & Public Pol'y, 487, 496 (1995).

327 Bernstein, 111 Harvard L. Rev., 445, 465 (1997) m.w.N. und Abrams, 42 Vand. L. Rev., 1183, 1202 (1989).

328 Forell, 1994 U. Ill. L. Rev., 769, 773-774.

329 Bernstein, 111 Harvard L. Rev., 445, 471 (1997) geht davon aus, dass die vernünftige Frau die Probleme der vernünftigen Person nicht lösen kann.

330 Vgl. Bernstein, 111 Harvard L. Rev., 445, 472 (1997).

Man könnte mit Richter Scalia, der eine *concurring opinion* in Harris verfasste, davon ausgehen, dass zur Zeit kein befriedigender Standard in Hostile-Work-Environment-Fällen existiert.[331]
Man könnte die Mischung von objektiven und subjektiven Momenten in Harris aber auch so auffassen, dass die Einordnung sehr stark vom Einzelfall abhängig ist. Dies wäre den Fällen der sexuellen Belästigung am Arbeitsplatz jedoch wenig zuträglich, da größere Rechtsunsicherheit entstehen würde und unkalkulierbare Risiken für Opfer und Arbeitgeber die Folge wären.
Anita Bernstein schlägt die Etablierung eines *Respectful Person Standard* vor.[332] Seit der Rechtsprechung zu *Title VII* haben Gerichte implizit erkannt, dass der sexuellen Belästigung auch eine Demütigung des Opfers inne wohnt.[333] Eine Demütigung der Arbeitnehmerin kann zur Folge haben, dass sie an ihren Kompetenzen und an ihrem Status gegenüber ihren Kollegen zweifelt und in ihrer Würde als Arbeitnehmerin getroffen wird. Aus der Pflicht des Arbeitgebers, die Arbeitnehmer nicht zu demütigen und in ihren Fähigkeiten herabzusetzen, folgt negativ, ihnen mit Respekt zu begegnen.[334] Für den respektvollen Arbeitgeber folgt daraus die Pflicht, einen Arbeitsplatz zu schaffen und zu unterhalten, der möglichst frei von Belästigung ist. Dies gehört zu seinen nichtdelegierbaren Pflichten. Verletzt er diese, so ergibt sich hieraus seine Haftung.[335] Hier wird also die Trennung zwischen Arbeitgeber und Arbeitnehmerin aufgegeben und auf eine Pflicht des würdevollen Umganges miteinander am Arbeitsplatz fokussiert. Es wird gefordert, das Problem der sexuellen Belästigung am Arbeitsplatz mit Respekt anzugehen.[336]
Wie Respekt auch am Arbeitsplatz als Grundvoraussetzung des täglichen Miteinanderumgehens Einzug halten kann, schildert Bernstein, indem sie ein Beispiel zitiert, das die *American Management Association* ihren Managern zur Selbstkontrolle empfiehlt, bevor sie mit ihren Angestellten sprechen. Sie sollen sich folgende Fragen stellen:

- Would you say (a dubious remark) in front of your spouse, parent, or child?
- Would you say it if you were going to be quoted on the front page of the newspaper?
- Would you behave that way toward a member of your own sex?
- Why does it need to be said at all? What business is it furthering?[337]

---

331 Harris v. Forklift Systems, Inc., 510 US, 17, 24 (1993) (Scalia, concurring).
332 Bernstein, 111 Harvard L. Rev., 445 (1997).
333 Bernstein, 111 Harvard L. Rev., 445, 489 (1997).
334 Bernstein, 111 Harvard L. Rev., 445, 491 (1997).
335 Bernstein, 111 Harvard L. Rev., 445, 495 (1997), S. ähnlich auch Weddle, 95 Columbia L. Rev., 724, 734-37 (1995).
336 Bernstein, 111 Harvard L. Rev., 445, 526 (1997).
337 Head/Veich: Would you say that in front of your mother? Sexual Harassment? Security Management, 43 (Feb. 1994).

Die Gerichte haben sich bisher nicht mit dem hier vorgeschlagenen *Respectful Person Standard* auseinandergesetzt. Implizit sind aber in allen Entscheidungen Würde- und Respektelemente enthalten, weil in jeder Entscheidung besonders darauf geachtet wird, wie die Arbeitgeber bei aktueller oder konstruierter Kenntnis von sexueller Belästigung am Arbeitsplatz reagiert und welche internen Mechanismen sie zur Vermeidung bzw. Sanktionierung geschaffen haben.
Wenn es auch ein lobenswerter Ansatz ist, die Hierarchie zwischen Arbeitgeber und Arbeitnehmer aufzuheben und den gegenseitigen Respekt in den Vordergrund zu stellen, so entspricht meines Erachtens der Ansatz, sexuelle Belästigung als Diskriminierung zu sehen, die auch ihren Ursprung in der unterschiedlichen Hierarchie zwischen Opfer und Belästiger hat, eher der Arbeitswirklichkeit.[338]
Gerade die erklärte Diskriminierungsbezogenheit birgt Vorteile gegenüber dem Schutzzweck des deutschen Beschäftigtenschutzgesetzes, das in seinem § 1 I die Wahrung der Würde von Frauen und Männern durch den Schutz vor sexueller Belästigung am Arbeitsplatz als oberstes Ziel postuliert.[339] Weil dadurch die Verbindung zum allgemeinen Persönlichkeitsrecht gemäß § 823 I BGB geschaffen wird, ist der deliktische Schutz vor sexueller Belästigung vorrangiges Konzept des deutschen Rechtes.[340] Dass sexuelle Belästigung durchaus als unerlaubte Handlung einzustufen ist, bedarf keiner weiteren Diskussion.
Da aber der Großteil der Belästigten Frauen sind, ist es auch ein Gruppenproblem, das unmittelbar mit der Machtkonzeption in der Arbeitswirklichkeit zusammenhängt und strukturelle Auswirkungen auf das berufliche Fortkommen von Frauen hat.[341] Daher ist die amerikanische Einstufung unter die Anti-Diskriminierungsvorschrift des *Title VII* meines Erachtens die gelungenere.[342]

6 Die Entscheidungen des US Supreme Court in Burlington Industries, Inc. v. Ellerth und Faragher v. City of Boca Raton 1998

Wie bereits geschildert, half der Hinweis des *US Supreme Court* an die Untergerichte, für die Haftung der Arbeitnehmer die Stellvertretungsregeln heranzuziehen, nicht weiter, um abschließende Rechtsklarheit zu schaffen.
Die unterschiedliche Anwendung habe teilweise zu Chaos innerhalb der Gerichte geführt.[343] Nach anderer Ansicht ist die in den Title-VII-Fällen ange-

---

338 So auch Baer (1995), S. 315.
339 Vgl. Kapitel G 1 in dieser Arbeit.
340 So auch Herzog (1997), S. 262.
341 Kuhlmann (1996), S. 111 ff.
342 Vgl. Baer (1995), S. 316; zurückhaltend Herzog (1997), S. 262.
343 Weddle, 95 Columbia L. Rev., 724, 734-37 (1995).

wendete Vertreterhaftung ein Potpourri an wichtigtuerischen Gedankengängen, Streit über die Bedeutung von Fachbegriffen wie *respondeat superior*, empirischen Verwirrungen über Anreize und teilweisen Überschneidungen von Lehren.[344]

Auch der *US Supreme Court* hatte gesehen, dass sein Urteil den Untergerichten in der Anwendung Schwierigkeiten bereitete und stellte es 1998 in den oben genannten Entscheidungen, die am gleichen Tag ergangen sind, klar.

6.1 Der Sachverhalt in Industries Burlington, Inc. v. Ellerth[345]

Kimberly Ellerth arbeitete von März 1993 bis Mai 1994 als Verkäuferin in einem Geschäft der Burlington-Gruppe in Chicago. Sie behauptete, in dieser Zeit von einem Vorgesetzen, dem dem mittleren Management zurechenbaren Ted Slowik, sexuell belästigt worden zu sein. Slowik war nicht ihr unmittelbarer Vorgesetzter. Er hatte aber die Befugnis, einzustellen, zu kündigen und zu befördern.

Wiederholt habe Slowik ihr gegenüber flegelhafte und unverschämte Gesten und Äußerungen gemacht. Weiterhin habe er in drei Fällen Kommentare gemacht, die die Klägerin dahingehend auslegte, dass es Drohungen gewesen seien, ihr berufliche Vorteile zu verweigern. Auf einer Dienstreise bat er sie in die Hotelbar. Ellerth willigte ein, weil sie es nicht wagte, abzulehnen. Als er Kommentare über ihre Brüste machte und sie darauf nicht einging, riet er ihr, ein wenig lockerer zu werden mit der Bemerkung, dass sie wohl wisse, er könne ihr Leben bei Burlington sehr hart oder sehr einfach werden lassen.

Im März 1994 stand für die Klägerin eine Beförderung an. Während des Gesprächs über die Beförderung äußerte Slowik Bedenken, weil sie nicht locker genug sei. Danach fasste er zu ihr herüber und rieb ihre Kniee. Ellerth bekam zwar die Beförderung, aber als Slowik ihr diese Mitteilung machte, bemerkte er, sie sei dort zusammen mit Männern aus Fabriken, die bestimmt gerne hübsche Beine und Hintern sehen würden. Als sie ihn im Mai 1994 anrief, um ihn dienstlich zu sprechen, sagte er ihr, dass er keine Zeit für sie hätte, es sei denn, sie wolle ihm sagen, was sie gerade anhabe. Kurze Zeit später rief sie ihn erneut in derselben Sache an. Er wies ihren Antrag ab und bemerkte, sie solle kürzere Röcke tragen, weil dies ihren Job erheblich einfacher machen würde.[346]

Ellerth kündigte ihren Job und teilte Burlington mit, sie habe auf Grund von Slowiks Verhalten gekündigt.

---

344 Phillips, 44 Vand. L. Rev., 1229, 1239-46 (1991).

345 118 S. Ct., 2257, zitiert nach slip. op. at 3 (1998).

346 118 S. Ct., 2257, slip op. at 3 (1998).

Während ihrer Zeit bei Burlington hat sie die Vorfälle keiner offiziellen Stelle, auch nicht ihrem unmittelbaren Vorgesetzten, gemeldet, obwohl sie wusste, dass Burlington über eine Anti-Belästigungspolitik verfügte.[347]

6.1.1 Die Bewertung durch die Untergerichte

Das Distriktgericht stufte das Verhalten des Vorgesetzten als severe and pervasive ein, so dass eine feindselige Arbeitsumgebung vorgelegen habe. Es verneinte jedoch die Haftung des Arbeitgebers, weil dieser nicht von den Belästigungen gewusst hatte bzw. hätte wissen müssen, die Klägerin nicht den internen Beschwerdeweg genutzt und auch keine spürbaren beruflichen Nachteile erlitten hatte.[348]

Das Berufungsgericht gab der Klage statt und produzierte hinsichtlich der Begründung zur Arbeitgeberhaftung acht verschiedene Meinungen.[349] Auch aus diesem Grund sah sich der *US Supreme Court* berufen, den Untergerichten Hilfe in der Frage der Arbeitgeberhaftung zu geben.[350]

6.2 Der Sachverhalt in Faragher v. City of Boca Raton[351]

Zwischen 1985 und 1990 arbeitete die Klägerin, Ann Faragher, in Teilzeit und im Sommer als Rettungsschwimmerin für die Stadt Boca Raton.

Ihre unmittelbaren Vorgesetzten während dieser Zeit waren Bill Terry, David Silverman und Robert Gordon.

Im Juni 1990 kündigte die Klägerin und verklagte Terry, Silverman und die Stadt wegen sexueller Belästigung, unter anderem gemäß *Title VII*. Sie machte geltend, während ihrer Zeit als Rettungsschwimmerin seien sie und andere weibliche Bedienstete Ziel von beleidigenden Äußerungen und unanständigen Bemerkungen gewesen. Weiterhin seien sie unerwünscht von ihren Vorgesetzten berührt worden. Die Vorfälle schlossen die Bemerkungen Terrys, er würde niemals eine Frau zum Leutnant befördern und Silvermans gegenüber der Klägerin, sie solle mit ihm ausgehen oder ein Jahr die Toiletten putzen, mit ein.[352]

Die Klägerin hatte sich inoffiziell ihrem dritten Vorgesetzten, Gordon, anvertraut, dieser hatte jedoch keine offiziellen Stellen informiert. Die Stadt Boca Raton hatte bereits im Jahre 1986 eine Politik zur Vermeidung und Verfolgung von sexueller Belästigung am Arbeitsplatz entwickelt, es aber versäumt, es der *Marine Safety Section* zur Kenntnis zu bringen, der die Rettungsschwimmerin-

347 118 S. Ct., 2257, slip op. at 3 (1998).
348 912 F. Supp., 1101 (N. D. Ill. 1996).
349 123 F. 3d, 490 (CA 7, 1997) zusammen mit Jansen v. Packing Corp. of America.
350 118 S. Ct., 2257, slip op. at 5 (1998).
351 118 S. Ct., 2275, zitiert nach slip op. (1998).
352 118 S. Ct., 2275, slip op. at 2 (1998).

nen angehörten. Aus diesem Grunde wussten weder die Klägerin noch deren Vorgesetzte davon.[353]

6.2.1 Die Bewertung durch die Untergerichte

Das Distriktgericht befand, das Verhalten der Vorgesetzten stelle eine feindselige Arbeitsumgebung dar und sei so schwerwiegend, dass die Stadt davon wusste bzw. hätte wissen müssen. Somit hatte sich das Distriktgericht für den Fahrlässigkeits-Standard der Agency-Prinzipien entschieden. Weiter qualifizierte es die Vorgesetzten als Agents der Stadt und wertete das Verhalten Gordons als erschwerend.[354]
In einer 7:5-Entscheidung hob das Berufungsgericht die Entscheidung auf und urteilte, der Stadt könne keine Fahrlässigkeit vorgeworfen werden, da Verhalten, das als *hostile work environment* eingestuft werde, nicht automatisch *konstructive knowledge* zur Folge habe. Auch sei das positive Wissen Gordons der Stadt nicht zuzurechnen.[355] Sie wiesen auch eine Zurechnung über die Within-the-Scope-of-Employent-Theorie ab, weil die Vorgesetzten privat gehandelt hätten.[356]

6.3 Die Entscheidung des US Supreme Court

Die beiden Urteile, die am selben Tag ergangen sind und aufeinander Bezug nehmen, wurden von allen Seiten als langerwartete Klarstellung zur Arbeitgeberhaftung begrüßt und geben auch eine erweiterte Definition des Begriffes sexueller Belästigung am Arbeitsplatz.[357] Weil sie aufeinander Bezug nehmen, können sie zusammen dargestellt werden. Auf Unterschiede wird an gegebener Stelle hingewiesen.

6.3.1 Keine notwendige Trennung zwischen Quid-pro-Quo- und Hostile-Work-Environment-Belästigung

Während in allen Entscheidungen der Untergerichte und auch in den früheren Entscheidungen des *US Supreme Court* die unterschiedlichen Terminologien quid pro quo und *hostile work environment* verwendet wurden,[358] geht der *US Supreme Court* seit Burlington davon aus, dass die Unterscheidung belästigenden Verhaltens in zwei Kategorien dort sinnvoll sein kann, wo eine deutliche

353 864 F. Supp., 1552, 1560 (S. D. Fla. 1994).
354 864 F. Supp., 1552, 1563-64 (S. D. Fla. 1994).
355 111 F. 3d, 1530, 1538 (CA 11 1997).
356 111 F. 3d, 1530, 1536-37 (CA 11 1997).
357 S. Winter in: Frankfurter Rundschau vom 29. Juni 1998, S. 1.
358 Begriffe stammen von MacKinnon (1979).

Grenze gezogen werden soll für die Fälle, in denen Drohungen mit beruflichen Nachteilen wahrgemacht wurden.
Aber darüber hinaus misst der *US Supreme Court* der Trennung nur einen begrenzten Nutzen bei.[359] Der Grund für die Einteilung in zwei Kategorien sei gewesen, deutlich machen zu können, dass die explizite oder konstruktive Art von sexueller Belästigung dazu geeignet sein kann, Änderungen in den Arbeitsbedingungen hervorzurufen, die eine Klage gemäß *Title VII* rechtfertigen können.[360]
Die Gerichte haben aber die Haftungsfrage danach ausgerichtet, welche Kategorie von Belästigung vorgelegen habe. Während man bei Quid-pro-Quo-Fällen *vicarious liability* annahm, seien in Hostile-Work-Environment-Fällen durch Anwendung der Agency-Prinzipien unterschiedliche Ergebnisse erzielt worden.[361] Die Haftung des Arbeitgebers entscheide sich aber nicht danach, ob *quid pro quo harassment* oder *hostile work environment harassment* vorgelegen habe, sondern auf Grund von anderen Faktoren, nämlich nach dem durch das Fallrecht entwickelte Recht zur Stellvertretung.[362]
Im vorliegenden Fall hatte die Klägerin Ellerth verschiedentlich Drohungen von Seiten ihres Vorgesetzten erhalten, ihr mangelndes Entgegenkommen könne Konsequenzen haben. Letztlich wurde sie jedoch befördert.
Durch das Urteil des *US Supreme Court* muss nun nicht mehr entschieden werden, ob auch nicht wahrgemachte Drohungen unter die Kategorie der Quid-pro-Quo-Belästigung fallen. Auch eine sehr widerstandsfähige Arbeitnehmerin, die nicht auf das Verlangen nach sexuellen Gefälligkeiten eingeht, kann Drohungen sehr wohl als Etablierung einer feindseligen Arbeitsumgebung empfinden. Weiterhin bleibt auf Dauer immer der Beigeschmack, es könnte zukünftig noch negative Konsequenzen geben, weil der Vorgesetzte auf Dauer am längeren Hebel sitzt und Rache auch langfristig ausüben kann. Aus diesem Grunde ist es zu begrüßen, dass es nur eine einheitliche Definition sexueller Belästigung geben soll. Dass der Gerichtshof die Terminologie in letzter Konsequenz dennoch berücksichtigt, ergibt sich aus der unterschiedlichen Exkulpationsmöglichkeit für den Arbeitgeber.

6.3.2 Klarstellung der Arbeitgeberhaftung und Stare Decisis

Der *US Supreme Court* stellt in beiden Urteilen klar, dass er die Interpretationen in der Meritor-Entscheidung als Grundlage auffasst, woraus sich ergibt, dass grundsätzlich bei der Frage zur Arbeitgeberhaftung auf die Agency-Prinzipien

359 Burlington Industries, Inc. v. Ellerth, 118 S. Ct., 2257, slip op. at 6 (1998); s. auch Schwarz, RIW 1999, S. 253 f.
360 Burlington Industries, Inc. v. Ellerth, 118 S. Ct., 2257, slip op. at 7 (1998).
361 Burlington Industries, Inc. v. Ellerth, 118 S. Ct., 2257, slip op. at 7 (1998).
362 Burlington Industries, Inc. v. Ellerth, 118 S. Ct., 2257, slip op. at 10 (1998).

des *Restatement of Agency* zurückgegriffen werden muss.[363] Auch wenn die Agency-Prinzipien nicht in allen Einzelheiten passten, seien sie dem Einzelfall anzupassen.[364] Hierbei betont der *US Supreme Court* ausdrücklich die Doktrin der *stare decisis*, die ihn bei der Auslegung von Statuten an seine eigenen Präjudizien bindet.[365] Auch habe der Kongress, der die Meritor-Entscheidung bei der Schaffung des CRA von 1991 mit all seinen Novationen zum Antidiskriminierungsrecht bereits gekannt habe, nicht zum Ausdruck gebracht, dass er eine andere Herangehensweise wünsche.[366]

Vor diesem Hintergrund durchleuchten die Richter Kennedy (Burlington) und Souter (Faragher), die die Meinung des Gerichtes darstellen, die verschiedenen Theorien zur Haftung nach Agency-Prinzipien der Distriktgerichte und der Appellationsgerichte und betonen, dass die Untergerichte zu den Fragen der Haftung wertvolle Ausführungen gemacht hätten, während sich die Richtlinien der EEOC in der Zurechnungsproblematik als wenig ergiebig erwiesen hätten.[367]

Während Richter Souter auf die Vorsatztheorie sowie auf die Theorie der nichtdelegierbaren Aufgaben gar nicht eingeht, lehnt Richter Kennedy beide Theorien als auf die vorliegende Art von Fällen unanwendbar ab.[368] Sehr umfangreich wird dagegen in beiden Entscheidungen darauf eingegangen, ob eine Haftung nach der Theorie des *within the scope of employment* infrage kommen könnte.

Richter Kennedy begründet deren Ablehnung damit, der Belästiger handele meist aus persönlichen Motiven und nicht, um seinem Arbeitgeber zu helfen, was zur Negierung des Tatbestandsmerkmals *to serve* führe. Als generelle Regel gelte, sexuelle Belästigung durch einen Vorgesetzten sei keine Handlung innerhalb der Reichweite des Arbeitsverhältnisses.[369]

Richter Souter führt eine umfangreiche Analyse der Rechtsprechung bezüglich der Anwendung der Scope-of-Employment-Doktrin durch und kommt zu dem Ergebnis, dass die Gerichte im Bereich der sexuellen Belästigung am Arbeitsplatz davon ausgehen, es handele sich um private Wünsche der Arbeitnehmer und nicht um Absichten des Arbeitgebers, weshalb die Anwendung der Doktrin durch die meisten Untergerichte auch abgelehnt wird.[370]

---

363 Burlington Industries, Inc. v. Ellerth, 118 S. Ct., 2257, slip op. at 18 (1998); Faragher v. City of Boca Raton, 118 S. Ct., 2275, slip op. at 14 (1998).

364 Burlington Industries, Inc. v. Ellerth, 118 S. Ct., 2257, slip op. at 18 (1998); Faragher v. City of Boca Raton, 118 S. Ct., 2275, slip op. at 13 (1998).

365 Burlington Industries, Inc. v. Ellerth, 118 S. Ct., 2257, slip op. at 19 (1998); Faragher v. City of Boca Raton, 118 S. Ct., 2275 slip op. at 14 (1998).

366 Burlington Industries, Inc. v. Ellerth, 118 S. Ct., 2257, slip op. at 18 (1998); Faragher v. City of Boca Raton, 118 S. Ct., 2275, slip op. at 13 (1998).

367 Burlington Industries, Inc. v. Ellerth, 118 S. Ct., 2257, slip op. at 10 (1998).

368 Burlington Industries, Inc. v. Ellerth, 118 S. Ct., 2257, slip op. at 13 (1998).

369 Burlington Industries, Inc. v. Ellerth, 118 S. Ct., 2257, slip op. at 12 (1998).

370 Faragher v. City of Boca Raton, 118 S. Ct., 2275, slip op. at 16 (1998).

Er sieht diese Ansicht allerdings in einem Spannungsverhältnis mit anderen arbeitsrechtlichen Entscheidungen, die nicht auf *Title VII* basieren und in denen *scope of employment* sehr weit gefasst wird.[371] Er geht dann auf eine Kommentierung innerhalb des Restatements ein, die besagt, es handele sich dann um ein Verhalten innerhalb des Kompetenzbereiches des Arbeitsverhältnisses, wenn der Schaden, der sich aus dem Verhalten des Vorgesetzten ergibt, zu den normalen Risiken gehört, die sich aus der Arbeit im Einzelfall ergeben. Der Arbeitgeber solle nach dieser Theorie haftbar gemacht werden für Schäden, die sich speziell aus seiner Art von Geschäft ergeben, ob er diese gewollt hat oder nicht.[372] Man könne zwar annehmen, auf Grund der am Arbeitsplatz in Amerika heute durchaus üblichen sexuellen Belästigung ergebe sich für den Arbeitgeber eine Pflicht, die Arbeitsumgebung frei von solchen Belästigungen zu halten. Der belästigende Vorgesetzte verfolge jedoch überhaupt kein Interesse des Arbeitgebers, und deshalb befinde sich sein Verhalten außerhalb seines Kompetenzbereiches.[373]
Weiterhin analysiert Richter Souter die Rechtsprechung der Untergerichte zur Belästigung durch Kollegen und stellt fest, dass die Gerichte hier den Fahrlässigkeitsstandard angewandt haben und wenigstens implizit die Haftung nach der Kompetenztheorie ablehnten. Auch obwohl die Vorgesetzten größere Machtbefugnisse hätten, könne die Haftung des Arbeitgebers für soziales Verhalten von Arbeitnehmern nicht dazu führen, Arbeitnehmer zweier Klassen zu kreieren.[374]
Auch der *Negligence Standard* wurde für den vorliegenden Fall abgelehnt, weil es sich um eine Frage der *vicarious liability* handelt.[375]
Weiter sei der *Apparant Authority Standard* hier abzulehnen, weil es sich in den meisten Fällen nicht um die falsche Vorgabe von nichtvorhandenen Kompetenzen handelt, sondern um die Ausübung tatsächlicher Machtbefugnisse.[376]

6.3.2.1 Anwendbarkeit der Aided-in-the-Agency-Relation-Doktrin

Der *US Supreme Court* kommt dann in beiden Fällen zu der Prüfung, ob den Vorgesetzten bei Begehung ihrer Taten Hilfe dadurch zukam, dass sie einen Vorgesetztenstatus inne hatten.
Richter Kennedy weist darauf hin, dass die Nähe und der regelmäßige Umgang miteinander, der sich auch aus dem Vorgesetztenstatus ergibt, einen Zugang zu potentiellen Opfern böten, aber eine solche Konstellation läge auch bei Kolle-

---

371 Faragher v. City of Boca Raton, 118 S. Ct., 2275, slip op. at 16-17 (1998).
372 Faragher v. City of Boca Raton, 118 S. Ct., 2275, slip op. at 19-20 (1998).
373 Faragher v. City of Boca Raton, 118 S. Ct., 2275, slip op. at 20-21 (1998).
374 Faragher v. City of Boca Raton, 118 S. Ct., 2275, slip op. at 22-23 (1998).
375 Burlington Industries, Inc. v. Ellerth, 118 S. Ct., 2257, slip op. at 13 (1998).
376 Burlington Industries, Inc. v. Ellerth, 118 S. Ct., 2257, slip op. at 14 (1998).

gen vor und könne daher nicht als ausreichend erachtet werden, wovon auch die EEOC ausgeht.[377]
Darüber hinaus gewähre jedoch die Ausstattung mit Kompetenzen wie Kündigung, Einstellung, Beförderung oder Betrauung mit anderen Aufgaben einen Machtzuwachs gegenüber Kollegen, der dem Vorgesetzten nur aus seinem Vorgesetztenstatus erwachse. Nur ein Vorgesetzter könne eine solche spürbare Maßnahme treffen, und er verkörpere die offizielle Macht des Unternehmens, wenn er berufsbezogene Entscheidungen trifft, aber auch dann, wenn er durch sein belästigendes Verhalten eine feindselige Arbeitsumgebung schafft.
Die Arbeitnehmerin könne mit der Belästigung durch einen Kollegen ganz anders umgehen, weil sie nicht um ihren Arbeitsplatz fürchten muss.[378]
Die deutliche Hervorhebung gegenüber Arbeitnehmern ohne Vorgesetztenfunktion erfolge auch deshalb, weil der Arbeitgeber hier größere Möglichkeiten habe, die Vorgesetzten zu schulen, zu überwachen und sich ein Bild über ihre Arbeitsleistung zu machen.[379]
Der *US Supreme Court* entscheidet dann in beiden Urteilen gleichlautend, dass in den Fällen, in denen ein Vorgesetzter eine feindliche Arbeitsatmosphäre durch sexuelle Belästigung von Untergebenen am Arbeitsplatz schafft, sich die Haftung des Arbeitgebers nach der Aided-in-the-Agency-Relation-Theorie bestimmt.[380]

6.3.2.2 Vicarious Liability

Daraus folgt die Anwendung von *vicarious liability*. Ein Arbeitgeber ist für fremdes Verschulden gegenüber einer belästigten Arbeitnehmerin und daraus resultierender feindseliger Arbeitsumgebung haftbar, wenn diese geschaffen wurde durch einen unmittelbaren (oder sukzessive höheren) Vorgesetzten.[381]
Dies gilt ohne jegliche Exkulpationsmöglichkeit für den Fall, dass der Vorgesetzte spürbare berufsbezogene Maßnahmen zum Nachteil des Opfers wie Degradierung, Betrauung mit unerwünschten Aufgaben oder gar Kündigung getroffen hat.[382]

---

377 Burlington Industries, Inc. v. Ellerth, 118 S. Ct., 2257, slip op. at 15 (1998).

378 Burlington Industries, Inc. v. Ellerth, 118 S. Ct., 2257, slip op. at 16-17 (1998); Faragher v. City of Boca Raton, 118 S. Ct., 2275, slip op. at 26-27 (1998).

379 Faragher v. City of Boca Raton, 118 S. Ct., 2275, slip op. at 26 (1998).

380 Faragher v. City of Boca Raton, 118 S. Ct., 2275, slip op. at 24 (1998); Burlington Industries, Inc. v. Ellerth, 118 S. Ct., 2257, slip op. at 16 (1998).

381 Burlington Industries, Inc. v. Ellerth, 118 S. Ct., 2257, slip op. at 20 (1998); Faragher v. City of Boca Raton, 118 S. Ct., 2275, slip op. at 30 (1998).

382 Burlington Industries, Inc. v. Ellerth, 118 S. Ct., 2257, slip op. at 20 (1998); Faragher v. City of Boca Raton, 118 S. Ct., 2275, slip op. at 30 (1998).

6.3.2.3 Exkulpation bei Fehlen von spürbaren Maßnahmen

Gleichzeitig war der *US Supreme Court* darüber besorgt, der Vicarious-Liability-Standard könnte in der Praxis zu einer Gefährdungshaftung (*automatic liability*) und damit zu einer uneingeschränkten Haftung des Arbeitgebers bei sexueller Belästigung am Arbeitsplatz durch Vorgesetzte werden.
Der Gerichtshof machte daher nochmals auf den Willen des Kongresses aufmerksam, durch den Doppelzweck von *Title VII* einerseits Anti-Diskriminierung zu erreichen und andererseits diskriminierten Opfern eine Schadensersatzmöglichkeit zu bieten.
Würde man den Arbeitgebern, die sich redlich bemühen, durch eine effektive Anti-Belästigungspolitik und betriebsinterne Beschwerdemöglichkeiten mit Sanktionen gegen Belästiger automatisch in allen Fällen haftbar machen, so entfiele eines der Ziele von *Title VII*.[383] Dies erscheint einleuchtend, weil der redliche Arbeitgeber, der sich bemüht, den Arbeitsplatz frei von Belästigung zu halten, nicht dadurch bestraft werden darf, dass er in jedem Fall für ein Fehlverhalten seiner weisungsbefugten Vorgesetzten in die Haftung genommen wird.
Überzeugend ist auch die Begründung des Gerichtes, dass eine Enthaftungsmöglichkeit für den Arbeitgeber nicht infrage kommen kann, wenn das Opfer spürbare berufsbezogene Maßnahmen erdulden musste. Daher gibt das Gericht Arbeitgebern in den Fällen, in denen zwar durch sexuelle Belästigung eines Vorgesetzen eine feindliche Arbeitsumgebung geschaffen wurde und diese zur Klage gemäß *Title VII* berechtigt, die Möglichkeit zur Exkulpation im Wege eines *affirmative defense* beweisbar durch *preponderence of the evidence* (mit überwiegender Wahrscheinlichkeit).[384]
Der *affirmative defense* besteht aus zwei Elementen:

(a) Der Arbeitgeber hat vernünftige Anstrengungen unternommen, um sexuell belästigendem Verhalten vorzubeugen und es gegebenenfalls prompt zu korrigieren.[385]

(b) Die klagende Arbeitnehmerin hat es aus nicht rational nachvollziehbaren Gründen unterlassen, Vorteile aus den Präventiv- oder Korrektionsmöglichkeiten des Arbeitgebers zu ziehen oder anders Schaden zu vermeiden.[386]

---

383 Faragher v. City of Boca Raton, 118 S. Ct., 2275, slip op. at 28 (1998) mit dem Hinweis darauf, dass auch die EEOC den Arbeitgebern rät, alle erforderlichen Schritte zu unternehmen, um präventiv gegen sexuelle Belästigung vorzugehen und die Opfer zu ermutigen, interne Beschwerdemöglichkeiten zu nutzen (29 CFR, § 1604.11 (f) 1997).

384 Faragher v. City of Boca Raton, 118 S. Ct., 2275, slip op. at 28 (1998).

385 Faragher v. City of Boca Raton, 118 S. Ct., 2275, slip op. at 30 (1998); Burlington Industries, Inc. v. Ellerth, 118 S. Ct., 2257, slip op. at 20 (1998).

386 Burlington Industries, Inc. v. Ellerth, 118 SCt. 2257, slip op. at 20 (1998); Faragher v. City of Boca Raton, 118 S. Ct., 2275, slip op at 30 (1998).

6.3.2.4 Avoidable-Consequences-Doktrin

Das zweite Element des *affirmative defense* zur Exkulpation leitet der *US Supreme Court* in den Fällen des *Title VII* aus dem allgemeinen Deliktrecht her.[387] Diese allgemeine Theorie, nach der ein Opfer die Pflicht hat, Schäden gering zu halten bzw. zu vermeiden, findet auch Anwendung in anderen Fällen des Anti-Diskriminierungsrechts und ist nach Ansicht des *US Supreme Court* auch auf die Fälle der sexuellen Belästigung anzuwenden.
Hat ein Opfer unvernünftigerweise eine vorhandene interne Möglichkeit der Beschwerde nicht wahrgenommen, obwohl der Arbeitgeber erklärtermaßen sexuelle Belästigung verbot und auch ahndete, so hat sie ihrer Pflicht zur Schadensminimierung nicht Genüge getan.[388] Dieser zweistufige Entlastungsbeweis führt in der rechtlichen Praxis dazu, dass Vermeidungsstrategien und Sanktionen durch den Arbeitgeber stärker belohnt werden und der Arbeitnehmerin eine gewisse Mitverantwortung auferlegt wird.[389]

6.4 Abweichende Meinungen von Richter Thomas und Richter Scalia

In ihrer abweichenden Meinung, die Richter Thomas schrieb und der sich Richter Scalia anschloss, kritisieren die Richter vor allem die Anwendung von *vicarious liability* bei fehlenden spürbaren berufsbezogenen Maßnahmen und die damit verbundene Möglichkeit zum *affirmative defense* für den Arbeitgeber. Das Gericht habe die Exkulpationsmöglichkeit äußerst vage formuliert und gäbe den Arbeitgebern schockierend wenig Führung bei der Frage, wie sie eine Haftung vermeiden könnten. Vielmehr äußere das Gericht eher delphische Sprüche und überlasse die Schmutzarbeit den Untergerichten.[390]
Der einzige legitime Zurechnungsmaßstab sei nach ihrer Meinung der Fahrlässigkeits-Standard.
Der Arbeitgeber sei nur dann haftbar zu machen, wenn er von der Belästigung gewusst habe bzw. hätte wissen müssen und keine geeigneten Maßnahmen getroffen habe. Denn der Vorgesetzte, der eine feindliche Arbeitsumgebung durch sexuelle Belästigung schaffe, handele niemals im Interesse des Arbeitgebers.[391]
Weiterhin wird kritisiert, dass durch diese beiden Urteile eine unterschiedliche Behandlung von Belästigung auf Grund der Rassenzugehörigkeit und sexueller

---

387 Ford Motors Co. v. EEOC, 458 US, 219, 231, N. 15 (1982).

388 Faragher v. City of Boca Raton, 118 S. Ct., 2275, slip op. at 29 (1998).

389 S. auch Schwarz, RIW 1999, S. 253, 255.

390 Burlington Industries, Inc. v. Ellerth, 118 S. Ct., 2257, slip op. at 8; Thomas, dissenting (1998).

391 Burlington Industries, Inc. v. Ellerth, 118 S. Ct., 2257, slip op. at 4 and 7; Thomas, dissenting (1998).

Belästigung hervorgerufen wird, da für die Fälle, in denen auf Grund der Rasse belästigt wird, ebenfalls der Fahrlässigkeitsstandard angewandt wird.[392]

6.5 Die EEOC passt ihre Interpretation der Arbeitgeberhaftung bei belästigendem Verhalten von Vorgesetzten an

Als Reaktion auf die Urteile des *US Supreme Court* von 1998 hat die EEOC eine Durchführungsanleitung zur Einordnung von Fällen der sexuellen Belästigung am Arbeitsplatz herausgegeben.

Da bei Fehlen von arbeitsplatzbezogenen nachteiligen Maßnahmen für das Opfer einer Belästigung nach der Rechtsprechung des *US Supreme Court* nun der Arbeitgeber eine Exkulpationsmöglichkeit habe, müsse die Beweislast dafür, dass der Arbeitgeber alle vernünftigen Maßnahmen zur Prävention und Wiedergutmachung von sexueller Belästigung seiner Beschäftigten unternommen habe, beim Arbeitgeber liegen.[393]

Da Belästigung die einzige Diskriminierungsform sei, bei der sich ein Arbeitgeber von der Haftung befreien könne, müsse eine solche Möglichkeit eng begrenzt bleiben.[394] So müsse die Haltung des Arbeitgebers zur sexuellen Belästigung am Arbeitsplatz in Schriftform und für alle Beschäftigten zugänglich vorliegen. Hierin müsse eine klare Beschreibung dessen enthalten sein, was sexuelle Belästigung am Arbeitsplatz ist, dass ein solches Verhalten nicht geduldet und sanktioniert wird, welche Beschwerdeprozedur das Unternehmen bereithält, die Erklärung darüber, dass die Beschwerden vertraulich behandelt werden und dass Opfer keine Nachteile befürchten müssen.[395]

Die zweite Stufe des Entlastungsbeweises, nämlich der Beweis, dass es ein Opfer von sexueller Belästigung trotz des Vorhandenseins einer erklärten Firmenpolitik mit effektiven Beschwerde- und Sanktionsmöglichkeiten und entgegen den Grundsätzen der Vernunft unterlassen hat, diese Möglichkeiten in Anspruch zu nehmen, müsse ebenfalls beim Arbeitgeber liegen. Dieser müsse die Unvernünftigkeit des Verhaltens des Opfers beweisen.[396] So könne sich ein Opfer, ohne sich seiner Rechte zu begeben, bei geringfügigeren ersten Belästigungen selbst wehren, ohne sich förmlich zu beschweren. Des Weiteren gäbe es in einigen Fällen den begründeten Anlass für ein Opfer, an die Effektivität einer Beschwerde zu zweifeln oder nachteilige Konsequenzen zu befürchten. Auch könne die Beschwerde mit so vielen Hindernissen für ein Opfer verbunden sein,

---

392 Burlington Industries, Inc. v. Ellerth, 118. S. Ct., 2257, slip op. at 1; Thomas, dissenting (1998).

393 EEOC-Dokument 915.002 vom 18. Juni 1999, S. 8.

394 EEOC-Dokument 915.002 vom 18. Juni 1999, S. 10.

395 EEOC-Dokument 915.002 vom 18. Juni 1999, S. 11.

396 EEOC-Dokument 915.002 vom 18. Juni 1999, S. 17/18.

dass dieses von der Beschwerde absehe, so etwa, wenn für die Beschwerde Kosten entstehen oder inakzeptable Orte gewählt werden.[397]

7 Weitere Arten der sexuellen Belästigung am Arbeitsplatz

Neben den hier beschriebenen Belästigungen von Frauen durch Männer, die immer sexueller Natur waren, gibt es auch noch andere Formen der Belästigung, die unter *Title VII* subsumiert werden können. Dazu zählen die Fälle gleichgeschlechtlicher Belästigung, die zu unterschiedlichen Ergebnissen innerhalb der Untergerichte hinsichtlich der Anwendbarkeit von *Title VII* geführt haben. Andererseits wird auch diskutiert, ob es nicht Belästigung auf Grund des Geschlechtes sei, wenn die Belästigungen zwar nicht sexueller Natur seien, aber auf die Gruppenzugehörigkeit zur Gruppe der Frauen basieren.

7.1 Belästigung auf Grund der Zugehörigkeit zur Gruppe der Frauen

Frauen sind am Arbeitsplatz nicht nur Belästigungen sexueller Natur ausgesetzt, sondern es gibt auch andere Formen von Ungleichbehandlung, die Frauen im täglichen Arbeitsleben erfahren. Dabei geht es um die Verteilung einer größeren Arbeitslast bei weniger Zeit, Missachtung in Gremien, falsche Beschuldigungen und falsche Bewertung der Leistungen sowie damit verbundener Nichtaufstieg.[398] Daher gibt es in den USA die Ansicht, dass ein Fokussieren auf sexuelle Avancen gegenüber Frauen zu Unrecht im Mittelpunkt der Rechtsprechung und der öffentlichen Diskussion steht, obwohl die andere Form von Belästigung auch sexuell gefärbt ist und viel subtiler und komplexer begangen wird.[399] In solchen Fällen versuchten beklagte Arbeitgeber, sich mit dem Argument zu verteidigen, es lägen unter Umständen Belästigungen vor, da diese aber nicht sexueller Natur seien, seien sie nicht unter *Title VII* zu subsumieren.[400]
Einige Gerichte haben diese Art von Belästigung jedoch unter *Title VII* subsumiert. Nach der so genannten McKinney-Regel wurde festgestellt, dass sexuelle Belästigung nicht nur bei sexuellen Avancen vorliegt, sondern auch dann gegeben sein kann, wenn andere Arten von Belästigung oder Ungleichbehandlung nur auf Grund der Geschlechtszugehörigkeit der Angestellten passieren.
Dies soll zum Beispiel dann gelten, wenn das belästigende Benehmen ein Verhaltensmuster darstellt oder besonders beleidigend ist.[401] Solche festgestellten

397 EEOC-Dokument 916.002 vom 18. Juni 1999, S. 18.

398 Schultz, 107 Yale L. J., 1693, 1707 (1998).

399 Schultz, 107 Yale L. J., 1693 (1998).

400 Gross v. Burggraf Construction Co., 53 F. 3d, 1531 (10th Cir. 1995); Hicks v. Gates Rubber Co., 833 F. 2d, 1406, 1415 (10th Cir. 1987).

401 McKinney v. Dole, 765 F. 2d, 1129 (D. C. Cir. 1985).

Belästigungen sind dann unter *Title VII* subsumierbar, haben jedoch höhere Beweisanforderungen, weil bewiesen werden muss, dass die Belästigungen auf Grund und nur wegen der Geschlechtszugehörigkeit passierten.[402]

Der *US Supreme Court* hat sich dieser Frage noch nicht angenommen. Vielleicht ist es in der Praxis jedoch auch von untergeordneter Bedeutung, ob die genannten Belästigungen als sexuelle zu bezeichnen sind.

Title VII erfasst grundsätzlich die Ungleichbehandlung auf Grund des Geschlechtes in allen Variationen; Klagen, die abweichend von sexueller Belästigung am Arbeitsplatz auf Grund von Diskriminierung wegen des Geschlechtes geltend gemacht werden, enthalten jedoch zumindest implizit oftmals Formen der genannten Belästigungen.[403] In solchen Fällen ist es aber schwer, das belästigende Verhalten, wenn es denn auch gegenüber männlichen Mitarbeitern an den Tag gelegt wird, vom reinen Mobbing abzugrenzen, was nicht unter *Title VII* fallen würde. Sind allerdings nur Mitglieder einer Geschlechtergruppe betroffen, so findet die Anwendbarkeit von *Title VII* jedoch eine Stütze in der von der Rechtsprechung entwickelten Kasuistik zur Belästigung auf Grund der Rasse.[404]

7.2 Gleichgeschlechtliche Belästigung

Zum Problemkreis der sexuellen Belästigung am Arbeitsplatz gehören auch die Fälle, in denen der Belästiger und das Opfer dem gleichen Geschlecht angehören. Dass die Belästigungen sexuell gefärbt sind, ist hier nicht das Problem. Die eigentliche Problematik ergibt sich daraus, ob eine Ungleichbehandlung auf Grund des Geschlechtes unter homosexuellen Aspekten vorliegt und ob *Title VII* auch hier zur Anwendung kommen kann. Hier sind die Untergerichte wieder zu unterschiedlichen Ergebnissen gelangt.[405]

Während einige Gerichte zu dem Schluss gekommen sind, der Gesetzgeber habe nicht die Intention gehabt, sexuell belästigendes Verhalten eines Arbeitnehmers gegenüber einem anderen Arbeitnehmer gleichen Geschlechtes durch *Title VII*

---

402 Vgl. Herzog (1997), S. 52; Gross v. Burggraf Construction Co., 53 F. 3d, 1531 (1995), wo eine Lastwagenfahrerin einer Baufirma von ihrem männlichen Vorgesetzten in mehreren Fällen zwar nicht sexuell belästigt, sondern vor anderen Mitarbeitern gedemütigt wurde. Hier urteilte das Gericht, die Bezeichnung der Klägerin als „Arsch" sei nicht geschlechtsspezifisch. Die EEOC hat in ihren Richtlinien die nicht sexuell gefärbte Belästigung nicht mit aufgenommen.

403 Sehr umfangreich hierzu Schultz, 107 Yale L. J., 1693 (1998), die eine Neukonzeptionalisierung des Begriffes *sexual harassment* vorschlägt.

404 Vgl. Lindemann Schlei/Grossmann (1994), Kap. 9.

405 S. Norris/Randon, 19 Employee Relations L. J., 233 (1993) mit Beispielen aus der Rechtsprechung; Kuhn, RIW 1997, S. 654 f.

zu verbieten,[406] haben andere Gerichte zur Voraussetzung für die Klagbarkeit wegen *same sex harassment* verlangt, Opfer und Belästiger müssten das gleiche Geschlecht haben, da nur der homosexuelle Belästiger nicht auch die Angehörigen des anderen Geschlechtes belästigen würde.[407] Dieser Ansatz zieht die Frage nach sich, wie der bisexuelle Belästiger zu behandeln ist, der seine Opfer unabhängig von ihrem Geschlecht belästigt.[408]

Ein anderer Ansatz prüft lediglich, ob die Angehörigen des anderen Geschlechtes auch sexuell belästigt wurden und lässt die sexuelle Orientierung des Belästigers außer Acht.[409] Die Problematik der richtigen Einordnung soll sich auch daraus ergeben, dass sexuelle Belästigung im Anti-Diskriminierungsrecht und nicht im Deliktrecht verankert ist.[410]

Meines Erachtens ist dies unproblematisch, da Machtausübung, und eine solche stellt sexuelle Belästigung dar, auch innerhalb desselben Geschlechtes ausgeübt wird und dadurch diskriminierend sein kann.[411] Wenn der/die homosexuelle Vorgesetzte einer/einem Untergebenen sexuelle Avancen macht und bei Zurückweisung mit beruflichen Konsequenzen droht bzw. diese sogar verwirklicht, so ist dies Diskriminierung auf Grund des Geschlechtes, weil die Angehörigen des anderen Geschlechtes nicht davon betroffen sind.

Männer und Frauen, die von Vorgesetzten sexuell belästigt werden, sind nicht körperlich schwächer, sondern können auf Grund ihrer Position innerhalb der Unternehmenshierarchie nicht angemessenen Schutz erlangen.[412] Aus diesem Grunde sind sie gleich zu behandeln.

Schwierig ist tatsächlich die Einordnung des bisexuell Belästigenden, da hier beide Gruppen betroffen sind. Konsequenterweise müsste man hier *Title VII* verneinen und auf das allgemeine Deliktrecht zurückgreifen.

Die EEOC vertritt die Position, dass auch gleichgeschlechtliche Belästigung *Title VII* verletzt und das Opfer nicht dem anderen Geschlecht angehören muss.

---

406 Garcia v. Elf Atochem North America, 28 F. 3d, 446 (5th Cir. 1994) Bezug nehmend auf Goluszek v. Smith, 697 F. Supp., 1452 (N. D. Ill. 1988).

407 Wrightson v. Pizza Hut of America, Inc., 99 F. 3d, 138 (4th Cir. 1996); McWilliams v. Fairfax County Board of Supervisors, 72 F. 3d, 1191 (1996).

408 S. etwa Chiapuzio v. BLT Operating Corp., 826 F. Supp., 1334 (D. Wyo. 1993).

409 Quick v. Donaldson Co., 90 F. 3d, 1372 (8th Cir. 1996).

410 So Herzog (1997), S. 51.

411 Herzog (1997), S. 50, fasst als Fazit der Fragestellung der Gerichte zusammen, dass es sich bei der gleichgeschlechtlichen Belästigung wohl nicht um ein Dominanzproblem handelt.

412 Vgl. Matthews v. Superior Court, 40 Cal. Rptr. 2d, 350 (1995), wo ein homosexuell belästigter Mann enorme Schwierigkeiten hatte, eine Beschwerde bei seinem Arbeitgeber überhaupt anzubringen. Als es ihm endlich gelang, wurde sein Vortrag als trivial und unbedeutend eingestuft und es abgelehnt, Maßnahmen überhaupt in Erwägung zu ziehen.

Die EEOC betont, dass es sich bei der sexuellen Belästigung um Diskriminierung handelt, weshalb es wesentlich sei, ob der Belästiger die Angehörigen des einen Geschlechtes anders als die des anderen Geschlechtes behandelt.[413]

7.2.1 Oncale v. Sundowner Offshore Services, Inc.

Der *US Supreme Court* hat nun die Frage gelöst, ob gleichgeschlechtliche sexuelle Belästigung unter den Schutzbereich von *Title VII* fällt. Der Entscheidung Oncale v. Sundowner Offshore Services, Inc.[414] lag folgender Sachverhalt zu Grunde: Joseph Oncale war auf einer Ölplattform im Golf von Mexiko mit sieben weiteren Crewmitgliedern tätig. Während dieser Zeit wurde er von einem Kollegen und zwei Vorgesetzten im Beisein der anderen Crewmitglieder zu erniedrigenden (homo-)sexuellen Handlungen gezwungen. Einer der Vorgesetzten drohte ihm schließlich mit Vergewaltigung. Nachdem er sich betriebsintern beschwert hatte, jedoch vom Arbeitgeber nichts unternommen wurde, kündigte er auf Grund der Angst vor einer tatsächlichen Vergewaltigung. Er bestand darauf, dass seine Entlassungspapiere den Zusatz enthielten, er habe auf Grund sexueller Belästigung und verbaler Misshandlung gekündigt.

Der *US Supreme Court* entschied einstimmig, dass auch die gleichgeschlechtliche sexuelle Belästigung am Arbeitsplatz unter *Title VII* zu subsumieren sei und belästigendes Verhalten nicht motiviert sein muss von sexuellem Verlangen, um die Schlussfolgerung ‚Diskriminierung auf Grund des Geschlechtes' zuzulassen.[415]

In anderen Fällen hatte der *US Supreme Court* bereits zum Ausdruck gebracht, dass er auf Grund der vielen Facetten menschlichen Handelns davon ausgeht, es könne durchaus dazu kommen, dass Angehörige einer Gruppe diskriminierend gegenüber Mitgliedern derselben Gruppe handelten.[416] Mit diesem Urteil hat der *US Supreme Court* erneut für Rechtsklarheit und Einheitlichkeit gesorgt und es dürfte in Zukunft für Klagen auf Grund von *Same Sex Harassment* nur noch die Probleme geben, die sich auch in anderen Bereichen der sexuellen Belästigung am Arbeitsplatz ergeben.

Die McKinney-Regel und die Rechtsprechung zur Belästigung innerhalb derselben Gruppe könnten zusammen allerdings zu einer neuen Problematik führen. Fraglich wäre dann, ob die nicht mit sexuellen Avancen belästigende weibliche Vorgesetzte unter *Title VII* fallen würde oder ob ein solcher Gedanke zu weit führend und mehr unter dem Aspekt des Mobbing am Arbeitsplatz anzusiedeln wäre.

---

413 S. Labor Law Reports-Employment Practices vom 27. November 1995, S. 5.

414 Oncale v. Sundowner Offshore Services, Inc., 118 S. Ct., 998 (1998).

415 Oncale v. Sundowner Offshore Services, Inc., 118 S. Ct., 998, 1002 (1998).

416 Castaneda v. Partida, 430 US, 482, 499 (1977) und Newport Shipbuilding & Dry Dock Co. v. EEOC, 462 US, 669, 682 (1983).

8 Sexuelle Belästigung am Arbeitsplatz kontra Redefreiheit des 1st Amendment

Bei reiner verbaler sexueller Belästigung am Arbeitsplatz haben Anwälte in der jüngeren Vergangenheit versucht, die Redefreiheit des 1st Amendment als Verteidigungsmittel vorzubringen und damit auf eine Kollision zwischen zwei fundamentalen Werten der amerikanischen Verfassung aufmerksam gemacht: Chancengleichheit und Ausdrucksfreiheit.[417]

Normalerweise ist die in der Verfassung verankerte Redefreiheit nur ein Abwehrrecht gegen den Staat und als solches zwischen Privatparteien nicht anwendbar. Da aber in dem Moment, in dem Klage vor einem Bundesgericht erhoben worden ist und ein Prozess durchgeführt wird, der Staat involviert ist, liegt genügend *state action* vor, um einen Schutz der Redefreiheit auszulösen.[418]

Degradierende Kommentare von Vorgesetzten, das Erzählen von bigotten Witzen oder das Ausstellen von beleidigenden Bildern unterfallen ohne Zweifel dem Schutz des 1st Amendment. Es wird gefragt, warum dann der Schutz der Redefreiheit an der Büro- oder Fabriktür enden sollte.[419]

Von dem Befürworter dieser Theorie wird gefordert, dass den Interessen der freien Rede so weit Rechnung getragen werden müsste, dass sich eine feindliche Arbeitsumgebung nur noch bei körperlichen Übergriffen konstituieren ließe.[420]

Ein anderer Kommentator ist der Meinung, verbale Beleidigung sei nur dann vom Schutz der Redefreiheit auszunehmen, wenn sich der Angriff direkt an ein Individuum wende. Allgemeine Ausdrücke geschlechtsspezifischer Art sollten dagegen nicht unter das Diskriminierungsverbot fallen.[421]

Getragen werden diese Hypothesen von der Angst, dass man auf Grund der vagen Definitionen von sexuell belästigender Sprache von einem *chilling effect* der Rechtsprechung ausgehen müsse, wonach keiner mehr wisse, was er sagen darf und was er besser für sich behalten sollte, so dass eine tatsächliche Einschränkung der Redefreiheit eintreten könnte.[422] Dies bewege manchen Arbeitgeber dazu, den Arbeitsplatz mit Verhaltensregeln zu überfrachten, um einer eventuellen Haftung nach *Title VII* zu entgehen.[423]

---

417 Epstein, 84 Georgetown L. J., 399, 400 (1996).

418 Epstein, 84 Georgetown L. J., 399, 400, Fn. 5 (1996); Burns, Jr., 17 Employee Relations L. J., 693, 696 (1992).

419 S. Browne, 52 Ohio St. L. J., 481 (1991).

420 Browne, 52 Ohio St. L. J., 481, 544-545 (1991).

421 Volokh, 39 UCLA L. Rev., 1791, 1848-71 (1992).

422 Burns, 17 Employee Relations L. J., 693, 694-695 (1992); Browne, 52 Ohio St. L. J., 481, 502, 548 (1991); Volokh, 39 UCLA L. Rev., 1791, 1812 (1992).

423 Burns, 17 Employee Relations L. J., 693, 695 (1992).

Das 1st Amendment gestatte Arbeitnehmern, am Arbeitsplatz auch politisch inkorrekte Ansichten zu vertreten und diese dürften nicht der Zensur durch Klagbarkeit wegen sexueller Belästigung unterfallen. *Title VII* solle nicht zu einer Spezialausnahme von diesen fundamentalen Rechten werden.[424]
Der kritisierten vagen Formulierung, was als verbale sexuelle Belästigung zu gelten habe, lässt sich entgegenhalten, dass es in den USA seit fast 30 Jahren Rechtsprechung zu diesem Problemkreis gibt, die in der Zwischenzeit einige Definitionshilfen gegeben hat.
Des Weiteren gibt es zwei wesentliche Korrektive: Zum Einen hat der *US Supreme Court* stets betont, dass eine sexuelle Belästigung immer *severe and pervasive* und somit von einiger Intensität sein muss, um unter *Title VII* klagbar gemacht werden zu können.[425] Daraus folgte, dass verbale Belästigung schon per se als geringfügiger eingestuft wird als körperliche und die Gerichte *Title VII* bei nur gelegentlichen verbalen Belästigungen verneint haben.[426]
Weiter hat die feindliche Arbeitsumgebung ein subjektives und ein objektives Element. Das Opfer muss die Belästigung als so gravierend empfunden haben, dass sie ihre Arbeitsumgebung feindlich machte, und eine vernünftige Person muss dies ebenso gesehen haben.[427]
Aus den Definitionen der Rechtsprechung und den zwei Korrektiven ergibt sich, dass es zwar für den Laien nicht ganz klar sein mag, wann er verbal sexuell belästigt, aber dass der Begriff sexuelle Belästigung keineswegs ein vager Rechtsbegriff ist.[428] Nimmt man weiter an, dass auch die Chancengleichheit ein fundamentales Recht der amerikanischen Verfassung ist, muss man sich deutlich vor Augen führen, dass gerade die verbale kontinuierliche Belästigung ein wichtiger Aspekt der sexuellen Belästigung am Arbeitsplatz ist, wodurch für die betroffenen Frauen große Barrieren für den Aufstieg und die Zufriedenheit am Arbeitsplatz errichtet werden.[429]
Die amerikanischen Gerichte haben verbale Belästigung eher zurückhaltend als überschwänglich angenommen.[430]
Soll *Title VII* überhaupt effektiv sein, so muss es zwangsläufig zur Einschränkung anderer Rechte kommen. So wird auch die Privatautonomie des Arbeitgebers, wenn er nicht mehr diskriminierend einstellen oder kündigen darf, eingeschränkt.

---

424 Burns, 17 Employee Relations L. J., 693, 699-700 (1992).
425 Meritor Savings Bank v. Vinson, 477 US, 57, 67 (1986).
426 Epstein, 84 Georgetown L. J., 399, 413, Fn. 88 (1996) mit Beispielen zur Rechtsprechung.
427 Harris v. Forklift Sys., Inc., 114 S. Ct., 367, 371 (1993).
428 In diesem Zusammenhang seien auch die Richtlinien der EEOC erwähnt. So auch Epstein, 84 Georgetown L. J., 399, 415, 451 (1996).
429 Epstein, 84 Georgetown L. J., 399, 401 (1996).
430 Epstein, 84 Georgetown L. J., 399, 416 f (1996).

Außerdem passt die Einstufung verbaler Belästigung in den Bereich political correctness und damit in das Herz der Redefreiheit nicht. Es handelt sich bei verbaler Belästigung keineswegs um die vorrangige Kundgabe von Meinungen, sondern es geht um Machtausübung. Können an anderen Orten die Opfer von verbal unerwünschten Ausdrücken entkommen, indem sie einfach den Ort des Geschehens verlassen, so gibt es diese Möglichkeit für Arbeitnehmerinnen nicht, denn sie können nicht einfach vom Arbeitsplatz weggehen, ihrem Vorgesetzten aus dem Weg gehen oder ein Büro/ein Ladenlokal verlassen.[431]
Während die meisten Gerichte nur implizit über die Redefreiheit entschieden haben, indem sie die verbale Belästigung als Obszönität einstuften, welche keinen Schutz unter der verfassungsrechtlich geschützten Redefreiheit genießt,[432] haben sich zwei Gerichte explizit mit der Kollision zwischen *Title VII harassing speech* und *freedom of speech* des 1st Amendment auseinandergesetzt.[433]
Das Robinson-Gericht hat entschieden, dass belästigende Bilder und Sprache nicht dem Schutz der Redefreiheit unterfallen, weil sie in einem diskriminierenden Kontext agieren. Eine solche Sprache sei so einzustufen, als werde eine Straftat begangen. *Title VII* sei eine vernünftige Regulierung der Time-, Place- und Manner-Schranke der Redefreiheit und die Eliminierung der Diskriminierung der Frauen sei ein zwingendes staatliches Interesse. *Title VII* sei eng gefasst und als Minimallösung nötig, um Diskriminierung wieder gutzumachen.[434]
Es bleibt abzuwarten, ob und wann sich der *US Supreme Court* der Frage nach der Kollision zweier Verfassungsrechte annehmen muss, wenn immer häufiger der Einwand der Redefreiheit als Verteidigungsmittel erhoben wird und es dann zu unterschiedlichen Urteilen in den *District Courts* und Apellationsgerichten kommen könnte.

9 Darlegungs- und Beweislast im Sexual-Harassment-Verfahren

Die Beweislast in Title-VII-Verfahren hat der *US Supreme Court* 1973 in der so genannten McDonnell-Douglas-Regel bestimmt. Hiernach muss die Klägerin zunächst einen Prima-facie-Fall etablieren, der sich aus mehreren Elementen

431 Vgl. auch Epstein, 84 Georgetown L. J., 399, 451 (1996).

432 Burns, 17 Employee Relations L. J., 693, 698 (1992).

433 Jenson v. Eveleth Taconite Co., 824 F. Supp., 847 (D. Minn. 1993), und Robinson v. Jacksonville Shipyards, Inc., 760 F. Supp., 1486 (M. D. Fla. 1991).

434 Robinson v. Jacksonville Shipyards, Inc., 760 F. Supp., 1486, 1535 (M. D. Fla. 1991) führt insofern einen Test durch, ob im konkreten Fall *Title VII* die Redefreiheit einschränken durfte; vgl. Mucklow, 46 Lab. L. J., 301 ff (1995), die eine Analyse der *Secondary Effects Doctrine* hinsichtlich der Sprache durchführt.

ergibt.[435] Ist ihr dies gelungen, so geht die Beweislast auf den Arbeitgeber über, der im Wege des *rebuttal* versuchen kann, den Beweis zu erbringen, dass ein rechtfertigender Grund für die Maßnahme vorgelegen hat, der nicht diskriminierend gewesen ist.[436] Gelingt dem Arbeitgeber dieser Beweis, so geht die Beweislast erneut auf die Klägerin über, die beweisen kann, dass der vom Arbeitgeber angeführte Grund nur ein Vorwand gewesen ist.[437]
Der Gerichtshof selbst hat bereits 1973 entschieden, dass diese Beweislastregel nicht rigide und mechanisch angewandt werden soll, sondern auf Grund der Vielschichtigkeit der Diskriminierungsfälle dem Einzelfall angepasst werden müsse.[438] So hat sich im Laufe der Zeit durch die Rechtsprechung in den Fällen der sexuellen Belästigung am Arbeitsplatz eine den Erfordernissen dieser besonderen Diskriminierungsart angepasste Beweislastformel entwickelt, die nun im Lichte der Burlington- und Faragher-Entscheidungen erneut differenzierter betrachtet werden muss.[439]

9.1 Prima-facie-Beweis des Opfers

Demnach ist der Prima-facie-Beweis erbracht, wenn die Klägerin folgende Voraussetzungen darlegen und beweisen kann:

In Fällen der Quid-pro-Quo-Belästigung

- Die Klägerin ist Mitglied einer durch *Title VII* geschützten Gruppe.
- Die Klägerin war Opfer von unwillkommenen sexuellen Avancen.
- Die Klägerin hat eine negative berufsbezogene Maßnahme erlitten.
- Die Klägerin hat die sexuellen Avancen auf Grund ihres Geschlechtes erhalten, und ihre Reaktion darauf hat spürbar die Bedingungen ihres Arbeitslebens berührt.
- Der Arbeitgeber ist haftbar nach Agency-Prinzipien.[440]

In Fällen der feindseligen Arbeitsumgebung

- Die Klägerin ist Mitglied einer durch *Title VII* geschützten Gruppe.

---

435 McDonnell Douglas Corp. v. Green, 411 U.S. 792, 802 (1973).

436 Greenlaw, 42 Lab. L. J., 407, 409 (1991).

437 Mc Donnell Douglas Corp. v. Green, 411 U.S. 792, 804 (1973).

438 Mc Donnell Douglas Corp. v. Green, 411 U.S. 792, 804 (1973).

439 Der Prima-facie-Beweis für die Fälle der sexuellen Belästigung wurde in den Entscheidungen Henson v. City of Dundee, 682 F. 2d, 897 (11th Cir. 1982), Meritor Savings Bank v. Vinson, 477 U.S. 57 (1986), Hall v. Gus Constructions Company, Inc. 842 F. 2d, 1010 (8th Cir. 1988) und Harris v. Forklift Systems, 114 S. Ct., 376 (1993) entwickelt.

440 S. Lindemann/Kadue (1993), S. 132; Greenlaw/Kohl 43 Lab. L. J., 164 ff, geben eine kurze Übersicht über die fünf Beweiselementen des Prima-facie-Beweises.

- Die Klägerin hat unwillkommene verbale oder physische Annäherungen sexueller Natur erlitten.
- Die Annäherungen waren so durchdringend und ernsthaft, dass sie sich spürbar auf ihr Arbeitsumfeld ausgewirkt haben.
- Die Klägerin hat die Annäherungen auf Grund ihres Geschlechtes erfahren.
- Der Arbeitgeber ist haftbar nach Agency-Prinzipien.[441]

Versuch eines einheitlichen Beweislastschemas

Da in den jüngsten Entscheidungen – Burlington Industries, Inc. v. Ellerth und Faragher v. City of Boca Raton – die Unterscheidung in Quid-pro-Quo- und Hostile-Work-Environment-Fälle als nicht grundsätzlich erforderlich angesehen wird,[442] ist die Zusammenfassung zu einem einheitlichen Beweislastschema denkbar. Dies könnte folgendermaßen aussehen:

- Die Klägerin ist Mitglied einer durch *Title VII* geschützten Gruppe.
- Die Klägerin hat unwillkommene verbale oder physische Annäherungen sexueller Natur erlitten.
- Die Annäherungen waren so durchdringend und ernsthaft, dass sie sich spürbar auf ihr Arbeitsumfeld ausgewirkt haben, oder die Klägerin hat auf Grund ihrer Reaktion eine negative berufsbezogene Maßnahme erlitten.
- Die Klägerin hat das Verhalten auf Grund ihres Geschlechtes erfahren.
- Der Arbeitgeber ist haftbar nach Agency-Prinzipien.

Es wurde bereits detailliert auf die Anforderungen der Rechtsprechung zu den einzelnen Tatbestandsmerkmalen eingegangen, daher soll dies hier nicht wiederholt werden. Es ist offensichtlich, dass es den Klägerinnen in Prozessen wegen sexueller Belästigung die größten Schwierigkeiten bereitet, zu beweisen, dass es überhaupt zu sexuellen Übergriffen gekommen ist und dass diese unwillkommen gewesen sind.[443] Gelingt einem Opfer dieser Beweis des ersten Anscheins, so gibt es für den Arbeitgeber eine Verteidigungsmöglichkeit.

9.2 Verteidigungsmöglichkeiten des Arbeitgebers

Hat die Klägerin ihren Prima-Facie-Beweis erfolgreich angetreten, so hat auch der Arbeitgeber noch verschiedene Möglichkeiten zur Verteidigung (*rebuttal*).

---

441 Vgl. Lindemann/Kadue (1993), S. 168 f.
442 Vgl. Kapitel B 6.3.1 in dieser Arbeit.
443 So auch Herzog (1997), S. 62, 77; Aiken, Wis. L. Rev., 1221, 1222 (1997).

9.2.1 Belästiger war kein Stellvertreter (Agent)

Zunächst kann der Arbeitgeber zu beweisen versuchen, dass der Belästiger nicht sein Agent gewesen ist und ihn aus diesem Grunde keine Haftung trifft. Denn die bereits geschilderte verschärfte Haftung des Arbeitgebers für seine Agenten nach dem *Restatement of Torts* (§ 219)[444] findet nur dann Anwendung, wenn es sich bei dem Belästiger um einen Stellvertreter im Sinne des § 219 handelt.

Eine automatische Haftung ohne Exkulpationsmöglichkeit wäre mangels Stellvertretereigenschaft in den klassischen Quid-pro-Quo-Fällen vollständig auszuschließen, weil nur ein Vorgesetzter mit gewissen Machtbefugnissen, die erforderlichen spürbaren arbeitsrechtlichen Maßnahmen treffen könnte. Aber auch in den anderen Fällen, in denen die Belästigung ohne spürbare arbeitsrechtliche Änderungen für das Opfer geschehen war, ist die Agenteneigenschaft wesentlich für den Haftungsumfang.

Handelte es sich lediglich um einen Kollegen, so ist die Haftung des Arbeitgebers wesentlich eingeschränkter, weil ihm bewiesen werden muss, dass er von der Belästigung wusste oder hätte wissen müssen, während es bei dem Agenten auf die Aided-in-the-Agency-Relationship-Haftung ankommt.[445]

9.2.2 Das Verhalten war willkommen

Wie bereits in Kapitel 9.1 dieser Arbeit dargestellt, muss die Klägerin die Unwillkommenheit der Annäherungen beweisen. Der beklagte Arbeitgeber kann nun seinerseits zu beweisen versuchen, dass das Verhalten des Belästigers in Wirklichkeit willkommen war bzw. der Belästiger keinen Grund hatte anzunehmen, sein Verhalten stoße auf Ablehnung.

Durch die im prozessualen Teil D der Arbeit erwähnte Erstreckung der *Rape Shield Rule* auf das Zivilprozessrecht und die Reduzierung von mentalen Begutachtungen sowie die Etablierung der *reasonable person* als objektiver Maßstab zur Beurteilung der Wilkommenheit[446] ist die Möglichkeit des Arbeitgebers, Willkommenheit zu beweisen, eingeschränkt.

Vielleicht ist diese Konsequenz der Reasonable-Person-Doktrin die positive Kehrseite der Medaille. Stellt man bei der Beurteilung der Willkommenheit zu sehr auf die Sichtweise der vernünftigen Frau oder noch rigider auf die Sicht

444 S. Kapitel B 3.5 in dieser Arbeit.

445 S. Kapitel B 6.3.2.1 in dieser Arbeit.

446 S. Kapitel B 3.4 in dieser Arbeit; vgl. auch Burns v. Mc Gregor Electronic Industries, Inc., 807 F. Supp., 506 (N. D. Iowa 1992), wo sich der Arbeitgeber damit zu verteidigen versuchte, dass die Klägerin nackt in einer Zeitung abgebildet worden war und daher gar nicht sexuell belästigt werden könne.

des Opfers ab, so leistet man dem Versuch des Beklagten Vorschub, Willkommenheit zu beweisen.[447]

9.2.3 Der Vorgesetzte hatte andere Gründe für die Maßnahme

In den Fällen, in denen es um die Gegenleistung in Gestalt sexueller Gefälligkeiten für in Aussicht gestellte Beförderungen, Gehaltserhöhungen, Kündigungen oder Degradierungen geht, kann der Arbeitgeber zu beweisen versuchen, dass der Vorgesetzte für seine Entscheidung andere Gründe hatte. Hier kommt die Geltendmachung von schlechten Arbeitsleistungen, mangelhafter Bewertungen oder unangemessenen Verhaltens wie häufige Abwesenheit vom Arbeitsplatz infrage.[448] Gelingt dem Arbeitgeber dieser Beweis, so geht die Beweislast erneut auf die Klägerin über, die dann beweisen kann, dass es sich bei dem Vorbringen des Arbeitgebers nur um vorgeschobene Behauptungen handelt (*pretext*).[449]

9.2.4 Redefreiheit

In jüngster Zeit wird auch versucht, in den Fällen, in denen es sich um verbale oder visuelle Belästigung handelte, die Verletzung der Redefreiheit des Belästigers als Verteidigungsmittel einzuwenden.[450] Dies ist allerdings beschränkt auf die Fälle, in denen Belästiger und Arbeitgeber ein und dieselbe Person sind, weil der Arbeitgeber und Beklagte sich im Prozess nicht auf die Redefreiheit eines Dritten berufen könnte.[451]
Problematisch ist die Redefreiheit auch immer dann, wenn die Belästigung so intensiv ist, dass möglicherweise Strafgesetze verletzt werden könnten. Bei der Berufung auf die Redefreiheit handelt es sich auch nicht um das klassische *rebuttal* auf den Prima-Facie-Beweis der Klägerin, sondern um einen eigenen Beweisantritt, der vorwiegend rechtliche Problematiken aufwirft und hier auch im Hinblick auf seine bisher geringen praktischen Auswirkung auf Title-VII-Fälle nicht weiter erläutert werden soll.[452]

---

447 Herzog (1997), S. 77. Der Beklagte kann ferner versuchen zu beweisen, dass keine Belästigungen vorgelegen haben.

448 Spencer v. General Electric Co., 894 F. 2d, 651,658 (CA 4 1990); vgl. auch Herzog (1997), S. 63.

449 Lindemann/Kadue (1993), S. 196-198.

450 S. Ausführungen in Kapitel B 8 in dieser Arbeit.

451 Lindemann/Kadue (1993), S. 594, was ein Grund sein soll, dass sich Arbeitgeber nicht öfter auf das 1st Amendment berufen.

452 S. Kapitel B 8 in dieser Arbeit sowie Lindemann/Kadue (1993), S. 570 ff. Zu weiteren allgemeinen Beweismöglichkeiten und generell zum Thema Redefreiheit und Arbeits-

9.2.5 Arbeitgeber verfügt über effektiven Beschwerdeweg und sanktioniert belästigendes Verhalten

Die wohl in der Praxis bedeutsamste Verteidigungsmöglichkeit nach Burlington und Faragher[453] ist der vom *US Supreme Court* ausdrücklich genannte Affirmative Defense, falls die Arbeitnehmerin durch die Belästigung keine spürbaren berufsbezogenen Nachteile erlitten hat, denn dann gibt es keine Exkulpationsmöglichkeiten. Wie bereits in Kapitel B 6.3.2.3 dieser Arbeit ausführlich dargestellt, kann sich der Arbeitgeber dann exkulpieren, wenn er darlegen und beweisen kann, dass in seinem Unternehmen eine wirksame Politik gegen sexuelle Belästigung am Arbeitsplatz vorgelegen hat und er in aufgetretenen Fällen schnell und ohne Nachteile für die Beschwerde führende Person tätig geworden ist. Eine solche Beschwerdepolitik des Arbeitgebers muss allen Angestellten des Unternehmens bekannt und zugänglich sein und kann etwa in Form von *Employee Handbooks* niedergelegt werden.[454] Aber eine Anti-Belästigungspolitik allein genügt nicht, sie muss auch effektiv sein. Dies bedeutet, dass auf eine Beschwerde hin prompt und ernsthaft mit der internen Ermittlung der relevanten Tatsachen begonnen werden muss und gegebenenfalls auch Sanktionen gegen den Belästiger erlassen werden müssen.[455]
Es scheint sich allerdings die Tendenz nach Faragher und Ellerth abzuzeichnen, dass die Gerichte schon allein das Vorhandensein einer Anti-Belästigungspolitik und eines Beschwerdeverfahrens als ausreichend ansehen und die erste Stufe des *affirmative defense* mechanisch anstatt auf den Einzelfall blickend anwenden.[456]
Für den Arbeitgeber ist es besonders wichtig, zunächst vorsichtig und neutral zu ermitteln, da auch der beschuldigte Belästiger sonst seinerseits Klage wegen Rufschädigung oder Zufügung emotionaler Leiden erheben könnte, falls die Vorwürfe sich als haltlos erweisen sollten.[457]

---

platz: Strauss, Sexist Speech in the Workplace, 25 Harvard C.R C-L.L. Rev., 1 (1990), und Sangree, Title VII Prohibitions Against Hostile Environment Sexual Harassment and the 1st Amendment: No Collision in Sight, 47 Rutgers L. Rev., 462 (1995).

453 Vgl. Kapitel A 7.3.2.3 und 7.3.2.4 in dieser Arbeit.

454 Thau (1998), Rn. 271 und 272.

455 Oh, 18 Employee Relations L. J., 227 (1992); ein Beispiel für eine effektive Politik bieten Bouton v. BMW of North America, Inc., 29 F. 3d, 103 (3rd Cir. 1994); Baskerville v. Culligan International, 50 F. 3d, 428 (7th Cir. 1995); ineffektiv dagegen Fuller v. City of Oakland, California, 47 F. 3d, 1522 (9th Cir. 1995) und Matthews v. Superior Court, 40 Cal. Rptr. 2d, 350 (1995).

456 S. Bauchner, 8 Colum. J. Gender & L., 303, 314 f. (1999).

457 Herzog (1997): Teil C widmet den zu Unrecht Belästigten ein eigenes Kapitel, auf das hier verwiesen wird; ferner s. Vorwerk, 48 Vand. L. Rev., 1019 ff (1995), und Veidt, 19 Rev., Litig., 71 ff (2000).

Da die effektive Behandlung von Beschwerden im Unternehmen von den Gerichten auf Seiten des Arbeitgebers nur positiv bewertet wird, entstehen dennoch potentielle Risiken für Klagen durch einen zu Unrecht Beschuldigten, wenn dieser sich durch die Ermittlungen diskreditiert fühlen könnte oder seinerseits berufsbezogene Nachteile erlitten hätte.
Um Probleme mit der Parteilichkeit derjenigen Person, die die Ermittlungen durchführt, zu vermeiden, wird teilweise sogar vorgeschlagen, die Ermittlungen von zwei Personen durchführen zu lassen, die dann vor Gericht Zeugnis über ihr Verhalten ablegen können.[458] Zur weiteren Vermeidung der Haftung in einem nachfolgenden Prozess sollten die Notizen, die die Ermittler zusammentragen, frei sein von Kommentaren, die Opfer oder Belästiger diskreditieren könnten. Die Akten, die die internen Ermittler anlegen, können in einem Pre-Trial-Discovery-Verfahren durchaus Gegenstand eines Herausgabeverlangens der Gegenseite werden.[459]
Meines Erachtens gebietet schon das Erfordernis eines fairen Verfahrens die Neutralität der Ermittler und die neutrale Aktenführung. Es wird weiter empfohlen, das Opfer genauestens zu befragen und alle Antworten zu dokumentieren, Namen von Zeugen zu notieren und das Opfer auch aufzufordern, eine schriftliche Stellungnahme abzugeben, um es so auf eine Geschichte festzulegen.[460]
Dies geht meines Erachtens zu weit, denn man muss immer die psychische Komponente in Verfahren wegen sexueller Belästigung am Arbeitsplatz einbeziehen: Opfer sind oft verängstigt und wissen sich in der Situation nicht zu helfen. Manche Vorkommnisse dauern schon über einen längeren Zeitraum an, und das Opfer hat oftmals nicht darüber Buch geführt, obwohl man ihm dies für seine Glaubwürdigkeit bei der EEOC und vor Gericht durchaus empfehlen sollte.
Oftmals in Fällen der feindlichen Arbeitsumgebung kommt die Belästigung auch schleichend. Über einen längeren Zeitraum wird die Belästigung entweder schlimmer oder dauert an. Was anfangs als ‚nur' als unangenehm empfunden wurde, steigert sich zu Gefühlen der Abscheu, des Ekels und der Hilflosigkeit. Im Gerichtsverfahren wird jedoch über alle Fälle im Detail verhandelt werden, so dass Opfer und Arbeitgeber zu empfehlen ist, aus Gründen der Erinnerung alle Vorkommnisse genau zu dokumentieren und vor allem Zeugen zu benennen.
Ob im Einzelfall die Firmenpolitik, der Beschwerdeweg und die getroffene berufsbezogene Maßnahme gegen den Belästiger angemessen und ausreichend waren, werden die Gerichte entscheiden, wenn es zur Bewertung des Affirmative Defense kommt. Allen Unternehmen kann nur empfohlen werden, sexuelle Belästigung am Arbeitsplatz als ernstes Problem zu erkennen und entsprechend

458 Oh, 18 Employee Relations L. J., 227, 229 (1992).
459 Oh, 18 Employee Relations L. J., 227, 231 (1992).
460 So Oh, Employee Relations L. J., 227, 234 (1992).

zu behandeln, denn hier liegt ihre große Chance, sich zu exkulpieren und so einer Haftung mit nachfolgender Verurteilung zu hohem Schadensersatz zu entgehen.
Den belästigten Frauen ist mit einer effektiven Präventiv- und Sanktionspolitik ebenfalls am besten geholfen, weil so ihr Arbeitsplatz frei von Belästigung bleibt und es ihnen so ermöglicht wird aufzusteigen und in Berufe vorzudringen, die traditionell Männern vorbehalten waren.[461]

9.2.6 Opfer hat ohne vernünftigen Grund die interne Beschwerdemöglichkeit nicht in Anspruch genommen

Wie in Burlington und Faragher ausgeführt wurde,[462] besteht der *affirmative defense* des Arbeitgebers aus zwei Elementen. Zu der wirksamen Bemühung des Arbeitgebers zur Prävention und Sanktion muss noch das Unvermögen des Opfers kommen, die interne Beschwerdemöglichkeit in Anspruch genommen zu haben. Wie der *US Supreme Court* ausführte, wird hierbei besonders darauf geachtet, dass die Klägerin es unvernünftigerweise unterlassen haben muss, zunächst intern ihr Unternehmen zu informieren.
Zur Ausgestaltung und Interpretation dieses Begriffes wird sicherlich erneut die Rechtsprechung herangezogen werden müssen, denn wann ein Opfer vernünftigerweise davon absehen durfte, zunächst betriebsintern vorzugehen, ist nicht neutral zu beurteilen. Denkbar ist die Konstellation, dass die Personen, die der Beschwerdestelle angehören, voreingenommen gegenüber der Klägerin sein könnten. Weiter kann es in kleineren Betrieben dazu kommen, dass Belästiger und Arbeitgeber ein und dieselbe Person sind und keine Möglichkeit zur internen Beschwerde bestand. Weiter kann der Vorfall so gravierend gewesen sein, dass die Arbeitnehmerin sich nicht mehr traut, in ihr Unternehmen zu gehen und selbst kündigt.[463]
Wichtig sind auch die Fälle, in denen ein Opfer zunächst aus Scham und aus Angst vor Vergeltungsmaßnahmen schweigt, was nach Ellerth und Faragher bereits von den Gerichten als unvernünftiger Grund zurückgewiesen wurde.[464]
Bei strenger Anwendung dieser Rechtsprechung ergibt sich für das Opfer die Konsequenz, bereits in einem sehr frühen Stadium der Belästigung aktiv tätig zu werden und dem Arbeitgeber die Möglichkeit zum Handeln zu geben, um sich nicht in die Gefahr der Verneinung der zweiten Stufe zu begeben.[465]

461 Vgl. Segrave (1994) mit Beispielen der sexuellen Belästigung in allen Berufsgruppen von 1600 bis zur Gegenwart.
462 Kapitel B 6.3.2.3 und 6.3.2.4 in dieser Arbeit.
463 S. auch Auslegungshilfen des EEOC-Dokuments 915.002 vom 18. Juni 1999, 1-31 sowie Kapitel B 6.5 in dieser Arbeit.
464 S. Bauchner, 8 Colum. J. Gender & L., 303, 316 f (1999).
465 S. Bauchner, 8 Colum. J. Gender & L., 303, 318 (1999).

C Rechtsfolgen und Sonderbestimmungen des Civil Rights Act

1 Möglicher Schadensersatz gemäß Title VII des Civil Rights Act von 1964 und 1991

Title VII hat den Gerichten verschiedene Möglichkeiten der Wiedergutmachung (Remedies) für Opfer von Diskriminierung im Arbeitsleben gegeben. Die Opfer von Diskriminierung sollen so gestellt werden, als habe die Diskriminierung am Arbeitsplatz nicht stattgefunden.[466] Es wird unterschieden zwischen finanziellen und nicht finanziellen Wiedergutmachungen. Diese sollen nachfolgend in einer kurzen Übersicht vorgestellt werden. Besonders und etwas detaillierter sollen die sogenannten *compensatory* und *punitive damages* dargestellt werden, die seit dem CRA vpn 1991 bei vorsätzlicher Diskriminierung unter Einhaltung abgestufter Obergrenzen ausgeurteilt werden können.[467]

1.1 Schadensersatzmöglichkeiten nach dem Civil Rights Act von 1964

Title VII bestimmt: „Stellt das Gericht fest, dass der Beklagte vorsätzlich eine widerrechtliche durch die Klage vorgeworfene Maßnahme am Arbeitsplatz getroffen hat oder trifft, so kann das Gericht dem Beklagten diese Maßnahmen untersagen und andere positive Maßnahmen anordnen, die es für angemessen hält. Solche können beinhalten, aber sind nicht begrenzt auf Wiedereinstellung (*reinstatement*) oder Einstellung (*hiring*) von Arbeitnehmern, mit oder ohne Lohnnachzahlung (*back pay*), die zu zahlen ist vom Arbeitgeber, der Arbeitsagentur oder der Gewerkschaft, je nachdem, wer nach Lage des Falles verantwortlich für die widerrechtliche Maßnahme am Arbeitsplatz ist, oder jede andere gerechte Rechtshilfe, die dem Gericht angemessen erscheint. Die Haftung für Lohnnachzahlungen soll nicht länger als zwei Jahre vom Zeitpunkt an gerechnet, an dem die Beschwerde bei der Kommission (EEOC) eingegangen ist, zurückreichen. Zwischenzeitliche erwirtschaftete Einkünfte oder Einkünfte, die bei zumutbaren Anstrengungen von der diskriminierten Person hätten erzielt werden können, sollen die Lohnnachzahlung reduzieren."[468]
Aus dem Wortlaut des Gesetzes geht hervor, dass den Gerichten sehr viel Spielraum bei der Ausurteilung von ihnen als gerecht empfundener Wiedergutmachungen eingeräumt worden ist. Dass das Gesetz die Klausel „jede andere ge-

---

466 To make whole the victim.

467 Ausführlich zur Schadensersatzsystematik im Anti-Diskriminierungsrecht: Belton, Remedies in Employment Discrimination Law (1992).

468 42 U.S.C., Sec. 2000 e-5 (Section 706) (g) (1).

rechte Rechtshilfe, die dem Gericht angemessen erscheint" enthält, ist für die amerikanische Gesetzgebung typisch, die generalklauselartige Normen schafft, die dann durch das Fallrecht der Gerichte ausgelegt werden.

Eine richterliche Ausgestaltung ist die Anordnung von Lohnvorauszahlungen (*front pay*), die angeordnet werden kann,[469] um zukünftige verlorengegangene Einkünfte zu kompensieren, wenn zum Beispiel Wiedereinstellung die sachgerechte Wiedergutmachung wäre, aber die passende Position fehlt.

Gerade im Bereich der sexuellen Belästigung ist *front pay* eine adäquate Wiedergutmachung, da auf Grund einer feindseligen Arbeitsatmosphäre unter Umständen die Klägerin nicht an ihren Arbeitsplatz zurückkehren kann oder will, aber nicht auch noch die finanziellen Folgen der Diskriminierung tragen soll.[470] *front pay* wird bis zur Erlangung eines neuen Arbeitsverhältnisses gewährt.[471]

Bei der Gewährung von *back pay*, die ebenfalls in Fällen von sexueller Belästigung infrage kommt, wenn dem Opfer zum Beispiel aus Rache (*retaliation*) für eine Beschwerde wegen sexueller Belästigung gekündigt wird,[472] ist nicht nur das regelmäßige Monatseinkommen Bemessungsgrundlage, sondern es werden auch alle damit verbundenen Zahlungen wie erhöhter Stundenlohn bei Überstunden, Schichtzulage, Prämien, Erhöhung der Lebenshaltungskosten, Gehaltserhöhungen, Trinkgeld, Urlaubsgeld, Versicherungen, Pensionszuzahlungen und Gewinnbeteiligung mit einberechnet, so dass die Verurteilung zur Lohnnachzahlung große finanzielle Belastungen für den Arbeitgeber bedeuten kann und abschreckende Wirkung hat.[473]

Durch *back pay* und *front pay* können den Unternehmen hohe Kosten entstehen, deren Vermeidung Unternehmen in ihre Überlegungen zur Etablierung einer Anti-Belästigungspolitik zuzüglich zu ihren Überlegungen zur Vermeidung ihrer Haftung miteinbeziehen sollten.

Als Maßnahmen, die nicht explizit im Gesetz genannt werden, die aber in der Praxis häufig von Gerichten angeordnet wurden, sind die fiktive Erhöhung der Betriebszugehörigkeit (*seniority*), die ebenfalls einen Einfluss bei potentiellen künftigen Kündigungen hat. Weiter besteht die Möglichkeit der Beförderung, der Löschung von negativen Eintragungen in der Personalakte, Versetzungen und angeordnete Schulungen für Führungskräfte des Unternehmens zur Durchsetzung verbesserter Anti-Diskriminierungspolitik.[474]

---

469 Nach richterlichem Ermessen, s. Prichard v. Ledford, 767 F. Supp., 1415, 1429 (E. D. Tenn. 1990).

470 S. Sowers v. Kemira, Inc., 701 F. Supp., 1389 (S. D. Ga. 1988).

471 Die Gerichte nehmen aber auch fiktiv an, die Arbeitnehmerin habe eine neue Stelle finden können, s. auch Herzog (1997), S. 60.

472 Sahs v. Amarillo Equity Investors, 702 F. Supp., 259 (D. Colo. 1988).

473 S. zu Nachweisen in der Rechtsprechung Lindemann/Kadue (1993), S. 613; Schlachter, (1993), S. 344.

474 Nachweise zur Rechtsprechung bei Schlachter (1993), S. 343; Lindemann/Kadue (1993), S. 606.

Gerade die letzten beiden Maßnahmen sind adäquate Maßnahmen, um auf sexuelle Belästigung am Arbeitsplatz zu reagieren. Wird der Belästiger versetzt, so kann das Opfer an seinen Arbeitsplatz zurückkehren, ohne Repressalien bzw. erneute Belästigungen befürchten zu müssen. Dann muss das Opfer nicht primär unter der Belästigung weiterleiden, weil es seinen Arbeitsplatz, der ja die Existenzgrundlage darstellt, behalten und seine Arbeit mit allen Aufstiegsmöglichkeiten ausüben kann. Die ebenfalls genannte Mitarbeiterschulung auf Führungsebene kommt dem Zweck von *Title VII*, nämlich Diskriminierung am Arbeitsplatz auszuschalten, entgegen und ist deshalb zu begrüßen. Der Mitarbeiterschulung sowie der Etablierung einer wirksamen Anti-Belästigungspolitik kommt nach der Burlington- und der Faragher-Entscheidung des *US Supreme Court* eine ganz wesentliche Bedeutung zu, da diese Präventions- und Sanktionsbemühungen des Arbeitgebers seine einzige Exkulpationsmöglichkeit im Wege der *affirmative defense* sind.[475]
Positiv zu vermerken ist die Flexibilität, mit der die Rechtsfolgenseite ausgestattet ist. Es scheint dem Wiedergutmachungsgedanken, der sich an das Opfer wendet, ebenso effektiv Rechnung getragen zu werden, wie dem Gedanken der Ausschaltung zukünftiger Diskriminierung am Arbeitsplatz.
Eine weitere Maßnahme, die im Rahmen von *Title VII* angeordnet werden kann, ist die befristete bevorzugte Einstellung oder Beförderung von Mitgliedern der benachteiligten Gruppe (*affirmative action*) durch die Anordnung von *goals*[476]. Diese Art von gerichtlich angeordneter Bevorzugung spielt jedoch in den Fällen der sexuellen Belästigung eher eine untergeordnete Rolle, weil es sich hier zumeist um individuelle Belästigung bzw. die Belästigung kleinerer Gruppen handelt. Denkbar ist jedoch die Anordnung durch das Gericht, um eine strukturelle Änderung in der Unternehmensorganisation zu erreichen.

1.2 Compensatory und Punitive Damages nach dem Civil Rights Act von 1991

Ein besonderes Augenmerk muss auf die als besonders abschreckend geltenden *compensatory* und *punitive damages* gerichtet werden.[477] Der ursprüngliche Gesetzestext von *Title VII* des CRA von 1964 sah, wie bereits oben dargestellt, diese Möglichkeit des Schadensersatzes nicht vor. Die umfangreiche Gesetzesreform von November 1991 (CRA von 1991) erweiterte die bereits möglichen Schadensersatzformen in Sec. 706 g des CRA von 1964 um die Möglichkeit der Geltendmachung von *compensatory* und *punitive damages* in Fällen von vorsätzlicher Diskriminierung.[478]

---

475 S. Reimertshofer, DAJV-Newsletter 3, 1998, S. 86.

476 S. dazu im Überblick Schlachter (1993), S. 345-352.

477 Ziel der *punitive damages* ist erklärtermaßen die Bestrafung des Täters, die Abschreckung Dritter sowie die Kompensation für das Opfer, vgl. Burst (1994), S. 53 f.

478 42 U.S.C., Sec. 1977A (a) und (b).

Compensatory damages sind ein ausgleichender Schadensersatz für erlittene Verluste und Schäden auch psychischer Natur,[479] während es sich bei den *punitive damages* um einen zivilrechtlichen Strafschadensersatz handelt, der den tatsächlichen Schaden um ein Mehrfaches übersteigen kann und zugleich Straf- und Präventivcharakter hat. Aus diesen Gründen werden *punitive damages* sonst nur im Deliktrecht und bei vorsätzlichem Verhalten gewährt, was immer einen erhöhten Unrechtsgehalt beinhaltet, der sich in arglistigem, betrügerischem, ehrverletzendem, böswilligem oder rücksichtslosem Verhalten des Täters Ausdruck findet.[480] Darüber hinaus gibt es die Möglichkeit, *punitive damages* zu gewähren, wenn gesetzliche Sondervorschriften – wie im vorliegenden Title-VII-Fall – dies ausdrücklich vorsehen.[481]

Eine klagende Partei soll demnach dann *punitive damages* vom Beklagten (mit Ausnahme der Regierung, ihrer Behörden und politischen Unterorganisationen) erhalten, wenn sie aufzeigt, dass der Beklagte an diskriminierenden Praktiken, die mit böswilliger Absicht oder rücksichtsloser Gleichgültigkeit die durch Bundesrecht geschützten Rechte eines beschwerten Individuums verletzen, beteiligt ist.[482]

Die Möglichkeit der zwei Schadensersatzformen soll eine Kompensation für zukünftige finanzielle Verluste, emotionalen Schmerz, Leiden, Unannehmlichkeiten, mentale Qualen, Verlust der Lebensfreude und andere nicht-finanzielle Verluste darstellen.[483]

Mit der ausdrücklichen Aufnahme von *punitive damages* in den CRA von 1991 bezweckte der Kongress, die Klägerinnen zu ermutigen, ihre Rechte geltend zu machen und als private Staatsanwälte zu fungieren, um so Diskriminierung am Arbeitsplatz zu eliminieren.[484]

Die Höhe der auszuurteilenden Summen ist abhängig von der Beschäftigungszahl des Unternehmens und für jede klagende Partei begrenzt (bis zu 101 Arbeitnehmer = 50.000 US-$, bis zu 201 Arbeitnehmer = 100.000 US-$, bis zu 501 Arbeitnehmer = 200.000 US-$ und über 500 Arbeitnehmer = 300.000 US-$ Höchstgrenze). Da diese so genannten *caps* nur die Höchstgrenze pro klagender Partei oder pro Klagegrund festschreiben, kann ein Unternehmen bei Inanspruchnahme durch einer Vielzahl von Klägerinnen durchaus zur Zahlung eines höheren Schadensersatzes verurteilt werden.

---

479 Kotkin, 41 Hastings L. J., 1301, 1366 (1989-90) hält gerade das Institut der *compensatory damages* für passend in den Fällen der feindseligen Arbeitsumgebung, weil dort keine lohngebundenen Nachteile für die Belästigten bestehen, aber erlittene Schmerzen und Leiden kompensiert werden müssten.

480 S. Burst (1994), S. 49 f.

481 Lange/Black (1987), Rn 128.

482 42 U.S.C., Sec. 1977 A (b) (1).

483 42 U.S.C., Sec. 1977 A (b) (3); zur Kompensationsaufgabe von *punitive damages* generell auch Burst (1994), S. 54.

484 H. R. Rep. No. 40 (I), 102d Cong., 1st Sess. 64-65, reprinted in 1991 U.S.C.C.A.N. 549, 602.

Die oftmals als von kontinentalen Juristen als besonders hoch empfundenen *compensatory* und *punitive damages* sind besonders in Fällen der sexuellen Belästigung am Arbeitsplatz geeignet, die emotionalen und physischen Leiden der Opfer wieder gutzumachen und abschreckend auf dasselbe sowie andere Unternehmen, somit spezial- und generalpräventiv zu wirken.[485] Jedoch darf nicht verkannt werden, dass die ausufernde Gewährung von *punitive damages* beispielsweise in Produkthaftungsfällen dazu geführt hat, dass Sinn und Zweck dieses Strafschadensersatzes auch in den USA zu einer intensiven Diskussion geführt hat. Diese negative Einstellung kann allerdings wirksam, wie in den Fällen des *Title VII*, durch Etablierung von Höchstsummen korrigiert werden.[486]

2 Geschworenenprozess (Jury Trial)

Weiterhin erlaubt der CRA von 1991 bei Geltendmachung von *compensatory* oder *punitive damages* einen *Jury Trial*.[487] Eine Jury wird deshalb von klagenden Parteien als besonders erstrebenswert angesehen, weil sie etwa aus Mitleidsgründen eher bereit ist, hohe Schadensersatzsummen zuzusprechen.[488]
Über die Höhe des Schadensersatzes entscheidet nicht der Richter, sondern allein die Jury, die ihren Spruch nicht begründen muss und auch mangels Aktenkenntnis keine reale Berechnungsgrundlage zur Verfügung hat.[489] Außerdem ist es dem Gericht nicht gestattet, die Jury-Mitglieder auf das Vorhandensein der *caps* hinzuweisen.[490]
Im *Jury Trial* kommt den Anwälten der Prozessparteien eine besondere Bedeutung zu, weil sie zum Einen die Jury vor Prozessbeginn zusammenstellen und zum Anderen während des Verfahrens von der Relevanz ihrer Argumente überzeugen müssen. In Fällen der sexuellen Belästigung am Arbeitsplatz ist insbesondere die Zusammenstellung der Jury wichtig, weil ihr Spruch (*verdict*) die Perspektive der *reasonable person* widerspiegelt.

---

485 So auch Kuhn, RIW 1997, S. 655; Müller, RIW 1998, S. 766, weist insbesondere auch auf dem Imageverlust und damit verbundene Umsatzrückgänge für Unternehmen hin, weil die Öffentlichkeit großen Anteil an Verfahren wegen sexueller Belästigung am Arbeitsplatz nimmt; Burst (1994), S. 199, ist der Ansicht, dass *punitive damages* nicht gegen den deutschen *ordre public* verstoßen.

486 S. Kindler (1998) zu den jüngeren Entwicklungen der *punitive damages* im Bereich der Produkthaftungsfälle, die einen großen Teil der Punitive-Damages-Urteile ausmachen.

487 42 U.S.C., Sec. 1977 A (c) (1).

488 S. Bales 47 Baylor L. Rev., 591, 593 (1995); die Jury entscheidet auch eigenmächtig darüber, ob und in welcher Höhe *punitive damages* zugesprochen werden, s. Mogin, 65 Stan. L. Rev., 179 ff. (1998).

489 Schack (1995), S. 61 ff, der einen kurzen Überblick über den *Jury-Trial* gibt.

490 42 U.S.C., Sec. 1977A (c) (2).

3 Auswirkungen des Civil Right Act von 1991

Der CRA von 1991 hatte nach Meinung vieler Autoren den Effekt, dass sich Klagen wegen sexueller Belästigung mehr auszahlten und daher Opfer ermutigt würden, den Gang zum Gericht anzutreten.[491] Da die Arbeitnehmerinnen weit mehr verlören als ein Gehalt und einen Arbeitsplatz (so zum Beispiel litten sie oft unter der Demütigung, der Peinlichkeit, Verlust der Selbstachtung und anderen noch wesentlich ernsteren psychischen Folgen), gäbe ihnen die Aussicht auf einen erhöhten Schadensersatz einen größeren Anreiz zur Klagerhebung.[492] Auch wird angeführt, dass die Möglichkeit hoher Schadensersatzsummen ebenfalls die Anwaltschaft ermutigt, sich der Fälle von Diskriminierung im Arbeitsleben anzunehmen, weil sie dadurch schlicht mehr Geld verdienen könnten.[493] Nach einer anderen Ansicht bietet gerade die Aufnahme von *compensatory* und *punitive damages* durch den CRA von 1991 die Gelegenheit, die Ziele von *Title VII* zu verwirklichen, weil nun die Arbeitgeber für ihre Diskriminierung die Kosten tragen müssten und sie dies veranlassen könnte, zukünftige wirksamere Methoden gegen sexuelle Belästigung am Arbeitsplatz zu ergreifen.[494]

Die Möglichkeit, zur Zahlung von solch hohen Schadensersatzsummen verurteilt zu werden, wirkt abschreckend auf die Unternehmen und gibt gleichzeitig den Opfern einen gewissen Ausgleich für ihre erlittenen finanziellen und immateriellen Nachteile. Auch wenn Hauptbeweggrund der amerikanischen Unternehmen sein sollte, Kosten einzusparen und sie deshalb strikte Anti-Belästigungspolitiken entwickeln, die eine effektive Beschwerde- und Beratungsinstanz für die Opfer beinhalten, so kann doch von einem Sieg für die Gleichberechtigung gesprochen werden. Den betroffenen Frauen kommt es nicht auf die riesigen Schadensersatzsummen im Einzelnen an, sondern sie wollen einen Arbeitsplatz frei von Belästigung, an dem sie ihr Können unter Beweis stellen und Aufstiegschancen wahrnehmen.

Wird eine Frau dagegen durch eine feindliche Arbeitsumgebung oder eine Forderung nach sexuellen Gefälligkeiten gegen berufliche Vorteile belästigt und zeigt ihr damit ein männlicher Vorgesetzter oder Kollege seine Macht, dann sollte sie auch die Möglichkeit haben, entsprechend entschädigt zu werden. Denn ihr Arbeitsplatz, der ihre Basis ist, ist ihr aus diskriminierenden Gründen, weil sie zu einem anderen Geschlecht gehört, nicht mehr sicher.

Hier wirkt *Title VII* entgegen, aber erst die wirklich schmerzenden Kosten für den Arbeitgeber machen *Title VII* zu einer Waffe, die sexuelle Diskriminierung zerschlagen kann. Der Arbeitgeber, der es versäumt, effektive Maßnahmen zur Verhinderung von sexueller Diskriminierung zu entwickeln, bestraft sich zwei-

---

491 So Oh, James J., 18 Employee Relations L. J., 228 (1992).

492 Streseman, 80 Cornell L. Rev., 1290 (1995).

493 Robinson/Morgan Allen/Terpstra/Nasif, 44 Lab. L. J., 731 (1992).

494 Tafuri, 71 N. Y. Univ. L. Rev., 817 (1996).

mal, da er indirekte Kosten hat[495] und gleichzeitig der Gefahr hoher direkter Prozesskosten ausgesetzt ist. Der Arbeitgeber, der effektive Maßnahmen entwickelt wird durch die Exkulpationsmöglichkeit und die Vermeidung indirekter Kosten belohnt.

4 Anwaltsgebühren

Zuletzt hat der CRA von 1991 die Möglichkeit für die obsiegende Partei eröffnet, auch von der unterliegenden Partei die Anwaltskosten zu verlangen, was von besonderem Interesse ist, da das amerikanische Recht eine Gebührenordnung wie die BRAGO nicht kennt und daher die Kosten oft Verhandlungssache sind.

Ebenso wenig gilt im amerikanischen Zivilprozesssystem, anders als in den §§ 91 ff ZPO geregelt, der Grundsatz, dass die unterliegende Partei generell die Kosten des Rechtsstreits zu tragen hat.[496] Grundsätzlich trägt jede Partei nach der so genannten American Rule ihre eigenen Kosten, die daher auch im Fall des Obsiegens auf Grund der Eigenheit des amerikanischen Zivilprozessrechtssystems, dem so genannten Pre-Trial-Discovery-Verfahren, immens hoch sein können.[497] Der CRA von 1991 eröffnet nun erfolgreichen Klägerinnen die Möglichkeit, die *reasonable fees* und Gerichtskosten von einem unterlegenen Arbeitgeber zurückzuverlangen, was einen weiteren Anreiz zur Klage bietet.[498]

5 Versicherungen

Für amerikanische Firmen besteht die Möglichkeit, gewisse betriebsbedingte Rechtsverfolgungskosten zu versichern. Im Arbeitsrecht besteht der auf Grund der hohen Kosten verständliche Trend auf Arbeitgeberseite, gezahlte *back pay* oder *attorney's fees* von den Versicherungen ersetzt zu verlangen. Weiter verlangen Arbeitgeber die Involvierung der Versicherungen im Gerichtsverfahren.[499]

Auf der anderen Seite weigern sich Versicherungen zu zahlen, weil sie davon ausgehen, dass diskriminierendes Verhalten nicht unter ihre Versicherungsbedingungen fällt. Handelt der Arbeitgeber vorsätzlich, so entfällt der Versicherungsschutz.[500] Wird der Arbeitgeber verurteilt, an eine klagende Klasse zu zahlen, so kann sich unter Umständen ein hoher Betrag ergeben und Versiche-

---

495 S. Einleitung und Weitzman, 6 Duke Gender L. & Pol'y, 27 ff (1999).

496 Lange/Black (1987), Rn. 114, 116; Reimann, IPRax 1998, S. 253.

497 Vgl. Lorenz, ZZP 1998, S. 35, 50.

498 S. dazu ausführlicher auch Hebel (1992), S. 95 f.

499 Belton (1992), S. 146.

500 Belton (1992), S. 148.

rungen versuchen zu argumentieren, sie seien nur haftbar für einen Fall, nicht aber für jeden Einzelfall der Klasse.[501]
Als weiteres Argument für die Haftungsfreiheit der Versicherungen wird der Ordre-public-Gedanke angeführt: Könnte der Arbeitgeber sich gegen diskriminierendes Verhalten versichern, so würde die Anti-Diskriminierungspolitik untergraben, und es sei eine dem Versicherungsrecht immanente Regel, dass ein Versicherungsvertrag für vorsätzliches Fehlverhalten nichtig und uneinklagbar ist.[502]
Amerikanische Unternehmen können zum gegenwärtigen Zeitpunkt nicht davon ausgehen, dass ihre *Employment Practices Liability Insurance* (EPLI) auch Schadensersatzforderungen auf Grund sexueller Belästigung am Arbeitsplatz umfasst.[503]

6 Zwischenergebnis

Die USA haben in ihrer über 20-jährigen Behandlung des Problems der sexuellen Belästigung am Arbeitsplatz große Fortschritte insbesondere in der klaren Ausgestaltung des anwendbaren Rechts sowie der Einstufung als Diskriminierung von Frauen am Arbeitsplatz gemacht.
Meines Erachtens hilft besonders die Verknüpfung von Haftung des Arbeitgebers mit den Anstrengungen, die er unternommen hat, um sexuelle Belästigung zu verhindern oder wieder gut zu machen, die Problematik nicht auf individuelle Einzelfälle zu reduzieren. Es wird dadurch deutlich, dass es sich bei der sexuellen Belästigung nicht um ein zwischenmenschliches Problem handelt, sondern dass es ein gesellschaftliches Problem der Ausübung von Macht in einer Unternehmenshierarchie darstellt, das geeignet ist, zu verhindern, dass Arbeitnehmerinnen ihren Platz in der Arbeitswelt finden, behalten und zum Aufstieg nutzen. Die von den Unternehmen gefürchteten hohen Schadensersatzzahlungen sowie negative Publizität unterstützen noch mehr ihre Bemühungen um Prävention und interne Wiedergutmachung, was von den Gerichten auch positiv bewertet wird.
Die vorgestellten Lösungsansätze aus den USA können positive Anregungen für das nationale deutsche Recht bieten, wenn man sich nicht starr auf den Standpunkt zurückzieht, dass auf Grund der Verschiedenheit der Rechtssysteme kein Vergleich möglich sei.[504]

---

501 Belton (1992), S. 149.

502 Belton (1992), S. 149.

503 Schwarz, RIW 1999, S. 253, 255; a.A. wohl Burst (1994), S. 63 f, die davon ausgeht, dass zumindest in einigen Staaten die Versicherbarkeit gegen *punitive damages* gegeben ist.

504 Zur Problematik und Fruchtbarmachung des Vergleichs speziell des amerikanischen und deutschen Arbeitsrechts auch Westfall/Thüsing, RdA 1999, S. 251 ff und generell zur Rechtsvergleichung im Arbeitsrecht Schlachter, RdA 1999, S. 118 ff.

D Prozessuale Besonderheiten im Recht der USA

Im Prozessrecht der USA gibt es Besonderheiten, die sehr stark von der deutschen Zivilprozessordnung abweichen. Auf Grund der Globalisierung der Konzerne und damit auch der Arbeitswelt sehen sich immer mehr Unternehmen ausländischen Klagen gegenüber.

Wie bereits erwähnt, hat *Title VII* nicht nur eine extraterritoriale Wirkung, sondern ist auch auf ausländische Firmen mit Sitz in den USA anzuwenden. Bevor eine Arbeitnehmerin wegen Diskriminierung am Arbeitsplatz den Klageweg beschreiten kann, ist sie verpflichtet, eine Beschwerde bei der EEOC einzureichen, die dann zunächst die Ermittlungen aufnimmt. Auf Grund dieser Besonderheiten, die unmittelbare Auswirkungen auf die Durchsetzbarkeit des materiellen Rechts haben, sollen sowohl das EEOC-Verfahren als auch das Prozesssystem der USA detailliert dargestellt werden.

1 Zwingende Vorschaltung des EEOC-Verfahrens

Wie bereits in Kapitel B 2.1 der Arbeit geschildert, handelt es sich bei der EEOC um eine Bundesbehörde, die mit der Durchsetzung verschiedener Anti-Diskriminierungsgesetze, unter anderem auch der von *Title VII*, betraut ist. Seit der Erweiterung ihrer Befugnisse im Jahre 1972 verfügt die EEOC über umfangreiche Ermittlungsmöglichkeiten.[505] Ob diese auch effektiv eingesetzt werden, wird noch zu untersuchen sein.[506] Um ein Verfahren wegen sexueller Belästigung am Arbeitsplatz, gestützt auf *Title VII*, überhaupt in Gang zu bringen, ist zwingend die Vorschaltung eines förmlichen Vorverfahrens bei der EEOC vorgeschrieben.[507]

1.1 Politische Ziele der EEOC in den 90-er Jahren

Die EEOC ist keine neutrale Behörde, die etwa wie die Staatsanwaltschaft einen Sachverhalt nach allen Seiten hin ermittelt.[508] Die EEOC wurde ins Leben gerufen, um die Durchsetzung der Anti-Diskriminierungsgesetze zu gewährleisten.[509] Um mit ihren begrenzten Mitteln maximale Effektivität für das öffentli-

505 Vgl. auch Wisskirchen (1994), S. 175; Herzog (1997), S. 85 f.

506 Kritisch, Kotskin, 41 Hastings L. J., 1301 (1989-90), und Selmi, 57 Ohio St. L. J., 1 (1996).

507 42 U.S.C., § 2000 e-5; vgl. auch Schlachter (1993), S. 355.

508 So auch Baer (1995), S. 301; in diesem Zusammenhang ist undeutlich, was Wisskirchen (1994), S. 174, damit meint, die EEOC sei eine unabhängige Bundesbehörde der Exekutive.

509 Vgl. auch Schlachter (1993), S. 354-357; Herzog (1997), S. 85, und Hirschberg, RIW 1980, S. 346 ff.

che Wohlergehen zu erreichen, hat die EEOC 1995 einen *National Enforcement Plan* und diverse Vorschriften zur Vorgehensweise bei Beschwerden erarbeitet.[510]

Aus Budgetgründen ist die EEOC davon abgerückt, in jedem Fall, der eine widerrechtliche Arbeitspraxis erkennen lässt, weitere Ermittlungen durchzuführen. Volle Ermittlungen werden nur noch durchgeführt, wenn die Beschwerde Klagegründe erkennen lässt.[511] Die Arbeitsbelastung der EEOC ist vom Fiskaljahr 1991 mit 64.000 Beschwerden zum Fiskaljahr 1995 auf 95.000 Beschwerden angestiegen, was eine 49%-ige Steigerung bedeutet und teilweise auf die erweiterte Durchsetzungsverantwortlichkeit von Gesetzen durch die EEOC zurückzuführen ist.[512]

Die Kommission kommt zu dem Ergebnis, dass die Strategie der vollen Ermittlung und Durchsetzung in den 80-er Jahren mit den beschränkten finanziellen Mitteln dazu führte, dass die EEOC ihre Ressourcen vor allem im Bereich der Individualermittlung einsetzte, was unter anderem zu den enormen Rückständen geführt hat. Weil sie diese Politik von der Erreichung ihres Zieles, nämlich der Eliminierung von Diskriminierung am Arbeitsplatz abgehalten hat, mussten für die Zukunft neue und effektivere Methoden entwickelt werden.[513]

Daher hat die EEOC ein System der Prioritäten geschaffen, das die eingehenden Beschwerden in drei Kategorien einteilt, nach denen sich der Ermittlungsaufwand richtet. Beschwerden, die in die Kategorie C eingestuft werden, werden nach dem Eingangsinterview nicht weiter ermittelt. Zu ihnen gehören Beschwerden, die wahrscheinlich kein diskriminierendes Verhalten darstellen bzw. nicht unter eines der Gesetze zu subsumieren sind, mit dessen Durchsetzung die EEOC betraut ist, oder der betroffene Arbeitgeber beschäftigt nicht die Mindestzahl von Arbeitnehmern (*Title VII* ist nur anwendbar, wenn der Arbeitgeber regelmäßig mehr als 15 Arbeitnehmer beschäftigt).[514]

Unter die Kategorie B fallen solche Beschwerden, die das Potential haben, einen Fortschritt in der Entwicklung des Anti-Diskriminierungsrechts zu begründen oder einen Streitgegenstand zwischen den einzelnen Distriktgerichten widerspiegeln.

In diesen Fällen muss berücksichtigt werden, ob die Beschwerde die oben genannten Voraussetzungen erfüllt und ob der spezielle Fall hinsichtlich der Beweisanforderungen und anderer Fakten geeignet ist, weitere Ermittlungen anzustellen.[515]

---

510 Mastroianni, EEOC Compliance Manual, No. 215 vom 30. August 1996, S. 3.

511 Mastroianni, EEOC Compliance Manual, No. 215 vom 30. August 1996, S. 3.

512 S. National Enforcement Plan vom 19. April 1995, S. 1.

513 S. National Enforcement Plan vom 19. April 1995, S. 1-2.

514 Mastroianni, EEOC Compliance Manual, No. 215 vom 30. August 1996, S. 3.

515 National Enforcement Plan vom 19. April 1995, S. 5/10.

Beschwerden der Kategorie A dagegen werden sofort und vollständig weiter ermittelt, wobei parallel die Rechtsabteilungen neben der Ermittlung des Investigators eingeschaltet werden. Dazu gehören Fälle, in denen Diskriminierung wahrscheinlich ist, irreparabler Schaden droht oder die Beschwerde zu der Art von Fällen gehört, denen der *National Enforcement Plan* erhöhte Priorität einräumt,[516] also Fälle, in denen es zu wiederholter und/oder ungeheuerlicher Diskriminierung gekommen ist, und schließt Belästigungsfälle ausdrücklich ein.[517] Auch aus dieser Qualifizierung durch die EEOC wird deutlich, dass sexuelle Belästigung am Arbeitsplatz als ernstes Diskriminierung hervorrufendes Verhalten gewertet wird. Die Beseitigung sexueller Belästigung gehört somit erklärtermaßen zu den vorrangigen Aufgaben der EEOC und hat damit in den 90-er Jahren eine enorme rechtliche Aufwertung erfahren, was vielleicht ebenso dazu beigetragen hat, dass Arbeitnehmerinnen Fälle von Belästigung überhaupt erst als rechtlich lösbar angesehen haben. Insofern kommt der Änderung der Prioritäten der EEOC eine besondere Bedeutung für die Fälle der sexuellen Belästigung am Arbeitsplatz zu. Auch in ihrem *Enforcement Guidance* zur Haftung des Arbeitgebers bei Belästigung durch Vorgesetzte macht die EEOC deutlich, dass Belästigung am Arbeitsplatz ein ernsthaftes Problem in den USA ist.[518]

Gleichzeitig wird aber auch deutlich, dass die Behörde politischen Einflüssen unterliegt, die direkt mit der politischen Ausrichtung der amerikanischen Präsidenten-Administration korrespondieren. Eine weitere Änderung gegenüber der Politik der 80-er Jahre stellt sich in der stärkeren Gewichtung von Fällen dar, die mehrere Diskriminierungsopfer umfassen, was eine stärkere Ausrichtung auf Gruppenklagen an Stelle von Individualklagen mit sich bringt.[519]

1.2 Gang eines typischen Verfahrens bei der EEOC

Die EEOC wird dann tätig, wenn eine betroffene Arbeitnehmerin bzw. eine dritte Person im Namen der betroffenen Arbeitnehmerin eine Beschwerde über eine unrechtmäßige Arbeitspraxis einlegt und dabei einen bestimmten zeitlichen Rahmen einhielt.[520] Ein Ermittler (*investigator*) nimmt dann in einem Eingangsinterview (*intake*) alle relevanten Fakten auf und lässt sich dabei möglichst viele Details über den betroffenen Arbeitgeber, die beschwerdebehafteten Vorfälle, den Rang der betroffenen Arbeitnehmerin und in Belästigungsfällen auch den des Belästigers sowie Informationen über mögliche Zeugen und ande-

516 Mastroianni, EEOC Compliance Manual, No. 215 vom 30. August 1996, S. 3.

517 National Enforcement Plan vom 19. April 1995, S. 5.

518 EEOC Dokument 916.002 vom 18. Juni 1999, S. 4.

519 National Enforcement Plan vom 19. April 1995, S. 5.

520 29 CFR, § 1601.7 (a); es kann jedoch auch ein Commissioner der EEOC initiativ werden, wenn er von diskriminierenden Arbeitspraktiken Kenntnis erhält.

re Beweismittel geben. Der Ermittler nimmt bereits in diesem frühen Stadium des Eingangsinterviews eine kurze rechtliche Bewertung des Falles zum Zwekke der Einteilung in die oben dargestellten Kategorien vor.
Will die betroffene Arbeitnehmerin danach ihre Beschwerde aufrechterhalten, fertigt der Ermittler eine formale Beschwerdeschrift an, die den Namen des Arbeitgebers und eine Kurzdarstellung der Vorwürfe enthält und von der Arbeitnehmerin unterzeichnet wird. Dadurch wird das förmliche Verfahren in Gang gesetzt und der Arbeitgeber wird innerhalb von zehn Tagen nach Beschwerdeerhebung über das laufende Verfahren in Kenntnis gesetzt.[521]
Dann beginnt ein Investigator der EEOC mit der weiteren Ermittlung des Sachverhaltes, wozu ihm verschiedene rechtliche Mittel zur Verfügung stehen. Er kann zunächst eine Stellungnahme der Beschwerde führenden Partei zu allen einzelnen Vorfällen verlangen, die auch beinhaltet, warum sich die Partei diskriminiert fühlt und welche Praktiken oder Politiken des Arbeitgebers nach Meinung der Beschwerde führenden Partei diskriminierend sind.[522]
Er kann den Arbeitgeber zur Herausgabe von Dokumenten wie Personalakten oder Testunterlagen auffordern (*request of production of documents*).[523] Er kann die Unternehmen vor Ort aufsuchen, um sich ein Bild von den tatsächlichen Arbeitsverhältnissen zu machen.
Weiterhin kann er in den Räumen des Arbeitgebers Einsicht in fallrelevante Dokumente nehmen.
Er kann den Arbeitgeber ferner auffordern, schriftlich zu Fragen Stellung zu nehmen oder er kann mögliche Zeugen und andere Arbeitnehmer vernehmen.[524] Die Mitarbeiter der EEOC haben das Recht, Zeugen vorzuladen (*subpoena*) und können diese Ladung auch mit Zwangsmitteln durchsetzen. Die geladenen Zeugen werden wie in einem Bundesgerichtsverfahren finanziell entschädigt.[525]
In diesem Stadium befindet sich das Verfahren immer noch im Verwaltungsverfahren und nicht etwa in einem gerichtlichen Verfahren, woraus deutlich wird, dass der EEOC effektive Ermittlungsmethoden zur Verfügung stehen, die es ihr gerade in den Fällen der sexuellen Belästigung am Arbeitsplatz ermöglichen, an wesentlich mehr Informationen heranzukommen als das Opfer. Das Opfer hätte ähnliche Rechte in dem Fall, wenn dem es in das gerichtliche Verfahren eingetreten ist. Dann hat es eigene Beweisermittlungsrechte, die sich aus den Regeln zum Pre-Trial-Discovery-Verfahren ergeben. Dies soll weiter unten behandelt werden.

---

521 29 CFR, § 1601.14 (a).
522 29 CFR, § 1601.15 (b).
523 29 CFR, § 1601.16 (a) (2).
524 29 CFR, § 1601.16 (a) (1).
525 29 CFR, § 1601.16 (e).

Nach Abschluss der Ermittlungen entscheidet die EEOC, ob die Beschwerde zurückgewiesen wird. Dies könnte zum Beispiel aus Verfristungsgründen oder aus Gründen der Mitwirkungspflichtverletzung des Arbeitnehmers geschehen (*dismissal*).[526]

Hat der beschuldigte Arbeitgeber in diesem Stadium ein Vergleichsangebot unterbreitet und die Beschwerde führende Partei lehnt dieses Angebot ab, so hat die EEOC ebenfalls das Recht zur Zurückweisung.[527]

Ein weiterer Grund zur Zurückweisung der Beschwerde ist, dass die EEOC als Ergebnis ihrer Ermittlungen keine rechtswidrigen Arbeitspraktiken vorgefunden hat (*No Cause*). Über diese für den Arbeitnehmer nachteilige Entscheidung setzt die Behörde die Parteien durch einen *letter of determination* in Kenntnis.[528] In diesem Fall erhält die Beschwerde führende Partei das Recht, innerhalb von 90 Tagen nach Erhalt des *letter of determination* selbst Klage vor einem Bundesgericht zu erheben[529] (*right to Sue letter*).

Entscheidet die Kommission dagegen, dass die Vorwürfe berechtigt gewesen sind und eine diskriminierende Arbeitsmaßnahme stattgefunden hat (*cause*), so führt sie das Verfahren weiter, indem sie mit den Parteien eine Schlichtungsverhandlung[530] durchführt oder notfalls auch ins Klageverfahren übergeht.[531] Schlichtung steht jedoch im Vordergrund der Arbeit der EEOC, so dass eine Beteiligung im Gerichtsverfahren nur als ultima ratio in Betracht kommt.[532]

Das gesamte Ermittlungsverfahren soll 180 Tage nicht überschreiten. 180 Tage nach formaler Einreichung der Beschwerde hat die Beschwerde führende Partei das Recht, von der EEOC einen *right to Sue letter* zu verlangen, was ihr die Möglichkeit eröffnet, den Privatklageweg zu beschreiten.[533]

Selbst wenn die EEOC auf *cause* entscheidet, so versucht sie zunächst in jedem Stadium des Verfahrens, einen Vergleich zwischen den Parteien herbeizuführen.

---

526 29 CFR, § 1601.18 (a) (b).

527 29 CFR, § 1601.18 (d).

528 29 CFR, § 1601.19 (a). Während die No-Cause-Entscheidungen begründet wurden, werden sie heute ohne Kommentar zurückgewiesen. Manchmal werden die Parteien sogar nur mündlich über die Zurückweisung informiert. Diese Verfahrensweise wurde im Juni 1995 durch die *Charge Handling Procedures* eingeführt, um die Rückstände der EEOC schneller abarbeiten zu können, s. EEOC Compliance Manual, No. 213 vom 28. Juni 1996, S. 3/4.

529 29 CFR, §1601.19 (a) und § 1601.28, s. näher zum Verfahrensablauf Selmi, 57 Ohio St. L. J., 5-11 (1996).

530 29 CFR, § 1601.24.

531 Baer (1995), S. 300, geht fälschlicherweise davon aus, dass die EEOC nur als Nebenklägerin auftritt.

532 Hebel (1992), S. 79.

533 42 U.S.C., Sec. 706 (f) (1).

1.3 Effektivität der EEOC in Fällen der sexuellen Belästigung am Arbeitplatz

Einer Studie von 1988 zufolge, die sich ausschließlich mit Beschwerden wegen sexueller Belästigung am Arbeitsplatz beschäftigte, konnte die EEOC in 31% der eingegangenen Beschwerden einen Vergleich zu Gunsten der Beschwerdeführerin herbeiführen.[534] Die Herbeiführung eines für die Beschwerdeführerin günstigen Vergleichs hatte umso mehr Aussicht auf Erfolg, je ernsthafter die vorgeworfenen sexuellen Belästigungen waren und die Betroffene Zeugen zur Unterstützung ihrer Behauptungen vorweisen konnte.[535] Auch war sie in einer stärkeren Position, wenn sie vor der formalen Beschwerde bei der EEOC das Management ihres Arbeitgebers über die Vorfälle informiert hatte.[536]

1988 hatte der *US Supreme Court* zwar noch nicht darüber entschieden, dass eine effektive Anti-Harassment-Politik und ein betriebsinterner Beschwerdeweg zu einer Entlastungsmöglichkeit in einem Title-VII-Verfahren führen können und das Opfer diesen Weg zuvor einschlagen muss, um nicht ihre Schadensersatzmöglichkeiten aus *Title VII* zu verlieren. Aber die Interpretationen des Meritor-Urteils und die Richtlinien der EEOC ließen schon damals den Schluss zu, dass die Gerichte sehr großen Wert auf die Bemühungen des Arbeitgebers hinsichtlich Prävention und Sanktion legten.

Die im gleichen Zeitraum bei den Bundesdistriktgerichten eingereichten Klagen wegen sexueller Belästigung am Arbeitsplatz gingen in 38% der Fälle zum Vorteil für die Klägerin aus.[537] Die Studie fand weiter heraus, dass zusätzlich zu den drei genannten Komponenten (Intensitätsgrad der Belästigung, Vorhandensein von Zeugen, interne Beschwerde), die auch bei der EEOC die größten Chancen auf eine Cause-Entscheidung aufwiesen, weitere zwei hinzukommen mussten, um vor Gericht eine für die Klägerin günstige Entscheidung wahrscheinlich zu machen. Danach ist der Klagerfolg am Wahrscheinlichsten, wenn das Opfer Dokumente über die Belästigung vorlegen konnte und der Arbeitgeber keine Schritte zur Ermittlung oder Wiedergutmachung der Vorfälle eingeleitet hatte.[538]

Sind alle fünf Voraussetzungen erfüllt, so liegt die Wahrscheinlichkeit des Erfolges bei 100% für die Klägerin.[539] Daher wird potentiellen Klägerinnen aber auch den Arbeitgebern empfohlen, sich entsprechend auf einen Prozess vorzubereiten und möglichst die fünf Voraussetzungen zu erfüllen bzw. strenge Anti-

534 Terpstra, 44 Lab. L. J., 632, 634 (1993).
535 Terpstra, 44 Lab. L. J., 632, 634 (1993).
536 Terpstra, 44 Lab. L. J., 632, 634 (1993).
537 Terpstra, 44 Lab. L. J., 632, 635 (1993).
538 Terpstra, 44 Lab. L. J., 632, 635 (1993).
539 Terpstra, 44 Lab. L. J., 632, 635 (1993).

Belästigungs-Politiken zu entwickeln und alles Erforderliche zu unternehmen, um betriebsintern den Opfern zu helfen.[540]
Die Studie empfiehlt vor allem den Arbeitgebern eine sensiblere Herangehensweise an das Problem der sexuellen Belästigung am Arbeitsplatz. Eine Änderung im Verhalten der Arbeitnehmerin, grosse Fluktuation bzw. die Abwesenheit weiblichen Personals in einigen Abteilungen seien als Alarmzeichen anzusehen und könnten durch regelmäßige Abfrage des Arbeitsklimas bereits frühzeitig erkannt werden.[541]
Eine Statistik der EEOC, speziell für den Bereich der sexuellen Belästigung am Arbeitsplatz, zeigt, dass es im Fiskaljahr 1999 15.222 Beschwerden wegen sexueller Belästigung am Arbeitsplatz gab, wovon 12,1% von Männern eingereicht wurden. Hiervon wurden 1.361 im Vergleichswege beigelegt, 5.401 Fälle wurde aus administrativen Gründen nicht weiter verfolgt, was bedeuten kann, dass die anzeigende Partei nicht mitgewirkt hat. Weitere 1.299 Beschwerden wurden von der Beschwerde führenden Partei zurückgenommen, nachdem die Partei vom Arbeitgeber das erreicht hatte, was sie angestrebt hatte. In 7.272 Fällen fand die EEOC keinen Grund für weitere Ermittlungen, weil ihrer Meinung nach kein diskriminierendes Verhalten vorgelegen hat. In 1.180 Fällen fand die EEOC einen Grund zu weiteren Ermittlungen, was Schlichtungsverfahren oder Gerichtsprozesse zur Folge haben kann. Die EEOC erreichte im selben Zeitraum außergerichtlich Zahlungen von 50,3 Millionen US-$.[542]

1.4 Rückgriff auf Datensammlungen

Die EEOC verfügt über umfangreiches Datenmaterial, auf das sie in Fällen von Diskriminierungsvorwürfen zurückgreifen kann. Jedes Unternehmen mit mehr als 100 Beschäftigten ist verpflichtet, jährlich das Standard Formular 100, bekannt als *EEO-1 Report*, auszufüllen, aus dem sich der Anteil von Frauen und Minderheiten, spezifiziert nach Job-Kategorien, ergibt.[543]
Weitere Unternehmen sowie Gewerkschaften, Schulen und Ausbildungsstellen müssen ähnliche Fragebögen ausfüllen. Kommen die Arbeitgeber diesen Pflichten nicht oder ungenügend nach, so können ihnen Geld- oder Freiheitsstrafen auferlegt werden.[544]
Das so erlangte Datenmaterial, das auch Anforderungen der EEOC in laufenden Verfahren einschließt, wird statistisch bearbeitet und allen EEOC-Büros zu-

---

540 Terpstra, 44 Lab. L. J., 632, 636 (1993).
541 Terpstra, 44 Lab. L. J., 632, 637 (1993).
542 Sexual Harassment Charges EEOC & FEPA's Combined: FY 1992-1999, www. eeoc. gov/stats/harass.html, 30. Juli 2000.
543 29 CFR, § 1602.7.
544 Lindemann Schlei/Grossman (1994), S. 936.

gänglich gemacht. Es ist ebenfalls zugänglich für Arbeitgeber und Angestellte, die so herausfinden können, wie sich die Einstellungs- oder Beförderungspraxis ihres Unternehmen zu vergleichbaren Unternehmen verhält.[545]
Wichtig im Zusammenhang mit sexueller Belästigung am Arbeitsplatz ist das Datenmaterial, das Aufschluss über das Verhalten eines Arbeitgebers bei früheren Fällen von Belästigung gibt. Da Unternehmen durchaus in mehreren Staaten der USA Werke oder andere Betriebseinrichtungen haben können, kann ein Abgleich von Daten eventuell bei der Etablierung eines Verhaltensmuster-Beweises hilfreich sein.

1.5 Allgemeine Effektivität der Bundesbehörde

Die EEOC hat seit Beginn ihrer Tätigkeit viel Kritik erfahren. Kritisch erwähnt wurde insbesondere die lange Verfahrensdauer, die zu einem enormen Rückstau von Beschwerden geführt hat. Weiterhin wurde bemängelt, dass die EEOC im Gegensatz zur Anwaltschaft (*private bar*) geringere finanzielle Erträge aus ihren Vergleichen und Klagerfolgen errungen hat.[546] Auch die Tatsache, dass die Fälle, in denen die EEOC auf *no cause* erkannte, häufig von privaten Anwälten erfolgreich vor Gericht gebracht wurde, gab Anlass zu Kritik.[547]

1.5.1 Dauer des Verfahrens und Statistik zum Beendigungsgrund

Im Durchschnitt dauert es 328 Tage, bis eine Ermittlung abgeschlossen ist, und es würde ca. 18,8 Monate dauern, damit die EEOC ihre aufgelaufenen Rückstände abarbeiten könnte.[548]
Im Geschäftsjahr 1995 gingen 91.189 Beschwerden bei der EEOC ein, im selben Zeitraum wurden 71.563 Fälle mit unterschiedlichen Beendigungsgründen gelöst.[549]
In 34.451 Fällen wurde auf No Cause entschieden, während nur in 1.926 Fällen Cause gefunden wurde. In weiteren 9.174 Fällen wurde der Streit durch einen Vergleich beigelegt. Ein Großteil – 26.012 Fälle – wurde aus verwaltungstechnischern Gründen zurückgewiesen. Hierzu gehören die Fälle, in denen die EEOC den Kontakt zu der Beschwerde führende Partei verloren hat oder aber – wie in ca. 85% dieser Fälle – der Beschwerde führenden Partei nach der 180-Tage-Frist den *right to Sue letter* geben musste.[550]

545 Lindemann Schlei/Grossman (1994), S. 937.
546 S. generell zur Kritik an der EEOC: Kotkin, 41 Hastings L. J., 1301 (1989-90); Selmi, 57 Ohio St. L. J., 1 (1996); Berg, 44 Notre Dame Lawyer 311 (1969).
547 Selmi, 57 Ohio St. L. J., 1, 9-10 (1996).
548 S. Selmi, 57 Ohio St. L. J., 1, 8, Fn. 26 (1996).
549 Selmi, 57 Ohio St. L. J., 1, 12 (1996).
550 Selmi, 57 Ohio St. L. J., 1, 12-13 (1996).

Diese große Zahl ist bemerkenswert, weil man daraus schließen könnte, dass die EEOC es nicht schafft, die Mehrzahl der Fälle innerhalb der 180 Tage Frist zu beenden und sich die Parteien dann lieber auf den Privatklageweg begeben. Dies stünde dem eigentlichen Sinn des EEOC-Verfahrens entgegen, Diskriminierungsfälle schnell zu lösen.[551]

Beschwerden, die die EEOC gerichtlich anhängig machte, waren zu über 26% solche, die auf Diskriminierung auf Grund des Geschlechtes basierten. Geschlechterdiskriminierung stellte die größte Einzelgruppe dar. Der Grund für Beschwerden war in 53% der Fälle eine behauptete unrechtmäßige Kündigung, was wiederum die größte Einzelgruppe ausmachte.

Die Mehrzahl der Klagen wurden als Individualklagen erhoben. Nur in 13% der Klagen wurden *class actions* initiiert.[552] Der geringe Anteil der Gruppenklagen sowie der hohe Anteil an Kündigungsschutzklagen entspricht exakt dem generellen Trend in arbeitsrechtlichen Prozessen vor den Bundesgerichten.[553] Dies entsprach wohl auch der Politik der EEOC unter Chairman Clarence Thomas in den 80-er Jahren, den Schwerpunkt auf Individualklagen zu legen. Inwieweit hier die Politik der geänderten Gewichtung zum Tragen kommt, die den Schwerpunkt auf die Verfolgung von Fällen legt, die viele Arbeitnehmer betreffen, bleibt abzuwarten.[554] Hatte die EEOC Klage erhoben, so wurde in 83% der Fälle mit den Arbeitgebern eine Einigung im Vergleichswege erzielt.[555]

1.5.2 Vergleich mit den Ergebnissen der privaten Prozesse

Die Anwälte in den USA legen jährlich zwischen 8.000 und 10.000 Klagen vor den Bundesgerichten ein, die auf Diskriminierung am Arbeitsplatz zurückgehen und in denen eine staatliche Beteiligung keine Rolle spielt.

Die EEOC schließt in 83% der Fälle einen Vergleich ab, während die Anwaltschaft dies nur in 60% bis 65% der Klagen tut.[556] Auch ist die Erfolgsrate der EEOC in Diskriminierungsprozessen höher als die der Privatkläger. Es soll einen 18%-igen Erfolgszuwachs geben, wenn der Kläger auf seiner Seite eine staatliche Behörde hat.[557]

Dies spiegelt sich wiederum nicht im finanziellen Erfolg wider. Während 1987 der Ertrag einer privaten Klage durchschnittlich bei 20.000 Dollar lag, konnte die EEOC 1988 nur durchschnittlich 10.000 Dollar erlangen.[558]

---

551 Selmi, 57 Ohio St. L. J., 1, 8 (1996).
552 Selmi, 57 Ohio St. L. J., S., 1, 16 (1996) für das Geschäftsjahr 1992.
553 Donohue/Siegelman, 43 Stan. L. Rev., 983, 1015-21 (1991).
554 Vgl. auch die Kritik von Selmi, 57 Ohio St. L. J., 1, 21 (1996).
555 Selmi, 57 Ohio St. L. J., 1, 22 (1996).
556 Selmi, 57 Ohio St. L. J., 1, 22-23 (1996).
557 Burstein/Monaghan, 20 Law & Soc'y Rev., 355, 375 (1986).
558 Selmi, 57 Ohio St. L. J., 1, 23 (1996).

Ob ein Vergleich dieser Zahlen geeignet ist, eine Aussage über den Wert und die Effektivität der EEOC zu machen, soll dahingestellt bleiben.
Es muss aber auch erwähnt werden, dass die EEOC in all den wichtigen Leitentscheidungen, die im Bereich des Anti-Diskriminierungsrechts ergangen sind – und dies gilt auch für die bereits vorgestellten Fälle zur sexuellen Belästigung am Arbeitsplatz – keine aktive Rolle auf Klägerseite spielte. Sie beteiligte sich zwar am Verfahren durch das Verfassen von Briefen an das Gericht (Amicus-Brief), aber war weder als Klägerin noch als Nebenintervenientin Beteiligte des Verfahrens.[559]
Aus diesem Grund ist es interessant, inwieweit die EEOC ihre politischen Ziele erreichen kann und ob es ihr gelingt, die Verfahren zu verkürzen, die Vertretung effektiver zu gestalten und durch das Fokussieren auf ‚größere' Fälle höhere finanzielle Entschädigungen zu erlangen, die ihren ökonomischen Wert steigern würden.

1.6 Zwischenergebnis

Meines Erachtens bietet das Vorhandensein einer solchen Behörde gerade im Bereich der sexuellen Belästigung am Arbeitsplatz erhebliche Vorteile. Wie die Auseinandersetzung mit der Rechtsprechung gezeigt hat, hat die EEOC wesentliche Definitionen zur Ausgestaltung der sexuellen Belästigung als Form von Diskriminierung von Frauen mit erarbeitet. Dass sie von den Gerichten sehr ernst genommen wird, zeigt die Verweisung in den Urteilen auf die Richtlinien der EEOC.
Da die anwaltliche Vertretung in den USA sehr teuer ist,[560] ist für die durchschnittliche Klägerin die kostenlose Rechtsberatung bei der EEOC sehr wertvoll, da sie dadurch zumindest überschlägig abschätzen kann, ob eine Klage Aussicht auf Erfolg hat oder ob die Fakten für einen Anspruch aus *Title VII* nicht ausreichen.
Die Behörde überwacht nur die Durchsetzung weniger Gesetze, so dass ihr eine gewisse Expertise nicht abgesprochen werden kann.
Der *US Supreme Court* bescheinigt der EEOC, wie bereits dargestellt, eine Expertenstellung.
Da der EEOC bekanntlich umfangreiche rechtliche Mittel zur Ermittlung des Sachverhaltes zur Verfügung stehen, ist sie eine starke Partnerin für die betroffene Arbeitnehmerin. Man muss immer im Auge behalten, dass sich gerade Op-

559 S. auch die Kritik bei Selmi, 57 Ohio St. L. Rev., 1, 24-25, wo auch die Auswirkungen der Reagan-Administration auf die EEOC diskutiert werden.

560 Vgl. Lange/Black (1987), Rn. 116; grundsätzlich gibt es im amerikanischen Recht kein Recht auf Erstattung der Anwaltskosten, vgl. auch Reimann, IPRax 1998, S. 250, 254. Der CRA von 1991 gibt obsiegenden Klägern jedoch die Möglichkeit, *reasonable fees* ersetzt zu verlangen.

fer von sexueller Belästigung in einer schwachen Position befinden. Die Arbeitnehmerin sowie ihre anwaltliche Vertretung kämen im Vorfeld eines Prozesses nicht an die erwähnten Dokumente und Zeugenaussagen des Arbeitgebers heran. Die Betroffene, die als sexuell Belästigte vielleicht gar nicht mehr an ihren Arbeitsplatz zurückkehren will oder kann, muss so nicht selbst mit einem bis dato vielleicht untätigen Management oder gar dem Belästiger selbst in Kontakt treten. Faktisch wäre ihr dies auch nicht möglich, wenn ihr gekündigt bzw. sie unbefristet beurlaubt worden wäre.
Zum Nachteil der EEOC ist auszuführen, dass sie einen gewaltigen Rückstand aufzuarbeiten hat, was auch zur Verzögerung sämtlicher neuer Beschwerden führt und die Verfahren in die Länge zieht. Potentielle Klägerinnen müssen sich auf ein langwieriges Verfahren einstellen, aber sie haben stets die Möglichkeit, nach 180 Tagen den *right to Sue letter* zu verlangen, was in 25% der Fälle auch geschieht.[561]
Da es nur ca. 50 Büros der EEOC in den gesamten USA gibt, ist es aus praktischen Gründen oft nicht einfach, mit der EEOC persönlich in Kontakt zu treten oder zu bleiben, was auch ein Grund für die hohe Zahl von Beendigungen aus verwaltungstechnischen Gründen sein kann, weil der Kontakt mit der Beschwerdeführerin verloren geht. Hier wäre eine weitere Aufspaltung sehr hilfreich, organisatorisch aber nicht durchführbar, da es sich um eine Bundesbehörde handelt, die nicht bei den Behörden der Länder angesiedelt werden könnte.

2 Alternative Streitbeilegung (ADR)

Die freiwillige Streitbeilegung zwischen den Parteien ist ebenfalls ein erklärtes Ziel des National Enforcement Plans von 1995 in solchen Fällen, in denen eine Streitschlichtung angemessen erscheint. Die Kommission ist der Ansicht, dass freiwillige Übereinkünfte zur Eliminierung von Diskriminierung am Arbeitsplatz nicht nur den Zielen der Parteien im Einzelfall, sondern auch ihren eigenen Durchsetzungszielen förderlich sind.[562] Daher soll es in allen Stadien, in denen die EEOC beteiligt ist, sei es in der ersten Streitschlichtungskonferenz zwischen den Parteien, in einem Pre-Trial-Discovery-Verfahren oder auch im Gerichtsverfahren selbst, vorrangiges Ziel sein, den Streit alternativ beizulegen. Sollten solche Methoden sauber und in den angemessenen Fällen angewandt werden, so sind sie ein kostengünstiges und zeitsparendes Mittel, um schnelle Ergebnisse im Kampf gegen Diskriminierung zu erreichen.[563]
Zu diesem Schluss kommt nicht nur die EEOC, sondern die allgemeine Kritik an zu teuren und zeitintensiven Zivilprozessen hat zu Rufen nach Reformvor-

561 Selmi, 57 Ohio St. L. J., 1, 8-9 (1996).
562 National Enforcement Plan vom 19. April 1995, 3.
563 National Enforcement Plan vom 19. April 1995, 9.

schlägen geführt, die unter dem Namen *ADR Movement* zusammengefasst werden.[564] Wenn man bedenkt, dass die Verteidigung in einem relativ einfachen Title-VII-Fall vor Gericht leicht 100.000 US-$ kosten kann, ist es verständlich, dass vor allem Arbeitgeber nach kostengünstigeren Wegen zur Streitbeilegung suchen.[565]

Im Bereich des Arbeitsrechtes, wo es nicht die EEOC, sondern auch die Gerichte große Rückstände in der Lösung von Fällen hatten, ist es teilweise so weit gekommen, dass obligatorisch die Pflicht in Verträge aufgenommen wurde, eventuelle Streitigkeiten aus dem Arbeitsverhältnis vor einem Schiedsgericht zu verhandeln.[566]

Eine solche obligatorische Verpflichtung bringt andere Probleme mit sich. Zum Einen ist es fraglich, ob generell die Rechte aus *Title VII* auf Schiedsgerichte verkürzt werden können und damit der Gerichtsweg abgeschnitten werden kann, zum Anderen ist durch Gesetz des Kongresses die EEOC mit der Durchsetzung von *Title VII* befasst. Arbeitnehmern, die gezwungen werden, Schiedsgerichtsklauseln zu unterzeichnen, verlören unter Umständen ihre Rechte, die EEOC zu konsultieren.

Weil das Ziel der EEOC, Streitigkeiten vorrangig auf alternativem Wege beizulegen und diese Wege die gleichen sind, die privaten Parteien in anderen Zivilrechtsstreitigkeiten zur Verfügung stehen,[567] sollen die alternativen Methoden in diesem Abschnitt generell dargestellt werden und nur, wo sich Besonderheiten für die EEOC ergeben, sollen diese herausgestellt werden. Weil die alternativen Methoden nicht den Prozessen vorgeschaltet sind, sondern diese regelmäßig ersetzen sollen, wird die Darstellung an dieser Stelle vorgenommen.

In der *Civil Justice Reform* von 1990 hatte der Kongress allen Bundesdistriktgerichten auferlegt, einen Plan zur Reduzierung von Kosten und Verspätungen in den Zivilprozessen aufzustellen, um diese Prozesse wieder schneller und kostengünstiger zu machen. In diesem Zusammenhang wurden die Distriktgerichte ausdrücklich ermächtigt, durch *local rules* die Parteien im Einzelfall zunächst auf die Anwendung von alternativen Streitbeilegungsmethoden zu verweisen.[568]

---

564 S. Dessem (1996), S. 581 f überschreibt sein Kapitel über *Alternative Dispute Resolution* mit der Frage „Are you sure you want to file a Lawsuit?" und dem Zitat des Richters Learned Hand: „I must say that as a litigant I should dread a lawsuit beyond almost anything else short of sickness and death"; die Klienten drängen in den USA die konservative Anwaltschaft zur Inanpruchnahme alternativer Streitbeilegung, s. Sander, in: Streitschlichtung 1995, S. 42; Zivilprozesse dauern oft fünf bis sechs Jahre und gehen oft an den Interessen der Parteien vorbei, so Krapp, in: Streitschlichtung 1995, S. 45.

565 Apruzzese, 43 Lab. L. Rev., 325, 333 (1992).

566 Hoffman, 17 Berkeley J. Emp. & Lab. L. 131, 132 (1996).

567 Hoffman, 17 Berkeley J. Emp. & Lab. L. 131, 132 (1996).

568 S. Crinion/Schubert, DAJV-Newsletter 1, 1999, S. 19 f explizit am Beispiel des *United States District Court for the Southern District of Texas.*

Die Arten der alternativen Streitbeilegung lassen sich generell in zwei Kategorien einteilen. Die eine Kategorie umfasst die Möglichkeiten, die für die Parteien teurer und formaler sind und in denen sie weniger Kontrolle über den Gang des Verfahrens haben. Hierzu gehören die Möglichkeiten der privaten Richter sowie der Schiedsgerichtsbarkeit (*arbitration*).
Die zweite Kategorie umfasst eine kostengünstigere, weniger formale und parteienkontrollierte Streitbeilegung. Hierzu gehören die Mediation und die Verhandlung.[569]

2.1 Private Richter

Auf Grund der Dauer und Unannehmlichkeiten von Zivilverfahren in den USA haben die Parteien in einigen Staaten das Recht, sich private Richter zu mieten, bei denen es sich um erfahrene Anwälte oder auch um pensionierte Richter handeln kann.[570] Die Parteien können sich dann für ihren Rechtsstreit Richter wählen, denen sie besonderes Vertrauen schenken oder die auf dem entsprechenden Gebiet besondere Sachkunde besitzen.[571] Ebenfalls aussuchen können sich die Parteien, wie viele Richter sie zu ihrem persönlichen Gremium bestimmen wollen.
Die Verfahren privater Richter unterliegen den Vorschriften der staatlichen Zivilprozessordnungen, und die Parteien können vor den staatlichen Gerichten in die Berufung gehen.
Der größte Vorteil, den private Richter bieten können ist, dass ihre Verhandlungen nicht-öffentlich geführt werden, so dass reiche Parteien, die es sich leisten können, private Richter zu bezahlen, in die Nichtöffentlichkeit fliehen können, obwohl ihr Verfahren von öffentlichem Interesse sein könnte.[572]
Wenn man bedenkt, dass die Parteien amerikanischer Zivilprozesse ein weitreichendes Recht haben, Informationen über ihre Gegner einzuholen und die Prozessakten weitestgehend öffentlich zugänglich sind, so ist die Nichtöffentlichkeit für Wirtschaftsunternehmen von nicht zu unterschätzender Bedeutung. Da die Möglichkeit der privaten Richter aber nur in einigen einzelstaatlichen Zivilprozessordnungen vorgesehen ist, kommt dies für Parteien in einem auf *Title VII* gestützten Verfahren nicht infrage.
Die EEOC könnte eine solche Vorgehensweise auch nicht mit ihrem öffentlichen Auftrag vereinbaren, für die Eliminierung von Diskriminierung am Arbeitsplatz Sorge zu tragen.

---

569 Einteilung bei Dessem (1996), S. 584.
570 Dessem (1996), S. 584, Fn. 6, mit Beispielen für die Staaten New York und California und die kritische Einschätzung einiger Kommentatoren zur Rent-a-Judge-Methode.
571 Dessem (1996), S. 585.
572 Dessem (1996), S. 585.

2.2 Schiedsgerichtsbarkeit (Arbitration)

Arbitration neben dem traditionellen Zivilklageweg gibt es in den USA schon seit geraumer Zeit. Die *American Arbitration Association* (AAA) hat für den Bereich des Arbeitsrechts spezielle Regeln für die Schiedsgerichtsbarkeit und die Mediation in diesen Fällen herausgegeben, die ein faires und billiges Forum zur Lösung arbeitsrechtlicher Probleme darstellen und einen fairen ‚Prozess' garantieren sollen.[573]

Bei der AAA handelt es sich um eine Non-for-Profit-Organisation, die neutral und fachgerecht zur Streitschlichtung im außergerichtlichen Verfahren beitragen will. Sie blickt auf eine über 70-jährige Tätigkeit im Schiedswesen zurück, gibt eine eigene Zeitschrift heraus und unterhält Trainingsprogramme für potentielle Schiedsrichter, die auch über sie gewonnen werden können.[574]

Die Anwendung von Schiedsgerichten hat im Baugewerbe ebenso wie im arbeitsrechtlichen Bereich eine lange Tradition. Hier wird die flexiblere Vorgehensweise in einem Schiedsverfahren als größter Vorteil angesehen, der als Grund noch vor hohen Kosten und Verspätungen in der Zivilgerichtsbarkeit rangiert.[575] Meist enthält der Arbeitsvertrag eine Klausel, aus der sich die Verpflichtung der Parteien ergibt, alle Rechtsstreitigkeiten, die sich aus dem Arbeitsverhältnis ergeben, der Schiedsgerichtsbarkeit zu unterwerfen und auf den Privatklageweg zu verzichten[576] Meistens werden darin auch die Regeln der *American Arbitration Association* übernommen, ohne dass eigene Regelungen zu Grunde gelegt werden.[577]

In einem Schiedsgerichtsverfahren werden typischerweise ebenso wie im Klagverfahren von den Parteien Zeugen und Beweismittel präsentiert, obwohl hier die Beweisanforderungen nicht so streng sind und die Ermittlung nicht so extensiv betrieben wird.[578] Im Schiedsgerichtsverfahren wird der Schiedsrichter von den Parteien ausgewählt und hat meistens eine gewisse Expertise im entsprechenden Gebiet oder kennt die Gepflogenheiten der Parteien.[579] Weiterhin ist auch im Schiedsverfahren die Öffentlichkeit ausgeschlossen.[580]

---

573 McGolrick, DLR vom 28.Mai 1996, A 1.

574 AAA National Rules For Resolution of Employment Disputes; Arbitration and Mediation Rules, DLR No. 102 vom 28. Mai 1996, E 1; die ausdrücklich Schiedsverfahren bei sexueller Belästigung einschließen.

575 Dessem (1996), S. 585.

576 Dessem (1996), S. 586; zur Unzulässigkeit einer solchen Vereinbarung s. Caesar Wright v. Universal Maritime Service Corporation (67 U.S. Law Week 4013).

577 Dessem (1996), S. 586; für den Bereich des Arbeitsrechtes sind einschlägig: AAA National Rules For Resolution of Employment Disputes; Arbitration and Mediation Rules, effective June 1, 1996, abgedruckt in DLR No. 102 vom 28. Mai 1996, S. E 1 ff.

578 Dessem (1996), S. 586; vgl. auch AAA-Regeln Nr. 7, 22, 23, 24.

579 Obwohl einem Report zufolge gerade die Schiedsrichter in Diskriminierungsfällen häufig keine Spezialisten in diesem Bereich und auch nicht entsprechend der Bevölke-

Der *Federal Arbitration Act*[581] gibt Rahmenbedingungen für die Schiedsgerichtsbarkeit, in denen er die Gerichte anweist, private Vereinbarungen zur Durchführung von Schiedsgerichtsverfahren rigoros aufrecht zu halten, obwohl es möglich sein soll, im Einzelfall und unter strengen Voraussetzungen die Schiedsvereinbarung[582] selbst sowie den Schiedsspruch[583] anzufechten.

2.2.1 Zulässigkeit von Schiedsvereinbarungen in Title-VII-Fällen

Auch der *US Supreme Court* hat die Rechtmäßigkeit von Schiedsgerichtsvereinbarungen mehrfach positiv beurteilt, solange er nicht den entgegenstehenden Willen des Kongresses erkennen konnte.[584]
Im Bereich des Anti-Diskriminierungsrechtes hat der *US Supreme Court* hinsichtlich *Title VII* 1974 in Gardner-Denver entschieden, dass es Gesetze geben kann, deren Systematik einen Konflikt beinhalten zwischen der Unterwerfung unter eine Schiedsvereinbarung und dem spezifischen Gesetzeszweck.[585]
Hier wird implizit der Wille des Kongresses berücksichtigt, dem entsprechenden Gesetz eine so große politische Bedeutung verliehen zu haben, dass es seinem Zweck zuwider liefe, wenn man die Parteien auf einen alternativen Streitschlichtungsweg verweisen würde.
In einer weiteren Entscheidung zum Anti-Diskriminierungsrecht hat der *US Supreme Court* jedoch 1991 entschieden, dass dem Gesetz zur Abschaffung von Altersdiskriminierung zwar allgemeine soziale Interessen inne wohnen, diese aber mit einer Vereinbarung über die Unterwerfung unter die Schiedsgerichtsbarkeit konform seien.[586] In dieser Entscheidung geht der Gerichtshof auf die Rolle der EEOC ein, deren Aufgabe auch die Überwachung und Durchsetzung

---

rung zusammengesetzt sind (89% der Schiedsrichter der *New York Stock Exchange* waren weiße Männer mit einem Durchschnittsalter von 60 Jahren, s. Hoffman, 17 Berkeley J. Emp. & Lab. L. 131, 133 (1996). Apruzzese, 43 Lab. L. J., 325, 333 (1992), fordert, dass im Bereich des Arbeitsrechtes nur pensionierte Richter als Schiedsrichter genommen werden dürfen, um der alternativen Streitbeilegung öffentliche Glaubwürdigkeit zu verleihen.

580 Dessem (1996), S. 586; sofern das Gesetz nichts Anderes anordnet, s. AAA-Regel Nr. 16.

581 9 U.S.C,. §§ 1-15.

582 9 U.S.C., § 2.

583 9 U.S.C., § 9; AAA-Regel Nr. 32 g: „The Arbitrator's award shall be final and binding. Judicial review shall be limited, as provide by the law."

584 S. Rodriguez de Quijas v. Shearson/American Express, Inc. 490 U.S. 477 (1989); Shearson/American Express, Inc. v. McMahon 482 US., 220 (1987).

585 Alexander v. Gardner-Denver Co., 94 S. Ct., 1011 (1974), s. auch Abrams, 26 Conn. L. Rev., 521, 522 (1994).

586 Gilmer v. Interstate/Johnson Lane Corp. 111 S. Ct., 1646, 1653 (1991).

des ADEA ist. Der Gerichtshof ist nicht der Ansicht, dass eine Schiedsvereinbarung die Rolle der EEOC untergraben würde, weil es einer privaten Partei frei stünde, trotz Schiedsvereinbarung eine Beschwerde bei der EEOC einzureichen. Weiter habe die EEOC auch eine unabhängige Ermittlungsbefugnis, wenn sie Informationen von dritter Seite erhalte. Die bloße Beteiligung einer Behörde in einem Verfahren schließe per se nicht die Möglichkeit zur Schiedsvereinbarung aus.[587] Diese Entscheidung erschwert es den Parteien vorzubringen, es bestehe zwischen dem Gesetzeszweck und einer Schiedsgerichtsvereinbarung Unvereinbarkeit.[588] Der Gerichtshof weist jedoch explizit auf den Unterschied zu seinem Urteil von 1974 in Gardner-Denver hin. Hierin hatte er entschieden, dass ein Kläger, der seine Kündigung auf Grund einer Tarifvereinbarung zunächst vor einem Schiedsgericht verhandelte, nicht präkludiert war, wenn er anschließend seine Rechte aus *Title VII* geltend machen wollte. Der Gerichtshof unterstreicht den Unterschied zwischen den vertraglichen Rechten in dem Tarifabkommen, die Gegenstand einer Schiedsgerichtsvereinbarung sein können, und den gesetzlichen Rechten aus *Title VII*, die ein Schiedsrichter nicht überprüfen dürfe. Dies gelte auch dann, wenn die Tatsachen, auf die sich der Kläger stützt, dieselben sind.[589] Wichtig ist hier der Unterschied, dass die Schiedsvereinbarung einer Tarifvereinbarung entsprang.

Der *US Supreme Court* hat seine 1974 getroffene Entscheidung zwar nicht im Wege des *overruling* aufgegeben, aber im Wege des *distinguishing* den hier vorliegenden Sachverhalt so weit von dem Sachverhalt in Gardner-Denver abgegrenzt, dass ein neuer Präzedenzfall geschaffen wurde, ohne die alte Entscheidung aufzuheben.

Der Kongress hat jedoch nun im CRA 1991 seinem Willen Ausdruck verliehen, auch Title-VII-Verfahren im Wege der Schiedsgerichtsbarkeit zu lösen und regt die Anwendung der Schiedsgerichtsbarkeit ausdrücklich an,[590] was die Erlaubnis dazu voraussetzt.[591]

Fraglich ist jedoch, ob damit auch die Gardner-Denver-Entscheidung außer Kraft gesetzt werden sollte oder ob Arbeitnehmern weiterhin der Weg zu den ordentlichen Gerichten offen stehen soll,[592] wenn ihre Schiedsvereinbarung aus

---

587 Gilmer v. Interstate/Johnson Lane Corp. 111 S. Ct., 1646, 1653 (1991).

588 Abrams, 26 Conn. L. Rev., 521, 551 (1994); kritisch auch Godsil Cooper, 11 St. Louis U. Pub. L. Rev., 203 (1992), die bemerkt, die Gilmer-Entscheidung sei nur geeignet, den Bundesgerichten Arbeit abzunehmen und verkürze die Rechte von Arbeitnehmern.

589 Alexander v. Gardner-Denver, 415 U.S. 36, 49-50, 53-54 (1974); Gilmer v. Interstate/ Johnson Lane Corp. 111 S. Ct., 1646, 1656 (1991) Alexander v. Gardner-Denver zitierend.

590 Pub. L. No. 102-166, s. 118, 105 Stat., 1071, 1081 (1991).

591 Abrams, 26 Conn. L. Rev., 521, 555 (1994).

592 Kritisch zur unklaren Sprache des CRA 1991: Abrams, 26 Conn. L. Rev., 521, 571 (1994).

einem Tarifübereinkommen resultiert. Es ist zu erwarten, dass die Gerichte dem klaren Willen des Kongresses, den Weg der alternativen Streitschlichtung zu gehen, folgen werden und auch in Tarifabkommen getroffene Schiedsvereinbarungen aufrecht erhalten. So entschied der *Vierte Circuit Court*, dass eine Arbeitnehmerin, deren Tarifvertrag eine Schiedsgerichtsklausel beinhaltete, die sie auch bei Diskriminierung auf Grund des Geschlechtes auf den Schiedsweg verwies, Gültigkeit besitzt.

Aus der eindeutigen Sprache des CRA 1991 sei der Wille des Kongresses zu erkennen, alternative Streitschlichtung zu unterstützen, auch wenn die Gesetzgebungsgeschichte dies in dieser Eindeutigkeit nicht unterstreiche. Wichtig sei jedoch immer, dass die Schiedsklausel freiwillig unterzeichnet worden sei, und dies sei auch dann der Fall, wenn sie aus einem Tarifvertrag resultiere. Dies habe der *US Supreme Court* bereits früher in Streikfällen entschieden. Und insoweit gäbe es keinen Unterschied in dem freiwilligen Verzicht auf Streik und dem freiwilligen Verzicht auf den Klageweg.[593]

Da der *Zweite Circuit Court* sowie einige *District Courts* der Haltung des *US Supreme Court* in Gardner-Denver folgten, bleibt abzuwarten, wie sich die Rechtsprechung weiter entwickeln wird und ob der *US Supreme Court* im Interesse der Rechtseinheitlichkeit in einem Fall certiorari gewähren wird.[594]

In einem 1999 entschiedenen Fall hat der *US Supreme Court* jedenfalls entschieden, dass der Verzicht auf den Gerichtsweg durch Tarifvereinbarung bzw. die vorherige präkludierende Inanspruchnahme eines Schiedsverfahrens klar und unmissverständlich im Vertrag zum Ausdruck kommen müsse, um Gültigkeit zu erlangen.[595]

Problematisch ist hieran, dass eine Schiedsgerichtsentscheidung keinerlei Präzedenzwirkung erlangt und somit keinerlei positive Effekte auf die Anti-Diskriminierungsentwicklung hat.[596]

Der Wille des Kongresses zur alternativen Streitbeilegung, dem sich auch die EEOC in ihrem *National Enforcement Plan* angeschlossen hat, die überwältigende Übereinkunft der Gerichte, Schiedsgerichtsvereinbarungen anzuerkennen[597] und die Unzufriedenheit der Parteien von Zivilrechtsstreitigkeiten wer-

---

593 Austin v. Owens-Brockway Glass Container, Inc. 78 F. 3d, 875, 881, 885 (4th Cir. 1996).

594 Tran v. Tran, 54 F. 3d, 115, 117-118 (2nd Cir. 1995); Humphrey v. Council of Jewish Federations, 901 F. Supp., 703, 709-710 (S.D. N.Y. 1995); Jackson v. Quanex Corp., 889 F. Supp., 1007, 1010-1011 (E.D. Mich. 1995); Randolph v. Cooper Industries, 879 F. Supp., 518, 520-522 (W. D. Pa. 1994); Block v. Art Iron, Inc. 866 F. Supp., 380, 384-387 (N. D. Ind. 1994).

595 Ceasar Wright v. Universal Maritime Service Corporation (67 U.S. Law Week 4013).

596 Hoffman, 17 Berkeley J. Emp. & Lab. L. 131, 135 (1996).

597 S. auch Bloom, Legal Times vom 16. September 1996, 2.

den dazu führen, dass in immer mehr Arbeitsverträgen Schiedsgerichtsvereinbarungen aufgenommen werden.[598]
Streitgegenstand ist jedoch nicht nur, ob Tarifvereinbarungen wirklich freiwillig sind, sondern auch welche Rolle obligatorische Schiedsklauseln haben, die sich zwar nicht aus Tarifvereinbarungen ergeben haben, aber ebenfalls nicht zwischen den Parteien frei ausgehandelt werden. Solche Klauseln können sich nicht nur aus Arbeitsverträgen ergeben, sondern in Arbeitnehmer-Handbüchern oder gar, wie in der Sicherheitsindustrie üblich, in den standardisierten Bewerbungsformularen enthalten sein.[599]

2.2.2 Die EEOC lehnt obligatorische Schiedsklauseln ab

Die EEOC hat ihren Standpunkt zu den so genannten obligatorischen Schiedsklauseln deutlich gemacht: „The Commission believes that parties must knowingly, willingly and voluntarily enter into an ADR proceeding".[600] Demnach bekämpft sie alle Schiedsklauseln, die den Arbeitnehmern aufgezwungen bzw. ihnen gar nicht zur Kenntnis gebracht wurden.[601] Des Weiteren führt sie das Argument des öffentlichen Interesses an, da zwingende obligatorische Schiedsklauseln nach Ansicht der Kommission die Rechte aus *Title VII* minimieren, denn auch private Klagen unter *Title VII* leisteten ihren Beitrag zur Eliminierung weiterer Diskriminierung am Arbeitsplatz und hätten so auch ein öffentliches Interesse.[602]

2.2.3 Haltung der Untergerichte zu obligatorischen Schiedsklauseln

Auch Gerichte haben mit Bezug auf die Gesetzgebungsgeschichte zum CRA 1991 ausgeführt, dass eine Arbeitnehmerin, die sich in einem Bewerbungsformular der Schiedsgerichtsbarkeit unterwirft, nicht wissentlich ihre Rechte aus *Title VII* bezüglich einer eventuellen Geschlechterdiskriminierung durch ihren zukünftigen Arbeitgeber aufgeben kann[603] und hielten deshalb die Schiedsgerichtsklausel für nicht bindend.

---

598 S. auch Bales, 47 Baylor L. Rev., 591, 593 (1995); und zum Trend der Arbeitsgerichte, Schiedsklausel anzuerkennen: Bass, 46 Lab. L. J., 38, 44 (1995).

599 Bloom, Legal Times vom 16. September 1996, S. 2; viele einzelstaatliche Regelungen erlauben ausdrücklich obligatorische Schiedsgerichtsklauseln in Arbeitsverträgen, s. Bompey/Pappas, 19 Employee Relations L. J., 197, 203 (1993-94).

600 EEOC Policy Statement on Alternative Dispute Resolution, Notice No. 916.002 at 3 (July 17, 1995).

601 Hoffman, 17 Berkeley J. Emp. & Lab. L. 131, 140 (1996).

602 Johnson v. Hubbard Broadcasting, Inc., DC Minn., No. 4-96. 107, Brief of the EEOC as Amicus Curiae, 5/17/96.

603 Prudential Ins. Co. of America v. Lai 42 F. 3d, 1299, 1305 (9th Cir. 1994), cert. denied, 116 S. Ct., 61 (1995).

Andere Gerichte hielten die Schiedsgerichtsklauseln in *Title VII* bzw. ADEA-Verfahren für bindend und anwendbar.[604]
Problematisch und daher klagerelevant wird in der Zukunft vor allem das Freiwilligkeitserfordernis sein, denn die bloße Aufnahme der Schiedsklausel in einen Arbeitsvertrag wird dieser Anforderung nicht genügen.[605]
Um vor Gericht Bestand zu haben, sollten die Klauseln weiter fair und ausgewogen sein und dem Arbeitnehmer mitteilen, welche Streitigkeiten genau unter die Schiedsgerichtsbarkeit fallen sollen. Dies gilt speziell dann, wenn Anti-Diskriminierungsrechte betroffen sind, die faktisch auch immer unter dem Aspekt des Kündigungsschutzes gesehen werden müssen.[606]

2.2.4 Bedeutung der Schiedsverfahren für Fälle sexueller Belästigung

Da die Schiedsgerichtsbarkeit in amerikanischen Arbeitsverträgen einen immer größeren Stellenwert haben wird, müssen sich amerikanische Arbeitnehmerinnen darauf einstellen, dass sie auch Beschwerden wegen sexueller Belästigung am Arbeitsplatz immer häufiger vor dem Schiedsrichter austragen müssen.[607]
Das kann für sie von Vorteil sein, wenn die Verfahren tatsächlich schneller beendet werden und die erlittene Belästigung nicht jahrelang immer wieder zum Thema gemacht werden muss. Ein weiterer Vorteil könnte für das individuelle Opfer der Ausschluss der Öffentlichkeit im Schiedsgerichtsverfahren sein. Da gerade die Verfahren wegen sexueller Belästigung ein großes Medienecho erfahren, kann ein langwieriger Gerichtsprozess sehr belastend für das Opfer werden. Andererseits liegt gerade in der Öffentlichmachung eine Chance, das Problem zu enttabuisieren und andere Opfer auf ihre Rechte aufmerksam zu machen.
Arbitration darf weiter nicht bedeuten, dass das Opfer keine Beschwerde bei der EEOC mehr anhängig machen kann, denn das würde die Handlungsfähigkeit der Behörde tatsächlich auf Dauer infrage stellen und somit den Anti-Diskriminierungsbemühungen zuwider laufen.
Weiter muss gewährleistet werden, dass die Arbeitnehmerin alle Schadensersatzmöglichkeiten, die *Title VII* vorsieht, auch durch den Schiedsrichter erhalten

---

604 Hirras v. National Railroad Passenger Corp., 10 F. 3d, 1142 (5th Cir. 1994); Alford v. Dean Witter Reynolds, 939 F. 2d, 229 (5th Cir. 1991).

605 Die Gerichte bewerten die Freiwilligkeit des Abschlusses nach den Umständen, nach denen die Vereinbarung zu Stande gekommen ist, vgl. Shearer, 18 Employee Relations L. J., 479, 486 (1992-93); Vorschläge für die Beweisbarkeit macht Hoffman, 17 Berkeley J. Emp. & Lab. L. 131, 156 (1996).

606 Bales, 47 Baylor L. Rev., 591, 618 (1995).

607 Bass, 46 Lab. L. J., 38, 45 (1995).

kann, denn sonst verlieren *punitive damages* ihre abschreckende Wirkung[608] und der Wille des Gesetzgebers, die private Partei solle wie ein privater Staatsanwalt wirken, würde ebenfalls ins Leere gehen.
Schiedsrichter müssen gut ausgebildet sein, sie sind Richter und Jury in einem und im Sexual-Harassment-Verfahren überdies noch die *reasonable person*, die die Schwere der Belästigung bewerten muss. In diesem Zusammenhang muss darauf geachtet werden, dass sich die Schiedsgerichte nicht in diskriminierender Weise zusammensetzen.[609]
Schiedsgerichte haben bereits Erfahrung in Fällen, die sexuelle Belästigung am Arbeitsplatz zum Gegenstand haben. Sie haben in vielen Fällen Kündigungen und Suspendierungen des Belästigers bestätigt.[610] Die Schiedsrichter haben dabei – ähnlich wie die Gerichte – Rücksicht auf die Intensität der Belästigung genommen und ihren Spruch danach ausgerichtet. Aus der Analyse der Schiedssprüche, die sich mit Kündigungsschutzgesuchen der Belästiger beschäftigt, wird deutlich, dass eine fehlende Belehrung der Belästiger durch den Arbeitgeber über das Verbot sexueller Belästigung am Arbeitsplatz oder eine ineffiziente schriftliche Warnung nicht ausreicht, um dem Belästiger zu kündigen.[611] Hier wird allerdings die Rechtsprechung umgekehrt. Eine fehlende Firmenpolitik des Arbeitgebers soll die Opfer schützen und ihre Klagen erfolgreicher machen. Trotzdem lässt sich auch hier der Schluss ziehen, dass eine effektive Politik der Arbeitgeber gegen sexuelle Belästigung am Arbeitsplatz ihren Standpunkt immer deutlich verbessert.[612]

2.3 Mediation[613]

Bei der Mediation handelt es sich um eine weniger formale Methode der Streitbeilegung, verglichen mit dem Schiedsgerichtsspruch.

---

608 Nach dem *Federal Arbitration Act* kann auch das Schiedsgericht *punitive damages* zusprechen, vgl. Bompey/Pappas, 19 Employee Relations L. J., 197, 210 (1993-94); Shearer, 18 Employee Relations L. J., 479, 487 (1992-93) weist darauf hin, dass die allzu rigide Beschränkung von Schadensersatzrechten in Schiedsvereinbarungen zu deren Unzulässigkeit führen könnten.

609 S. Bass, 46 Lab. LJ. 38, 46 (1995), wonach die Schiedsrichter der AAA meist männlich, weiß, Rechtsanwälte und dem Management zuzurechnen sind.

610 Hauck/Pearce, 43 Lab. L. J., 31, 34-35 (1992) analysieren die Schiedssprüche mehrerer Schiedsrichter in Sexual-Harassment-Verfahren; Bompey/Pappas, 19 Employee Relations L. J., 197, 208 (1993-94) kommen nach Auswertung einer Statistik der Stadt New York zu dem Ergebnis, dass in Diskriminierungsfällen in den meisten Fällen die Schiedssprüche zu Gunsten der Arbeitgeber ausgingen bzw. nur niedrige Summen ausgeurteilt werden; im Bereich der sexuellen Belästigung am Arbeitsplatz gibt es seit 1981 Schiedsgerichtsverfahren, vgl. Monat/Gomez, 37 Lab. L. J., 713, 714 (1986).

611 Hauck/Pearce, 43 Lab. L. J., 31, 37 (1992).

612 So auch Hauck/Pearce, 43 Lab. L. J., 31, 39 (1992).

613 S. hierzu sehr umfangreich Breidenbach (1995).

Im Mediationsverfahren wird von den Parteien eine neutrale dritte Person angerufen, um ihnen zu helfen, ihren Streit zu schlichten. Dabei handelt der Mediator als Helfer der Parteien, die ihre eigene Vereinbarung erreichen sollen.[614] Weil der Mediator als neutrale dritte Person fungiert, kann er den Parteien unter Umständen Wege aufzeigen, an die sie nicht gedacht haben. Der Mediator kann den Parteien zwar Lösungsvorschläge für ihr Problem machen, er fällt aber am Ende des Mediationsverfahrens keinen Spruch wie etwa das Gericht oder der Schiedsrichter. Daher kann man ein Mediationsverfahren auch mit einer Verhandlung zwischen den Parteien beschreiben, die von einem neutralen Dritten begleitet wird.[615]

Ziel einer Mediation soll jedoch eine Vereinbarung zwischen den Parteien sein.[616] Für das Arbeitsrecht hat die AAA auch Regeln zur Mediation erlassen.[617]

Da das Mediationsverfahren ein formloses Verfahren ist, bei dem die Parteien sich keinerlei Zwang – mit Ausnahme dem Zwang zur Verhandlung – unterwerfen, wird dieses Verfahren überwiegend nicht als problematisch angesehen. Bedenkt man, dass die meisten Verfahren in den USA vor dem Eintritt ins Gerichtsverfahren mit einem Vergleich enden, so ist die Mediation hilfreich, wenn sie von einer rechtskundigen Person durchgeführt wird, um den Parteien Beweisproblematiken und andere rechtliche Voraussetzungen vor Augen zu führen und mit ihnen die Fakten zu ergründen. Mediation macht jedoch nur dort Sinn, wo Verhandlungsbereitschaft besteht und ist meines Erachtens eher eine Verfahrensart für gleichwertige Partner.[618]

3 Vergleich (Settlement)

Wie bereits erwähnt, ist es vorrangiges Ziel, Chancengleichheit durch freiwillige Streitbeilegung zu erreichen. Und dies gilt auch für den freiwilligen Vergleich zwischen den Parteien, der daher ebenso vom Kongress wie von der

614 Dessem (1996), S. 587; Krapp, in: Streitschlichtung 1995, S. 46.

615 Dessem (1996), S. 587.

616 Dessem (1996), S. 588.

617 Vgl. AAA National Rules For Resolution Of Employment Disputes; Arbitration and Mediation Rules, DLR No. 102 vom 28. Mai 1996, S. E 7 f.

618 Anders Reder, 43 Lab. L. J., 602 ff (1992), der über einige erfolgreiche Mediations-Fälle im Arbeitsrecht berichtet. Sexuelle Belästigung kommt darin allerdings nicht vor. Als erste staatliche Behörde hat sich in Boston 1996 die *Massachusetts Commission against Discrimination* etabliert, die Arbeitgebern und Arbeitnehmern Schiedsgerichtsbarkeit auf freiwilliger Basis anbietet. Die EEOC hingegen will sich mehr auf Mediation spezialisieren und keine eigene Schiedsgerichtsbarkeit aufbauen, EEOC Compliance Manual No. 211 vom 30. April 1996, S. 6; zur Ausbildung der Schlichter in den USA; Krapp, in: Streitschlichtung, 1995, S. 46 f.

EEOC angestrebt wird.[619] Dies gilt in besonderem Maße für Title-VII-Verfahren, die sexuelle Belästigung zum Gegenstand haben, weil die Furcht vor Öffentlichkeit und eine oft sehr intime Zeugenaussage dem Opfer sehr zusetzen können. Aus Zeitersparnis- sowie Kostengründen sind Vergleiche für Arbeitgeber und Arbeitnehmerin gleichermaßen eine attraktive Alternative zum Klageverfahren.

3.1 Geschlossene Vergleiche der EEOC in Fällen sexueller Belästigung

Die EEOC erreichte in einem Class-Action-Verfahren 1995 für 15 weibliche Angestellte, die Opfer von sexueller Belästigung durch einen hohen Manager eines Kosmetik-/Pharmazeutikunternehmens geworden waren, einen Vergleich, in dem die Firma sich verpflichtete, den betroffenen Frauen 1.185.000 US-$ Schadensersatz zu zahlen.

Des Weiteren enthielt der Vergleich die Verpflichtung des Unternehmens, ein betriebsexternes Unternehmen zu engagieren, das betroffene Arbeitnehmerinnen gebührenfrei anrufen und dem sie ihre Beschwerden vortragen können. Weiter wurden betriebsextern zwei Direktoren ernannt, die solche Beschwerden ermitteln sollen. Außerdem verpflichtete sich das Unternehmen, seinen 1.600 Mitarbeitern eine vierstündige Schulung anzubieten, in der über das Erscheinungsbild und die Folgen sexueller Belästigung am Arbeitsplatz informiert wird.[620]

Das Unternehmen hatte zuerst die Strategie verfolgt, das Ansehen der Beschwerde führenden Frauen in den Schmutz zu ziehen und dafür sogar eine private Ermittlungsfirma beauftragt. Nachdem der Fall in der Presse bekannt wurde, meldeten sich weitere 15 Frauen, die über die gleichen Formen von Belästigung durch denselben Vorgesetzten berichteten. Da so ein Verhaltensmuster des Belästigers allzu augenscheinlich wurde, begab sich das Unternehmen in die Vergleichsverhandlungen.[621]

Hieraus wird deutlich, dass auch im Vergleichswege durchaus erreicht werden kann, dass einerseits die Opfer von Belästigung Wiedergutmachung erfahren und andererseits auch präventiv wirkende Maßnahmen für die Zukunft erreicht werden können. In diesem Fall ist es wahrscheinlich der Involvierung der EEOC zu verdanken, dass der spezialpräventive Zweck hier neben den Interessen der betroffenen Frauen verfolgt wurde.

---

619 Alexander v. Gardner-Denver Co., 415 U.S. 36, 44 (1974): „Cooperation and voluntary compliance were selected as the preferred means for achieving this goal."

620 Labor Law Reports-Employment Practices vom 21. August 1995, S. 3.

621 EEOC v. Del Labs. Labor Law Reports-Employment Practices vom 21. August 1995, S. 3.

Die größte Gruppenklage, die die EEOC jemals wegen sexueller Belästigung am Arbeitsplatz initiierte, wurde 1996 gegen Mitsubishi Motors in Illinois anhängig gemacht. In der Gruppe wurden um die 300 Frauen zusammengefasst, die in den letzten fünf Jahren vor Klagerhebung im Werk von Normal (Illinois) bei Mitsubishi Motors beschäftigt und ständig weitreichenden verbalen und physischen sexuellen Belästigungen ihrer männlichen Kollegen ausgesetzt waren.[622]

Wegen der großen Zahl der Klassenmitglieder erreichte dieser Fall enorme Popularität in den Medien und brachte Mitsubishi noch während des laufenden Gerichtsverfahrens dazu, mit Lynn Martin eine ehemalige Arbeitsministerin zu engagieren, die als Außenstehende die gesamte arbeitsrechtliche Politik von Mitsubishi Motors untersuchen und Verbesserungsvorschläge machen sollte.[623]

Noch im EEOC Vorverfahren hatte Mitsubishi Motors eine außergerichtliche Streitbeilegung abgelehnt. Die EEOC kam nach 15-monatiger Ermittlung zu dem Ergebnis, dass es im Werk in Normal ein verbreitetes Muster der sexuellen Belästigung gegeben hat.[624] 1998 haben die EEOC und Mitsubishi Motors einen Vergleich über 34 Mio. US-$ geschlossen, der die höchste Summe in einem Sexual-Harassment-Fall in der Geschichte der EEOC darstellt und von dem 350 sexuell belästigte Arbeitnehmerinnen profitieren konnten.[625]

Vergleiche beinhalten meist den Verzicht der Arbeitnehmerin auf weitere Klagen bzw. Beschwerden gegen den Arbeitgeber. Während der Verzicht auf Ansprüche aus vergangenen Fällen legitim ist, wenn er freiwillig in und mit Kenntnis der Arbeitnehmerin zustande kommt,[626] ist ein Verzicht auf zukünftige Ansprüche aus *Title VII* unzulässig.[627] Daher muss es der Arbeitgeber, der sich vergleicht, strikt vermeiden, die betroffene Arbeitnehmerin erneuter Belästigung auszusetzen oder sich an ihr wegen ihrer Beschwerde zu rächen. Denn dies würde eine erneute Verletzung von *Title VII* darstellen und wäre nicht vom Vergleich erfasst.[628]

Hat die betroffene Arbeitnehmerin bereits auf Grund eines *right to Sue letter* Klage eingelegt, obwohl ihr Verfahren vor der EEOC noch nicht abgeschlossen war, so kann in den Vergleich die Verpflichtung aufgenommen werden, bei der EEOC die Abweisung des Falles zu beantragen. Hierauf besteht zwar kein

---

622 EEOC v. Mitsubishi Motors Manufactoring of America, Inc. DC Ill. 96 CV 1192 (4. September 1996).

623 EEOC Compliance Manual No. 212 vom 31.Mai 1996, S. 18.

624 Text of Remarks By Equal Employment Opportunity Commission, Chairman Gilbert F. Casellas to Japanese Business Group, DLR No. 205 vom 23. Oktober 1996, S. 8.

625 vgl. Slobodien, DAJV-Newsletter 1998, S. 100; Frankfurter Rundschau vom 13./14. Juni 1998, Süddeutsche Zeitung vom 13./14. Juni 1998.

626 Lindemann/Kadue (1993), S. 637.

627 Alexander v. Gardner-Denver, 415 U.S., 36, 51 (1974).

628 Lindemann/Kadue (1993), S. 641.

Rechtsanspruch, jedoch ist es der Politik der EEOC, solche Anträge positiv zu bescheiden.[629]
Ein weiterer wichtiger und häufiger Bestandteil eines Vergleichs ist die Zusicherung von Vertraulichkeit, die sicherlich davon abhängig ist, wie weit das Verfahren bis zum Zeitpunkt des Vergleichschlusses bereits gediehen ist und positive Aspekte für Arbeitgeber und Arbeitnehmerin beinhalten kann.[630]

4 Besondere Prozessregeln

4.1 Verhaltensmuster und Charakter

Wenn das Opfer einer sexuellen Belästigung nicht beweisen kann, dass ihr die Vorfälle wirklich widerfahren sind, weil im Prozess Aussage gegen Aussage steht[631] und die Jury nicht weiß, wer die Wahrheit spricht, kann der Beweis des Opfers, dass der Belästiger sich anderen Frauen gegenüber in der gleichen Art und Weise verhalten hat, ihren eigenen Prozess stärken.[632]
Ein solches Verhaltensmuster des Belästigers offen zu legen, kann nur gelingen, wenn versucht wird, durch Darlegung anderer Vorfälle einen bestimmten Charakter des Belästigers darzustellen.
Es ist in diesem Zusammenhang auch auf die Rolle von Opfer und Belästiger im Prozess hinzuweisen. Bei Studien wurde herausgefunden, dass bei Männern und Frauen, die im Endeffekt die Jury darstellen, zumindest unterschwellig oft die Ansicht vorherrscht, dass nur schlechte Frauen vergewaltigt werden und dies auch durch Kleidung und Auftreten provozieren und es daher in Fällen des „Schwur-Wettstreits" zu einem Sieg der Männer kommt.[633]
Weiter darf auch nicht unterschätzt werden, dass es sich bei Opfer und Belästiger um zwei Mitglieder unterschiedlicher Hierarchieebenen handelt. Während das Opfer meist zu den Untergebenen zählt, ist der Belästiger nicht selten Mit-

629 Lindemann/ Kadue (1993), S. 643.

630 Lindemann/Kadue (1993), S. 644 f; vgl. generell zur Technik in Vergleichsverhandlungen: Dessem (1996), Kapitel. 14.

631 Anders als im deutschen Zivilprozess ist die Zeugenaussage der Klägerin sehr wohl Beweismittel im amerikanischen Zivilprozess, Lindemann/Kadue (1993), S. 535; s. auch Hall v. F. O. Thacker Co., 24 FEP Cases 1499 (N. D. Ga. 1980) und Phillips v. Smalley Maintenance Services, 711 F. 2d, 1524 (11th Cir. 1983), wo das Gericht über die Glaubwürdigkeit von Opfer und Arbeitgeber zu entscheiden, weil deren Aussagen sich diametral gegenüberstanden.

632 Aiken, Wis. L. Rev., 1221, 1253 (1997).

633 Kalven/Zeisel (1966), 249-251; noch in der Meritor-Entscheidung führte der *US Supreme Court* aus, es sei von grundlegender Bedeutung, ob ein Opfer durch sein Verhalten Anlass gegeben hat zu glauben, dass die Belästigung willkommen war; Meritor Savings Bank v. Vinson, 477 U.S. 57, 69 (1986).

glied der angesehenen Managementebene.[634] Viele Frauen verzichten aus Angst vor Stigmatisierung und Offenlegung ihres eigenen Sexuallebens im Prozess auf eine Beschwerde gegen den Belästiger.[635] Aus diesem Grunde ist es in Fällen der sexuellen Belästigung oftmals die Aussage eines dritten oder vierten Opfers, das die Glaubhaftigkeit der Klägerin untermauert, sofern die Opfer nicht kollusiv zusammenwirken.[636]

Es ist jedoch nicht selbstverständlich, dass in einem Zivilprozess frühere Vorkommnisse, die nicht Gegenstand des Verfahrens sind, als Beweismittel eingebracht werden können. Die *Federal Rules of Evidence* enthalten Regelungen, die die Streitparteien davor schützen sollen, dass irrelevante und vorurteilsbehaftete Beweise in den Prozess eingebracht werden dürfen.

Regel Nr. 404 (a) bestimmt, dass Beweise hinsichtlich des Charakters, sei es in Form von Meinung, Rufanalyse oder früheren Begebenheiten, nicht in den Prozess eingebracht werden dürfen, um den Streitgegenstand des vorliegenden Prozesses zu beweisen.[637] Traditionell soll die Partei davor geschützt werden, nur deshalb verurteilt zu werden, weil sie ein schlechter Mensch ist, was nichts zu tun hat mit den Vorfällen in der anhängigen Sache.[638]

Der Kongress hat sich jedoch 1995 dazu entschlossen, in Fällen, in denen der Streitgegenstand ein sexueller Übergriff ist, den Klägerinnen zu erlauben, zum Beweis, dass der Beklagte eine Person ist, die ein belästigendes Verhalten ausübt, andere Fälle, die gleich gelagert sind, als Beweismittel ins Verfahren einzubringen.[639]

Somit kann in Belästigungsfällen, in denen physische Übergriffe behauptet werden, die neue Regelung Anwendung finden. Diese Neuregelung lässt Prozesse wegen sexueller Belästigung in der Praxis hinsichtlich der Beweisbarkeit von belästigendem Verhalten in einem anderen Licht erscheinen. Während früher das Sexualleben und die Erscheinung des Opfers ausführlich debattiert wurden, kann heute das Vorleben des beschuldigten Belästigers eine wesentliche Rolle spielen.[640]

Es konnte zwar niemals gutgeheißen werden, dass das Vorleben und die Erscheinung des Opfers eine so bedeutsame Rolle in einem Zivilprozess spielten,

---

634 Aiken, Wis. L. Rev., 1221, 1255 (1997).

635 Monnin, 48 Vand. L. Rev., 1155, 1159 (1995).

636 Aiken, Wis. L. Rev., 1221, 1256 (1997).

637 Fed. R. Evid. 404 (a).

638 Lindemann/Kadue (1993), S. 537.

639 Fed. R. Evid. 415: „(a) In a civil case in which a claim for damages or other relief is predicated on a party's alleged commission of conduct constituting an offense of sexual assault or child molestation, evidence of that party's commission of another offense or offenses of sexual assault or child molestation is admissible and may be considered as provided in Rule 413 and Rule 414 of these rules."

640 Aiken, Wis. L. Rev., 1221, 1223 (1997).

aber andererseits bleibt ein ungutes Gefühl, wenn nun die totale Ausforschung des Belästigers erlaubt wird. Auch wenn der Belästiger in früherer Zeit ähnlich gehandelt hat, so muss das kein Indiz für den zu Grunde liegenden Fall sein. In diesen Fällen sind auch unlautere Methoden denkbar, das Leben eines Vorgesetzten auszuforschen, um finanzielle Vorteile zu erlangen. Meines Erachtens muss eine solche Beweisführung auf sehr begrenzte Fälle limitiert werden.[641]
Es sollten Personalakten herangezogen werden, um ein belästigendes Verhalten am Arbeitsplatz in der Vergangenheit beweisen zu können. Aber eine Ausforschung in die private Vergangenheit muss als zu weitreichend abgelehnt werden.[642]
Grundsätzlich ist die Schaffung einer neuen Beweisregel ein lohnender Versuch, den Opfern von sexuellen Übergriffen mehr Glaubwürdigkeit vor Gericht zu verschaffen. Dies jedoch mit meines Erachtens unfairen, weil über das Ziel hinausschießenden Mitteln zu versuchen, hilft der Anti-Diskriminierung am Ende wahrscheinlich nicht, weil es so auf Beklagtenseite zu ungerechten Ergebnissen kommen kann.[643]
Die Stärkung der Glaubwürdigkeit der Klägerinnen ist dagegen ein probates Mittel, das jedoch schwer erreicht werden kann, wenn heutzutage noch die oben geschilderten Vorurteile bestehen. Man könnte sicherlich im Wege einer psychologischen Begutachtung herausfinden, ob das Opfer glaubwürdig ist. Es ist auch nichts dagegen einzuwenden, Zeuginnen innerhalb des Betriebes zu befragen, auch wenn sie der Firma bereits nicht mehr angehören sollten, um so ein bestimmtes Verhaltensmuster herauszufinden.
Wie weitreichend die Ausforschungsmöglichkeiten durch diese prozessuale Regel sein können, zeigt der Fall Monica Lewinsky.
Monica Lewinsky, eine Praktikantin des Weißen Hauses aus dem Jahre 1996, wurde in dem Zivilverfahren der Paula Corbin Jones gegen Bill Clinton unter Eid vernommen, um zu beweisen, dass dem Verhalten von Bill Clinton gegenüber Paula Jones im Jahre 1990 in einem Hotel in Little Rock ein Muster von Belästigung zu Grunde liegt, da es sich bei Monica Lewinsky um ein potentielles Opfer handelte.[644] Das Ergebnis dieser Vernehmung ist der ganzen Welt im so genannten Starr-Report über das Internet zugänglich gemacht worden.[645]

641 Aiken, Wis. L. Rev., 1221, 1264 (1997) schlägt vor, dass exakt auf die Vergleichbarkeit der Fälle geachtet wird (gleiche Art von Belästigung, gleiches Verhältnis zwischen Belästiger und Opfer, gleiche Orte, Zeiten und Dauer der Vorfälle).

642 Aiken, Wis. L. Rev., 1221, 1234 (1997) macht deutlich, wie weit eine solche Beweisermittlung führen kann. Es könnten beispielsweise Kellnerinnen befragt werden oder auch frühere Freundinnen oder Ehepartnerinnen des beschuldigten Belästigers.

643 Richter hegen großes Misstrauen gegenüber dieser neuen Beweisregel, s. Aiken, Wis. L. Rev., 1221, 1225 (1997).

644 Paula Jones hatte gegen den damaligen US-Präsidenten, William J. Clinton, eine Klage wegen sexueller Belästigung gestützt auf einen Pattern-and-Practise-Beweis erhoben, s.

Hier wird deutlich, wie weit eine solche Beweisregel ausgedehnt werden kann, und es wird noch zu untersuchen sein, inwieweit das amerikanische Pre-Trial Discovery-Verfahren hierbei unterstützend wirkt.

4.2 Rape Shield Rule 412

Ganz im Gegensatz zu den Bestrebungen, das Vorleben des Belästigers auszuleuchten, um ein Verhaltensmuster herauszufinden, stehen die Bestrebungen, das Opfer dadurch zu schützen, dass sein Vorleben gänzlich außer Acht bleiben soll. Eine solche Regelung ist in Title-VII-Fällen von immenser Bedeutung, da von den Anwälten der Verteidigung versucht wird, das Tatbestandsmerkmal der Unwillkommenheit dadurch aufzuweichen, dass die belästigten Frauen als sexuell aktiv und einladend dargestellt werden.[646] Dies geschieht nicht nur, um ein Opfer vorsätzlich vor einer Jury zu diskreditieren, sondern es entspricht den Anforderungen des Meritor-Gerichts, das bekanntlich unterstrichen hatte, die Art und Weise, wie eine belästigte Frau sich kleidet und ob ihre Sprache sexuell provozierend gewesen sei, seien nicht irrelevant, sondern im Gegenteil von besonderer Relevanz.[647] Diese Interpretation weiterführend, verfolgen viele Anwälte die Idee, auch das sexuell gefärbte Verhalten in anderen Bereichen am Arbeitsplatz oder auch in anderen sozialen Bereichen könne Aufschluss über die Willkommenheit der Belästigung geben.[648]
Um Opfer vor der Ausforschung ihres Privatlebens, verbunden mit weiteren Demütigungen und Peinlichkeiten, zu schützen, wurde 1994 die bereits bestehende *Rape Shield Rule 412* für Strafverfahren dahingehend erweitert, dass der Schutz auch für zivilprozessuale Streitigkeiten gelte.[649]
Traditionell wird von klagenden Opfern von sexueller Belästigung am Arbeitsplatz auf die Ähnlichkeit zwischen ihren Zivilprozessen und Vergewaltigungsprozessen verwiesen, in denen die Opfer mittlerweile durch die *Rape Shield Rule 412* vor Ausforschung ihrer sexuellen Vergangenheit geschützt werden.[650]

Isikoff/Taylor, Newsweek, 26. Januar 1998, S. 24; zu den weitreichenden Ermittlungsbefugnissen des Sonderermittlers Kenneth Starr und zu deren Auswirkungen auf dritte Personen s. Gordon, 68 Fordham L. Rev., 639 ff (1999).

645 Starr-Report, www. Starr-Report.com.

646 S. Monnin, 48 Vand. L. Rev., 1155, 1156 (1995).

647 Meritor Savings Bank v. Vinson, 477 U.S. 57, 68-69 (1986); obwohl die Beeinflussung der Jury ein gewollter Nebeneffekt sein soll, vgl. Monnin, 48 Vand. L. Rev., 115, 1182 (1995).

648 Monnin, 48 Vand. L. Rev., 1155, 1169 (1995). Beispielsweise könnten Anwälte versuchen, ein Verhältnis, das die Belästigte mit einem Kollegen hat oder hatte, zum Beweis dafür anführen, das Verhalten des Belästigers sei willkommen gewesen.

649 Notes of Advisory Commitee, FRE 412.

650 Lindemann/Kadue (1993), S. 539.

In beiden Fällen soll durch die Beweisführung des Belästigers/Vergewaltigers die generelle Bereitschaft des Opfers zu sexuell gefärbtem Verhalten dargestellt werden, was den Schluss zulassen soll, dass sie auch in diesem speziellen Fall einverstanden war bzw. der Belästiger dies annehmen konnte.[651]

So verstanden, ist die *Rape Shield Rule 412* das Pendant zu dem oben geschilderten Pattern-and-Practise-Beweis des Belästigers. Sie verbietet es explizit, Beweis mit dem Ruf des Opfers oder mit Meinungen zu führen und untersagt ebenfalls die Beibringung von Beweisen über die sexuelle Vergangenheit des Opfers.[652]

Die Legislative erkannte die Ähnlichkeit der Situation von Opfern in Vergewaltigungsprozessen und in Prozessen wegen sexueller Belästigung am Arbeitsplatz. Obwohl die meisten Opfer von sexueller Belästigung nicht die physische Erfahrung einer Vergewaltigung machen, leiden sie zumindest psychisch enorm unter dem belästigenden Arbeitsumfeld.

Würde erlaubt, dass die Gegenseite Beweis über die sexuelle Vergangenheit erbringt, müssten die Opfer nicht nur erneut leiden, sondern es würden möglicherweise Vorurteile aufgebaut, die vor allem von der Jury überbewertet werden könnten.[653]

Die geänderte Beweisregel schützt nicht nur die Opfer, sondern stärkt gleichzeitig die Durchsetzungskraft von *Title VII*, weil sich mehr Frauen trauen können, sich gegen sexuelle Belästigung zur Wehr zu setzen, wenn sie nicht fürchten müssen, dass ihr gesamtes Sexualleben vor Gericht, der Jury und der Öffentlichkeit aufgerollt wird.[654]

---

651 Lindemann/Kadue (1993), S. 539.

652 FRE 412 (a): „Notwithstanding any other provision of law, in a criminal case in which a person is accused of an offense under Chapter 109 (A) of Title 18, United States Code, reputation or opinion evidence of the past sexual behavior of an alleged victim of such an offense is not admissible." Hauptgrund dieser Regel war mit die Überbewertung der sexuellen Vergangenheit des Opfers durch die Jury in Strafprozessen, s. Monnin, 48 Vand. L. Rev., 1155, 1182 (1995).

653 Monnin, 48 Vand. L. Rev., 1155, 1198-99 (1995).

654 Monnin, 48 Vand. L. Rev., 1155, 1198 (1995); dies gilt nur eingeschränkt, weil die neue Regel auch Ausnahmen zulässt. In den für das Zivilrecht relevanten Teilen bestimmt FRE 412: „(a) Evidence generally inadmissible. The following evidence is not admissible in any civil or criminal proceeding involving alleged sexual misconduct except as provided in subdivisions (b) and (c): Evidence offered to prove that any alleged victim engaged in other sexual behavior. Evidence offered to prove any alleged victim's sexual predisposition. (b) Exceptions. (2) In a civil case, evidence offered to prove the sexual behavior or sexual predisposition of any alleged victim is admissible if it is otherwise admissible under these rules and ist probative value substantially outweighs the danger of harm to any victim and of unfair prejudice to any party. Evidence of an alleged victim's reputation is admissible only if it has been placed in controversy by the allegd victim."

Der *US Supreme Court* hatte sich gegen die Erweiterung der Rape Shield Rule 412 auf zivilrechtliche Fälle ausgesprochen, weil er der Meinung war, die Regel greife in essentielle Rechte des Beklagten ein.[655]
In der Tat ist es auf den ersten Blick nicht einleuchtend, dass die Ausforschungsmöglichkeit des Belästigers durch FRE 415 so weit ausgedehnt und gleichzeitig die Ausforschung des Opfers eingeschränkt wird.
Dem Ansinnen, Waffengleichheit und ein faires Verfahren für die Beteiligten herzustellen, können diese Regeln nicht genügen, weil meines Erachtens zu sehr in die Rechte der Belästiger eingegriffen wird, wenn diese ihr gesamtes Vorleben preisgeben müssen. Hier sollten sich die Ermittlungs- und Beweismöglichkeiten auf das Verhalten des Belästigers am Arbeitsplatz beschränken.
Der Opferschutz hingegen ist nicht zu beanstanden. Es muss auf den Einzelfall abgestellt werden, in dem eine Frau sich von einem Mitarbeiter oder Vorgesetzten belästigt gefühlt hat. Selbst wenn sie am selben Arbeitsplatz ein Verhältnis mit anderen Kollegen hatte, so gibt ihr dies jederzeit das Recht, Angebote anderer abzulehnen. Denkt man an das ernste Problem der feindseligen Arbeitsumgebung, so kommt es meines Erachtens sowieso nicht auf ein Vorverhalten oder den Ruf des Opfers an. Man darf niemals vergessen, dass der Title-VII-Schutz der Eliminierung von Diskriminierung in einer besonderen Ausgestaltungsform dient. Daher ist sexuelle Belästigung immer eine Form von Machtausübung, die per se schon diskriminierend ist.

4.3 Zwingende psychologische Begutachtung

Obwohl seit der Harris-Entscheidung von 1993 ein psychischer Schaden der belästigten Frau nicht mehr notwendig ist, um den Beweis der sexuellen Belästigung erbringen zu können, weil nicht ihre geistige Gesundheit, sondern die objektive Feindseligkeit der Arbeitsumgebung zur Debatte steht, kann es in den Fällen, in denen sich das Opfer selbst auf mentale Leiden beruft, zur Forderung des Beklagten nach einer psychologischen Begutachtung kommen.[656] Eine solche Begutachtung kann gemäß Fed. R. Civ. P. 35 von der Beklagtenseite gefordert und vom Gericht angeordnet werden. Erforderlich ist, dass Streit über den zu begutachtenden Aspekt herrscht. Dies kann dann angenommen werden, wenn sich die Klägerin selbst auf die Zufügung emotionaler Leiden beruft und wird immer angenommen, wenn die Klägerin ihre Ansprüche nur auf Delikt stützt.[657]
Eine mentale oder physische Begutachtung ist in amerikanischen Zivilprozessen durchaus nicht unüblich, kann aber in Fällen sexueller Belästigung naturgemäß

655 Monnin, 48 Vand. L. Rev., 1155, 1176-1178 (1995).
656 Streseman, 80 Cornell L. Rev., 1268, 1291 (1995).
657 Streseman, 80 Cornell L. Rev., 1268, 1302 (1995).

zu einer großen erneuten psychischen Belastung für die Frau führen, was potentielle Klägerinnen von einem Prozess abhalten könnte.[658]
In diesem Zusammenhang ist auf die Wichtigkeit des objektiven Standards in Title-VII-Fällen hinzuweisen. Denn der Beklagte muss nicht beweisen, dass es sich bei der Klägerin um eine hypersensible Frau handelt, sondern die Klägerin muss den Beweis erbringen, dass eine objektive vernünftige Person die angeschuldigte Belästigung als durchdringend und ernsthaft empfinden konnte. Aus diesem Grund ist der mentale Zustand der Klägerin nicht dem Beweis durch eine mentale Begutachtung zugänglich, wenn sie sich lediglich auf *Title VII* stützt.[659]
Schwierig wird die Beantwortung der Frage, ob die Anordnung von mentaler Begutachtung zulässig ist in den Fällen, in denen sich Aspekte aus *Title VII* und deliktähnlichen Ansprüchen mischen. Da der CRA von 1991 den Opfern gestattet, unter bestimmten Umständen Schadensersatz für die Zufügung emotionaler Leiden zu fordern, die traditionell eher dem Deliktrecht zuzurechnen sind, läuft auch die Argumentation der Beklagten darauf hinaus, dass die Klägerin, die die Verletzung ihrer mentalen Gesundheit behauptet, damit rechnen muss, untersucht zu werden.[660]
Höchstrichterlich ist noch nicht über die uneingeschränkte Zulässigkeit von zwingenden mentalen Begutachtungen in den Fällen entschieden worden, in denen die Klägerin sich auf die Zufügung emotionaler Leiden beruft.
Nimmt man jedoch den Willen des Gesetzgebers ernst, durch den CRA von 1991 und die Erweiterung der Regel 412 auf zivile Streitigkeiten den Opfern mehr Rechtsschutzmöglichkeiten angedeihen lassen zu wollen, so ergibt sich meines Erachtens daraus die Verpflichtung der Gerichte, zwingende Begutachtungen nur eingeschränkt zuzulassen.[661]

5 Beweisermittlung im Pre-Trial-Discovery-Verfahren

Ein Grundelement des amerikanischen Zivilprozesssystems ist die *Pre-Trial Discovery*, die es den Parteien im Vorfeld der Hauptverhandlung ermöglicht,

---

658 In einer psychologischen Begutachtung können auch Fragen nach sexuellem Missbrauch in der Kindheit gestellt werden, vgl. Lindemann/Kadue (1993), S. 543.

659 Robinson v. Jacksonville Shipyards, Inc. 118 F.R D. 525, 530-531 (M. D. Fla. 1988).

660 Streseman, 80 Cornell L. Rev., 1268, 1306 (1995), der in dem Aufsatz alle Aspekte der zwingenden mentalen Untersuchung darstellt.

661 Streseman, 80 Cornell L. Rev., 1268, 1319 (1995) weist jedoch daraufhin, dass die *Rape Shield Rule* vor allem vor Ausforschung der sexuellen Vergangenheit schützt und dass es einem erfahrenen Therapeuten leicht gelingen könnte, bei der Ausforschung der (Rest-)Vergangenheit auch sexuelle Aspekte ans Tageslicht zu bringen; in der Vergangenheit wurde mentale Begutachtung von den Gerichten jedoch oft angeordnet, um den Welcomeness-Standard zu beweisen, s. Lindemann/Kadue (1993), S. 544.

umfassende Beweiserhebungen durchzuführen, die so weit reichen, dass europäische Juristen und vor allem ihre Auftraggeber in Angst und Schrecken versetzt werden, wenn sie mit der *discovery* in Berührung kommen.[662]
Amerikanische Konzerne empfinden die *discovery* als Wettbewerbshindernis gegenüber ausländischen Mitbewerbern, weil amerikanische Unternehmen sowie der amerikanische Staat jährlich ca. 80 Mrd. US-$ an Prozesskosten bzw. Versicherungsprämien aufbringen.[663]
Diese Zahlen beziehen sich zwar auf Fälle der Produkthaftung, nimmt man jedoch den Trend in der Diskriminierungsrechtsprechung wahr, *punitive damages* in Fällen der sexuellen Belästigung auszuurteilen, so wird deutlich, dass die *discovery* in diesen Fällen auch zu einem bedeutenden Kostenfaktor für die Unternehmen werden wird. *Punitive damages* und *discovery* hängen zwar nicht unmittelbar miteinander zusammen, aber die Möglichkeit, in einem Prozess einen Strafschadensersatz zu erzielen, bewegt Anwälte oft erst dazu, diese Fälle zu übernehmen und im Wege einer umfangreichen *discovery* alle Beweise zu ermitteln.[664] Die *discovery* endet keineswegs an der Grenze der USA, sondern sie kann auch im Ausland durchgeführt werden, wie der Beschluss eines kalifornischen Gerichtes aus dem Jahre 1981 zeigt: „Die Vertreter des Antragstellers erhalten Zugang zum Betriebsgelände des Volkswagenwerkes in Wolfsburg während der normalen Arbeitszeiten an fünf aufeinanderfolgenden Tagen, damit sie dort Anlagen besichtigen und fotografieren, schriftliche Unterlagen ansehen und fotokopieren und Belegschaftsmitglieder informell befragen können."[665]
Die *discovery* wirkt nicht nur auf Grund ihrer umfangreichen Ermittlungsreichweite für die an das deutsche Prozesssystem gewöhnten Juristen befremdlich, sie produziert auch ungewöhnlich hohe Kosten, da die Parteien im Vorfeld alle Kosten zu tragen haben, die sie zur Beibringung ihrer Beweismittel benötigen.[666] Auch bei den Zivilprozessen wegen sexueller Belästigung am Arbeitsplatz gelten fast uneingeschränkt die *Federal Rules* über das Discovery-Verfahren, die hier teilweise noch weitreichender sind, weil es die Möglichkeit des Pattern-of-Harassment-Beweises gibt, aber andererseits die Klägerin wegen der Erstreckung der *Rape Shield Rule 412* auf Zivilfälle auch durch Begrenzung der Beweismittel schützen.[667]

---

662 Vgl. generell zur *discovery* Junker (1987); s. Reitz, ZZP 104, 1991, S. 381 und 382; Paulus, ZZP 104, 1991, S. 397; Rempp/Lienemeyer, ZverglRwiss 94, 1995, S. 383, 384; Reimann, IPRax 1998, S. 132; Lorenz, ZZP 111, 1998, S. 35, 50.

663 Röhm/ Koch, RIW 1995, S. 465, 467, 472.

664 Röhm/Koch, RIW 1995, S. 465, 474.

665 Volkswagen Aktiengesellschaft v. Superior Court, Alameda County, 123 Cal. App. 3d 840, 176 Cal. Rptr. 874 (1981), zitiert nach Paulus, ZZP 104, 1991, S. 397.

666 Vgl. Paulus, ZZP 104, 1991, S. 397, 399; Rempp/Lienemeyer, ZVglRWiss. 94, 1995, S. 383, 396: 80% der Prozesskosten entfallen auf das Pre-Trial-Discovery-Verfahren.

667 Vgl. Kapitel D 4.2 und 4.3 in dieser Arbeit.

Um sich die Ausmaße eines Discovery-Verfahrens in der rechtlichen Realität deutlich zu machen, sei der in den Medien in den Jahren 1998/1999 populärste Fall erneut bemüht.
Die Anwälte von Paula Jones, die bekanntlich Präsident Bill Clinton der sexuellen Belästigung am Arbeitsplatz bezichtigte, wollten als Beweismittel ein belästigendes Verhaltensmuster des Präsidenten etablieren und der Jury vor Gericht präsentieren. Aus diesem Grund befragten sie im Pre-trial-Discovery-Verfahren unter Eid potentielle Zeuginnen (Opfer), die sexuelle Kontakte mit dem Präsidenten gehabt haben konnten. Die Liste dieser Zeuginnen musste die Gegenseite ihnen auf Grund der Besonderheiten des Discovery-Verfahrens bereit stellen. Im Zuge dieser Zeugenbefragungen wurde auch die ehemalige Praktikantin im Weißen Haus, Monica Lewinsky, befragt und beeidigte ihre Aussage.
Auf Grund von Hinweisen Dritter wurde ihre Glaubwürdigkeit angezweifelt, und auch die beeidigte Aussage des Präsidenten wurde somit zweifelhaft, was zu den weitreichenden Ermittlungen des Sonderermittlers, Kenneth Starr,[668] und im Weiteren zur Einleitung eines Amtsenthebungsverfahrens durch den amerikanischen Senat führte, das am Ende jedoch abgewiesen wurde.
Für die Parteien kann es von Anfang nicht absehbar sein, wie weit die *discovery* reichen wird und welche Entdeckungen die Parteien während ihrer Beweisermittlungen machen werden. Denn unabhängig von beweiserheblichen Tatsachen wird nach Allem und Jedem geforscht, was die Möglichkeit eröffnet, von Interesse für das Verfahren zu sein.[669] Auch aus diesem Grund dürfte es zu der recht hohen Bereitschaft kommen, einen Vergleich vor Beginn des eigentlichen Prozesses zu schließen.[670]
Wem die *discovery* als zu weitführend vorkommt, der sei darauf hingewiesen, dass sie vorrangig der Waffengleichheit der Parteien dienen soll und Ausfluss eines radikalen Gerechtigkeitsdenkens ist, nach dem die umfassende Wahrheitsermittlung die größtmögliche Garantie für die Gerechtigkeit bieten soll.[671]

---

668 S. auch Gordon, 68 Fordham L. Rev., 639 ff (1999).

669 Paulus, ZZP 104, 1991, S. 397, 399; auch die Furcht vor eigenen Schadensersatzprozessen der Anwälte wird als Ursache für eine umfangreiche *discovery* angesehen, s. Röhm/ Koch, RIW 1995, S. 465.

670 Diese liegt bei 90%, vgl. Rempp/Lienemeyer, ZVglRWiss. 94, 1995, S. 383, 396, im Vergleich zur erstinstanzlichen Vergleichsquote für die Bundesrepublik Deutschland, die bei ca. 10,5% liegt und zur rechtsmittelinstanzlichen Vergleichsquote, die bei ca. 14,5% liegt, vgl. Lorenz, ZZP 111, 1998, S. 35, 49, und Röhm/Koch, RIW 1995, S. 465, 466, die anführen, dass eine extensiv betriebene *discovery* die Möglichkeit des Missbrauchs eröffnet, weil auch im Falle eines späteren Obsiegens keine Kostenerstattung zu erwarten ist.

671 Vgl. Lorenz, ZZP 111, 1998, S. 35, 48-49; Reitz, ZZP 104, 1991, S. 381, 388.

Unerwähnt bleiben soll aber auch nicht, dass amerikanische Juristen und vor allem die Öffentlichkeit mittlerweile von einem Belästigungswert (*nuisance value*) der *discovery* spricht.[672]

5.1 Die Rolle des Richters im Discovery-Verfahren

Die *discovery* ist keine Beweisaufnahme, sondern dient allein zur Beweisermittlung der relevanten Tatsachen, die später vor Gericht als Beweise ins Verfahren eingebracht werden sollen. Hierbei wirkt der Richter größtenteils nicht mit, weil sich die Parteien selbst zur Vorlage der Discovery-Mittel auffordern oder selbst ihre Zeugen aussuchen (*witness coaching*) und Sachverständige beauftragen. Nur zur Untersuchung des Gesundheits- bzw. Geisteszustandes von Personen bedarf es einer richterlichen Anordnung.[673]
Ansonsten ist der Richter in diesem Stadium des Verfahrens relativ unbeteiligt und wacht lediglich über die Einhaltung der Fairness der Prozessparteien, wenn sich eine der Parteien mit einem Antrag auf Erlass einer Schutzanordnung (*protective order*) an ihn wendet.[674]
Verstärkte Kompetenzen erhielten die Richter 1993 durch das Erfordernis des Abhaltens einer Discovery-Konferenz, auf der der Ablauf der *discovery* geplant werden soll.[675] Weiter halten Gericht und Parteien seit 1993 eine oder mehrere Pre-trial-Konferenzen ab, die dazu dienen sollen, die Verfahren zu beschleunigen, überflüssige Discovery-Maßnahmen zu vermeiden und die Vergleichsbereitschaft der Parteien zu fördern.[676] Dadurch sind die Steuerungsmöglichkeiten der Richter größer geworden, und es zeichnet in jüngster Zeit die Tendenz ab, dass Richter aktiver in das Prozessgeschehen eingreifen.[677] Empirische Untersuchungen in den USA haben ergeben, dass die aktive Einschaltung eines Richters in das frühe Prozessgeschehen oftmals dazu führt, dass die Prozesse weniger kosten- und zeitintensiv waren und öfter Vergleiche zwischen den Parteien geschlossen wurden.[678]
Eine weitere Möglichkeit der richterlichen Einflussnahme in den Bundesgerichten ist den Bundesrichtern seit der großen Reform im Zivilprozessrecht aus dem Jahre 1993 durch die Möglichkeit der Anwendung von *local rules*[679] gegeben worden. Durch die local rules wird es den Bundesrichtern ermöglicht, von bestimmten Vorschriften der *Federal Rules of Civil Procedure* abzuwei-

672 vgl. Paulus, ZZP 104, 1991, S. 397, 400; Lorenz, ZZP 111, 1998, S. 35, 50; Schack (1995), S. 41.
673 Lorenz, ZZP 111, 1998, S. 35, 47.
674 F.R.C.P. 26 (5) (c); vgl. auch Lorenz, ZZP 111, 1998, S. 35, 54.
675 F.R.C.P. 26 (5) (f).
676 F.R.C.P. 16 (a) (5) (c) (7); vgl. auch Schack (1995), S. 52.
677 Schack (1995), S. 54.
678 Yeazell (1996), S. 43.
679 Zum Beispiel F.R.C.P. 26 (b) (2) (d).

chen oder in Einzelfällen mehr als die gesetzlich bestimmte Anzahl von Depositions oder *interrogatories* zuzulassen. Dies soll dazu dienen, lokalen Besonderheiten gerecht zu werden, auf die Anforderungen von besonders komplizierten Fällen zu reagieren oder auch die besonders überlasteten Gerichte zu entlasten.[680] Diese Befugnis der Prozessleitung der Bundesrichter ist für die *discovery* von enormer Bedeutung, da sie den Richtern zum Beispiel die Möglichkeit eröffnet, die 1993 neu geschaffene Discovery-Regel der *initial disclosure* in Rule 26 (a) (1), nach der sich die Parteien alle Beweismittel, die in Bezug zu der streitbefangenen Sache stehen, von selbst und ungefragt offenbaren und aushändigen müssen, außer Kaft zu setzen.[681] Dass diese Regel auch in Fällen der sexuellen Belästigung von hervorzuhebender Bedeutung sein könnte, ergibt sich daraus, dass die Klägerin so Informationen über andere potentielle Opfer erhalten könnte, aus denen sich ein Pattern-of-Harassment-Beweis herleiten lassen könnte, der gerade in dem Bereich des ‚Unter-vier-Augen'-Kontaktes eine große Rolle spielt.
Oftmals gelingt es aus diesem Grunde der Klägerin nicht, belästigendes Verhalten unter Beweis zu stellen, weil Aussage gegen Aussage steht und es der Jury überlassen bleibt, zu entscheiden, wer glaubwürdiger ist. Somit ist gerade diese Innovation des Zivilprozessrechts von besonderer Bedeutung für Klagen wegen sexueller Belästigung, denn die Nichtanwendung der Vorschrift durch *local rules* kann zu einer faktischen Ungleichbehandlung von Klägerinnen innerhalb der einzelnen Bundesgerichte führen.
Die unterschiedliche Ausgestaltung der Discovery-Regeln je nach Gerichtsbezirk erschwert es inländischen Klägerinnen, aber insbesondere Ausländerinnen, sich entsprechend auf das amerikanische Prozessrecht einzustellen und eröffnet Klägern wie Beklagten gleichfalls eine innerstaatliche Möglichkeit des *forum shopping*, wenn sie sich das Bundesgericht mit den für sie günstigsten Discovery-Vorschriften auszuwählen versuchen.[682]

5.2 Die Rolle der Anwälte und der Parteien im Discovery-Verfahren

Die US-amerikanischen Anwälte nehmen im Zivilprozessverfahren eine aktive Rolle als Ermittler der für den Prozess relevanten Beweismittel ein. Aber im

680 S. Reimann, IPRax 1994, S. 152, 155.

681 Vgl. Lorenz, ZZP 111, 1998, S. 35, 55; Reimann, IPRax (1994), S. 152, 155; Rempp/Lienemeyer, ZVglRWiss. 94, 1995, S. 383, 399-404: Rule 26 (a) (1) wurde bis März 1995 nur in ca. der Hälfte aller Gerichtsbezirke umgesetzt.

682 Reimann, IPRax 1994, S. 152, 155; Dessem (1996) spricht davon, dass es seit der Reform 1993 nicht mehr von einer bundesgerichtlichen Discovery-Praxis sprechen könnte, sondern nur noch von einer Praxis, die in einem bestimmten Gerichtsbezirk angewendet wird.

Discovery-Verfahren werden die Ermittlungen nicht nur geradlinig auf den sich aus der Klageschrift ergebenden Streitstoff begrenzt, sondern es werden auch viele Ausflüge auf Nebengebiete unternommen, die eventuell in einem anderen Stadium des Prozesses relevant werden könnten. Diese Ausforschung der Gegenseite wird auch mit *fishing expeditions* umschrieben und ist für den amerikanischen Anwalt nicht nur zulässig, sondern sogar geboten.[683] Ein Grund für diese weitreichende Ermittlung ist die bereits genannte Furcht amerikanischer Anwälte, von ihren Mandanten in Regress genommen zu werden.[684] Aus der bereits geschilderten Rolle des Richters in diesem Verfahrensabschnitt ergibt sich, dass die Initiative nahezu ausschließlich bei den Parteien und ihren Anwälten liegt.[685]

5.2.1 „Freundliche Zeugen" und „Coaching the Witness"

Zunächst begibt sich der Anwalt auf die Suche nach potentiellen ‚freundlichen' Zeugen. Das sind Personen, die bereit sind, zu Gunsten des jeweiligen Mandanten auszusagen und meist wirtschaftlich oder gesellschaftlich mit dieser Partei in Verbindung stehen.[686] Oft hängt ein Verfahren davon ab, ob und in welchem Umfang ein Zeuge bereit ist, im Verfahren auszusagen.
Daher gibt es taktische Empfehlungen für Anwälte, Zeugen betroffen zu machen und ihnen das Gefühl zu geben, der Ausgang des Verfahrens hänge von ihnen ab.[687] Die Betreuung der potentiellen Zeugen setzt sich fort über das Discovery-Verfahren bis ins gerichtliche Verfahren. Die Zeugen werden auf das Gerichtsverfahren umfassend vorbereitet. Ein guter Zeuge ist ein solcher, der die Jury beeindruckt. Unumwunden wird in diesem Zusammenhang von *coaching the witness* gesprochen.[688] Obwohl natürlich auch im amerikanischen Zivilprozesssystem die Zeugen zur Wahrheit verpflichtet sind, ist die Gefahr der Beeinflussung durch die Parteien bzw. ihre Anwälte nicht von der Hand zu weisen und wird auch kritisch betrachtet. Dies gilt noch mehr für die Sachverständigen, die von den Parteien ausgewählt und bezahlt werden.[689]
Das hat dazu geführt, dass amerikanische Juristen den Blick auch auf andere Rechtsordnungen werfen, um deren Vorteile herauszuarbeiten, freilich ohne

683 Reimann, IPRax 1994, S. 152; Schack (1995), S. 40.
684 Vgl. Paulus, ZZP 104, 1991, S. 397, 399.
685 Paulus, ZZP 104, 1991, S. 397, 399.
686 Vgl. Reitz, ZZP 104, 1991, S. 381, 383.
687 S. Dessem, 70-73 (1996).
688 Schwung, AnwBl. 1993, S. 436, 443-444.
689 Reitz, ZZP 104, 1991, S. 381, 385; s. auch Lorenz, ZZP 111, 1998, S. 35, 51: Sachverständige werden im slang als *Saxophones* bezeichnet, auf denen der Anwalt spielt, und deren Gutachten werden als *junk science* bezeichnet.

dass bisher daraus entsprechende Konsequenzen für das Zivilprozesssystem gezogen worden sind.[690]

5.3 Reformbestrebungen im Discovery-Verfahren

Bereits erwähnt wurde die grundlegende Reformierung der *discovery* aus dem Jahre 1993, die auf die Auswüchse im Discovery-Verfahren zurückzuführen ist und als Zeitwende im amerikanischen Zivilprozess bezeichnet wird.[691] In dieser Reform wurden nicht nur die Anzahl der Depositions und Interrogatories festgelegt,[692] sondern es wurden den Parteien frühzeitige Offenbarungspflichten auferlegt, einhergehend mit der Pflicht, der Gegenpartei die entsprechenden Beweismittel unaufgefordert zugänglich zu machen.[693]
Da das Discovery-Verfahren grundsätzlich von der Waffengleichheit zwischen den Parteien ausgeht und in erster Linie der Wahrheitsfindung dienen soll, ist der Zweck der Neuregelung, die *discovery* noch effizienter werden zu lassen, indem der Austausch der wesentlichen Informationen zeitsparender vorgenommen wird, nicht erstaunlich oder systemwidersprüchlich.[694]
Es ist für den kontinentalen Juristen jedoch nach wie vor erstaunlich, dass die Partei nicht nur Beweismittel, die sich in der Sphäre des Gegners befinden, herausverlangen kann, wie es unter engen Voraussetzungen im deutschen Zivilprozessrecht nur die §§ 421 ff ZPO ermöglichen, sondern dass der Gegner eine eigene prozessuale Obliegenheit hat, relevante Beweismittel der Gegenseite zu offenbaren und zugänglich zu machen, was sich nicht nur auf günstige, sondern auch auf für ihn nachteilige Informationen erstreckt.
Reimann bewertet diese Regelung in Anspielung an die Möglichkeit der fishing expeditions im amerikanischen Zivilprozessrecht mit dem Ausspruch, dass die

690 Vgl. Langbein, 52 U. Chic. L. Rev., 823 (1985) und die Reaktion darauf darstellend: Stiefel/Maxeiner, 42 American J. Comp. L. 147, 155-162 (1994); generell zur geringeren Bedeutung der Lehrmeinungen in den USA für die Rechtsfortentwicklung: Reimann in: Zimmermann (1995), S. 132 ff.

691 So Lorenz, ZZP 111, 1998, S. 35, 51.

692 Hierzu s. Kapitel D 5.3 in dieser Arbeit.

693 F.R.C.P. 26 (a) (1) umfasst die Pflicht der Parteien, ohne eine Anfrage der Gegenpartei abzuwarten, folgende Beweismittel der Gegenseite zur Verfügung zu stellen: a) den Namen und falls bekannt die Adresse und Telefonnummer aller Individuen, die wahrscheinlich Informationen zu den relevanten streitbefangenen Tatsachen haben, die in den Schriftsätzen detailliert behauptet wurden, sowie den Gegenstand dieser Informationen; b) Kopien oder Beschreibungen der Art und des Ortes aller Dokumente, Datensammlungen und Vermögenswerte, die in Besitz, Verwahrung oder unter Kontrolle der Partei sind, sofern sie für die schriftsätzlich detailliert behaupteten Fakten relevant sind. c) Eine Zusammenstellung über die geltend gemachten Schäden und d) die Zurverfügungstellung von Versicherungspolicen, aus denen eine Deckung des entsprechenden Sachverhaltes hervorgeht.

694 Rempp/Lienemeyer, ZVglRWiss. 94, 1995, S. 383, 399.

Parteien den Gegner nunmehr nicht nur in ihren Gewässern fischen lassen müssten, sondern ihm sogar selbst und von sich aus die Fische bringen müssten.[695]

Diese Einstufung wird von Lorenz dahingehend beantwortet, dass der unrichtige Eindruck entstehe, das amerikanische Zivilprozessrecht habe sich dadurch noch weiter vom europäischen entfernt. Seiner Meinung nach sei jedoch das Gegenteil der Fall, da sich die Einführung einer prozessualen Aufklärungspflicht in Verbindung mit einer größeren Substantiierungslast sowie der weitreichenden Urkundenvorlagepflicht im Zusammenhang mit dem Zurückdrängen der *discovery* eher als Europäisierung darstelle.[696]

Meines Erachtens kann höchstens in der nunmehr verstärkt geforderten Substantiierung in der Klageschrift und Klagerwiderung sowie in der generellen Beschränkung von Discovery-Maßnahmen eine Annäherung an das europäische System gesehen werden. Nach wie vor bleibt jedoch der praktisch gravierende Unterschied bestehen, nach dem beispielsweise im deutschen Zivilprozess die Partei gemäß § 420 ZPO Beweis durch Vorlage einer Urkunde antritt. Sie ist jedoch in keinem Verfahrensstadium verpflichtet, ihr ungünstiges Beweismaterial an den Gegner unaufgefordert auszuhändigen. Daher verbietet allein dieser immense Unterschied, bereits von einer Annäherung zu sprechen.

Lorenz selbst schränkt seine Bewertung dann auch dahingehend ein, dass in der forensischen Praxis den Richtern die Möglichkeit gegeben ist, durch *local rules* von den neuen Bestimmungen abzuweichen.[697]

Diese Neuerung könnte man meines Erachtens jedoch wiederum eher als Annäherung an das europäische Zivilprozesssystem bewerten, weil hierdurch dem traditionell auf die Schiedsrichterrolle beschränkten Richter eine größere Gestaltungsmöglichkeit eingeräumt wird.

Auch in der US-amerikanischen Rechtsdiskussion ist die neue FRCP 26 (a) mit ihren weitreichenden Offenbarungsverpflichtungen die umstrittenste Innovation der jüngsten Zivilprozessreform.[698]

Um das Ziel der Zeitersparnis und zügigen Durchführung von *discovery* und trial auch tatsächlich erreichen zu können, sind die Parteien verpflichtet, die ersten relevanten Informationen innerhalb von zehn Tagen vor einem in Unterdivision f der Rule 26 vorgeschriebenen Treffen der Parteien vorzulegen.[699]

Sanktioniert werden Verstöße gegen die Aufklärungspflicht und das Erfordernis der Zusammenkunft der Parteien durch Anordnungen durch das Gericht, die dahingehen können, dass einer Partei die Kosten für eine Discovery-Maßnahme

695 Reimann, IPRax 1994, S. 152.

696 Lorenz, ZZP 111, 1998, S. 35, 55; so auch Junker, ZZP Int'l 1996, S. 235, 243.

697 Lorenz, ZZP 111, 1998, S. 35, 55.

698 Rempp/Lienemeyer, ZVglRWiss. 94, 1995 S. 383, 399; Röhm/Koch, RIW 1995, S. 467, Fn. 22; Lorenz, ZZP 111, 1998, S. 35, 52.

699 F.R.C.P. 26 (a) (1) (D).

der Gegenpartei auferlegt werden können, dass ein Beweismittel vom Verfahren ausgeschlossen bzw. als bewiesen fingiert wird oder dass das Gericht im Gerichtsverfahren der Jury über einen Pflichtverstoß der Partei Mitteilung macht.[700]

Selbstverständlich kann auch die Ergänzung der Mitteilungspflichten gerichtlich verlangt werden.[701] Weiter kann dem Anwalt, der die Regeln der Discovery-Erfordernisse nicht beachtet und Dokumente oder Zeugen unterdrückt, sogar die Zulassungsentziehung oder gar die Inhaftierung drohen.[702]

Für den US-amerikanischen Rechtsanwalt stellen sich die neuen Anforderungen durch die Zivilprozessrechtsreform als problematisch dar, da er nicht unabhängiges Organ der Rechtspflege ist, sondern vielmehr als alleiniges Ziel die Förderung der Interessen seiner Mandantschaft im Auge hat, wobei Verzögerungs- und Verwirrungstaktiken nicht nur zu seinen Rechten, sondern sogar zu seinen Pflichten gehören können und er deshalb mitnichten verpflichtet ist, der Wahrheitsfindung zu dienen.[703]

Diametral entgegen stehen auf den ersten Blick die Anforderungen der FRCP 26 (a).[704] Doch bietet auch die Verpflichtung zur umfangreichen Offenbarung aller relevanten Beweise taktische Möglichkeiten für den Prozessanwalt. Zum Beispiel kann gerade eine Überschwemmung der Gegenpartei mit Informationen – etwa durch die Zurverfügungstellung umfangreicher Dokumente – ebenfalls zu einer Verzögerung des Prozesses führen.

Gerade in schwierigen Beweissituationen, wie sie in den Fällen der sexuellen Belästigung am Arbeitsplatz häufig auf Grund mangelnder Zeugenpräsenz vorliegen können, ist die ungefragte Zurverfügungstellung von Beweismaterial durch die Gegenseite von unschätzbarem Wert. So kann der Anwalt aus Personalakten oder durch die Zurverfügungstellung von Namen potentieller weiterer Opfer Informationen gewinnen, die es erst ermöglichen, einen Beweis anzutreten, dass im betreffenden Unternehmen eine feindliche Arbeitsumgebung vorgelegen hat bzw. der Belästiger ein belästigendes Verhaltensmuster aufweist. Weiter kann er so versuchen zu beweisen, dass das Unternehmen auch in anderen Fällen von sexueller Belästigung keine ausreichenden Ermittlungen angestellt oder es versäumt hat, Sanktionen gegen den Belästiger zu unternehmen.

---

700 So genannte *contempts of court*, Sanktionen wegen Missachtung des Gerichts können in vielfacher Ausgestaltung den Prozessparteien auferlegt werden; vgl. auch Dessem (1996), S. 412 ff; Lorenz, ZZP 111, 1998, S. 35, 53 und Röhm/Koch, RIW 1995, S. 465, 469.

701 S. F.R.C.P. 37 (a) (2) (A), wobei die Gegenpartei dann die Kosten trägt.

702 Reitz, ZZP 104, 1991, S. 381, 391.

703 S. etwa Walters v. National Association of Radiation Survivors, 473 U.S. 305, 325 (1987); vgl. auch Reitz, ZZP 104, 1991, S. 381, 383.

704 Diese schmale Gratwanderung für den Anwalt bewog auch Richter Scalia, gegen die neue Rule 26 (a) zu stimmen, vgl. Dessem (1996), S. 213.

Auch lässt sich eine behauptete Firmenpolitik der Vermeidung und Kontrolle widerlegen, wenn sich aus Personalakten ergibt, dass eher die Opfer zu den Entlassenen oder Sanktionierten gehört und die Belästiger ungehindert ihrem beruflichen Aufstieg nachgehen konnten.

So lässt sich zusammenfassend feststellen, dass die umstrittene Regel der ungefragten Vorlage relevanter Beweise durch den Prozessgegner für den speziellen Fall der sexuellen Belästigung am Arbeitsplatz Vorteile hat. Dies gilt vor allem für die Fälle, in denen dem Opfer nicht die EEOC mit ihren eigenen Ermittlungsbefugnissen und Datenbanken zur Seite steht,[705] sondern es alleine versucht, gegen Großkonzerne vorzugehen.

Die Rechtsfindung ist jedoch in jedem Fall dadurch erschwert, dass wegen der Anwendung der local rules seitens der verschiedenen Bundesgerichte erst herausgefunden werden muss, ob und welche dispositiven Regelungen der *discovery* modifiziert worden sind.[706]

In diesem Zusammenhang wird auch von einem prozessrechtlichen Turmbau zu Babel durch die Bundesgerichte gesprochen.[707]

Das amerikanische Prozessrechtssystem zeichnet sich ebenso wie das amerikanische materielle Zivilrecht dadurch aus, dass es ein amerikanisches Zivilprozessrecht eigentlich gar nicht gibt, sondern jeder Einzelstaat über seine eigenen Regeln verfügt, die selbst nicht im bundesrechtlichen System vereinheitlicht, sondern allenfalls harmonisiert sind.

5.4 Maßnahmen der Discovery

In einem kurzen Überblick sollen die einzelnen Maßnahmen der *discovery* vorgestellt werden.

5.4.1 Requests for the Production of Documents (Urkundenvorlage)[708]

Nach der gemäß FRCP 34 erfolgenden Anfrage zur Vorlage von Dokumenten wird der Prozessgegner aufgefordert, in der Anfrage konkretisierte Dokumente zur Durchsichtnahme und zum Kopieren zugänglich zu machen. Die herausverlangende Partei muss dabei Zeit, Ort und Art der Überprüfung angeben. Unter den Oberbegriff ‚Dokumente' fallen nicht nur solche, die das geschriebene

705 Vgl. Kapitel D 1.2 und D 1.4 in dieser Arbeit.

706 Vgl. Dessem (1996), S. 220, der darauf aufmerksam macht, dass die *local rules* der *Federal Courts* drei Loseblattordner füllen und die mancher Gerichte bis zu 50 Seiten umfassen.

707 Vgl. Rosenberg, zitiert nach Dessem (1996), S. 221.

708 F.R.C.P. 34.

Wort enthalten, sondern FRCP 34 umfasst auch Tonträger, Graphiken und Bilder,[709] was in den Fällen der sexuellen Belästigung am Arbeitsplatz zur Verdeutlichung einer feindlichen Arbeitsumgebung bedeutsam werden kann, wenn pornographische Kalender oder Bilder der Jury im Prozess gezeigt werden sollen.
Elektronisch gespeicherte Daten müssen der Gegenseite so zugänglich gemacht werden, dass sie auch wirklich Zugriff darauf nehmen kann, was unter Umständen das Ausdrucken von Dateien erforderlich machen kann. Auch die Übersetzung in die englische Sprache, was vorrangig bei ausländischen Unternehmen wichtig werden kann, kann verlangt werden.
In sehr komplexen Fällen, an denen viele Parteien beteiligt sind und Tausende von Dokumenten vorgelegt werden müssen, kommt es vor, dass die Informationen auf CD-ROM gespeichert werden und diese dann von den einzelnen Klassen-Mitgliedern käuflich erworben werden können.[710]
Bedenkt man die weit gehende Auskunftspflicht des Arbeitgebers, die auch die Zugänglichmachung von Prozessakten umfasst, so treten Bedenken hinsichtlich des Aspektes des Datenschutzes und des Persönlichkeitsrechtes des Einzelnen auf.[711] Mag es auch für die Klägerin von Vorteil sein, ähnlich gelagerte Fälle in Erfahrung zu bringen, ist es doch bedenklich, Dritte ohne deren Einwirkungsmöglichkeit ins Verfahren einzubeziehen.
Da die Forderung nach Dokumentenvorlage direkt zwischen den Parteien stattfindet, ist eine Mitwirkung des Gerichtes in diesem Verfahrensstadium nur dann notwendig, wenn sich eine Partei weigert, einem solchen Ersuchen nachzukommen. Die Forderung nach Vorlage von Dokumenten ist dabei nicht unbegrenzt, sondern die *discovery* enthält eine Relevanzschranke.[712] Diese ist jedoch nicht besonders restriktiv, da die Anfrage lediglich vernünftig darauf zugeschnitten erscheinen muss, zur Entdeckung von zulässigen Beweismitteln zu führen.[713]
Eine solche weit gehende Auskunftspflicht ist dem deutschen Zivilprozess unbekannt und kommt allenfalls in materiellrechtlichen Anspruchsnormen oder in

---

709 F.R.C.P. 34 (a).

710 S. Dessem (1996), S. 366, mit dem Beispiel einer Klassen-Schadensersatzklage im Fall von Brustimplantaten. Hier wurden die 15.000 Seiten der verlangten Dokumente auf CD-ROM gepresst und zu einem Preis von 25 US-$ pro Stück verkauft.

711 Ähnlich auch Wisskirchen (1994), S. 173.

712 Reitz, ZZP 104, 1991, S. 381, 386; ein Grund für die Beschränkung auf zehn *depositions* war die aggressive Art und Weise einiger Anwälte, die die Zeugen immer wieder zu Befragungen luden und in kompromittierender Art befragten oder deren Geschäfte auf Grund zu großer Beanspruchung im Discovery-Verfahren in Mitleidenschaft gezogen wurden, vgl. Brazil, 31 Vand. L. Rev., 1295, 1329 (1981), und Eggleston v. Chicago Journeymen Plumbers' Local Union No. 130, 657 F. 2d, 890 (7th Cir. 1981) (en banc), cert. denied, 455 U.S. 1017 (1982).

713 F.R.C.P. 26 (b) (1).

durch die Rechtsprechung entwickelten Fällen der Beweislastumkehr zum Ausdruck.[714] Dies lässt sich neben der Verschiedenheit der beiden Zivilprozessrechtssysteme auch auf deren Maxime zurückführen. Obwohl beiden Systemen gemein ist, dass sie dem ethischen Ziel der Wahrheitsfindung dienen sollen, basiert das US- amerikanische System vorwiegend auf der Forderung nach Waffengleichheit zwischen den Parteien, während das deutsche System den Schutz des Einzelnen vor Eingriffen in dessen Sphäre als Ziel hat.[715]

5.4.2 Mündliche Aussage von Zeugen (Depositions)

Gesetzlich vorgesehen ist seit der Justizreform von 1993 eine Anzahl von zehn Vernehmungen pro Partei, wobei jede Partei die Zeugen selbst lädt und vernimmt. Durch Parteienvereinbarung oder spezielle *local rules* kann jedoch die Anzahl der Depositions vergrößert werden.[716] Weiterhin wird diese Einschränkung abgeschwächt, weil FRCP 30 (b) (6) den Parteien die Möglichkeit gibt, öffentliche oder private Unternehmen zu benennen, die dann ihrerseits mehrere Personen benennt, die aussagen. Eine solche Aussage von mehreren Mitgliedern eines Unternehmens gilt nur als eine *deposition.*[717]
Die Befragung der Zeugen liegt in den Händen der Rechtsanwälte und der Parteien und findet in Anwesenheit der gegnerischen Anwälte oftmals auch in deren Räumlichkeiten statt.
Für die Protokollierung wird ein Protokollbeamter des Gerichtes hinzugezogen,[718] der die Zeugen vereidigt.[719] Es ist jedoch neuerdings auch die Aufnahme mit Tonträgern oder auf Videobändern ausdrücklich vorgesehen.[720] Eine Verbreitung von videoaufgezeichneten Vernehmungen wird Auswirkungen auf die Vernehmungstaktiken der Anwälte haben, da sie auch immer im Vorfeld im Auge haben müssen, dass im Falle der Einführung des Videobandes in den Prozess ihr Verhalten von der Jury bewertet werden wird. Auch die Wirkung eines Zeugen wird anders sein, wenn seine Aussage nicht nur schriftlich zu Protokoll genommen wird.[721]
Die Zeugen müssen alle Fragen der Anwälte beantworten, wobei den gegnerischen Anwälten lediglich die Möglichkeit verbleibt, formal Einspruch (*objection*) zu erheben, der dann protokolliert wird. Unter sehr engen Voraussetzungen, etwa wenn das Anwalt-Mandanten-Verhältnis (*attorney-client privilege*)

714 Gute Übersicht bei Paulus, ZZP 104, 1991, S. 397, 402-406.
715 Vgl. Reitz, ZZP 104, 1991, S. 381, 388.
716 F.R.C.P. 30.
717 Vgl. Dessem (1996), S. 326.
718 Lange/Black (1987), S. 71.
719 F.R.C.P. 30 (c).
720 F.R.C.P. 30 (b) (2).
721 Rempp/Lienemeyer, ZVglRWiss. 94, 1995, S. 383, 405.

beeinträchtigt werden könnte, ist ein Anwalt dazu befugt, seinem Mandanten zu raten, die Aussage zu verweigern.[722]
Auch in Vorbereitung auf die *depositions* ist es üblich und wird als unbedingt erforderlich angesehen, die Zeugen entsprechend vorzubereiten, weil die Unterlagen über die *depositions* als Beweismittel für die Vergleichsverhandlungen von großer Bedeutung sind.[723]
Obwohl die *depositions* in diesem Stadium des Verfahrens darauf abzielen, möglichst viele Informationen durch die Zeugenbefragung zu erlangen, können sie in das Gerichtsverfahren anstelle einer mündlichen Befragung eines Zeugen auch später eingebracht werden, wenn zu befürchten ist, dass dieser den Prozess nicht mehr erleben oder nicht unter die Ladungshoheit des Gerichtes fällt und nicht freiwillig aussagen wird.[724]
Es wird deutlich, dass die Befragung von Zeugen in einem frühen Verfahrensstadium sehr effektiv für die Parteien werden kann. Einerseits kann so herausgefunden werden, ob ausreichende und glaubwürdige Zeugen vorhanden sind, um einen Prima-facie-Beweis in einem Sexual-Harassment-Fall zu etablieren. Andererseits kann auch herausgefunden werden, wie groß die Belastung eines Prozesses für die Zeuginnen ist und ob sie stabil genug sind, im Prozess selbst den Fragen der eigenen sowie der gegnerischen Anwälte Stand zu halten.

5.4.3 Schriftliche Zeugenbefragungen (Interrogatories)

Zu den am häufigsten genutzten Instrumenten der *discovery* gehören die schriftlichen Fragenkataloge bzw. deren Beantwortung, die unter Eid erfolgt. Die schriftlichen Fragen können nur von einer Partei an die andere Partei gestellt werden, schließen somit die Befragung Dritter aus.[725]
Die Anzahl der zulässigen Interrogatories wurde durch die Justizreform von 1993 ebenso wie die der *depositions* begrenzt. Zulässig sind nunmehr 25 *interrogatories* pro Partei.[726] Die Beliebtheit der schriftlichen Befragung kann daher rühren, dass sie zu den leichtesten und kostengünstigsten Mitteln eines Anwaltes gehören.[727]
Ziel von *interrogatories* ist es häufig, die Existenz von Zeugen oder Unterlagen herauszufinden, um dann mit den bereits genannten Mitteln der *discovery* eine weitere Sachverhaltsaufklärung zu betreiben.[728] Die *interrogatories* dienen so-

722 F.R.C.P. 30 (d); vgl. Rempp/Lienemeyer, ZVglRWiss. 94, 1995, S. 383, 398; Dessem (1996), S. 328 f; Lange/Black (1987), S. 72.
723 Dessem (1996), S. 333.
724 F.R.C.P. 32 (a) (3); s. auch Dessem (1996), S. 345.
725 F.R.C.P. 33 (a).
726 F.R.C.P. 33 (a).
727 Dessem (1996), S. 285.
728 Lange/Black (1987), S. 70.

mit erst als Vorstufe der eigentlichen Sachverhaltsermittlung, werden oft mit standardisierten Mustertexten für die betreffende Prozessart betrieben und daher oft auch nur knapp beantwortet.[729]
Da durch die schriftliche Befragung Firmenorganisationsstrukturen verbunden mit den verantwortlichen Personen herausgefunden werden können,[730] kann im Prozess wegen sexueller Belästigung am Arbeitsplatz dieses Instrument zunächst besonders hilfreich sein, um sich ein Bild von den tatsächlichen Begebenheiten vor Ort machen zu können. Konkret kann so herausgefunden werden, ob es eine betriebsinterne Beschwerdestelle für belästigte Arbeitnehmerinnen im Unternehmen gibt und wie sich deren Arbeitsaufbau gliedert. Weiter können wesentliche Fragen zur Vorgesetzteneigenschaft eines Belästigers einfach und schnell geklärt werden, was für die Bewertung des Haftungsmaßstabes für das Unternehmen von überragender Bedeutung ist.

5.4.4 Körperliche und mentale Untersuchung von Personen

Wenn die körperliche oder mentale Verfassung einer Partei Gegenstand eines Ermittlungsversuches ist, so kann die gegnerische Partei nicht einfach verlangen, dass sich die entsprechende Person einer solchen Begutachtung unterzieht. Hierzu bedarf es auch im Discovery-Verfahren einer richterlichen Anordnung auf Antrag einer Partei.[731]
In Verfahren wegen sexueller Belästigung am Arbeitsplatz kommt es relativ häufig zu Anträgen auf Begutachtung der Klägerin oder des Belästigers. Klägerinnen, die sich einer psychologischen Begutachtung stellen müssen, sind dabei oft sehr intimen Fragen zu ihrem Sexualleben sowie ihren sozialen Beziehungen ausgesetzt, was dazu führen kann, dass eine Forderung nach mentaler Begutachtung die Klägerin von weiteren gerichtlichen Schritten abhält.[732]
Seit der Harris-Entscheidung des *US Supreme Court* im Jahre 1993[733] ist zwar zur Etablierung einer Title-VII-Klage nicht mehr der Nachweis eines psychischen Schadens der Klägerin erforderlich, was somit auch deren psychologische Bewertung überflüssig macht. Beruft sich das Opfer jedoch auf *emotional distress*, stellt es selbst seine psychische Gesundheit zur Disposition und muss

729 S. zum Beispiel *Bender's Forms of Discovery*, das verschiedene Formulare für die unterschiedlichen Prozessarten enthält; Schwung, AnwBl. 1993, S. 436, 441.

730 S. Dessem (1996), S. 288.

731 *Court order* gemäß F.R.C.P. 35 (a).

732 Jenswold, 23 Psychiatric Annals 438, 443 (1993); Lowe v. Philadelphia Newspapers, Inc., 101 F.R.D. 296, 298 (E. D. Pa. 1983); diese Problematik sah auch das Gericht in Robinson v. Jacksonville Shipyards, Inc., 118 F.R.D. 525 (M. D. Fla. 1988).

733 S. Kapitel B 5.3.4 in dieser Arbeit; die Klägerin stellt nicht ihr eigenes Empfinden in den Vordergrund, sondern präsentiert eine Arbeitsumgebung, deren Bewertung dazu führt, objektiv sexuelle Belästigung anzunehmen.

sich nach Meinung einiger Kommentatoren eine entsprechende Begutachtung gefallen lassen.[734]
Die Gerichte indessen nehmen eine Güterabwägung vor. Bevor sie eine zwingende Begutachtung anordnen, bewerten sie auf der Opferseite das Recht auf eine unbeeinträchtigte Privatsphäre und auf der Seite des Belästigers dessen Recht auf einen fairen, vollständigen Prozess. Eine routinemäßige Anordnung wird abgelehnt.[735]
Gerade in Fällen der behaupteten sexuellen Belästigung am Arbeitsplatz befinden sich die Gerichte oft auf einem schmalen Grat, weil zur Bewertung der Frage, wessen Aussage als wahr angesehen wird, oftmals Glaubwürdigkeitsgutachten von den Parteien verlangt werden, die oft auch die sexuelle Vergangenheit von Opfer oder Belästiger beinhalten.[736]
Hier befinden sich die Parteien wie auch die Gerichte in der Situation, unter Umständen nur durch eine psychologische Begutachtung der Parteien deren Glaubwürdigkeit feststellen und der Jury präsentieren zu können. Des Weiteren kann der Beklagte versuchen, durch psychiatrische Begutachtung zu beweisen, dass gerade die spezielle Klägerin sein Verhalten anders eingeordnet hat als die „vernünftige Person" aus Harris und hypersensibel reagiert, was zu seiner Entlastung führen würde. Auch der Versuch, außerhalb des Arbeitsplatzes auftretende Stressfaktoren für die Klägerin als Grund für ihr Verhalten anzuführen, kann Gegenstand einer mentalen Begutachtung sein.[737]
Selbst wenn ein Gericht die zwingende Begutachtung im Discovery-Verfahren anordnet, so kann unter Umständen das Einbringen dieses Beweismittels in den späteren gerichtlichen Prozess ausgeschlossen sein, wenn dem die *Rape Shield Rule 412*[738] entgegen steht. Danach ist es, wie bereits in Kapitel B 4.3 dieser Arbeit ausführlich dargestellt, seit 1994 nicht mehr erlaubt, Beweise, die die sexuellen Vorlieben oder das sexuelle Verhalten der belästigten Klägerinnen zum Gegenstand haben, in den Prozess einzuführen.[739]
Wie letztlich solche Themen legal unter Anwendung anderer Beweisregeln in den Prozess Eingang finden können, kann hier nur sehr verkürzt wiedergegeben

---

734 S. Haney, 68 Notre Dame L. Rev., 1037, 1051-52 (1993); a.A. Streseman, 80 Cornell L. Rev., 1268, 1276 (1995).

735 S. Schlagenhauf v. Holder, 379 U.S. 104, 121 (1964).

736 S. Phillips v. Smalley Maintenance Servs., Inc., 711 F. 2d, 1524 (11th Cir. 1988); Hall v. F. O. Thacker Contracting Co., 24 Fair Employment Practis Cases (BNA) 1499 (N. D. Ga. 1890).

737 S. Feldman-Schorring/MacDonald, Jr., 20 Psychiatry & L. 5, 7-8 (1992); Lindemann/ Kadue (1992), S. 557.

738 S. Kapitel D 4.2 in dieser Arbeit.

739 Davon ausgenommen ist das Verhalten zwischen Klägerin und Belästiger, s. Lindemann/Kadue (1992), S. 554.

werden. Da es dem Anwalt der untersuchten Partei meist nicht gestattet ist,[740] an der Untersuchung teilzunehmen, kann eine Begutachtung dazu missbraucht werden, dass ein Psychiater zwar keine direkten Fragen zur sexuellen Vorgeschichte der Klägerin stellt, aber aus der Beantwortung anderer Fragen Rückschlüsse zieht, die er wiederum selbst als sachverständiger Zeuge gemäß Fed. R. Evid. 703 einbringen kann.[741]
Aus dem Gesagten ergibt sich die Grenze der *Rape Shield Rule 412.*
Erst im letzten Moment kann die Notbremse gezogen werden, um Beweismittel, die sich mit der sexuellen Vergangenheit des Opfers befassen, aus dem Prozess auszuschließen.
Da die Regeln der *discovery* wesentlich liberaler sind und eine psychologische Untersuchung im Discovery-Verfahren unter den Voraussetzungen der FRCP 35 möglich ist, muss eine Klägerin unter Umständen eine solche Begutachtung über sich ergehen lassen.
Auf den ersten Blick erscheint es widersinnig, Beweise im Vorstadium zu erheben, die dann doch nicht in den Prozess eingebracht werden dürfen. Auf den zweiten Blick kann es durchaus sinnvoll für die Verteidigung sein, solche Beweise zu erheben, da sie so die Klägerin im Vorfeld zermürben und auch andere Schwachpunkte über sie herausfinden kann.
Um solchen Missbrauch auszuschließen, wäre eine Ausweitung der *Rape Shield Rule 412* auf das Discovery-Verfahren wünschenswert.[742]

5.4.5 Schutzanordnungen (Protective Orders) durch das Gericht

Können sich die Parteien nicht darüber einigen, ob Beweismaterial herauszugeben ist, so eröffnet FRCP 26 (c) der verweigernden Partei die Möglichkeit, Schutz beim Gericht zu suchen und einen Antrag auf Erlass einer *protective order* stellen. Durch eine solche Schutzanordnung kann sowohl der Gegenstand als auch der Umfang der Maßnahme begrenzt bis ausgeschlossen werden.
Da die Partei sich im amerikanischen Prozess nur auf sehr wenige Weigerungsrechte berufen kann,[743] sind die Möglichkeiten für Schutzanordnungen be-

740 Anders Zabkowicz v. West Bend Co., 585 F. Supp., 635 (E. D. Wis. 1984), affirmed in part and revised in part on other grounds, 789 F. 2d, 540 (7th Cir. 1986); F.R.C.P. 35 trifft zu dieser Frage keine Regelung.

741 Streseman, 80 Cornell L. Rev., 1268, 1322 (1995).

742 Wie bereits in Kalifornien und Iowa geschehen; s. auch Streseman, 80 Cornell Rev., 1268, 1322 (1995).

743 Zeugnisverweigerungsrechte (*privileges*) sind nur sehr eng begrenzt, die bedeutendsten sind das Recht des 5th Amendment (*privilege against self-incrimination*), sich nicht selbst zu beschuldigen und das Zeugnisverweigerungsrecht des Anwaltes (*Attorney-*

grenzt. Weil aber FRCP 26 (c) die Parteien davor schützt, dass peinliche Umstände aus dem Privatleben an die Öffentlichkeit gelangen können, macht es im Hinblick auf die Öffentlichkeit von Prozessakten Sinn, bei Gericht zu beantragen, dass solche Informationen nur den Parteien selbst zugänglich sind und Dritten der Zugriff hierauf verwehrt wird.[744] Auch diese Möglichkeit bietet speziell den Klägerinnen in Verfahren wegen sexueller Belästigung am Arbeitsplatz einen gewissen Schutz davor, ihr Intimleben in die Öffentlichkeit zu tragen.

6 Auswirkungen auf den multinationalen Konzern

Arbeitsverhältnisse sind heutzutage zunehmend international ausgerichtet. Eine Auslandsberührung liegt immer dann vor, wenn inländische Arbeitgeber ausländische Arbeitnehmer beschäftigen oder ausländische Unternehmen im Inland Arbeitnehmerinnen beschäftigen. Fehlen Vereinbarungen über das anwendbare Recht, obwohl grundsätzlich die Parteiautonomie auch im internationalen Arbeitsrecht gilt,[745] so unterstehen Arbeitsverhältnisse grundsätzlich dem Recht des Ortes, an dem die Arbeit gewöhnlich verrichtet wird (*lex loci laboris*).[746] Wie oben[747] bereits dargestellt wurde, nehmen amerikanische Arbeitnehmerinnen ihren Anti-Diskriminierungsschutz aus *Title VII* mit über die Grenze der USA, soweit sie bei einem Unternehmen im Ausland beschäftigt sind, das seinen Sitz in den USA hat. Aber auch ausländische Tochtergesellschaften ausländischer Unternehmen mit Sitz in den USA müssen ihre Arbeitnehmerinnen vor sexueller Belästigung gemäß *Title VII* schützen und können vor amerikanischen Gerichten verklagt werden. Insofern stellt die extraterritoriale Anwendung von *Title VII* Sonderanknüpfungsrecht dar und ist nicht den allgemeinen Verweisungsregeln zugänglich. Amerikanische Arbeitnehmerinnen werden auf Grund der bereits dargestellten Vorteile in den USA einen Gerichtsstand suchen.[748] Prozessuale Probleme tauchen dann auf, wenn die ausländische Muttergesellschaft im Ausland verklagt werden soll bzw. Beweisermittlungen im Ausland erfolgen sollen. Ist eine Klage zugestellt, so kann die *discovery* grundsätzlich auch im Ausland erfolgen und somit praktisch relevant für alle Unternehmen werden, die Anknüpfungspunkte mit dem amerikanischen Markt haben.

---

client privilege). Weiter sind geschützt die schriftlichen Aufzeichnungen der Partei oder ihres Anwaltes hinsichtlich des Rechtsstreits (F.R.C.P. 26 (b) (3); s. auch Lorenz ZZP 111 (1998) 35, 48; s. hierzu auch Junker (1987), S. 137 ff.

744 Lindemann/Kadue (1992), S. 563.

745 Art. 30 I EGBGB i. V. m. Art. 27 III EGBGB.

746 Vgl. Koch/Magnus/Winkler von Mohrenfels (1996), S. 171; s. auch Mankowski, IPRax 1999, S. 332 ff.

747 Vgl. Kapitel A 10.2 und 10.3 in dieser Arbeit.

748 Junker (1992), S. 328.

6.1 Zustellung im Ausland

Eine amerikanische Klägerin hat in Bezug auf ein deutsches Unternehmen die Vorschriften des Haager Zustellungsabkommens zu beachten, wenn sie gerichtliche oder außergerichtliche Schriftstücke übermitteln will.[749] Damit ist ausgeschlossen, dass der Beklagte im Wege der Parteienzustellung, die sonst in den USA üblich ist, rechtswirksam Kenntnis von der Klage erlangt.[750] Die Zustellung von Ladung und Klageschrift (*service of summons and complaint*) erfolgt dann in übersetzter Form durch die zentrale Behörde, die gemäß Art. 2 des Haager Zustellungsabkommens jedes Land nach seinen eigenen Vorschriften einrichtet. In Deutschland sind die zentralen Behörden jeweils bei den Landesjustizverwaltungen angesiedelt.

Vorrangig deutsche Automobilkonzerne betätigen sich verstärkt in unterschiedlicher gesellschaftsrechtlicher Ausprägung auf dem amerikanischen Markt und sind daher potentiell gefährdet, von amerikanischen Arbeitnehmerinnen gemäß *Title VII* auch wegen sexueller Belästigung am Arbeitsplatz verklagt zu werden. Enthalten solche Klageschriften Anträge auf *punitive damages*, war es in den 80-er Jahren noch ein Grund für die zentralen Behörden, die Zustellung gemäß dem Haager Zustellungsabkommen zu verweigern, weil der Strafcharakter von *punitive damages* dem Anwendungsbereich des Haager Zustellungsabkommens über Zivil- und Handelssachen zu widersprechen scheint.[751]

In der jüngeren Vergangenheit hat die Mehrzahl der zentralen Behörden jedoch die Zustellung im Rahmen der Rechtshilfe vorgenommen und ist hierin auch von der Rechtssprechung bestätigt worden.[752]

Das Bundesverfassungsgericht hat in einem Beschluss vom 7. Dezember 1994 dahinstehen lassen, ob es sich bei der Zustellung von Klageschriften mit Anträgen auf *punitive damages* um einen Eingriff in den Schutzbereich von Art. 2 I GG handelt, weil es einen solchen jedenfalls als mit Art. 2 I GG vereinbar ansieht. Es führt aus, dass das Übereinkommen wichtigen Interessen des Gemeinwohls diene, was einen Eingriff in die allgemeine Handlungsfreiheit rechtfertige. Die Zustellung dürfe nicht schon deshalb verweigert werden, weil der Inhalt des Klagebegehrens gegen den deutschen *ordre public* verstoße. Die Zustellung sei aus diesem Grunde weder unverhältnismäßig noch unzumutbar. Die Zustellung gefährde allenfalls die finanziellen Interessen der beklagten Partei. Das

---

749 Vgl. Haager Übereinkommen über die Zustellung gerichtlicher und außergerichtlicher Schriftstücke im Ausland in Zivil-oder Handelssachen, BGBl. 1977 II, 1453.

750 S. Schwung, AnwBl. 1993, S. 436, 438.

751 Burst (1996), S. 197; zur Einstufung in Zivil- oder Strafsache innerhalb der deutschen Rechtsprechung und Literatur 150-160; Bentert (1996), S. 55 ff; Schwung, AnwBl. 1993, S. 436, 439; Beispiele für Ablehnungen bei Böhmer, NJW 1990, S. 3049 ff.

752 S. OLG Frankfurt RIW 1991, S. 417; OLG Düsseldorf, NJW 1992, S. 3110.

Haager Zustellungsabkommen verbessere die Rechtsstellung deutscher Parteien, weil die Gefahr minimiert werde, dass sie von Klagen im Ausland keine Kenntnis erlangt hätten, weil die Vertragsstaaten vor dem Abkommen eine Inlandszustellung, beispielsweise im Wege der öffentlichen Zustellung, erlaubten.[753]
Somit ist klargestellt, dass jedenfalls die Zustellung von Klageschriften mit Punitive-damages-Anträgen nicht gegen deutsches Verfassungsrecht verstößt.

6.2 Zustellung an Tochtergesellschaften in den USA

Unter Umgehung der Vorschriften des Haager Zustellungsabkommens kann eine Klage an ein deutsches Unternehmen in den USA durch Zustellung an deren dortige Tochtergesellschaft erfolgen, denn es soll sich hier lediglich um eine Form der Inlandszustellung handeln, die an die Zustellungsbevollmächtigte erfolgt.[754]
Der *US Supreme Court* verneint damit im Ergebnis – anders als das Bundesverfassungsgericht – die Exklusivität des Haager Übereinkommens und erklärt das Recht des Forums ebenfalls für anwendbar.[755]
Obwohl die Tochtergesellschaft rechtlich selbstständig ist, kann eine Betrachtung der Gesamtumstände dazu führen, dass die zwei juristischen Personen faktisch und damit auch rechtlich als eine bewertet werden. Zu den zu würdigenden Aspekten gehören insbesondere die personelle Verflechtung der Gesellschaftsorgane, das Abhalten von Organsitzungen der Tochtergesellschaft am Sitz der Muttergesellschaft sowie enge vertragliche Bindungen, wie sie mit Dritten nicht vorkommen würden.[756]
Auch die Zustellung an eine ausländische Partei durch *personal service* an ein Vorstandsmitglied ist möglich, wenn diesem während des Aufenthaltes in den USA die Klageschrift ausgehändigt wird (*transient rule*).[757]
Somit bestehen für amerikanische Arbeitnehmerinnen vielfache ernst zu nehmende Möglichkeiten, einem deutschen Konzern eine Klageschrift auch ohne Zwischenschaltung des Rechtshilfeverfahrens zuzustellen.[758]

---

753 BVerfG, RIW 1995, S. 320 ff; kritisch dazu auch wegen der finanziellen Folgen Heidenberger, RIW 1995, S. 705.

754 Volkswagen AG v. Schlunk, 108 S. Ct., 2104 (1988).

755 Ablehnend Heidenberger, RIW 1995, S. 705, 707; s. auch F.R.C.P. 4 (f), die die Vorrangigkeit eines internationalen Abkommens verbindlich festschreibt, aber Ausnahmen zulässt; dazu auch Rempp/Lienemeyer, ZVglRWiss. 94, 1995, S. 383, 394.

756 Vgl. Schwung, AnwBl. 1993, S. 436, 439.

757 Burnham v. Superior Court, 495 U.S., 604 (1990).

758 Vgl. Heidenberger, RIW 1995, S. 705, 708; Juenger/Reimann, NJW (1994), S. 3274 f.

6.3 Gerichtszuständigkeit in den USA

In den Fällen, in denen sexuelle Belästigung am Arbeitsplatz Gegenstand des Klagverfahrens ist und sich die Klägerin auf *Title VII* beruft, ist generell der Weg zu den Bundesgerichten eröffnet, auch wenn sich die Klägerin alternativ oder kumulativ auf andere Anspruchsnormen beruft.[759]
Wird ein Unternehmen mit Sitz im Ausland verklagt, stellt sich die Frage, ob ein amerikanisches Gericht Gerichtshoheit über das ausländische Unternehmen besitzt (*jurisdiction in personam*). Eine solche Gerichtshoheit über ausländische Beklagte wird von amerikanischen Gerichten in ständiger Rechtsprechung dann bejaht, wenn der Beklagte in zumutbarer Art und Weise Kenntnis von der Klage erlangt und minimale Kontakte zum Gerichtsstand hat. Minimale Kontakte werden anhand der tatsächlichen Voraussetzungen durch das jeweilige Gericht überprüft.
Danach ist wesentlich, ob der Beklagte Produktions- oder Verkaufseinrichtungen innerhalb des Gerichts unterhält, ob er über Eigentum im Gerichtsbezirk verfügt, ob er im Gerichtsbezirk durch einen Agenten vertreten wird, ob er wirbt, Waren in den Gerichtsbezirk einführt oder Angestellte dahin entsendet.[760] Bestehen diese minimalen Kontakte lediglich zwischen Tochtergesellschaft und Forumstaat, übt die Muttergesellschaft jedoch Einfluss auf die Tochter aus, so ist dies ausreichend, um Gerichtshoheit zu begründen.[761] Liegt ein Fall so, dass der Beklagte angibt, er habe keine ausreichenden Kontakte zum Forumstaat, sondern nur zu den USA in ihrer Gesamtheit und sich daher auf Unzuständigkeit des Gerichtes beruft, so bestimmt FRCP 4 (k) (2) nunmehr generell, dass ausreichende Kontakte zu den USA genügen, um die Gerichtshoheit irgendeines Bundesgerichts zu begründen.
Da der Auswahl des Gerichtsstandes in den USA nach wie vor große Bedeutung zukommt,[762] eröffnet eine uneingeschränkte Anwendung von FRCP 4 (k) (2) auf Klägerseite die Möglichkeit eines nationalen *forum shopping*. Dies soll durch eine eingeschränkte Anwendbarkeit vermieden werden. Zunächst muss der Schwerpunkt der Streitigkeit im materiellen Bundesrecht liegen. Das dürfte bei einer Klage gemäß *Title VII* immer gewährleistet sein und der Klägerin daher zu empfehlen, sich darauf zu berufen.
Weiter soll die FRCP 4 subsidiär gegenüber den einzelstaatlichen *long-arm statutes* sein, sofern diese eine Gerichtshoheit im Forumstaat begründen wür-

---

759 S. Kapitel A 2.1 in dieser Arbeit.

760 World-Wide Volkswagen Corp. v. Woodson, 100 S. Ct., 559 (1980); Lange/Black (1987), S. 24; zurückgeführt wird diese Gerichtszuständigkeit auf die jeweiligen einzelstaatlichen „long-arm statutes"; Schack (1996), Rn. 408, 409.

761 Volkswagenwerk AG v. Schlunk, 108 S. Ct., 2104 (1988); Rempp/Lienemeyer, ZVglRWiss. 94, 1995, S. 383, 386.

762 Schwung, AnwBl. 1993, S. 436, 440; Schack (1996), Rn. 735.

den. Als dritte Einschränkung kommt eine besonders restriktive Anwendung im internationalen Rechtsverkehr in Betracht, da FRCP im Lichte des Fair-Play-Gebotes des 5th Amendment gesehen werden und die Bejahung des Gerichtsstandes angemessen sein muss.[763]
Nicht zu unterschätzen ist die Begründung der Gerichtshoheit auf Grund ordnungsgemäß der Klagzustellung innerhalb der USA an einen ausländischen Beklagten, was durch Zustellung an ein Vorstandsmitglied, das sich auch nur vorübergehend in den USA aufhält, bewirkt werden kann.[764]
Einem deutschen Unternehmen, das Tätigkeiten auf dem amerikanischen Markt aufgenommen hat, dürfte daher kaum der Beweis gelingen, dass ein amerikanisches Gericht keine Gerichtshoheit hat. Auch den Tochtergesellschaften deutscher Unternehmen muss daher dringend empfohlen werden, die von amerikanischen Gerichten geforderten Maßnahmen innerhalb des Unternehmens zu etablieren, um sexuelle Belästigung am Arbeitsplatz zu vermeiden oder zu sanktionieren.

6.4 Die Pre-Trial Discovery im Ausland

Für die Beweiserhebung im Ausland gilt für die USA ebenso wie für die Bundesrepublik Deutschland im Verhältnis zueinander seit 1979 das Haager Übereinkommen über die Beweisaufnahme im Ausland in Zivil- oder Handelssachen.[765] Die Problematik der Anwendung dieses Rechtshilfeabkommens liegt in den unterschiedlichen prozessualen Ansätzen der einzelnen Staaten.
Wie bereits oben[766] dargestellt, bietet die *discovery* umfangreiche Methoden der Beweisermittlung, die den meisten europäischen und auch der deutschen Rechtsordnung völlig fremd und viel zu weitreichend sind, während auch die Ziel- und Schutzrichtungen beider Rechtsordnungen sehr voneinander abweichen.[767] So hat dann auch das grundsätzlich auf Ausgewogenheit bedachte Haager Übereinkommen über die Beweisaufnahme im Ausland in Zivil- und Handelssachen in Art. 23 einen Vorbehalt aufgenommen, wonach jeder Vertragsstaat erklären kann, er werde solche Rechtshilfeersuchen nicht erledigen, die ein Verfahren zum Gegenstand haben, das in den Common-Law-Ländern unter dem Begriff *pre-trial discovery of documents* bekannt ist.[768] Die Bundes-

763 Rempp/Lienemeyer, ZVglRWiss. 94, 1995, S. 388 ff.

764 S. Kapitel D 6.2 in dieser Arbeit; Rempp/Lienemeyer, ZVglRWiss. 94, S. 383, 391 (1995).

765 Bek. vom 21. Juni 1979, BGBl. II., 780, und vom 5. September 1980, BGBl. II, 1290; zum Verfahrensablauf vgl. Schack (1996), Rn 725-733; einen guten Überblick gibt Martens, RIW 1981, S. 725 ff.

766 Kapitel D 5 in dieser Arbeit.

767 Vgl. zur unterschiedlichen Konzeption auch Schack (1995), S. 46.

768 Vgl. auch Paulus, ZZP 104, 1991, S. 397, 411; Schack (1996), Rn. 734; Schwung, AnwBl. 1993, S. 436, 441.

republik Deutschland hat in § 14 I des entsprechenden Ausführungsgesetzes vom 22. Dezember 1977[769] für sich in Anspruch genommen, dass sie entsprechenden Rechtshilfeersuchen nicht nachkommt.
So kommt die Aufforderung einer amerikanischen Klägerin auf Urkundenvorlage gegenüber einem deutschen Unternehmen über das Haager Übereinkommen über die Beweisaufnahme im Ausland in Zivil- und Handelssachen nicht in Betracht. Es widerspricht der Systematik dieser Vorschrift, dass sie sich nur auf eine der Discovery-Maßnahmen erstreckt und somit depositions[770] und Zeugenvernehmung nicht ausschließt. Das hat zu der Interpretation in der Literatur geführt, dass Art. 23 so auszulegen sei, als seien mit der Vorbehaltsklausel sämtliche Formen der *discovery* gemeint.[771]
Dies ist eine konsequente Interpretation, denn will man deutsche Parteien wirksam vor den gefürchteten Ausuferungen der amerikanischen *discovery* schützen, so erscheint es wenig sinnvoll, die Dokumentenvorlage abzulehnen, aber die schriftliche Befragung sowie die Zeugenvernehmung, die wohl zu den wichtigsten Mitteln der *discovery* gehören, zuzulassen und auf diesem Wege durch geschickte Zeugenbefragung den Inhalt von bestimmten Dokumenten doch zu erfahren.[772]
Für die amerikanische Klägerin ist es jedoch in der Tat erfolgversprechender, eine Urkundenvorlage zu erwirken, da sich die in Deutschland im Wege der Rechtshilfe vernommenen Zeugen auf die deutschen Zeugnisverweigerungsrechte berufen können, die um einiges weitreichender sind als die amerikanischen.[773]
Betrachtet man die von der amerikanischen Rechtsprechung bestätigte weitreichende Zustellungspraxis an ausländische Parteien sowie die ebenfalls sehr großzügig vorgenommene Bejahung der *personal jurisdiction* amerikanischer Gerichte, so erstaunt es nicht, dass der *US Supreme Court* die Exklusivität des Haager Übereinkommen über die Beweisaufnahme im Ausland in Zivil- und Handelssachen verneint hat und die Beweisermittlung durch Urkundenvorlage in den USA ermöglicht. Insofern hat der *US Supreme Court* in einer Leitent-

---

769 In: BGBl. I, 3105.

770 F.R.C.P. 28 (b) erklärt das Haager Übereinkommen über die Beweisaufnahme im Ausland in Zivil- und Handelssachen zur Erlangung von *depositions* im Ausland als vorrangig.

771 Junker (1987), S. 284 ff; Beckmann, IPRax 1990, S. 201 ff; Schlosser, ZZP 101, 1988, S. 330 f; zustimmend wohl auch Paulus, ZZP 104, 1991, S. 397, 411; Schack (1996), S. 49 schlägt vor, dass sich der Schutz des Art. 23 des Haager Übereinkommens über die Beweisaufnahme im Ausland in Zivil- und Handelssachen nicht auf die Maßnahmen der *discovery*, sondern auf den Schutz von Nichtparteien hätte erstrecken sollen.

772 OLG München, JZ 1981, S. 538 ff; Schwung, AnwBl. 1993, S. 436, 441; Paulus, ZZP 104, 1991, S. 397, 411-412; Martens, RIW 1981, S. 725, 727.

773 Art. 11 I a Haager Übereinkommen über die Beweisaufnahme im Ausland in Zivil- und Handelssachen; vgl. Schack (1995), S. 48.

scheidung ausgeführt, dass dem Haager Übereinkommen über die Beweisaufnahme im Ausland in Zivil- und Handelssachen auf Grund völkerrechtlicher Erwägungen zwar eine gewisse Präferenz zukomme, aber die amerikanische Partei nicht immer zuerst auf ein Rechtshilfeersuchen zu verweisen sei, wenn sich das Beweismittel in einem ausländischen Staat befindet. Die Gerichte sollen vielmehr in jedem Einzelfall prüfen, ob übermäßige Belastungen für die ausländische Partei oder ausländische Souveränitätsinteressen (*comity*) es für den Kläger erforderlich machten, nach dem Haager Übereinkommen über die Beweisaufnahme im Ausland in Zivil- und Handelssachen zu verfahren oder ob eine direkte Vorlage in den USA angeordnet werden soll.[774]

Aus dem vorher Gesagten ergibt sich der lange Arm einer amerikanischen Klägerin auch in den Fällen, in denen sie ihren deutschen Arbeitgeber nach den Vorschriften des *Title VII* bei sexueller Belästigung am Arbeitsplatz in Anspruch nehmen kann. Auf Grund des amerikanischen Prozessrechtes sind ihr praktisch alle Möglichkeiten eröffnet, an die Tochtergesellschaft oder den Mutterkonzern im In- und im Ausland heranzutreten.[775]

Den Prozess wird sie wegen der genannten Vorteile[776] immer in den USA führen.

6.5 Vollstreckbarkeit amerikanischer Punitive-Damages-Urteile in Deutschland (Exequatur)

Aus vollstreckungstaktischen Gründen kann es ratsam sein, die ausländische Muttergesellschaft zu verklagen, deren im Ausland belegenes Vermögen unter Umständen weitaus höher sein kann als das ihrer US-Tochter. Hat das Unternehmen kein oder kein ausreichendes Vermögen in den USA, stellt sich die Frage nach der Vollstreckbarkeit zum Beispiel in der Bundesrepublik.[777]

In diesem Zusammenhang ist insbesondere die Vollstreckbarkeit von amerikanischen Punitive-Damages-Urteilen von Bedeutung. Während das Bundesverfassungsgericht entschieden hat, dass die Zustellung amerikanischer Klagen mit Anträgen auf *punitive damages* nicht dem deutschen *ordre public* widerspricht,[778] war und ist die Vollstreckbarkeit amerikanischer Punitive-Damages-

---

774 S. N. I. Aerospatiale v. U.S. District Court for the Southern District of Iowa, 107 S. Ct., 2542.

775 Grundsätzlich zur möglichen Vermeidung einer Beweiserhebung durch einen Parallelprozess in Deutschland, Stiefel/Petzinger, RIW 1983, S. 242, 247-249.

776 Die *American Rule*; fehlender Prozesskostenvorschuss, *Jury-Trial, Pre-trial discovery*, hoher Schadensersatz und nicht zuletzt öffentliche Sensibilisierung im Bereich der sexuellen Belästigung am Arbeitsplatz; s. zum Problem des *Forum Shopping* auch Pfeiffer (1995), S. 487, 489.

777 S. auch Zekoll (1987), S. 27.

778 S. Kapitel D 6.1 in dieser Arbeit.

Urteile Gegenstand breiter Diskussion in der deutschen Literatur, auf die hier nur verwiesen werden kann.[779]

Weil zwischen der Bundesrepublik und den USA kein vorrangiger Staatsvertrag besteht,[780] der die gegenseitige Anerkennung und Vollstreckung regelt, ist inländisches autonomes Recht anwendbar. § 722 I ZPO erlaubt die Zwangsvollstreckung aus einem ausländischen Urteil nur dann, wenn ihre Zulässigkeit durch ein Vollstreckungsurteil ausgesprochen ist. Die Gesetzmäßigkeit des anzuerkennenden Urteils wird in diesem Verfahren nicht überprüft.

Es muss jedoch gemäß § 723 II S. 1 ZPO rechtskräftig sein und die Anerkennung darf nicht nach § 328 ZPO ausgeschlossen sein. Und in dieser Vorschrift liegt der Kern des Problems, da eine Anerkennung des ausländischen Urteils gemäß § 328 I Nr. 4 ZPO ausgeschlossen ist, wenn sie zu einem Ergebnis führen würde, das mit wesentlichen Grundzügen des deutschen Rechts offensichtlich unvereinbar ist, insbesondere wenn die Anerkennung mit Grundrechten unvereinbar ist (Ordre-public-Vorbehalt).

Die Diskussionsschwerpunkte lassen sich dabei mit folgenden Fragen umschreiben:

- Handelt es sich bei *punitive damages* um Zivil- oder Strafurteile?
- Führt die Anerkennung eines Strafschadensersatzes zu einer unzulässigen Doppelbestrafung?
- Wird das Strafmonopol des Staates unterlaufen?
- Ist der Grundsatz der Verhältnismäßigkeit gewahrt?[781]

1992 hatte der Bundesgerichtshof erstmals darüber zu befinden, ob die Vollstreckung amerikanischer Punitive-Damages-Urteile gegen den deutschen *ordre public* verstößt und hat den Weg der Teilexequatur gewählt.[782] Das Gericht unterstreicht, dass eine Einzelfallwürdigung jedes Urteils vorzunehmen sei. Eine Teilvollstreckbarkeitserklärung des Urteils und sogar der *punitive damages* komme in Betracht, wenn sie der Erstattung von Prozesskosten dienten und dieser darauf entfallende Teil der ausgeurteilten Summe in den Gründen genannt werde (was im fraglichen Urteil nicht der Fall war).

Eine gesamte Vollstreckbarkeit des als Strafe bezeichneten GesamtSchadensersatzes komme aber wegen der Ordre-public-Widrigkeit nicht infrage, da Ab-

---

779 S. Bentert (1996), S. 53 ff; Burst (1994), S. 166 ff; Schack (1996), Rn. 869; Zekoll (1987), S. 151 ff; Schütze (1992), S. 171; Stiefel/Stürner/Stadler, 39 A. J. C. L., 779, 786 ff (1991).

780 Wie etwa mit den meisten europäischen Staaten durch das EuGVÜ.

781 Gottwald, ZZP 103, 1990, S. 257, 283 nennt die Anwendung des Ordre-public-Vorbehaltes teilweise „kleinlichen, handfesten Wirtschafts-Protektionismus“.

782 BGH vom 4. Juni 1992, BGHZ 118, S. 312; für eine Teilanerkennung auch Gottwald, ZZP 103, 1990, S. 257, 283.

schreckung und Strafe nach deutschem Rechtsverständnis allein einer Kriminalstrafe und damit dem Staat vorbehalten seien.[783]
Damit hat sich der BGH letztlich für das Strafmonopol des Staates entschieden, das eine Vollstreckbarkeit amerikanischer Punitive-Damages-Urteile verbietet, die aus Strafgründen ausgesprochen worden sind. Die Verhältnismäßigkeit hat er jedoch ebenso berücksichtigt, indem er auf die Höhe der *punitive damages* als zu bewertendes Kriterium eingeht.[784]
Es ist daher schwer vorauszusagen, ob Urteile, in denen Klägerinnen Schadensersatz wegen sexueller Belästigung am Arbeitsplatz in der Form von *punitive damages* zugesprochen worden ist, in Deutschland für vollstreckbar erklärt werden oder am Ordre-public-Vorbehalt scheitern werden. Einerseits enthält der CRA von 1991 bekanntlich Höchstsummen, die die *punitive damages* der Höhe nach abhängig von der Firmengröße machen. Dies spricht für die Beachtung des Verhältnismäßigkeitsgrundsatzes.[785] Andererseits ruft gerade der CRA von 1991 Klägerinnen dazu auf, als privater Staatsanwalt zu agieren, um die Diskriminierung am Arbeitsplatz zu eliminieren und belohnt ein solches Verhalten mit erhöhtem Schadensersatz.[786]
Wie bereits oben dargelegt, hat der BGH die Vollstreckung eines auf solchen Erwägungen beruhenden Urteils in der Bundesrepublik Deutschland abgelehnt.[787]
Nicht beschäftigt hat sich der BGH mit der Frage, welchen Zweck die Projizierung der Staatsanwaltsrolle auf private Klägerinnen haben soll. Das Ziel ist die Stärkung der Partei und ihr verantwortungsvolles eigenes Handeln, um sich gegen eine diskriminierende Behandlung zur Wehr zu setzen, was keinesfalls nur unter dem Gesichtspunkt der Strafe, sondern vielmehr unter dem Gesichtspunkt der Prävention und Abschreckung gesehen werden muss.[788] Der Zweck jedenfalls widerspricht wohl nicht dem deutschen *ordre public*.
Auch in den USA sind die oft als ausufernd empfundenen *punitive damages* in die Kritik der öffentlichen, aber auch der rechtswissenschaftlichen Meinung geraten.[789]

---

783 BGH vom 4. Juni 1992, BGHZ 118, S. 312, 338 ff.

784 Zur Prognose, inwieweit sich die neue Rechtsprechung des *US Supreme Court* zur Höhe des Strafschadensersatzes auf die Vollstreckbarkeit in der Bundesrepublik auswirken könnte s. Griessbach/Cordero, RIW 1998, S. 592, 595 ff.

785 Stützt die Klägerin ihre Forderung aber parallel auf deliktsrechtliche oder einzelstaatliche Vorschriften, so können die Schadensersätze leicht über die *caps* hinausgehen.

786 S. Kapitel C 1.2 in dieser Arbeit.

787 BGH vom 4. Juni 1992, BGHZ 118, S. 312, 338-339.

788 H. R. Rep. No. 40 (I), 102d Cong., 1st Sess. 64-65 (1991), S. reprinted in 1991 U.S.C. C. A. N. at 603.

789 Mogin, 65 Stanford L. Rev., 179 ff (1998); Polinsky/Shavell, 111 Harvard L. Rev., 869 ff (1998); Stein, EuZW 1994, S. 18, 20, befürchtet eine Erstreckung von *punitive damages* in internationalen Schiedsgerichtsverfahren; s. auch Heft Nr. 1 der Wisconsin

Der *US Supreme Court* hat in einer 1996 ergangenen Entscheidung erklärt, dass *punitive damages* in exzessiver Höhe gegen die US Verfassung verstoßen.
In diesem Verfahren war eine deutsche Firma, nämlich das Unternehmen BMW of North America, verurteilt worden, an den Kläger einen Strafschadensersatz in Höhe von 4 Mio. US-$ zu zahlen, obwohl der Schaden sich nur auf 4.000 US-$ belief. Der Strafschadensersatz wurde zwar bereits durch das Berufungsgericht auf 2 Mio. US-$ reduziert, jedoch entschied der *US Supreme Court*, dass diese Summe immer noch unverhältnismäßig hoch sei, entwarf einige Prüfungspunkte, anhand derer Gerichte die Höhe von *punitive damages* festlegen können und verwies zurück zum Appellationsgericht, das dann auf 50.000 US-$ entschied.[790]
Diese durchaus als Wende in der amerikanischen Rechtsprechung zu bezeichnende Entscheidung wird möglicherweise auch Einfluss auf die Vollstreckbarkeit amerikanischer Punitive-Damages-Urteile in Deutschland haben.[791]
Da hier die Auffassung vertreten wird, dass die Zusprechung von *punitive damages* insgesamt positive Auswirkungen auf die Eliminierung von sexueller Belästigung enthält, weil die Klägerin in der Analyse ihrer Chancen und Belastungen in einem Prozess sonst zu dem Ergebnis kommen könnte, die Geltendmachung von Ansprüchen würde dem Aufwand nicht entsprechen, bleibt wünschenswert, dass deutsche Gerichte auch *punitive damages* anerkennen werden, so weit sie sich in einem gewissen Rahmen befinden, den der *US Supreme Court* nunmehr vorgegeben hat.

6.6 Der Justizkonflikt zwischen Deutschland und den USA

Die Unterschiedlichkeit der Prozessrechtssysteme der USA und Deutschlands, die auf Grund der internationalen Wirtschaftsverflechtungen auch praktisch und nicht nur in der rechtswissenschaftlichen Diskussion zu Konflikten führte, hat

---

L. Rev., (1998), das sich kontrovers nur mit dem Thema *punitive damages* befasst; insbesondere Turner, Wisconsin L. Rev., 427, 429-433 (1998): Ist die Jury außer Kontrolle? Befindet sich das Land in einer Punitive-damages-Krise? (431) (eigene Übersetzung).

790 S. BMW of North America, Inc., v. Ira Gore, 116 S. Ct., 1589 (1996); US Supreme Court of Alabama, Case No. 1920324, BMW of North America, Inc., v. Ira Gore, 701 So. 2d 507 (1997); Griessbach/Cordero, RIW 1998, S. 592, 593, Fn. 17, sind der Ansicht, dass dieses Urteil nach den vom BGH festgelegten Maßstäben für vollstreckbar erklärt werden müsste; vgl. insgesamt dazu Turner, Wisconsin L. Rev., 427, 438 ff. (1998); Thiele, ZfRV 1997, S. 197 ff.

791 So Griessbach/Cordero, RIW 1998, S. 592, 595 ff; wenn nicht bereits das in Planung befindliche Haager Abkommen über die Zuständigkeit und die Anerkennung ausländischer Entscheidungen in Zivil- und Handelssachen den Gerichten einen entsprechenden Weg weist.

eine solche Bewertung erfahren, dass die Beziehungen in diesem Bereich mit dem Titel „Justizkonflikt mit den USA“ überschrieben werden.[792]
Nicht nur die Problematik der *punitive damages*, sondern auch die Weite der *discovery* und die Großzügigkeit der amerikanischen Gerichte, ihre Zuständigkeit zu bejahen, sind auf deutscher Seite kritisiert worden.
Die Amerikaner hingegen können nicht verstehen, warum sich deutsche Parteien so vehement gegen die *discovery* sperren, wo diese ihrem Rechtsverständnis entsprechend geeignet und notwendig ist, die materielle Wahrheit zu erfahren und Waffengleichheit zwischen den Parteien herzustellen.
Die Problematik kann hier nicht näher diskutiert werden. In Zukunft ist zu erwarten, dass sich einige der Justizkonflikte durch das in Vorbereitung befindliche Haager Abkommen über die Zuständigkeit und die Anerkennung ausländischer Entscheidungen in Zivil- und Handelssachen lösen lassen werden. Doch in diesem Zusammenhang bleibt zu erwähnen, dass die bereits vorgestellten völkerrechtlichen Übereinkommen nicht frei von Zündstoff in der praktischen Anwendung sind.[793]

7 Class Action als Instrumente der Veränderung

Die *class action* – die Sammelklage einer Gruppe, die durch einen oder mehrere Kläger repräsentiert wird – stellt ein wichtiges Instrument im amerikanischen Zivilprozess dar. Sie ist zulässig vor den Bundesgerichten, wenn sie den Anforderungen von FRCP 23 entspricht, auf deren Tatbestandsmerkmale noch näher eingegangen werden wird. Die Einzelstaaten haben teilweise übereinstimmende oder ähnliche Regelungen für *class actions* vor ihren Gerichten.[794]
Ziel einer *class action* ist die Ermöglichung einer Rechtsverfolgung für Personen, die gleichartige Ansprüche in relativ geringer Einzelhöhe haben, so dass ansonsten eine Rechtsverfolgung für amerikanische Anwälte unter Kostengesichtspunkten im Individualfall ausscheiden würde. Durch die Bündelung vieler Kläger in einem Prozess können Discovery-Kosten gesenkt und Zeit gespart werden. Weiter soll durch ein gleichlautendes Urteil für eine Vielzahl von Klägern die Einheitlichkeit der Rechtsprechung gesichert werden, die dann auch positive Auswirkungen für den Beklagten hat.
Die *class action* ist ein typisches Instrument für Massenschäden, bei denen mehrere juristisch gleich gelagerte Fälle auftreten können.[795] Ein weiterer Ef-

792 S. Schlosser (1985); Habscheid (1986); Schwung, AnwBl. 1993, S. 436 f; Schack (1996), Rn. 734-745; Burst (1994), S. 38 m.w.N.

793 Vgl. hierzu von Mehren, 57 RabelsZ 57, 449 ff (1993); ders., 61 RabelsZ, 86 ff. (1997)

794 Larson (1995), § 81 03 (1); Überblick über *class actions* bei Schack (1995), S. 79 ff; Lange/Black (1987), S. 31 ff.

795 Vgl. Koch (1976), 17 ff: ein Ziel sei, „to take care of the smaller guy“; Kästle (1993), S. 242, zu toxischen Massenschäden; Mark, EuZW 1994, S. 238.

fekt einer *class action* kann Rechtsverwirklichung durch Abschreckung sein. Indem das Unternehmen sich der Gefahr ausgesetzt sieht, von vielen Klägern bei Missachtung materiellen Rechtes in Anspruch genommen zu werden, ist es eher zur Einhaltung des Rechtes bereit.[796]

Nicht zuletzt ist die Intention einer *class action* in diesem Zusammenhang auch die Verfolgung des öffentlichen Interesses durch private Kläger.[797] Auf Grund der genannten Ziele und Möglichkeiten der Sammelklage empfinden einige *class actions* als Heilmittel für rechtliches Fehlverhalten, während andere sie verdammen.[798] Nichtsdestotrotz ist sie aus dem amerikanischen Prozessrecht nicht wegzudenken und hat oftmals zu vielbeachteten finanziellen Ergebnissen geführt.

7.1 Class Actions im Anti-Diskriminierungsrecht

Diskriminierung am Arbeitsplatz gehört zu den Rechtsgebieten, auf denen traditionell häufig *class actions* als Klageform gewählt werden.[799] Dies war auch vom Gesetzgeber so beabsichtigt, obwohl er sich zunächst explizit auf Fälle der Segregation im Schulwesen beschränkte.[800]

Während die Gerichte bis Ende der 70-er Jahre noch generell annahmen, dass eine Klage, die auf dem Anti-Diskriminierungsrecht beruht, immer ein Class-action-Element in sich trage, weil die diskriminierten Individuen stets einer Klasse angehörten, hat der *US Supreme Court* 1982 entschieden, dass auch Title VII-Class-action-Klagen den strengen Erfordernissen von FRCP 23 genügen müssen und nicht per se als Gruppenklagen zulässig seien.[801]

Wichtig für die praktische Durchführbarkeit in diesem Zusammenhang ist, dass nicht alle Gruppenmitglieder das zwingend vorgeschriebene EEOC-Verfahren durchlaufen haben müssen, sondern es ausreichend ist, dass der Repräsentant der Gruppe den administrativen Weg eingehalten hat.[802]

---

796 Koch (1976), 22: „therapeutic value" einer *class action*; von Bedeutung sind *class actions* daher auch vor allem in Produkthaftungsfällen, die auch in den Medien bekannt geworden sind, s. etwa die Tabakindustrie- oder Brustimplantatfälle.

797 Dazu sehr ausführlich Homburger/Kötz (1975).

798 Homburger in Homburger/Kötz (1975), S. 23; Koch (1976), S. 17.

799 Im Jahre 1977 stellten *class actions* auf Grund von Diskrimierung am Arbeitsplatz einen Anteil von ca. 30% aller *class actions*, während dieser Anteil während der 80-er Jahre stetig sank und 1988 bei ca. 0, 5% lag, vgl. Larson (1995), § 81.01-81-4; Kotkin, 41 Hastings L. J., 1301, 1338 (1989-90); Schlachter (1993), S. 358 ff.

800 Marshall, 29 U.S. F. L. Rev., 911, 926 (1994-95).

801 General Telephone Co. v. Falcon, 457 U.S. 147 (1982).

802 S. Lindemann Schlei/Grossman (1994), S. 1262 f, während alle *class members* an die Fristen gebunden sind.

7.2 Die allgemeinen Erfordernisse von FRCP 23 (a)

Kumulativ müssen zunächst vier Voraussetzungen erfüllt sein, damit eine Sammelklage zulässig ist.

a) Numerosity – FRCP 23 (a) (1)

Die Größe der Klasse umfasst so viele Mitglieder, dass eine Verbindung der einzelnen Klagen praktisch unmöglich wäre. Wieviele Mitglieder eine Gruppe mindestens haben muss, ist nicht explizit festgelegt. Die Gerichte verneinen *numerosity* jedoch regelmäßig bei einer Gruppengröße unter 20, während sie einer Gruppengröße von über 60 Mitgliedern ausreichend ist.[803]

b) Commonality – FRCP 23 (a) (2)

Commonality erfordert, dass Rechts- oder Tatsachenfragen für die Mitglieder der Klasse gleich zu beantworten sein müssen und lässt sich im Einzelnen dadurch erreichen, dass der Beklagte allen Gruppenmitgliedern gegenüber gleich gehandelt hat oder sich die Gruppenmitglieder auf denselben Haftungsgrund berufen.[804]

c) Typicality – FRCP 23 (a) (3)

Die Ansprüche oder Verteidigungsmittel des Repräsentanten der Gruppe müssen typisch für die Ansprüche oder Verteidigungsmittel der Gruppe sein. Ein solcher gemeinsamer Anspruch kann zum Beispiel aus einem Vertragsverhältnis herrühren, dass alle Gruppenmitglieder mit dem Beklagten haben. Dabei muss es sich nicht um das gesamte Vertragsverhältnis handeln, weil es für die Gruppe je nach Anspruch ausreichend sein kann, sich auf einen Aspekt zu berufen.[805] In diesem Zusammenhang seien Arbeitsbedingungen genannt, die aus einem Arbeitsvertrag resultieren.

d) Adequacy – FRCP 23 (a) (4)

Als letztes Kriterium muss der Repräsentant der Klasse eine faire und angemessene Vertretung der Interessen der Gruppenmitglieder sicherstellen. Dieses Gebot folgt insbesondere daraus, dass auch abwesende in die *class* einbezogene Personen von der Rechtskraftwirkung eines Urteils oder eines Vergleiches erfasst werden.[806]

---

803 S. Larson, § 81 04 81-27-29 (1995).

804 Koch (1976), S. 35; Larson (1995), § 81.05.

805 S. hierzu Schlachter (1993), S. 360; Koch (1976), S. 36; Larson (1995), § 81.05.

806 Ausfluss aus der *due process clause* des 14th Amendment, s. Koch (1976), S. 38.

Dies führt dazu, dass den Kläger als Repräsentanten der Gruppe umfangreiche Benachrichtigungspflichten (in einer Klasse können mehrere tausend Personen zusammengefasst sein) treffen, um potentiellen *class members* die Möglichkeit zu eröffnen, ihr Recht wahrzunehmen, aus der *class* auszutreten (*to opt out*) bzw. durch einen eigenen Anwalt in der Klasse vertreten zu lassen.[807]
Aus diesem Grunde obliegt dem Gericht in einem *class action suit* die besondere Fürsorge für die nicht anwesenden Gruppenmitglieder, die sogar so weit geht, dass ein Gericht weitere Anwälte dem Prozess beiordnet, wenn es die am Prozess beteiligten Anwälte für zu unerfahren hält.[808]

7.3 Zusätzliche Zugehörigkeit zu einer der Fallgruppen in FRCP 23 (b)

Liegen die allgemeinen oben genannten Voraussetzungen für eine *class action* vor, muss der Rechtsstreit weiterhin einer der vier in FRCP 23 (b) genannten Fallgruppen angehören.
Diskriminierungsklagen gemäß *Title VII*, die ein Verhalten des Arbeitgebers angreifen, das typischerweise Einfluss auf die gesamte Gruppe hat oder haben könnte, werden im Wege der Unterlassungs- oder Feststellungsklage auf FRCP 23 (b) (2) gestützt. Werden Gruppenmitglieder gerade auf Grund ihrer Zugehörigkeit zu einer Gruppe und nicht auf Grund individueller Merkmale benachteiligt, ist die *class action* der ideale Klageweg, um die Eliminierung der Diskriminierung aller Gruppenmitglieder zu erreichen.[809] Hieraus ergibt sich, dass gerade Klagen auf Grund mittelbarer Diskriminierung typischerweise Class-action-Fälle sind, während die direkte Diskriminierung gerade individuell geschieht.[810]
In Fällen der sexuellen Belästigung am Arbeitsplatz ließe sich eine Gruppe – gestützt auf diese Alternative – etablieren, wenn eine Klägerin für eine Gruppe geltend machen könnte, dass alle Frauen sexuell belästigt worden sind oder

807 F.R.C.P. 23 (c) (2); abweichend von dieser generellen Regelung bestimmt der ADEA, dass beitrittswillige Arbeitnehmer einer Klasse, die Altersdiskriminierung geltend macht, ihre Rechte an der Klasse teilzunehmen, durch eine formelle *opt in notice* geltend machen müssen. Hier erfolgt also keine automatische Eingliederung in die Klasse, vgl. dazu Hebel (1992), S. 84-88.

808 Schlachter (1993), S. 562; Koch (1976), S. 43; weitere Möglichkeiten des Gerichts: Bildung von Unterklassen innerhalb einer Klasse F.R.C.P. 23 (c) (4); Order an die Repräsentanten, die die Fairness gewährleisten F.R.C.P. 23 (c) (3).

809 „A suit for violation of Title VII is necessarily a class action as the evil sought to be ended is discrimination on the basis of a class characteristic, i.e. race, sex, religion or national origin", so noch Colgate-Palmolive Co., 416 F. 2d, 711, 719 (7th Cir. 1969), was jedoch durch General Telephone Co. v. Falcon (Fn. 809) eingeschränkt wurde; s. auch Koch (1976), S. 47; Schlachter (1993), S. 363.

810 S. Lindemann Schlei/Grossman (1994), S. 1332.

potentiell Opfer werden könnten. Dies lässt sich praktisch dann beweisen, wenn am Arbeitsplatz beispielsweise eine sexuell gefärbte Sprache vorherrscht oder Bilder sexuellen Inhalts exponiert werden, so dass nicht nur eine oder wenige Arbeitnehmerinnen betroffen sind.[811] Hierunter fallen die Fälle der feindlichen Arbeitsumgebung, sofern mehr als 45 Frauen auf Grund des Numerosity-Erfordernisses potentielle Opfer sein könnten.[812]
Schadensersatzansprüche werden jedoch auf FRCP 23 (b) (3) gestützt, wonach die gemeinsamen Tat- oder Rechtsfragen alle anderen Fragen überwiegen und daher die *class action* als das überlegene Mittel zur Rechtsverfolgung erscheint. Dieser auslegungsbedürftige und -fähige Wortlaut der Klausel hat dazu geführt, dass die Zulässigkeit einer *class action* nach Rule 23 (b) (3) nicht vorhersehbar ist und von den Gerichten unterschiedlich gehandhabt wird.[813]

7.4 EEOC-Sammelklagen

Wie bereits dargestellt, hat auch die EEOC, die sich in den 80-er Jahren mehr der individuellen Verfolgung von Diskriminierung gewidmet hat, ihr politisches Konzept geändert und wollte sich im letzten Jahrzehnt des 20. Jahrhunderts verstärkt mit der Verfolgung von diskriminierten Gruppen beschäftigen.[814]
Zu diesem Zweck werden die Angestellten der Bundesbehörde geschult, damit sie im frühen Stadium einer Beschwerde erkennen können, ob potentiell die Diskriminierung mehrerer vorliegen könnte. Es wird beispielsweise darauf hingewiesen, wie die Ermittler durch Auswertung von Statistiken und Anwendung des EEOC-Datenmaterials herausfinden können, ob in einem Unternehmen viele Arbeitnehmer, die einer der in *Title VII* geschützten Gruppen angehören, diskriminierendem Verhalten ausgesetzt sind. Der EDV-gestützte Datenvergleich spielt in diesem Zusammenhang eine herausragende Rolle, aber auch die Inanspruchnahme der eigenen Experten nicht nur im juristischen, sondern auch im sozialwissenschaftlichen und psychologischen Bereich, spielt eine große Rolle.
Die einzelnen *District Offices* halten Informationen aus besonders wichtigen Sammelklageverfahren für die anderen *District Offices* bereit.[815] Hieraus kön-

---

811 S. Wisskirchen (1994), S. 164, zur praktischen Schwierigkeit, eine Klasse in Disparate-impact-Fällen zu etablieren.

812 S. Kapitel D 7.2 a in dieser Arbeit.

813 S. Kästle (1993), S. 253; Schlachter (1993), S. 363; Lindemann Schlei/Grossman (1994), S. 1260; Koch (1976), S. 48 ff.

814 Vgl. Kapitel D 1.1 in dieser Arbeit; der *National Enforcement Plan* von 1995 befürwortet die Rückkehr zu Sammelklagen aus Gründen des öffentlichen Interesses sowie der sparsameren Verwendung knapper Ressourcen.

815 Während meines Aufenthaltes beim District Office in St. Louis, Mo. der EEOC konnte ich an einem Seminar zur Schulung der Rechtsabteilung in class action suits teilnehmen.

nen wichtige Informationen gewonnen werden, wenn beispielsweise eine Klägerin versucht, Diskriminierung über die Etablierung eines Pattern-and-practise-Beweises geltend zu machen.
Wenn die Klägerin durch Vergleich beweisen kann, dass sexuell gefärbte Sprache sowie Bilder auch in anderen Unternehmensteilen üblich sind und ohne Sanktionen blieben, so ist es für sie unter Umständen einfacher, ein entsprechendes gängiges Verhalten des Arbeitgebers nachzuweisen. Für diesen ist es auf der anderen Seite schwieriger, den durch den *US Supreme Court* ermöglichten Entlastungsbeweis zu führen.[816]
Wenn die EEOC eine Sammelklage erhebt, muss sie nicht den Anforderungen von FRCP 23 genügen. Die Gerichte haben entschieden, dass die EEOC durch die Bestimmungen des CRA dazu ermächtigt ist, gerade für eine Gruppe von Betroffenen tätig zu werden und die Ausstattung mit eigenen Durchsetzungsrechten durch das Gesetz dazu führen soll, das öffentliche Interesse durchzusetzen.
Daraus folgt, dass die EEOC, wenn sie für eine Mehrzahl von Betroffenen vor Gericht geht, dies nicht als Repräsentant der Klasse tut, sondern als Inhaberin eigener Rechte.[817]
Hier ergibt sich für die EEOC die Möglichkeit, die Interessen einer kleineren Gruppe in einer Sammelklage zu vertretetn, weil sie dem Numerosity-Erfordernis nicht genügen muss. Erreicht sie für eine Gruppe von nur zehn betroffenen Frauen *punitive damages*, die im Einzelfall zwar auf 300.000 US-$ begrenzt wären, wäre der Erfolg der Klage insgesamt mit 3 Mio. US-$ zu beziffern, was einerseits auf den Arbeitgeber abschreckend wirkt und andererseits öffentliches Interesse weckt. Daher wird die Einschaltung der EEOC in den Fällen, in denen nur eine kleine Gruppe von Frauen sexuelle Belästigung am Arbeitsplatz geltend macht, unabdingbare Voraussetzung für die Erhebung einer *class action* sein.

7.5 Class Actions bei sexueller Belästigung am Arbeitsplatz

Auf den ersten Blick erscheint es abwegig anzunehmen, dass Gruppenklagen im Bereich der sexuellen Belästigung ein geeignetes Instrument sein könnten. Vielmehr scheint es um ein individuelles Problem zu gehen, das nur zwischen Belästiger und belästigter Frau existiert, wodurch die oben geschilderten Beweisprobleme entstehen.[818] Allenfalls einige wenige weitere Angestellte kommen in Betracht, die ebenfalls belästigt wurden oder werden, was jedoch nicht

816 S. Kapitel B 6.3.2.3 und B 6.3.2.4 in dieser Arbeit.

817 General Telephone Co. v. EEOC, 446 U.S., 318 (1980); EEOC v. St. Louis-San Francisco Ry., 743 F. 2d, 739, 35 FEP 1163 (10th Cir. 1984); Larson, § 81.03 81-16/17 (1995).

818 S. Mishkind, 18 Employee Relations L. J., 141 (1992).

dem Numerosity-Erfordernis genügen würde. Beim näheren Hinsehen handelt es sich jedoch nicht stets um ein Vorgehen zwischen zwei Individuen.

In Jensen v. Taconite Co.[819] wurde zum ersten Mal eine Gruppenklage zugelassen, bei der sich die Repräsentantinnen auf eine feindliche Arbeitsumgebung innerhalb des Unternehmens beriefen.

Drei weibliche Gewerkschaftsmitglieder machten im Namen der gewerkschaftlich und nicht gewerkschaftlich organisierten Arbeitnehmerinnen geltend, dass das Unternehmen Taconite an vier Orten in ihren Minen in Minnesota ein diskriminierendes Verhaltensmuster gegenüber den weiblichen Mitarbeitern aufwies. Die Klage stützte sich dabei auf mehrere diskriminierende Verhaltensweisen, wobei die sexuelle Belästigung durch feindliche Arbeitsumgebung ein Aspekt war. Die Klägerinnen legten dar, dass das Zurschaustellen von Bildern und Postern mit sexuellem Inhalt am Arbeitsplatz allgemein üblich war, eine ungenannte Zahl von Frauen Opfer von unerwünschtem Anfassen geworden war und die männlichen Arbeitnehmer ständig beleidigende Ausdrücke verwendeten.

Den Frauen wurde unter anderem gesagt, sie gehörten nicht in Minen, sie nähmen den Männern die Arbeitsplätze weg und sollten zu Hause mit den Kindern bleiben. Obwohl vom Unternehmen eingewandt wurde, die sexuell gefärbten Bilder würden von den Frauen individuell unterschiedlich bewertet, entschied das Gericht, dass die gemeinsame Rechtsfrage nicht sei, wie ein Individuum die Arbeitsumgebung empfinde, sondern es sei für alle Frauen gleich zu entscheiden, wie ‚die vernünftige Frau' es empfinden würde, was zur Bejahung des Commonality-Erfordernisses führte.[820]

In der bislang größten Gruppenklage in der amerikanischen Geschichte, die auf Grund sexueller Belästigung 1996 von der EEOC anhängig gemacht wurde, wurde eine Gruppe von 300 Frauen zusammengefasst. 1996 legte die EEOC in Chicago eine Gruppenklage gegen Mitsubishi Motors ein, in der das Unternehmen beschuldigt wurde, verantwortlich dafür zu sein, dass ca. 300 frühere und gegenwärtige Arbeitnehmerinnen des Werkes Normal (Illinois) mit mehr als 3.500 Angestellten insgesamt immer wieder Opfer von sexueller Belästigung durch ihre Kollegen wurden. Diese grapschten ihnen ständig an den Busen, den Po und in den Genitalbereich. Weiter malten sie weibliche Körperteile und Akte auf die Kotflügel der Autos und die Zeichenborde, die in den Fertigungshallen standen. Die Frauen wurden bedroht und mit eindeutigen Angeboten belästigt.[821] Dieser Fall, der ein enormes Medienecho auslöste, basiert ebenso wie Taconite darauf, dass nicht individuelle Opfer belästigt werden, sondern die Belästigung ein Verhaltensmuster des Unternehmens reflektiert, was die Gel-

819 Jensen v. Taconite Co., 57 Fair Empl. Prac. Cas. (BNA) 867 (D. Minn. 1991).

820 Kritisch hierzu Mishkind, 18 Employee Relations L. J., 141, 144 (1992).

821 S. EEOC v. Mitsubishi Motors Manufactoring of America, Inc., Dc Cill., No 96 CV 1192 (4. September 1996).

tendmachung durch eine Gruppenklage rechtfertigt. Obwohl das Unternehmen ständig Beschwerden von betroffenen Frauen erhalten hatte, unternahm es nichts, um die Belästigung zu unterbinden. 1998 endete dieses Verfahren auf dem Vergleichswege. Mitsubishi Motors verpflichtete sich zur Zahlung der Rekordsumme von 34 Mio. US-$, die größtenteils zwischen den in der Klasse integrierten Frauen aufgeteilt wird. Weiterhin verpflichtete sich Mitsubishi zur Einrichtung einer dreiköpfigen Kommission im Werk Normal, die dafür Sorge tragen soll, dass sich künftiges belästigendes Verhalten nicht wiederholt.[822]

Die Reaktionen, die ein finanzieller Erfolg dieser Art einer Sammelklage auslöst, sind geeignet, die Frauen im Kampf gegen Diskriminierung am Arbeitsplatz wirksam zu unterstützen. Zum Einen wird die Belästigung und deren mögliche juristische Bewertung ins Blickfeld der Öffentlichkeit gerückt und dadurch enttabuisiert. Zum Anderen wirkt es auf die Unternehmen abschreckend, wenn sie solch hohe Summen aufbringen müssen, um für belästigendes Verhalten ihrer Mitarbeiter einzustehen. Hierdurch werden die betroffenen Unternehmen angehalten, das geltende Recht zu respektieren und ihre Politik den Erfordernissen von *Title VII* anzupassen.

822 S. Süddeutsche Zeitung vom 13./14. Juni 1998, Frankfurter Rundschau vom 13./14. Juni 1998; Der Spiegel vom 3. August 1998, S. 104/105.

E Extraterritoriale Anwendbarkeit von Title VII

Eine Diskriminierung, die gegen *Title VII* verstößt, kann vor einem amerikanischen Bundesgericht auch dann geltend gemacht werden, wenn sich der amerikanische Arbeitnehmer im Ausland aufhält und dort bei einem amerikanischen Arbeitgeber beschäftigt ist. Der US-Bundesgesetzgeber hat die Rechtsmacht, Regelungen für das Verhalten seiner Staatsbürger auch im Ausland zu treffen und kann im Rahmen von völkerrechtlichen Grenzen auch Auslandssachverhalte regeln.[823] Die völkerrechtlichen Grenzen sind so zu verstehen, dass die Gesetze mit Auslandsberührung nicht gegen die Gesetze des Landes verstoßen dürfen, auf dessen Territorium sich der amerikanische Staatsbürger befindet.[824]
Grundsätzlich wird im amerikanischen Arbeitsrecht davon ausgegangen, dass ein Gesetz sich nicht auf die Regelung eines Auslandssachverhaltes beziehen soll, wenn nicht die extraterritoriale Applikation entsprechend vorgesehen ist. Daher ist die extraterritoriale Anwendung eher als Ausnahme anzusehen.[825]
Wie häufig in der Gesetzesinterpretation bleibt der *US Supreme Court* nah am Wortlaut eines Gesetzes. Kann er hieraus nicht den entgegen stehenden Willen des Gesetzgebers erkennen, wird nur die gewollte Inlandsregelung vermutet.[826]
Für den Bereich des Arbeitsrechtes wird zur Begründung angeführt, die örtliche Kontrolle über Arbeitsverhältnisse sei eng mit dem Territorium des Auslands verbunden.[827]
Erstmals wurde für den Bereich des Arbeitsrechts eine solche explizite Extraterritorialität im Zusatz zum ADEA von 1984 geregelt und schützt ältere amerikanische Arbeitnehmer vor Diskriminierung auch im Ausland.[828]

1 Der US Supreme Court lehnt die extraterritoriale Applikation von Title VII ab

Da der ursprüngliche Text des CRA von 1964 keine solche Bestimmung über die Auslandserstreckung enthielt, ist es nicht verwunderlich, dass der *US Su-*

823 Junker (1992), S. 139; Cohn, 62 N. Y. U. L. Rev., 1288, 1293 (1987).
824 Cherian, 43 Lab. L. J., 563 (1992); Zimmerman, 21 Cornell Int'l L. J., 103, 104 (1988).
825 Junker (1992), S. 138 f; Cherian, 43 Lab. L. J., 563, 564 (1992).
826 Foley Bros., Inc. v. Filardo, 336 . U.S. 281, 285 (1949): „Legislation of Kongress, unless a contrary intent appears, is meant to apply only within the territorial jurisdiction of the United States." Hier: Acht-Stunden-Beschränkung nicht im Ausland anwendbar.
827 Zimmerman, 21 Cornell Int'l L. J., 103, 106 (1988).
828 29 U.S.C. § 630 (f) (1982 und 1986 Supp.); Zimmerman, 21 Cornell Int'l L. J., 103, 107 (1988) hält dies für rechtlichen Imperialismus, durch den eine wirtschaftlich und politisch starke Nation Verhalten im Ausland ihren Regelungen unterwirft, ohne auf die Interessen des entsprechenden Landes Rücksicht zu nehmen; Comment, 4 Connecticut J. Int'l L J., 145, 146 (1988) weist darauf hin, dass eine Erweiterung arbeitsrechtlicher Vorschriften auf Auslandssachverhalte den Ersatz des Territorialprinzips durch das Nationalitätsprinzip zur Folge hat.

preme Court in einem Sachverhalt mit Auslandsberührung die Anwendung von *Title VII* gemäß der amerikanischen Rechtstradition verneinte, obwohl er vielleicht durch den Zusatz zum ADEA auf den Willen des Kongresses hätte schließen können, in Zukunft in arbeitsrechtlichen Diskriminierungsfällen die Regelungserstreckung auch von *Title VII* auf Auslandsachverhalte anzunehmen.[829]

In EEOC and Boureslan v. Aramco[830] erklärte der *US Supreme Court* jedoch, dass ein amerikanischer Staatsbürger, der bei einem amerikanischen Ölunternehmen in Saudi-Arabien arbeitete, sich nicht auf *Title VII* berufen könne. Der *US Supreme Court* begründete diese Entscheidung damit, es bestehe eine generelle Annahme, dass ein Gesetzesakt des Kongresses keinerlei Auslandswirkung entfalte. Sollte diese generelle Annahme unanwendbar sein, so müsse das Gesetz klar zu erkennen geben, dass es außerhalb des Landes angewandt werden solle, und dies tue *Title VII* nicht.[831]

Kritiker an dieser Entscheidung fragen, warum amerikanische Staatsbürger ihre Bürgerrechte zurücklassen sollten, wenn sie die amerikanische Grenze überschritten. Weiter führen sie an, dass es für amerikanische Firmen keinen Grund gäbe anzunehmen, sie könnten die Rechte ihrer Arbeitnehmer schmälern, wenn sie sie ins Ausland schickten.[832] Die Aramco-Entscheidung stelle einen Schritt rückwärts dar, weil sie die Karriere von Frauen und Minoritäten in multinationalen Konzernen gefährde, wenn sie ihnen ihren Diskriminierungsschutz beschneide. Nähmen sie den Job im Ausland an, können sie nicht sicher sein, so behandelt zu werden, wie in der gleichen Firma im Inland. Schlagen sie ihn aus, gefährden sie ihren Aufstieg, weil gerade für Manager Auslandserfahrung zur Ausbildung gehöre.[833]

Befürworter der Inlandsbeschränkung dagegen führen an, durch eine extraterritoriale Applikation von *Title VII* würden sich Wettbewerbshindernisse für

---

829 Der *US Supreme Court* lässt die Gesetzgebungsgeschichte hier außer Acht und hält sich strikt an den Wortlaut, s. dazu Bauer, 45 Lab. L. J., 417, 418 (1994).

830 111 S. Ct., 1227 (1991); so auch Yung, 17 J. Corp. L. 459, 489 (1992).

831 EEOC v. Arabian American Oil Co. 111 S. Ct., 1227, 1230 (1991); eine detaillierte Analyse der Entscheidung des Appellationsgerichtes ist zu finden bei Simon/Brown, 16 Employee Relations L. J., 281, 285-290 (1990/91), und Franke/Whittaker, 30 American Business L. J., 143, 151-165 zu allen drei Instanzen.

832 Cherian, 43 Lab. L. J., 563, 564 (1992); Cohn, 62 N. Y. U. L. Rev., 1288, 1299 (1987), zustimmend auch Franke/Whittaker, 30 American Business L. J., 143, 151 (1992), die kritisieren, die Entscheidung weiche von Präjudizien der Appellationsgerichte ab und der *US Supreme Court* irre in der Annahme, der Kongress habe keine extraterritoriale Applikation gewollt (144).

833 Crabtree, 43 Lab. L. J., 719, 724 (1992); Cohn, 62 N. Y. U. L. Rev., 1288, 1290 weist darauf hin, dass die Prinzipien aus *Title VII* zum öffentlichen Interesse der USA und auch die Förderung der internationalen humanitären Rechte gegen Diskriminierung zu den erklärten Zielen der USA gehören.

amerikanische Unternehmen im Ausland ergeben, und die Unternehmen könnten in Konflikt mit den örtlichen Gesetzen geraten, die den Vorschriften von *Title VII* widersprechen könnten.[834]
Diesem Argument wird wiederum entgegen gehalten, dass Handelsbarrieren gerade abgebaut werden könnten, wenn sich die bestqualifizierten Arbeitnehmer ins Ausland begeben würden, ohne Angst haben zu müssen, dass ihnen dort der Schutz von *Title VII* versagt bliebe.[835]

2 Der Kongress ordnet Extraterritorialität im Civil Rights Act von 1991 an

In Kenntnis der Rechtsprechung des *US Supreme Court* ordnete der Kongress in dem umfangreichen Reformwerk des CRA von 1991 eine Erweiterung des Begriffes *employee* in *Title VII* an: "With respect to employment in a foreign country, such term includes an individual who is a citizen of the United States."[836]
Um den Bedenken der amerikanischen Unternehmen Rechnung zu tragen, sie können in Konflikt mit den Gesetzen des ausländischen Staates geraten, schränkte der Kongress jedoch die extraterritoriale Anwendung ein und machte deutlich, dass die ausländischen Gesetze dort vorgehen, wo sie zwingendes Recht enthielten, das mit den Vorschriften von *Title VII* unvereinbar wäre. In allen anderen Fällen seien US-Bürger im Ausland vor rechtswidrigen Arbeitsmaßnahmen durch den Arbeitgeber geschützt.[837]
Durch die ausdrückliche Erweiterung auf Auslandssachverhalte sollte eine Stärkung von *Title VII* gegen die Widerstände in der Rechtsprechung erfolgen.[838]
Die Arbeitnehmer sollten durch die Erweiterung des Schutzes ermutigt werden, Arbeit im Ausland aufzunehmen.[839]
Gleichzeitig wurden neue Schwierigkeiten deutlich, die Raum für Interpretationen durch die Gerichte schaffen:

- Wer ist ein amerikanischer Arbeitgeber im Ausland?[840] Eine Frage, die auf Grund der weltweiten Verknüpfungen, Aktienbestimmungen und Teilung der Unternehmen in Tochterunternehmen nicht leicht zu beantworten ist.

---

834 Cherian, 43 Lab. L. J., 563, 564-565 (1992).
835 Cherian, 43 Lab. L. J., 563, 565 (1992).
836 Section 109 (a), Civil Rights Act of 1991.
837 Section 109 (b), Civil Rights Act of 1991; s. zum gewöhnlichen Arbeitsort im internationalen Privatrecht, Mankowski, IPRax 1999, S. 332 ff.
838 Vgl. Bauer, 45 Lab. L. J., 417, 422 (1994).
839 Cherian, 43 Lab. L. J., 563, 565 (1992).
840 Eine Definition versucht Bauer, 45 Lab. L. J., 417 (1994), der die potentiellen Arbeitgeber in fünf Klassen je nach Anknüpfungspunkt einteilt.

- Wann sind die Gesetze des Gastgeberlandes betroffen, so dass Kollisionsprobleme auftreten?[841]
- Sollen oder müssen amerikanische Unternehmen ihre Anti-Belästigungspolitik auch in den Ländern durchführen, in denen Diskriminierung erlaubt ist[842] oder führt dies zu Wettbewerbsnachteilen? Zumindest diese Frage ist für den amerikanischen Arbeitgeber hinsichtlich seiner amerikanischen Arbeitnehmer geklärt. Sexuelle Belästigung am Arbeitsplatz wird, unabhängig davon, wo auf der Welt sie stattfindet, sanktioniert, und die Arbeitnehmer werden von *Title VII* geschützt.

Fraglich bleibt, wie der amerikanische Arbeitgeber sich gegenüber den inländischen Arbeitnehmerinnen verhalten muss, da *Title VII* im Ausland nur auf Amerikanerinnen anwendbar ist.[843] Folgt aus einem inländischen allgemeinen Gleichbehandlungsgebot die Pflicht des Arbeitgebers, seinen Schutz auch auf inländische Arbeitnehmerinnen zu erstrecken? Diese Frage könnte für einen multinationalen Konzern in Deutschland Bedeutung erlangen.
Ein wichtiger Aspekt im Zusammenhang mit sexueller Belästigung am Arbeitsplatz ist das Problem, wie eine belästigte Arbeitnehmerin, deren Mehrzahl der Kolleginnen und vielleicht auch der Belästiger selbst aus dem Gastland kommen, eine feindliche Arbeitsumgebung beweisen oder eine Klasse bilden kann, da die Diskriminierung gegenüber inländischen Kolleginnen vom amerikanischen Rechtsstandpunkt aus legal gewesen ist.[844]

All diese Fragen, die auch in den USA Gegenstand breiter Diskussion sind, können an dieser Stelle nur aufgeworfen, aber nicht geklärt werden.[845]

---

841 Dowling, Jr., 43 Lab. L. J., 350, 351 (1992) weist darauf hin, dass es auf Grund der Globalisierung der Arbeitswelt zu einer Standardisierung von arbeitsrechtlichen Vorschriften kommen wird, aber auf Grund der unterschiedlichen Rechtslagen in allen Ländern immer noch genügend Raum für Kollision ist; Schwierigkeiten bei der Lösung der Frage nach der Bestimmung des gewöhnlichen Arbeitsortes gemäß § 30 II Nr. 1 EGBGB stellt Mankowski, IPRax 1999, S. 332 ff.

842 Dowling, 43 Lab. L. J., 350, 352 (1992) nennt als Beispiel die Diskriminierung auf Grund des Alters, die es amerikanischen Unternehmen verbietet, Arbeitnehmer, die älter als 40 sind, zu diskriminieren. Eine solche Vorschrift kennen die meisten europäischen und asiatischen Länder nicht.

843 Auf dem Territorium der USA sind auch andere Staatsangehörige von *Title VII* erfasst.

844 Dowling, Jr., 43 Lab. L. J., 350, 354 (1992).

845 vgl. Bauer, 45 Lab. L. J., 417 ff (1994); Baxter, 19 Employee Relations L. J., 257 ff (1993); Dowling, Jr., 43 Lab. L. J., 350 ff (1992); Cherian, 43 Lab. L. J., 563 ff (1992); Yung, 17 J. Corp. L. 459 ff (1991-1992); Simon/Brown, 16 Employee Relations L. J., 281 ff (1990/91); EEOC Compliance Manual, Section 605:0139-605:0151, appendix 605, 9 ff (1996); Crabtree, 43 Lab. L. J., 719 ff (1992).

3 Durchsetzung im Ausland

Praktisch wichtig ist die Frage, wie die belästigte amerikanische Arbeitnehmerin im Ausland Schutz gemäß *Title VII* erlangen kann. Zunächst ist sie nach der Rechtsprechung der amerikanischen Gerichte auf den internen Beschwerdeweg innerhalb des Unternehmens zu verweisen. Wird dort nicht abgeholfen, ist – wie noch genauer zu schildern sein wird – die Vorschaltung eines EEOC-Verfahrens zwingend erforderlich. Da die EEOC[846] eine amerikanische Bundesbehörde ist, ist ihre Ermittlungskompetenz außerhalb der amerikanischen Grenzen fraglich. Jedoch gibt der Zusatz des CRA von 1991 der EEOC die Befugnis, auch im Ausland die Ermittlungen aufzunehmen mit den Rechten, die sie auch im Inland besitzt, obwohl bereits viele Länder ihren Widerstand gegen eine solche Ausweitung der Befugnisse angemeldet haben.[847]
Zunächst muss die EEOC jedoch herausfinden, ob es sich bei dem Arbeitgeber um einen solchen handelt, der nach dem CRA von 1991 als amerikanischer einzustufen ist, denn Firmen, die nicht von einem amerikanischen Arbeitgeber kontrolliert werden, unterfallen nicht *Title VII* und damit nicht der Ermittlungsbefugnis der EEOC.[848]
Nach der Minimum-Contacts-Analyse hat die EEOC vier Eckpfeiler zu beachten:

a) eine Beziehung zwischen den Geschäften im Ausland und der amerikanischen Firma,
b) gemeinsames Management,
c) zentrale Kontrolle der Arbeitsbeziehungen und
d) das gemeinsame Eigentum über die finanzielle Kontrolle des amerikanischen Arbeitgebers und des ausländischen Unternehmens.[849]

Hier werden bereits die Probleme offensichtlich, die internationale Firmenverbindungen aufwerfen.[850] Die Möglichkeiten der EEOC sind jedoch nicht zu unterschätzen, sie kann nämlich die Offenlegung sämtlicher relevanter Dokumente verlangen, um herauszufinden, ob es sich bei dem Arbeitgeber um einen amerikanisch kontrollierten handelt.[851] Die EEOC selbst geht davon aus, dass alle Kriterien von Fall zu Fall berücksichtigt werden müssen und nicht ein ein-

---

846 S. Kapitel B 2.1 in dieser Arbeit.
847 Baxter, 19 Employee Relations L. J., 257, 258-259 (1993).
848 Section 2000 e-1 (c) (1) (2) (1991).
849 Section 2000 e-1 (c) (3) (1991).
850 Baxter, 19 Employee Relations L. J., 257, 260 (1993) bezweifelt, dass die EEOC fachlich überhaupt in der Lage ist, eine solche Analyse durchzuführen, weil sich die Inspektoren oftmals sogar im inländischen Bereich linkisch anstellten und befürchtet internationale Peinlichkeiten.
851 Baxter, 19 Employee Relations L. J., 257, 261 (1993).

ziger Faktor ausreichend ist. Eine Gesamtwertung zeigt, ob es sich um ein amerikanisches Unternehmen handelt.[852]
Zwar hat die EEOC rechtlich große Möglichkeiten, Ermittlungen durchzuführen, es muss aber darauf hingewiesen werden, dass es an der praktischen Durchführung scheitern kann, wenn die ausländischen Staaten die Zustellung der Subpoena-Verlangen verweigern, weil es sich bei der EEOC um eine Verwaltungsbehörde handelt und deren Akten im Verwaltungsverfahren weder gerichtliche Anordnungen noch Anordnungen in einem Pre-Trial-Discovery-Verfahren sind, sondern es sich lediglich um allgemeine Ermittlungen einer amerikanischen Behörde handelt.[853]

4 Anwendung von Title VII auf ausländische Firmen mit Tätigkeit in den USA und FCN-Verträge

Generell müssen sich ausländische Firmen, die auf dem Territorium der USA tätig werden und dadurch die Vorteile des amerikanischen Marktes in Anspruch nehmen, auch den amerikanischen Gesetzen unterwerfen.[854] Insoweit werden sie auch von *Title VII* erfasst, was die Involvierung von immer mehr ausländischen Namen in der Rechtsprechung auch bestätigt, obwohl der Wortlaut von *Title VII* dies nicht direkt aussagt und es auch keine höchstrichterliche Entscheidung dazu gibt.
Probleme tauchen dann auf, wenn nicht nur der ausländische Arbeitgeber auf amerikanischem Territorium, sondern daneben oder anstelle die Muttergesellschaft verklagt wird, was etwa aus Gründen der Finanzkraft geschehen kann.[855] Fraglich ist in diesen Fällen, ob die Muttergesellschaft Arbeitgeberfunktion besitzt und so unter *Title VII* haftbar gemacht werden kann. Dies wird von der Rechtsprechung dann bejaht, wenn die Muttergesellschaft einen bedeutenden Einfluss auf den Zugang des Individuums zu Beschäftigungsmöglichkeiten innerhalb der Tochtergesellschaft ausübt, was sicherlich für jeden Einzelfall detailliert entschieden werden muss.[856]
Eine Ausnahme bilden allerdings Unternehmen, die zu den Ländern gehören, die mit den USA nach dem zweiten Weltkrieg die sogenannten Verträge der *Friendship, Commerce, and Navigation* (kurz FCN-Verträge) geschlossen haben. Zweck war, den ausländischen Firmen auf dem Staatsgebiet des jeweils anderen Landes einen legalen Status und ihnen damit die Möglichkeit zu geben,

852 Vgl. EEOC Compliance Manual, Section 605:0139-605:0151, Appendix 605 M, 15 (1996).
853 S. Baxter, 19 Employee Relations L. J., 257, 259 (1993).
854 Simon/Brown, 16 Employee Relations L. J., 281, 291 (1990-91); Crabtree, 43 Lab. L. J., 719, 720 (1992).
855 Müller, RIW 1998, S. 767.
856 Vgl. Müller, RIW 1998, S. 767.

ihre Geschäfte auf einer vergleichbaren Basis wie die inländischen Unternehmen zu führen.[857] Die FCN-Verträge eröffnen den Vertragspartnern die Möglichkeit, Angehörige ihrer eigenen Nationalität für bestimmte meist höherrangige Positionen einzustellen, deren arbeitsrechtlicher Staat dem Statut des Heimatlandes entspricht.

Zu Konflikten kommt es heute vorrangig auf Grund des 1953 mit Japan geschlossenen FCN Vertrages,[858] der besagt, dass Unternehmen beider Vertragsparteien auf dem Staatsgebiet der anderen Vertragspartei Wirtschaftsprüfer und andere technische Experten, Verwaltungspersonal, Anwälte, Vertreter und andere Spezialisten frei nach Wahl einstellen können.[859] Hier kommt es zu Kollisionen zwischen den Schutzvorschriften von *Title VII* und der Freiheit der ausländischen Unternehmen, alle Spezialisten aus ihrem eigenen Land einzustellen und somit potentiell bei der Einstellung gegen *Title VII* zu verstoßen, da die Einstellungskriterien wegen der Bevorzugung eigener Staatsangehöriger diskriminierend sind.

Der *US Supreme Court* hat mittlerweile in diesem Zusammenhang entschieden, dass sich US-amerikanische Tochtergesellschaften von ausländischen Unternehmen dann nicht mehr auf die FCN-Verträge berufen können, wenn die Unternehmen in den USA gegründet worden sind und rechtlich selbstständig sind.[860]

Ausländische Unternehmen gründen wegen haftungsrechtlicher Erwägungen Tochtergesellschaften in den USA; diese Tochterunternehmen können sich nicht auf die Freizeichnung durch die FCN-Verträge berufen. Nur wenige Firmen haben in den USA unselbständige Niederlassungen, auf die die Ausnahmeregelung Anwendung fände.[861]

Weil es in diesem Zusammenhang nur um die Einstellungs- und Beförderungsproblematik und die Diskriminierung auf Grund der nationalen Herkunft geht, soll hier nicht näher darauf eingegangen werden.[862] Denn auch wenn die Unternehmen bei der Einstellungspolitik für bestimmte Positionen ihre eigenen Staatsangehörigen bevorzugen, gelten die Bestimmungen von *Title VII* für die

---

857 Piskorski, 18 Employee Relations L. J., 61, 62 (1992).

858 Es bestehen *FCN Treaties* mit 48 anderen Staaten, zum Beispiel Griechenland, Frankreich, Italien, Irland, Iran, Dänemark, Korea und auch Deutschland, vgl. Simon/Brown, 16 Employee Relations L. J., 281, 300 (1990/91) sowie Braswell/Poe, 44 Lab. L. J., 727, 728 (1993).

859 Vgl. Simon/Brown, 16 Employee Relations L. J., 281, 293 (1990/91); Crabtree, 43 Lab. L. J., 719, 722 (1992) mit Nachweisen zur Rechtsprechung, und Junker (1992), S. 328 ff.

860 Avagliano v. Sumitomo Shoji America, Inc., 457 U.S. 176 (1982).

861 Vgl. Junker (1992), S. 330.

862 Vgl. Braswell/Poe, 44 Lab. L. J., 727 ff (1993); Crabtree, 43 Lab. L. J., S., 719 ff (1992); Piskorski, 18 Employee Relations L. J., 61 ff (1992) sowie EEOC Compliance Manual, Section 605:0139-605:0151, Appendix 605 M (1996), S. 12-14.

anderen Bereiche des Arbeitslebens weiter,[863] so dass auch Unternehmen, die einen FCN-Vertrag mit den USA geschlossen haben, gegen sexuelle Belästigung ihrer Mitarbeiter vorgehen müssen.

863 S. MacNamara v. Korean Airlines, 44 EPD 37, 543 (E. D. Pa 1987).

F Die Situation in Europa

1 Einfluss der Europäischen Union auf das deutsche Antidiskriminierungsrecht durch die Instrumente der EU

Das Arbeitsrecht und insbesondere die Rechte der Frauen auf Gleichberechtigung am Arbeitsplatz wurden und werden entscheidend von der EU und der Rechtsprechung des EuGH[864] geprägt.

1.1 Richtlinien und die Rechtsprechung des EuGH

Neben den im früheren Art. 119 und jetzigen Art. 141 des EWG-Vertrages normierten Gebot der Lohngleichheit existieren auf EU-Ebene bereits seit 1976 mehrere Richtlinien, die sich mit der Gleichberechtigung von Männern und Frauen im Arbeitsleben befassen. Als wichtigste Richtlinie ist die Richtlinie 76/207 EWG hervorzuheben, deren Umsetzungserfordernissen Deutschland 1980 – verspätet um zwei Jahre – mit der Schaffung des hier insbesondere interessierenden § 611a BGB sowie weiterer Normen nachkam. So steht deutsches Anti-Diskriminierungsrecht unmittelbar im Zusammenhang mit der europäischen Rechtssetzung, weil Deutschland als Mitgliedstaat zur Umsetzung von Richtlinien verpflichtet ist.[865]
Die europäische Union trägt in Deutschland zur Rechtsfortbildung auf dem Gebiet der Gleichbehandlung im Erwerbsleben bei. Einen großen Anteil hat hieran der EuGH, der wiederholt nach Vorlage durch deutsche Arbeitsgerichte die Europarechtswidrigkeit der zitierten Vorschriften des BGB festgestellt hat und so die deutschen Arbeitsgerichte mangels anderweitiger gesetzlicher Grundlagen zur europarechtskonformen Auslegung der Antidiskriminierungsvorschriften des BGB veranlasste,[866] was wiederum zur Folge hatte, dass § 611 a BGB auf Grund der Entscheidungen des EuGH bereits zweifach, nämlich 1994 und 1998,[867] geändert wurde, um seine Europarechtskonformität herzustellen.
Da die sexuelle Belästigung am Arbeitsplatz in Deutschland Schadensersatzansprüche gemäß § 611 a BGB gegen den Arbeitgeber eröffnet, wie noch weiter unten detailliert auszuführen ist, hat die europäische Entwicklung durch die Rechtsfortbildung in diesem Bereich hier zumindest mittelbaren Einfluss.

---

864 Wisskirchen (1994), S. 35; Blomeyer, NZA 1994, S. 633 ff.

865 Art. 249 III (früher Art. 189 III) EGV, vgl. auch Kocher, ArbuR 1998, S. 221; Pfarr/Bertelsmann (1989), S. 444, die das Gleichbehandlungsgesetz von 1980 nur auf den Zwang der EU zurückführen.

866 S. Rs. C 14/83, Slg. 1984, 1891 ff; Rs. C 79/83, Slg. 1984, 1921 f. v. Colson/Kamann und Harz sowie Rs. C 180/95 vom 22. April 1997, Slg. 1997, I, 2195 = DB (1997), S. 983 ff (Nils Draehmpaehl); s. zur Rechtsfortbildung durch den EuGH auch Konzen, EuZW 1995, S. 39, 48 f.

867 2. GleiBG vom 24. Juni 1994, BGBl. I, 1406 und BGBl. I, 1998, S. 1694.

Die EU hat die Problematik der sexuellen Belästigung am Arbeitsplatz als Diskriminierung explizit erkannt und Maßnahmen ergriffen, die sich zunächst auf Entschließungen und Empfehlungen an die Mitgliedstaaten beschränkten, nunmehr aber – wohl als Reaktion auf das Verhalten der Mitgliedstaaten – durch den bevorstehenden Erlass einer Richtlinie Umsetzungsgebote an die Mitgliedstaaten adressieren.

1.2 Entschließungen und Empfehlungen

Die europäischen Organe sind zum Themenbereich der sexuellen Belästigung am Arbeitsplatz zunächst in Gestalt von Entschließungen, Erklärungen und Empfehlungen, die sich an die Mitgliedstaaten richten, tätig geworden. Hierin nehmen sie teils sehr deutlich Stellung und qualifizieren sexuelle Belästigung im Erwerbsleben als ernstes Problem für berufstätige Frauen, das ihre volle Integration ins Berufsleben verhindert.[868] Nunmehr gibt es eine Änderungsrichtlinie zu Richtlinie 76/207/EWG, in der sexuelle Belästigung am Arbeitsplatz als diskriminierendes Verhalten ausdrücklich aufgeführt wird.[869]
Da Deutschland diese Richtlinie umsetzen muss, wird von Bedeutung sein, ob vorhandene Gesetze ausreichend sind oder neue Regelungen geschaffen werden müssen. Ich stimme nicht mit Mästles Ansicht überein, wonach in Richtlinie 76/207 EWG bereits implizit das Verbot der sexuellen Belästigung am Arbeitsplatz wegen Verstoßes gegen das Gleichbehandlungsgebot enthalten sei, und Deutschland sei mit dem BeschSchG,[870] das nur unzureichend vor sexueller Belästigung am Arbeitsplatz schütze, nicht dem Erfordernis der Umsetzung nachgekommen.[871] Das Bewusstsein, dass es sich bei sexueller Belästigung nicht (nur) um auf sexuellen Inhalt ausgerichtete Kontakte, sondern um Ausübung von Macht und Diskriminierung handelt, ist – wie der Blick auf die USA zeigt – erst langsam entstanden. Die Änderung der Richtlinie zeigt den Wandel in der rechtlichen Wertung, so dass jedenfalls im Hinblick auf die Richtlinie 76/207 EWG kein Umsetzungserfordernis bestanden hat.[872]
Da sich die europäischen Institutionen bereits Mitte der 80-er Jahre mit dem Problem der sexuellen Belästigung beschäftigten, sollen zunächst die Maßnahmen der EU vorgestellt und ihr bisheriger Einfluss auf die deutsche Gesetzgebung und Rechtsprechung verdeutlicht werden.

---

868 Erklärung des Rates vom 19. Dezember 1991, Abl. Nr. C 27 vom 4. Februar 1992 (92/C27/01).

869 S. RL 2002/73 EG, Art. 2 (3), Abl. L 269 vom 05. Oktober 2002, S. 0015-0020.

870 S. Kapitel G 1 in dieser Arbeit.

871 So wohl Mästle (2000), S. 199.

872 Daher erübrigt sich meines Erachtens auch die Frage, ob die Richtlinie mangels Umsetzung unmittelbare Wirkung haben kann, so aber Mästle (2000), S. 119, der im Ergebnis jedoch die unmittelbare Wirkung verneint (S. 121).

1.2.1 Entschließung des Europäischen Parlamentes von 1986

Zunächst hat das Europäische Parlament in einer Entschließung über Gewalt gegen Frauen im Jahre 1986 die Mitgliedstaaten aufgefordert, Informationskampagnen für die Chancengleichheit von Frauen und Männern und gegen sexuelle Entwürdigung und Gewalt durchzuführen.[873]

1.2.2 Entschließung des Rates von 1990

In einer Entschließung vom 29. Mai 1990 erklärte der Rat der Europäischen Union, dass Verhalten sexueller Natur eine unerträgliche Verletzung der Würde von Arbeitnehmern und Auszubildenden darstelle und nicht hingenommen werden dürfe, wenn dieses Verhalten von der betroffenen Person unerwünscht sei. Unannehmbar ist ein solches Verhalten weiter, wenn die Zurückweisung oder Duldung eines Verhaltens sexueller Natur zur Entscheidungsgrundlage für eine Arbeitsmaßnahme herangezogen wird oder eine feindliche, einschüchternde oder demütigende Arbeitsumwelt schafft.[874]

Die Wortwahl, die auf die Unerwünschtheit des sexuellen Verhaltens abstellt und die Kategorisierung der sexuellen Belästigung in Quid-pro-Quo-Fälle und Fälle der feindlichen Arbeitsumgebung erinnert sehr stark an die von der Rechtsprechung in den USA entwickelten Anknüpfungskriterien.

Der Rat weist weiter darauf hin, dass es sich bei sexueller Belästigung von Arbeitnehmern unter Umständen um einen Verstoß gegen den Gleichbehandlungsgrundsatz im Sinne der Art. 3 bis 5 der Richtlinie 76/207/EWG handeln kann.[875]

Auch hier ist ein Vorstoß der europäischen Organe erkennbar, ebenso wie in den USA sexuelle Belästigung nicht nur als Würdeproblem sondern auch als Diskriminierung auf Grund des Geschlechtes wahrzunehmen. Gleichzeitig wird wiederum der bedeutende Einfluss der Union auf das nationale Arbeitsrecht deutlich, da alle in Umsetzung der Richtlinie 76/207 EWG geschaffenen nationalen Vorschriften stets einer Korrektur durch den EuGH unterfallen können, sollten nationale Gerichte die Vereinbarkeit mit europäischem Recht in Zweifel ziehen.

Weiterhin wird die Kommission aufgefordert, einen Verhaltenskodex über den Schutz der Würde von Frauen und Männern am Arbeitsplatz zu verfassen. Auch das Europäische Parlament verabschiedete eine Entschließung zum Schutz der Würde von Frauen und Männern am Arbeitsplatz.[876]

---

873 Abl. Nr. C 176 vom 14. Juli 1986.

874 Entschließung des Rates vom 29. Mai 1990, Abl. Nr. C 157/3/4 (90/C157/02).

875 Entschließung des Rates vom 29. Mai 1990, Abl. Nr. C 157/3/4 (90/C157/02).

876 Entschließung des Europäischen Parlaments vom 22. Oktober 1991, Abl. Nr. C 305 vom 25. November 1991.

1.2.3 Empfehlung der Kommission von 1991 an die Mitgliedstaaten

Der Aufforderung des Rates, einen Verhaltenskodex zu entwerfen, kam die Kommission schließlich mit ihrer Empfehlung zum Schutz der Würde von Frauen und Männern am Arbeitsplatz vom 27. November 1991 nach, die im Anhang praktische Verhaltensregeln und Maßnahmen zur Bekämpfung sexueller Belästigung enthält.[877] Hierin wird den Mitgliedstaaten empfohlen, die im Anhang enthaltenen praktischen Verhaltensrichtlinien im öffentlichen Sektor anzuwenden und so der Privatwirtschaft ein Vorbild zu sein (Art. 2). Weiter sollen die Mitgliedstaaten Arbeitgeber und Arbeitnehmervertreter anregen, Maßnahmen zum Schutz der Würde von Frauen und Männern am Arbeitsplatz zu treffen (Art. 3).
Innerhalb von drei Jahren mussten die Mitgliedstaaten die Kommission darüber unterrichten, welche Maßnahmen sie zur Ausführung der Empfehlung getroffen haben (Art. 4).
Der Verhaltenskodex soll den Arbeitgebern praktische Leitlinien zum Schutz der Würde von Frauen und Männern am Arbeitsplatz geben, die diese auf die Größe und Struktur ihres Betriebes entsprechend anwenden sollen.
Die zu treffenden Maßnahmen sollen vorrangig der Prävention dienen. Sollte sexuelle Belästigung dennoch vorkommen, sollten die Arbeitgeber ein angemessenes Verfahren zur Bewältigung des Problems und dessen künftiger Vermeidung bereithalten. Hierfür wurde die Einrichtung eines formellen Beschwerdeweges gefordert. Dieser sollte die besondere Situation und die Peinlichkeit für die betroffenen Personen berücksichtigen und kurze Fristen zur Bearbeitung vorsehen.

1.2.3.1 Gesellschaftliche Wirklichkeit als Handlungsgrundlage

Zur Grundlage für das tatsächliche Vorhandensein von sexueller Belästigung am Arbeitsplatz machte sich die Kommission eine Untersuchung in den Mitgliedstaaten, die ergeben hatte, dass Belästigungen am Arbeitsplatz nicht nur vereinzelt auftreten, sondern für Millionen von Frauen ein unerfreulicher und unvermeidbarer Bestandteil ihres Arbeitslebens sind.[878]
Die Kommission machte deutlich, dass einige Gruppen von Frauen besonders gefährdet seien, da ein Zusammenhang zwischen Wahrscheinlichkeit von sexueller Belästigung und scheinbarer Angreifbarkeit der Frau bestehe.

---

877 Empfehlung der EG-Kommission vom 27. November 1991, Abl. Nr. L 49 vom 24. Februar 1992 (92/131/EWG).

878 Rubinstein (1987).

Frauen, die alleinstehend, jung und erst seit kurzer Zeit auf dem Arbeitsmarkt sind, sowie Frauen, die irreguläre Arbeitsverträge haben, in für Frauen unüblichen Berufen arbeiten, lesbisch oder behindert sind oder einer rassischen Minderheit angehören, gehören überproportional zu den potentiellen Opfern.

1.2.3.2 Folgen der sexuellen Belästigung am Arbeitsplatz

Weiter schilderte die Kommission die Folgen, die durch sexuelle Belästigung für Arbeitnehmerinnen und Arbeitgeber entstehen. Arbeitnehmerinnen haben nicht nur Einwirkungen auf ihre Gesundheit und ihr durch Stress und Angst gesunkenes Leistungsvermögen zu ertragen, sie müssen ebenfalls Auswirkungen auf ihre Aufstiegschancen fürchten, wenn sie auf Grund von Kündigung einen neuen Arbeitsplatz suchen müssen.
Für den Arbeitgeber wirkt sich sexuelle Belästigung auf die Rentabilität seines Unternehmens aus, da er Fehlzeiten und verminderte Produktivität hinnehmen muss.[879]
All diese Argumente sind in gleicher Form bereits in den USA aufgeführt worden und haben da bereits zu einer Reaktion in Rechtsprechung und Arbeitswelt geführt.
Sehr wichtig ist in diesem Zusammenhang, dass die Kommission ausführt, die sexuelle Belästigung sei ein Problem der Diskriminierung auf Grund des Geschlechtes, weil das Geschlecht der determinierende Faktor für das Opfer der Belästigung sei und die Belästigung mit dem Status der Frau in der Beschäftigtenhierarchie zusammenhänge.[880]
Hier wird, wie noch weiter unten zu verdeutlichen ist, ein wesentlicher Unterschied zum deutschen Lösungsversuch begründet, der allein auf die Wahrung der Würde abstellt. Auch in diesem Punkt legt die EU gleiche Kriterien an wie die USA, auf die sie schließlich im Richtlinienentwurf Bezug nimmt.[881]

1.2.3.3 Länderbericht der Kommission über die Reaktionen der Mitgliedstaaten

Die EG-Kommission hat in einem Bericht über die Anhörung der Sozialpartner zur Frage der Verhinderung von sexueller Belästigung am Arbeitsplatz geprüft, inwieweit die Mitgliedstaaten ihrer Empfehlung nachgekommen sind, geeignete Maßnahmen zu ergreifen.[882]

---

879 Empfehlung der EG-Kommission vom 27. November 1991, Abl. Nr. L 49/3 vom 24. Februar 1992.

880 Empfehlung der EG Kommission vom 27. November 1991, Abl. Nr. L 49/4/5 vom 24. Februar 1992.

881 S. Kapitel F 1.3 in dieser Arbeit.

882 EG-Kom (96) 273, endgültig vom 24. Juli 1996.

Empfehlungen, die die Kommission ausspricht, sind gemäß Art. 249 V EWG-Vertrag für die Mitgliedstaaten nicht verbindlich. Sie entfalten jedoch eine gewisse rechtliche Wirkung, da der EuGH entschieden hat, dass die nationalen Gerichte verpflichtet sind, die Empfehlungen bei ihren Entscheidungen zu berücksichtigen, insbesondere dann, wenn die Empfehlungen Aufschluss über nationale Rechtsnormen geben, die zur Durchführung der Richtlinien erlassen worden sind.[883]

Deutschland hat auf die Empfehlung der Kommission mit dem Beschäftigtenschutzgesetz von 1994 reagiert und insofern versucht, rechtspolitische Ziele der EU in das nationale Rechtssystem zu integrieren. Daher ist dieses Gesetz im Lichte der Empfehlung von den deutschen Arbeitsgerichten auszulegen,[884] da die Ansicht der Wirkung von Empfehlungen der EU-Institutionen des EuGH auch vom Bundesarbeitsgericht geteilt wird.[885] Eine Änderung wird wahrscheinlich die geplante Richtlinienänderung erforderlich machen.[886]

Der genannte Bericht fasst zusammen, dass die Mehrheit der Mitgliedstaaten das Problem der sexuellen Belästigung als solches anerkannt hat und einige Länder (zum Beispiel Deutschland) auch bereits Rechtsvorschriften erlassen haben bzw. rechtlichen Progress auf Grund bestehender Rechtsvorschriften erlangt haben. Jedoch stellt die sexuelle Belästigung nach Ansicht der Kommission weiterhin ein ernstes Problem dar, und die Notwendigkeit des Tätigwerdens auf europäischer Ebene wird als erforderlich erachtet. Die Kommission ging sogar so weit zu sagen, dass kein wirklicher Fortschritt gemacht wurde und eventuell ein ganz neuer Lösungsansatz gesucht werden müsse, der effizienter sei.

1.3 Vorschlag der Kommission zur Änderung der Richtlinie 76/207 EWG[887]

Die Kommission hatte zunächst mit dem Vorschlag zur Änderung der Richtlinie 76/207 EWG[888] reagiert, der durch den gemeinsamen Standpunkt des Rates und des Parlamentes bestätigt wurde. Die Richtlinie ist nunmehr verabschiededt worden und weicht teilweise von den Vorschlägen ab.[889] Im Änderungsentwurf dieser Gleichbehandlungsrichtlinie ist erstmals explizit die Problematik der sexuellen Belästigung am Arbeitsplatz als Diskriminierung erfasst.

---

883 EuGH, R.C-322/88 (Grimaldi/Fonds des Maladies Professionelles), Slg. 1989, 4407 (4421), generell zur Wirkung von Empfehlungen: Schweitzer/Hummer (1996), S. 111.

884 Schiek u.a./Buhr/Klein-Schonnefeld (1996), Rn. 2537.

885 BAG vom 12. Februar 1992, DB 1993, 444.

886 S. Kapitel F 1.3 in dieser Arbeit.

887 Abl. C 337 E vom 7. Juni 2000, 204.

888 76/207 EWG vom 9. Februar 1976, AblEG L. 39/40.

889 RL 2002/73 EG, ABl. L-269 vom 5. Oktober 2002, S. 0015-0020; s. Kapitel F 1.5 in dieser Arbeit.

Die Kommission beklagte bereits in ihrem oben genannten Bericht, dass keine große Sensibilisierung für die Problematik erreicht worden sei und forderte daher ein explizites Verbot sexueller Belästigung, effektivere Rechtsmittel einhergehend mit Beratungsmöglichkeiten sowie die Schaffung eines wirklichen Bewußtseins für die Problematik bei Arbeitgebern und Arbeitnehmern gleichermaßen.[890]

Auch hier ist erkennbar, dass die Enttabuisierungsbestrebungen und der Präventionsgedanke den amerikanischen Ansätzen entsprechen.

Im Richtlinienvorschlag führt die Kommission aus, dass ein so wichtiges und heikles Problem wie das der sexuellen Belästigung nicht länger ignoriert werden könne und ein Tätigwerden auf Gemeinschaftsebene erfordere.[891]

Sie weist weiter darauf hin, dass es sich bei der sexuellen Belästigung am Arbeitsplatz um kein neues Phänomen handele, jedoch vom Gesetzgeber auf nationaler wie auf Gemeinschaftsebene bisher weitgehend ignoriert worden sei.[892]

Aus den Erhebungen in den Mitgliedstaaten lasse sich die Schlussfolgerung ziehen, dass das Fehlen einer allgemein gültigen Definition dessen, was sexuelle Belästigung ist, eine objektive Erfassung und Quantifizierung des Phänomens erschwere, obwohl ca. 40% bis 50% der weiblichen Beschäftigten unerwünschte sexuelle Annäherungsversuche (oder andere Formen von Belästigungen) erlebt hätten. Auch sei der Grad der Sensibilisierung für das Problem in den Mitgliedstaaten sehr gering, was seinen Ausdruck darin finde, dass in den meisten Mitgliedstaaten geeignete Rechtsvorschriften fehlten.[893]

Obwohl zwischen den Sozialpartnern mehrheitlich die Auffassung herrschte, dass sexuelle Belästigung ein weitverbreitetes Phänomen sei, das es am Arbeitsplatz zu vermeiden gelte, sowohl zum Nutzen des Einzelnen als auch zum Nutzen des Unternehmens, gingen die Meinungen darüber, wie dieses Ziel zu erreichen sei, auseinander. Eine Einigung der Sozialpartner konnte nicht erzielt werden.[894]

Die Kommission weist weiter darauf hin, dass es mehrere Drittstaaten gäbe, die über Rechtsvorschriften verfügten, die sexuelle Belästigung am Arbeitsplatz ausdrücklich untersagten, führte hier exemplarisch auch *Title VII* des CRA von 1964 an sowie die Einstufung dieser Rechtsordnungen, sexuelle Belästigung als Diskriminierung anzusehen.[895]

Sexuelle Belästigung wird im Kommissionsvorschlag so definiert: „Sexuelle Belästigung bedeutet unerwünschtes Verhalten sexueller Natur oder ein sonsti-

---

890 EG-Kom (96) 373, endgültig vom 24. Juli 1996.
891 Abl. C 337 E vom 7. Juni 2000, 204, S. 11.
892 Abl. C 337 E vom 7. Juni 2000, 204, S. 14.
893 Abl. C 337 E vom 7. Juni 2000, 204, S. 15.
894 Abl. C 337 E vom 7. Juni 2000, 204, S. 17.
895 Abl. C 337 E vom 7. Juni 2000, 204, S. 18.

ges Verhalten auf Grund der Geschlechtszugehörigkeit, das die Würde von Frauen und Männern am Arbeitsplatz beeinträchtigt. Dies kann unerwünschte körperliche, verbale oder nichtverbale Verhaltensweisen einschließen."[896]
Wichtig ist, dass die Kommission im Einklang mit dem Rat und dem Europäischen Parlament sexuelle Belästigung als Verstoß gegen den Grundsatz der Gleichbehandlung sowie als grobe Beleidigung der Würde der Frauen und Männer am Arbeitsplatz einstuft.[897]
Die Aufteilung einerseits in die Verletzung der Würde und andererseits in die Diskriminierung wird wörtlich genannt und somit entschieden, dass beide Aspekte zu berücksichtigen sind, was im Einzelfall Konsequenzen für die Rechtssetzung in den Mitgliedstaaten haben wird.

1.4 Gemeinsamer Standpunkt des Europäischen Parlamentes und des Rates zur Änderung der Richtlinie 76/207 EWG

Die Richtlinie 76/207 EWG dient zur Verwirklichung des Grundsatzes der Gleichbehandlung von Männern und Frauen hinsichtlich des Zugangs zur Beschäftigung, zur Berufsausbildung, zum beruflichen Aufstieg sowie in Bezug auf die Arbeitsbedingungen und hat bereits in der Vergangenheit durch die Umsetzung in den Mitgliedstaaten sowie die daran anschließende Überprüfung durch den EuGH zu rechtlichen Verbesserungen für die Frauenerwerbstätigkeit geführt.[898]
Nunmehr erachten es die europäischen Institutionen als erforderlich, in Ansehung des Artikels 2 des EG-Vertrages, der die Gleichstellung von Frauen und Männern als grundlegendes Gemeinschaftsprinzip bezeichnet, die erwähnte Richtlinie zu ergänzen bzw. zu andern.[899] Hier soll sich auf die Änderungen beschränkt werden, die den Problemkreis der sexuellen Belästigung am Arbeitsplatz betreffen.

1.4.1 Sexuelle Belästigung ist Diskriminierung

In Nr. 8 der Erwägungsgründe für die Änderung der Richtlinie 67/207 EWG wird ausgeführt: „Die Belästigung einer Person auf Grund ihres Geschlechts und die sexuelle Belästigung stellen einen Verstoß gegen den Grundsatz der Gleichbehandlung von Frauen und Männern dar; daher sollten diese Begriffe bestimmt und die betreffenden Formen der Diskriminierung verboten werden.

896 Abl. C 337 E vom 7. Juni 2000, 204, S. 18.
897 Abl. C 337 E vom 7. Juni 2000, 204, S. 18.
898 Allgemein hierzu: Schlachter (1993), Kapitel 4 V; Wisskirchen (1994), S. 49 ff; Mästle (2000), § 6.
899 Rat der Europäischen Union, Interinstitutionelles Dossier 2000/0142 (COD) (1)-(16); so übernommen in RL 2002/73 EG, Abl. L 269 vom 05. Oktober 2002, S. 0015-0020.

Diesbezüglich sei darauf hingewiesen, dass diese Formen der Diskriminierung nicht nur am Arbeitsplatz vorkommen, sondern auch im Zusammenhang mit dem Zugang zur Erwerbstätigkeit und zur beruflichen Ausbildung, bei der Einstellung und bei der Beschäftigung."
Die neue Einstufung von sexueller Belästigung am Arbeitsplatz als Diskriminierung und die Einbeziehung dieses Tatbestandes in die Gleichheitsrichtlinie werden nach Umsetzung in das nationale Recht auch für das deutsche Rechtssystem weitreichende Konsequenzen haben, weil klar gestellt wird, dass es sich nicht lediglich um die Verletzung von Würde handelt, sondern eine Diskriminierung auf Grund des Geschlechtes darstellt, wodurch sämtliche Rechtsnormen zur Bekämpfung von Diskriminierung im Arbeitsleben sowie die ausgestaltende Rechtsprechung Anwendung finden werden.
Demnach soll Art. 2 der Richtlinie folgender Unterabsatz angefügt werden: „Unerwünschte, geschlechtsbezogene Verhaltensweisen gegenüber einer Person, die bezwecken oder bewirken, dass die Würde der betreffenden Person verletzt und ein von Einschüchterungen, Anfeindungen, Erniedrigungen, Entwürdigungen oder Beleidigungen gekennzeichnetes Umfeld geschaffen wird, sind Belästigungen, die als Diskriminierung im Sinne des Unterabsatzes 1 gelten. Sexuelle Belästigung, die durch ein unerwünschtes Verhalten sexueller Natur in Form von Handlungen, verbalen oder nichtverbalen Äußerungen zum Ausdruck kommt, stellt eine spezifische Form der Belästigung dar. Die Zurückweisung oder Duldung solcher Verhaltensweisen durch die betreffende Person darf nicht als Grundlage für eine Entscheidung herangezogen werden, die diese Person berührt."[900]
Dieser Entwurf nimmt die Kategorisierung in Schaffung einer feindseligen Arbeitsumgebung sowie in Quid-pro-Quo-Fälle auf, wie sie bereits aus der Einstufung in den USA bekannt ist. Des Weiteren ist auffällig, dass im Entwurf ebenfalls auf die in den USA gebräuchliche Anwendung der Unerwünschtheit des Verhaltens Bezug genommen wird.

1.4.2 Schadensersatz muss angemessen und abschreckend sein

In Art. 6 (2) des Entwurfes wird festgelegt, dass die Mitgliedstaaten sicherstellen müssen, dass der Schaden, der einer Person durch Diskriminierung entsteht, real und effektiv ausgeglichen oder ersetzt wird, wobei dies auf eine abschrekkende und dem erlittenen Schaden angemessene Art und Weise geschehen muss. Des Weiteren gibt Art. 8 d die Schaffung von Sanktionen durch die Mitgliedstaaten bei Verstoß gegen die umgesetzten nationalen Vorschriften vor. Ausdrücklich vorgesehen ist eine Schadensersatzleistung an die Opfer von Dis-

900 Rat der Europäischen Union, 2000/0142 (COD), 10; anders die RL 2002/73 EG, Abl. L 269 vom 05. Oktober 2002, S. 0015-0020.

kriminierung. Die Sanktionen müssen wirksam, verhältnismäßig und abschrekkend sein.[901]
Dem Sanktionserfordernis gerecht zu werden, wurde in Deutschland bisher mit der Vorschrift des § 611 a BGB versucht, der – bedingt durch die Rechtsprechung des EuGH zur Europarechtskonformität – bereits mehrfach geändert wurde, was keine Prognose für die Zukunft zulässt, ob der § 611 a BGB den Vorgaben der Richtlinie genügen wird.[902]

1.4.3 Etablierung einer „Förderungsstelle“ und Verbandsbeteiligung

Gänzlich neu ist die in Art. 8 a der Richtlinie vorgesehene Schaffung einer oder mehrerer Stellen in den Mitgliedstaaten, deren Aufgabe darin besteht, die Verwirklichung des Grundsatzes der Gleichbehandlung aller Personen ohne Diskriminierung auf Grund des Geschlechtes zu fördern. Diese Stellen könnten Teil einer Einrichtung sein, die auf nationaler Ebene für den Schutz der Menschenrechte oder der Rechte des Einzelnen zuständig ist.
Neben der Durchführung von Untersuchungen zum Thema Diskriminierung und der Veröffentlichung unabhängiger Berichte ist in Art. 8 a (2) a) vorgesehen, dass die Mitgliedstaaten sicherstellen, dass es zur Zuständigkeit dieser Stellen gehört, „unbeschadet der Rechte der Opfer und der Verbände, der Organisationen oder anderer juristischer Personen nach Art. 6 (3) die Opfer von Diskriminierung auf unabhängige Weise dabei zu unterstützen, ihrer Beschwerde wegen Diskriminierung nachzugehen.“[903]
Der erwähnte Art. 6 (3) gibt Verbänden, Organisationen oder anderen juristischen Personen, die gemäß den in ihrem einzelstaatlichen Recht festgelegten Kriterien ein rechtmäßiges Interesse daran haben, für die Einhaltung der Bestimmungen dieser Richtlinien zu sorgen, sich entweder im Namen der beschwerten Person oder zu deren Unterstützung und mit deren Einwilligung an der in dieser Richtlinie zur Durchsetzung der Ansprüche vorgesehenen Gerichts- und/oder Verwaltungsverfahren beteiligen zu können.[904]
Somit statuiert der Richtlinienvorschlag eine zweigleisige Unterstützung bzw. Beteiligung für Opfer von Diskriminierung. Während der Richtlinienvorschlag in Art. 8a noch die Etablierung einer unabhängigen Stelle vorsah, die befugt sein sollte, Beschwerden entgegen zu nehmen und diesen nachzugehen,[905] ist

---

901 Rat der Europäischen Union, 2000/0142 (COD), 16 RL 2002/73 EG, Abl. L 269 vom 05. Oktober 2002, S. 0015-0020.

902 Vgl. zum Diskussionsstandpunkt: 11. Arbeitsrechtliche Jahresarbeitstagung, 2001, S. 250 ff.

903 Rat der Europäischen Union, 2000/0142 (COD), S. 14.

904 Rat der Europäischen Union, 2000/0142 (COD), S. 13.

905 Abl. C 337 E vom 7. Juni 2000, 204, S. 6.

die Fassung des Rates enger. Es wird nicht gefordert, dass es sich bei der Stelle um eine unabhängige handelt und sie muss auch keine Beschwerdestelle als solche sein, sondern lediglich Opfer von Diskriminierung auf unabhängige Weise unterstützen, ihrer Beschwerde nachzugehen. Die Betonung liegt auf ‚Unterstützung der Opfer'. Hier bleiben vielfache Auslegungsmöglichkeiten für die Mitgliedstaaten, mit welchen Kompetenzen sie eine solche Stelle ausstatten. Fest steht lediglich, dass es sich bei den genannten Stellen nicht um betriebsinterne, sondern um externe Stellen handeln muss. Dankbar wäre hier die Unterstützung durch die Frauenbeauftragten, die bereits Teil einer Einrichtung sind, die sich um die Rechte Einzelner kümmern sollen. Da sich die Frauenbeauftragten per se um die Rechte von Frauen kümmern sollen, kann dies aber nicht die einzige Stelle sein, da sich die Gleichbehandlungsrichtlinie an Frauen wie an Männer wendet.
Des Weiteren ist die Beteiligung von Verbänden und Organisationen am Gerichts- bzw. Verwaltungsverfahren vorgesehen. Alle Beteiligungen hängen vom Einverständnis der Opfer ab. Die Beteiligung kann entweder im Namen der betroffenen Person oder zu deren Unterstützung erfolgen. Eine solche Beteiligungsmöglichkeit gibt es im deutschen Zivilrecht bislang in § 13 II UWG und in § 3 I UKlaG. Die zu beteiligenden Verbände müssen ein rechtmäßiges Interesse haben. Somit bleibt abzuwarten, ob Deutschland entsprechend den Vorschriften im UWG und AGBG die Beteiligungsfähigkeit von festgelegten Kriterien abhängig machen wird.
Die vorgesehenen Beteiligungen und Unterstützungen bzw. deren Aufspaltung in zwei verschiedene Organisationen ist unglücklich. Es ist weder vollständig klar, welche Art von Unterstützung eine Stelle nach Art. 8 a gewähren noch warum eine Aufspaltung erfolgen soll. Eine weitere Zergliederung von Zuständigkeiten ist dem Gedanken der Antidiskriminierung nicht förderlich, wenn das Opfer sich Gedanken machen muss, an welche Institution es sich wenden kann. Als Opfer einer sexuellen Belästigung am Arbeitsplatz wäre es zudem kontraproduktiv, wenn das Opfer bei zwei verschiedenen Stellen Angaben zu den Vorfällen machen müsste, da eine Offenbarung Dritten gegenüber stets Überwindung kostet.
Dem Vorschlag der Kommission zur Schaffung einer unabhängigen Stelle, die Beschwerden entgegen nimmt, diese verfolgt und des Weiteren an gerichtlichen bzw. am Verwaltungsverfahren teilnehmen kann, ist der Vorzug zu geben. Es bleibt zu hoffen, dass Deutschland eine solche Stelle schafft.
Hier kann auf das Vorbild in den USA, die EEOC zurückgegriffen werden, die Vor- und Nachteile dieser Behörde wurden bereits ausführlich im amerikanischen Teil dieser Arbeit dargestellt. Die Opfer von sexueller Belästigung am Arbeitsplatz müssen eine Anlaufstelle haben, die Kompetenz in rechtlicher wie psychologischer Hinsicht besitzt und mit den entsprechenden finanziellen Mitteln und rechtlichen Möglichkeiten ausgestattet ist, um Opfern von Diskriminierung am Arbeitsplatz effektiv zur Seite stehen zu können.

1.5 Änderungsrichtlinie 2002/73 EG

In Ansetzung der Charta der Grundrechte der Europäischen Union stellen der Rat und das Europäische Parlament fest, dass Art. 2 und 3 II des EG-Vertrags die Gleichstellung von Männern und Frauen als grundlegendes Prinzip erachten.[906] Weiter wird festgestellt, dass sexuelle Belästigung am Arbeitsplatz einen Verstoß gegen den Grundsatz der Gleichbehandlung von Frauen und Männern darstellt. Insofern ist der Text wortgleich mit dem Text des gemeinsamen Standpunktes.[907]

Da der Vorschlag der Kommission und des gemeinsamen Standpunktes des Europäischen Rates und des Europäischen Parlamentes bereits in dieser Arbeit dargestellt wurden,[908] sollen nur die Abweichungen in der Änderungsrichtlinie aufgezeigt werden.

1.5.1 Definition der sexuellen Belästigung

In der Richtlinie 2002/73 EG ist in Art. 2 (2) die Definition der sexuellen Belästigung am Arbeitsplatz nicht wortgleich mit der Definition im gemeinsamen Standpunkt. Hier heißt es wörtlich: „Sexuelle Belästigung: jede Form von unerwünschtem Verhalten sexueller Natur, das sich in unerwünschter verbaler, nicht-verbaler oder physischer Form äußert und das bezweckt oder bewirkt, dass die Würde der betreffenden Person verletzt wird, insbesondere ein von Einschüchterungen, Anfeindungen, Erniedrigungen, Entwürdigungen und Beleidigungen gekennzeichnetes Umfeld geschaffen wird."[909]

Sinngemäß entspricht diese Definition der Definition im gemeinsamen Standpunkt.[910] Jedoch stellt Art. 2 (3) der Richtlinie klar, dass sexuelle Belästigung im Sinne der Richtlinie als Diskriminierung auf Grund des Geschlechts gilt und daher verboten ist.[911] Dieses Verbot war im gemeinsamen Standpunkt noch nicht so deutlich genannt, sondern in der Definition selbst versteckt enthalten.[912]

1.5.1 Schadensersatz

Die in Art. 6 (2) der RL 2002/73 EG ebenfalls geregelte Rechtsfolge des Schadensersatzes entspricht – zwar nicht wortgleich – Art. 6 (2) des gemeinsamen

906 RL 2002/73 EG (3) und (4) der Erwägungsgründe.
907 RL 2002/73 EG (8) der Erwägungsgründe und Kapitel F 1.4.1 in dieser Arbeit.
908 S. Kapitel F 1.3 bis 1.4.3 in dieser Arbeit.
909 RL 2002/73 EG, Art. 2 (2).
910 S. Kapitel F 1.4.1 in dieser Arbeit.
911 RL 2002/73 EG, Art. 2 (3).
912 S. Kapitel F 1.4.1 „Diskriminierung im Sinne des Unterabsatzes 1".

Standpunktes;[913] es wird jedoch klar gestellt, dass „ein Ausgleich oder eine Entschädigung nur in den Fällen durch eine im Voraus festgelegte Höchstgrenze begrenzt werden darf, in denen der Arbeitgeber nachweisen kann, dass der einem/einer Bewerber/in durch die Diskriminierung entstandene Schaden allein darin besteht, dass die Berücksichtigung seiner/ihrer Bewerbung verweigert wird."[914] Hieraus wird deutlich, dass bei einer Umsetzung in deutsches Recht keine summenmäßige Beschränkung bei einem Anspruch auf immateriellen Schadensersatz gemäß § 253 BGB in Frage kommt. Sollte die Sanktion des Schadensersatzes in das Beschäftigenschutzgesetz aufgenommen werden,[915] kann hier ebenfalls keine summenmäßige Begrenzung erfolgen, wenn es sich nicht um einen kausalen Zusammenhang mit der Nichtberücksichtigung bei einer Bewerbung handelt.
Meines Erachtens kann der § 611 a BGB in heutiger Form dem Umsetzungserfordernis im Bereich der sexuellen Belästigung nicht gerecht werden.[916]

1.5.3 Aufgabenbereich der „Förderungsstellen"

Art. 8 a (1) der RL 2002/73 EG erweitert den bereits geschilderten Aufgabenbereich der „Förderungsstellen"[917] lediglich um die Bereiche Analyse, Beobachtung und Unterstützung bei der Verwirklichung der Gleichbehandlung aller Personen. Da die Zuständigkeitsbereiche der genannten Stellen wortgleich mit den im gemeinsamen Standpunkt genannten Stellen sind, gilt die in Kapitel F 1.4.3 dieser Arbeit geäußerte Kritik hier uneingeschränkt.

1.5.4 Umsetzungserfordernis

Die Richtlinie 2002/73 EG ist bis spätestens 5. Oktober 2005 von allen Mitgliedstaaten umzusetzen, wobei in Deutschland besondere Probleme bei der Bestimmung der zuständigen Stellen gemäß Art. 8a [1] sowie der Schaffung von angemessenen und abschreckenden Santionen auftreten werden.

---

913 S. Kapitel F 1.4.2 in dieser Arbeit und RL 2002/73 EG, Art. 6 (2).
914 RL 2002/73 EG, Art. 6 (2).
915 S. Kapitel G 1 bis G 1.7 in dieser Arbeit.
916 Vgl. Kapitel F 1.4.2 und G 2.2 in dieser Arbeit.
917 S. Kapitel F 1.4.3 in dieser Arbeit.

G Rechtliche Instrumentarien in Deutschland

1 Das Beschäftigtenschutzgesetz

Das am 1. September 1994 im Rahmen des Zweiten Gleichberechtigungsgesetzes in Kraft getretene Beschäftigtenschutzgesetz (BeschSchG) war die deutsche Antwort auf den von der EU geforderten Nachweis von Maßnahmen gegen sexuelle Belästigung[918] am Arbeitsplatz.[919] Hintergrund des BeschSchG ist daher zum Einen die von den Organen der EG empirisch festgestellte und verurteilte tatsächliche sexuelle Belästigung von Millionen von Frauen innerhalb der Europäischen Union.[920] Zum Anderen ergab sich die Notwendigkeit einer entsprechenden rechtlichen Regelung aus den nationalen empirischen Untersuchungen, die zeigten, dass sich das Problem sexueller Belästigung im Erwerbsleben auch in Deutschland nicht auf Einzelfälle reduziert, sondern zu psychischen und physischen Gesundheitsschäden einer großen Anzahl von Arbeitnehmerinnen geführt hat.[921]

Das BeschSchG greift durch seine Normierungen ein Tabu-Thema in Deutschland auf. Sexuelle Belästigung am Arbeitsplatz als Tabu-Thema einzuordnen, ist deshalb gerechtfertigt, weil es in der öffentlichen Diskussion eine marginale Bedeutung spielte[922] und sich auch in der Rechtsprechung der Arbeitsgerichte in einer vergleichsweisen geringen Zahl ausdrückte.[923]

---

918 S. zu Maßnahmen bei Belästigungen und Beleidigungen generell: v. Hoyningen-Huene, BB 1991, S. 2215 ff; ArbG Bocholt, BB 1990, S. 1562 f.

919 Schiek u.a./Buhr/Klein-Schonnefeld (1996), Rn. 2538 und 2552; BT-Drs. 12/5468, S. 19, zum soziologischen Hintergrund in einzelnen Berufszweigen Kuhlmann (1996), S. 93-96.

920 S. Kapitel F in dieser Arbeit.

921 BT-Drs. 12/5468, 19; Holzbecher u.a. (1991), S. 88; für den Hamburger Öffentlichen Dienst: Schneble/Domsch (1990).

922 Der 1. Bericht der Landesregierung über die Durchführung des niedersächsischen Gleichberechtigungsgesetzes, Drucksache 14/1290 (2000), S. 31, geht davon aus, dass die Zahl der tatsächlichen Vorkommnisse weit höher ist, als bekannt wird.

923 Pfarr, RdA (1995), S. 206; Schiek u.a./Buhr/Klein-Schonnefeld (1996), Rn. 2513 ff; Meschkutat/Holzbecher/ Richter (1993), S. 23, zeigen auf, dass sich Gewerkschafterinnen mit Argumenten, dass es sexuelle Belästigung gar nicht gäbe oder dass es sich dabei doch nur um einen harmlosen Flirt oder Spaß handele, auseinandersetzen müssten; a.A.: Vahle, ZBR 1994, S. 374 und Fn. 2, der sexuelle Belästigung als „Modethema“ und „In-Phänomen“ einstuft mit der Gefahr, dass seiner Meinung nach auf Grund gesteigerter Sensibilität möglicherweise auch vergleichsweise Lappalien wie Hinterherpfeifen als sexuelle Belästigung gewertet werden könnten (dies wäre auch keine Lappalie, wenn es täglich passieren und für die Frau ein Spießrutenlaufen bedeuten würde); Lichtenberg/Eidmann/ Smith (unveröffentlichtes Manuskript) stellten in einer Befragung fest, daß ca. 2% der bei den Arbeitsgerichten eingelegten Klagen hinsichtlich sexueller Diskriminierung sexuelle Belästigung als Klagegenstand hatten.

Sexuelle Belästigung am Arbeitsplatz als Tabu-Thema zu behandeln, ist indes auf Grund der praktischen Relevanz und der Bedeutung für die Behinderung der Gleichberechtigung von Frauen im Erwerbsleben und den Einfluss auf die Arbeitsmarktstruktur nicht gerechtfertigt.[924] Studien zufolge verlieren durchschnittlich 10% der Frauen ihren Arbeitsplatz auf Grund sexueller Belästigung am Arbeitsplatz – sei es wegen eigener Kündigung oder auf Grund der Kündigung durch den Arbeitgeber.[925]
Sexuelle Belästigung am Arbeitsplatz ist als eines der „Merkmale weiblicher Berufsverläufe" zu qualifizieren.[926]

1.1 Ziel und Adressatenkreis des Beschäftigtenschutzgesetzes (BeschSchG)

In § 1 I BeschSchG wird das Ziel des Gesetzes ausgedrückt: Ziel des Gesetzes ist die Wahrung der Würde von Frauen und Männern am Arbeitsplatz durch den Schutz vor sexueller Belästigung am Arbeitsplatz.
Wie dieses Ziel erreicht werden soll, wird in den folgenden Paragraphen beschrieben, so dass § 1 I BeschSchG wohl als Präambel dient, was an die europäische Rechtssetzungspraxis erinnert.[927] Obwohl es §1 I BeschSchG daher an normativem Regelungsgehalt fehlt, ist die ausdrückliche Zielsetzung des Gesetzes als Auslegungshilfe wichtig und zu beachten.

---

924 S. Meschkutat/Holzbecher/Richter (1993), S. 26, zum Ausmaß sexueller Belästigung am Arbeitsplatz, wonach **93%** aller Frauen persönliche Erfahrungen mit Belästigung gemacht hatten und zu den Auswirkungen auf die betroffenen Frauen (S. 28); Welt am Sonntag vom 18. Juni 2000, wonach seit 1995 bei den Bundespolizeibehörden **141** Fälle von sexueller Belästigung registriert wurden, es wurden **15** Beschwerden bei den Frauenbeauftragten und seit 1991 sieben Fälle bei den Personalvertretungen des Bundeskriminalamtes sowie weitere **70** Beschwerden bei den Frauenbeauftragten des Bundesgrenzschutzes und **49** Fälle bei den Personalvertretungen des Bundesgrenzschutzes erhoben. S. auch Kuhlmann (1996), S. 111, 128; Bertelsmann, AiB 1987, S. 124; im Öffentlichen Dienst des Landes Bremen sind seit Inkrafttreten des BeschSchG **40** Beschwerden wegen sexueller Belästigung am Arbeitsplatz bei den Frauenbeauftragten bzw. den Personalräten eingegangen, s. Antwort der Bremischen Bürgerschaft, 14. Wahlperiode, Drs. 14/1402, auf eine Kleine Anfrage der Fraktionen Bündnis 90/DIE GRÜNEN, der SPD, der CDU und der AFB vom 4. Februar 1999. Das Land Niedersachsen hat in einer Veröffentlichung vom 12. Januar 2000 berichtet, dass in **11,7%** der Dienststellen (**101** Dienststellen) des Landes Vorkommnisse von sexueller Belästigung am Arbeitsplatz registriert worden seien, wobei in **96** Dienststellen die Frauenbeauftragten involviert waren, s. Niedersächsischer Landtag, 14. Wahlperiode, Drs. 14/ 1290, S. 31.

925 Kuhlmann (1996), S. 111.

926 So Kuhlmann (1996), S. 115.

927 So auch Worzalla, NZA 1994, S. 1017; Herzog (1997), S. 187.

Der zu schützende Personenkreis umfasst gemäß § 1 II BeschSchG weibliche und männliche Arbeitnehmer des Öffentlichen Dienstes und der Privatwirtschaft, weibliche und männliche Beamte, Richter und Soldaten ohne Rücksicht auf die Anzahl der Beschäftigten im Betrieb. Freie Mitarbeiter sind nicht in den Schutzbereich des Gesetzes einzubeziehen.[928] Insofern ist das BeschSchG weitreichender als andere Arbeitnehmerschutzgesetze, die eine Mindestbeschäftigtenzahl vorsehen.[929]

Das BeschSchG ist nur auf das bereits bestehende Arbeitsverhältnis anwendbar und bezieht sich nicht auf die Belästigung von Stellenbewerberinnen.[930] Da die Erwägungen in (8) der EU-Änderungsrichtlinie klarstellen, dass sexuelle Belästigung nicht nur am Arbeitsplatz vorkommt, sondern auch im Zusammenhang mit dem Zugang zur Erwerbstätigkeit und bei der Einstellung,[931] wird insofern eine Änderung in der nationalen Gesetzgebung vorzunehmen sein, als auch sexuelle Belästigung bei der Begründung eines Arbeitsverhältnisses, etwa beim Vorstellungsgespräch oder beim Test, sanktioniert werden muss.

Der würdebezogene Ansatz des Schutzes vor sexueller Belästigung weist auf das grundgesetzliche Prinzip der Menschenwürde gemäß Art. 1 I GG hin, deren Schutz ebenfalls explizit in der Empfehlung der Kommission vom 27. November 1991[932] gefordert wurde.

Aus der Gesetzesbegründung kann geschlossen werden, dass das BeschSchG auch die Persönlichkeitsrechte gemäß Art. 2 GG schützen will, weil der Gesetzgeber die Wahrung der Persönlichkeitsrechte sowie das Recht auf sexuelle Selbstbestimmung anführt und Bezug nimmt auf die bisher bereits bestehenden Anspruchsgrundlagen im Deliktrecht, die bei sexueller Belästigung am Arbeitsplatz einen Schadensersatzanspruch wegen Persönlichkeitsrechtsverletzung gewähren.[933]

Zugleich handelt es sich beim BeschSchG um ein Schutzgesetz i.S. von § 823 II BGB, so dass bei schuldhafter Verletzung Schadensersatz und damit auch Schmerzensgeld verlangt werden kann.[934]

---

928 Schaub (2000), § 166 Rn. 3.

929 § 23 KSchG; § 1 BetrVG; § 5 SchwbG.

930 So auch Herzog (1997), S. 192.

931 RL 2002/73 EG, Abl. L 269 vom 05. Oktober 2002, S. 0015-0020.

932 Empfehlung der EG Kommission vom 27. November 1991, Abl. Nr. C 27/4 vom 4. Februar 1992.

933 BT-Drs. 12/5468, 19, und Schiek u.a./Buhr/Klein-Schonnefeld (1996), Rn. 2553; s. dazu auch Kapitel D 2.3 in dieser Arbeit.

934 Insofern falsch OLG Frankfurt NJW-RR 2000, S. 976, 977, das die Schutzgesetzeigenschaft des BeschSchG verneint, vor allem, wenn es sich um einen Anspruch gegen einen Arbeitskollegen handelt; a.A. Kasseler Handbuch/Weber (2000), 3.5, Rn. 111, der aus § 2 III BeschSchG entnimmt, dass es sich bei sexueller Belästigung um eine Verletzung der Arbeitsvertragspflichten handelt, was sich auch an die Arbeitskollegen richtet.

Von besonderer Bedeutung ist jedoch – die im Gesetzestext selbst nicht genannte – Bezugnahme auf die Verpflichtung des Gesetzgebers aus Art. 3 II und III GG, strukturelle gesellschaftliche Benachteiligung von Frauen, zu denen auch die sexuelle Belästigung am Arbeitsplatz gerechnet werden könne, auszuschalten.[935] Die Betonung des Diskriminierungsverbotes als Teil des Gesetzeszwecks, verbunden mit der Stellung des BeschSchG als Art. 10 des Zweiten Gleichberechtigungsgesetzes von 1994,[936] ließ die Hoffnung zu, dass sich aus der Auslegung des BeschSchG positive Impulse für die Integration von Frauen im Erwerbsleben ergeben.[937]
Da nun die Richtlinie 2002/73 EG die sexuelle Belästigung am Arbeitsplatz explizit als Diskriminierung einstuft und die Richtlinie 76/207 EWG geändert wurde, wird durch die Umsetzung dieser Richtlinie eine andere rechtliche Qualität im Umgang mit der Belästigung am Arbeitsplatz erreicht und möglicherweise auch das BeschSchG durch das Umsetzungserfordernis geändert werden.[938]

1.2 Schutz vor sexueller Belästigung gemäß § 2 BeschSchG

1.2.1 Schutzverpflichtete

Die Definition von sexueller Belästigung am Arbeitsplatz ergibt sich aus § 2 II BeschSchG, der daher die zentrale Norm des Gesetzes bildet und auf Grund seiner Generalklauselartigkeit einige Auslegungsprobleme aufwirft.[939]
Zunächst wird in § 2 I BeschSchG festgelegt, wer für den Schutz der Arbeitnehmer vor sexueller Belästigung verantwortlich ist. Das Gesetz beantwortet diese Frage klar: Nach § 2 I BeschSchG haben Arbeitgeber und Dienstvorgesetzte die Beschäftigten zu schützen. Arbeitgeber sind danach natürliche und juristische Personen,[940] vertreten durch ihre Organe, die zahlenmäßig keiner Mindestbeschäftigtenzahl unterliegen, wie es beispielsweise *Title VII* vorsieht, der nur auf Arbeitgeber Anwendung findet, die regelmäßig mehr als 15 Arbeitnehmer beschäftigen. Hierdurch wird deutlich, dass auch der Kleinstbetrieb die Vorschriften des BeschSchG zu beachten hat.

---

935 BT-Drs. 12/5468, S. 19, und Schiek u.a. (1996), Fn. 174.

936 S. dazu auch Mittmann, NJW 1994, S. 3048, 3050; Pfarr, RdA 1995, S. 204 ff.

937 ähnlich Schiek u.a./Buhr/Klein-Schonnefeld (1996), Rn. 2554; zum Novellierungserfordernis des BschSchG Schewe-Gerigk in: Welt am Sonntag vom 18. Juni 2000.

938 Kritisch zur Wirksamkeit des BeschSchG in seiner bisherigen Form: Däubler (1998), Rn. 1589; Kittner/Däubler/Zwanziger-Däubler (2001), § 626 Rn. 101; Mästle (2000), S. 82; Herzog (1997), S. 233, soweit das BeschSchG als abschließende Regelung gelten soll.

939 Worzalla, NZA 1994, S. 1017; Vahle, ZBR 1994, S. 376; Hohmann/Moors, KJ 1995, S. 165.

940 Schiek u.a./Buhr/Klein-Schonnefeld (1996), Rn. 2598.

Die Dienstvorgesetzteneigenschaft bestimmt sich nach § 3 II BBG für Beamte und ist abhängig von der Verwaltungsstruktur. Der Dienstvorgesetzte wird zwar als Organ im Rahmen des Dienstverhältnisses zwischen den Beamten und ihrem Dienstherrn tätig, Ansprüche können aber auf Grund der Organeigenschaft des Dienstvorgesetzten nur gegen die Organisation gemacht werden, als dessen Organ er tätig wurde.[941]

1.2.2 Arbeitsplatz

Der Arbeitgeberschutz erstreckt sich auch auf betriebsfremde Dritte und belästigendes Verhalten durch den Arbeitgeber selbst und beschränkt sich nicht nur auf die örtliche Komponente des Arbeitsplatzes, sondern auf die gesamte Arbeitsumgebung als den Ort, an dem die Arbeitnehmerin ihre Arbeitsleistung zu erbringen hat.[942] Es versteht sich von selbst, dass hierunter auch Gemeinschaftseinrichtungen auf dem Betriebsgelände, Dienstfahrten oder außerbetriebliche Orte zu verstehen sind, die die Arbeitnehmerin im Rahmen ihrer Arbeitsverpflichtung aufsuchen muss.[943] Hierunter fallen auch Weihnachtsfeiern oder die Teilnahme an Betriebssportveranstaltungen, weil diese Veranstaltungen auf Grund des Arbeitsverhältnisses aufgesucht werden, die Teilnahme zwar freiwillig ist, aber ein gewisser betriebsinterner Zwang ausgeübt wird, weil die Veranstaltung vom Arbeitgeber organisiert ist.[944]
Der Arbeitsplatzbezug wird sogar auf gemeinsame Gaststättenbesuche von Arbeitskollegen und auf Telefonanrufe auszudehnen sein.[945]
Auch wenn dies auf den ersten Blick sehr weitreichend erscheint, kann ein privates Fehlverhalten insbesondere eines Vorgesetzten gegenüber Mitarbeitern auch Konsequenzen haben, die in den Arbeitsbereich hereinreichen, auch wenn sie ihren Ursprung in einem privaten Treffen hatten. Ergeben sich negative Konsequenzen, ist der Arbeitsplatzbezug zu bejahen.[946]
Auch das unerwünschte Versenden von E-Mails an den Arbeitsplatz einer Beschäftigten oder das Zusenden von E-Mails an die private Adresse einer Beschäftigten vom Arbeitsplatz eines Kollegen oder Vorgesetzten muss hierunter

---

941 Näher dazu: Schiek u.a./Buhr/Klein-Schonnefeld (1996), Rn. 2604 ff.

942 ErfK/Schlachter (2001), § 2 BeschSchG, Rn. 1; Schlachter, NZA 2001, S. 121, 124; so wohl auch Schiek u.a./Buhr/Klein-Schonnefeld (1996), Rn. 2561 f; Herzog (1997), S. 193 ff bemüht für die Definition des Arbeitsplatzes auch das Haustürwiderrufsgesetz und das Unfallversicherungsrecht.

943 So auch Schlachter, NZA 2001, S. 121, 124.

944 Schlachter, NZA 2001, S. 121, 124, einschränkend Herzog (1997), S. 196, der den Schutzbereich „Arbeitsweg" verneint.

945 So Schaub (2000), § 166, Rn. 39; einschränkend Schlachter, NZA 2001, S. 121, 125 mit Verweis auf die BAG-Rechtsprechung zur Kündigungsrelevanz bei außerbetrieblichen Fehlverhalten; ablehnend Herzog (1997), S. 196 für private Treffen von Kollegen.

946 So auch Schlachter, NZA 2001, S. 121, 125 f.

zu qualifizieren sein, da mit diesem – anonymen – Medium verbal und visuell belästigt werden kann.

1.2.3 Vorbeugende Maßnahmen

Nach § 2 I S. 2 BeschSchG ist der Arbeitgeber verpflichtet, zum Schutz der Beschäftigten vorbeugende Maßnahmen zu ergreifen. Hier ist eine Parallele zu dem in den Richtlinien der EEOC und der amerikanischen Rechtsprechung als besonders bedeutsam erachteten Präventionsgedanken erkennbar. Während in den USA zwar gesetzlich keine präventiven Maßnahmen normiert wurden, kann deren Vorhandensein jedoch zur Haftungsminderung bzw. Exkulpation des Arbeitgebers führen, wie in den Kapiteln B 6.3, 6.3.2.3 und 9.2 dieser Arbeit bereits ausführlich dargestellt wurde.

Aus der Vorverlagerung der Handlungspflichten wird deutlich, dass Ansprüche der Arbeitnehmerin bereits im Vorfeld der Tatbestandsverwirklichung des § 2 BeschSchG bestehen können, aber konkrete Handlungen mangels gesetzlicher Konkretisierung im Ermessen des Arbeitgebers stehen.[947]

Die vorbeugenden Maßnahmen sind in § 2 I S. 2 BeschSchG nicht näher definiert. Auch die Gesetzesbegründung ist für die Auslegung nicht weiter hilfreich. Sie begrenzt die anzuwendenden Maßnahmen auf die tatsächliche und rechtliche Erfüllbarkeit durch die Arbeitgeber.[948]

Worzalla nennt als eine mögliche Verpflichtung, in einer Betriebsratsversammlung auf den gesetzlich in § 7 BeschSchG geforderten Aushang des Gesetzestextes hinzuweisen. Weiter nennt er die Beobachtung von Mitarbeiterverhalten zur Vermeidung tendenzieller sexueller Belästigung als mögliche vorbeugende Maßnahme.[949]

Schlachter und Buhr/Klein-Schonnefeld schlagen Fortbildungsveranstaltungen, Stellungnahmen gegen die Bagatellisierung einschlägiger Vorfälle sowie die Einführung von betrieblichen Verhaltensmaßregeln vor. Aber auch praktische Maßnahmen am Arbeitsplatz, wie die ausreichende Beleuchtung von Wegen und Parkplätzen, sowie die Anbringung von Sichtblenden an Schreibtischen und freischwebenden Treppen werden angeführt.[950]

Herzog befürwortet Sensibilisierung und Aufklärung ebenso wie die bereits von Schlachter vorgeschlagenen Maßnahmen.

Von Baer werden Dienst- oder Betriebsvereinbarungen hinzugefügt.[951]

---

947 So auch Herzog (1997), S. 213.

948 BT-Drs. 12/5468, S. 46.

949 Worzalla, NZA 1994, S. 1017.

950 ErfK/Schlachter (2001), § 2 BeschSchG, Rn. 2; Schiek u.a./Buhr/Klein-Schonnefeld (1996), § 2 BeschSchG, Rn. 2635 f, mit weiteren Vorschlägen.

951 Baer (1995), S. 146.

Meines Erachtens genügt der Hinweis über den Aushang des Gesetzestextes allenfalls den Anforderungen von § 7 BeschSchG, stellt aber insgesamt noch keine vorbeugende Maßnahme im Sinne des § 2 I S. 2 BeschSchG dar. Die weiteren geschilderten Vorbeugungsmaßnahmen sollten von den Arbeitgebern nicht nur unter Haftungsgesichtspunkten ernsthaft in Betracht gezogen werden, wobei nicht an jedem Arbeitsplatz alle Maßnahmen adäquat sind.
Der Vorbeugung von sexueller Belästigung würde die Etablierung einer klaren Firmenpolitik dienen, die zur Kenntnisnahme in schriftlicher Form jedem Arbeitsvertrag beigefügt werden sollte. Hierdurch würde gleichzeitig sichergestellt, dass auch wirklich alle Arbeitnehmer von der Politik des Unternehmens Kenntnis nehmen, was einer angemessenen Arbeitnehmersensibilisierung im Sinne der EG-Empfehlungen dienen würde. Als weitere vorbeugende Maßnahmen bieten sich Mitarbeiterschulungen auf allen Betriebsebenen an. In diesen Schulungen könnte ebenfalls die Firmenpolitik dargestellt werden.[952]
Wird das Thema ‚sexuelle Belästigung' immer wieder aufgegriffen, so wächst das Bewusstsein der Arbeitnehmer und Vorgesetzten, dass es sich bei sexueller Belästigung um eine nichtgeduldete Verhaltensweise handelt, die auch nicht mit „Flirterei" und „harmlosen Sprüchen" abgetan werden kann,[953] und dass mit Sanktionen zu rechnen ist.
Dass eine genaue Definition der angestrebten vorbeugenden Maßnahmen fehlt, könnte darin begründet sein, dass der Bundesgesetzgeber den Ländern einen Ausgestaltungsspielraum für ausfüllende Regelungen belassen wollte, da im Gesetzesentwurf die Vorbeugung unter anderem explizit als vom Landesgesetzgeber auszufüllende Regelung bezeichnet wurde.[954]
Eine solche nähere Ausgestaltung durch die Länder ist sicherlich dem Föderalismusgedanken zuträglich, doch wäre wünschenswert, wenn sich Arbeitnehmerinnen in allen Bundesländern auf einheitliche vorbeugende Maßnahmen verlassen dürften, um so Rechtsunsicherheit und Abhängigkeit von liberaler bzw. konservativer Politik zu vermeiden. Des Weiteren sollte durch das BeschSchG gerade eine Rechtsvereinheitlichung erreicht werden, um Arbeitnehmerinnen und Arbeitgebern den Rückgriff auf geltendes Recht zu erleichtern.

---

952 § 5 BeschSchG sieht für die Beschäftigten im Öffentlichen Dienst bereits Fortbildungen vor, die sich mit der Problematik der sexuellen Belästigung am Arbeitsplatz befassen. Die Trennung zwischen Öffentlichem Dienst und Privatwirtschaft sollte eine zusätzliche Belastung der Kleinbetriebe vermeiden (BT-Drs. 12/5468, S. 48). Meines Erachtens sind auch die Kleinbetriebe gemäß § 2 I S. 2 BeschSchG zu vorbeugenden Maßnahmen verpflichtet, zu denen Mitarbeiterschulungen gehören.

953 Denn die würde keine sexuelle Belästigung darstellen, da gewollte Annäherungen nicht vom BeschSchG erfasst werden; s. zu weiteren Beispielen der Prävention in Unternehmen: Schiek u.a. (1996), Rn. 2636-2638, und Anti-Mobbing-Betriebsvereinbarung bei VW, die auch sexuelle Belästigung nennt (ArbuR 1996, S. 443).

954 BT-Drs. 12/5468, Anl. 3, 76.

1.2.4 Definition des Begriffes sexuelle Belästigung

Die Definition des Begriffes sexuelle Belästigung findet sich in BeschSchG § 2 II, denn S. 1 legt in einer Legaldefinition fest, dass „sexuelle Belästigung am Arbeitsplatz jedes vorsätzliche, sexuell bestimmte Verhalten, das die Würde von Beschäftigten am Arbeitsplatz verletzt“, ist.

1.2.4.1 Definition durch die Regelbeispiele in § 2 II S. 2 Nr. 1 und Nr. 2 BeschSchG

S. 2 dieser Vorschrift zählt als Regelbeispiel[955] in Nr. 1 „sexuelle Handlungen und Verhaltensweisen, die nach den strafgesetzlichen Vorschriften unter Strafe gestellt sind“, auf. Als weiteres Regelbeispiel verbietet S. 2, Nr. 1 „sonstige sexuelle Handlungen und Aufforderungen zu diesen, sexuell bestimmte körperliche Berührungen, Bemerkungen sexuellen Inhalts sowie Zeigen und sichtbares Anbringen von pornographischen Darstellungen, die von den Betroffenen erkennbar abgelehnt werden“.

Strafbare Handlungen gemäß Nr. 1

Da die vorliegende Arbeit keinen strafrechtlichen Schwerpunkt hat, wird hinsichtlich der Definition des Tatbestandsmerkmales „sexuelle Handlungen und Verhaltensweisen“ gemäß § 2 II S. 2 Nr. 1 BeschSchG auf die einschlägige Kommentierung verwiesen.
Auf Grund der Bezugnahme auf das Strafrecht im § 2 II S. 2 Nr. 1 BeschSchG ist davon auszugehen ist, dass der Gesetzgeber keine anderen Definitionen gewollt hat und somit die Verletzung der §§ 174 ff StGB (Straftaten gegen die sexuelle Selbstbestimmung) einschlägig ist.[956]
Die Bezugnahme auf die strafrechtliche Terminologie macht es für die Betroffenen nicht einfacher, belästigendes Verhalten unter das BeschSchG zu subsumieren, weil den wenigsten Arbeitgebern oder Arbeitnehmerinnen diese Terminologie geläufig sein dürfte.[957] Hier sind Auslegungsprobleme vorprogrammiert, die dem Aspekt der Rechtsklarheit zuwider laufen.[958]

---

955 Definition als Regelbeispiel auch bei Schiek u.a./Buhr/Klein-Schonnefeld (1996), § 2 BeschSchG, Rn. 2647, ähnlich ErfK/Schlachter (2001), § 2 BeschSchG, Rn. 3; a.A. wohl Hohmann/Moors, KJ 1995, S. 163, die auf die erkennbare Ablehnung der Betroffenen für alle aufgeführten Bereiche abstellen; Worzalla, NZA 1994, S. 1018, der § 2 II S. 2 Nr. 2 BeschSchG als Auffangstatbestand bezeichnet, und Herzog (1997), S. 197.

956 S. dazu Schiek u.a./Buhr/Klein-Schonnefeld (1996), Rn. 2695 m.v.w.N., und Schiek (1995), Rn. 4 ff zu § 2 BeschSchG; Herzog (1997), Kapitel D III; Baer (1995), Teil C III; Worzalla, NZA 1994, S. 1016, 1018.

957 Vgl. zur Diskussion, ob nur die „reinen“ Sexualstraftatbestände oder auch Straftatbestände wie Nötigung oder Sexualbeleidigung unter diese Norm zu subsumieren sind

Problematisch ist ebenfalls die in diesem Zusammenhang zu beachtende Anforderung aus § 184 c Nr. 1 StGB. Hiernach müssen die Handlungen „von einiger Erheblichkeit“ sein, wodurch wohl die Tatbestände der Sexualbeleidigung regelmäßig außer Betracht bleiben dürften, wenn es sich um Geschmacklosigkeiten handelt.[959]
Natürlich kann es sich bei sexuellen Belästigungen auch um strafbare Handlungen handeln, die dann von der Strafjustiz zu verfolgen und zu sanktionieren sind. Die dennoch erfolgte ausdrückliche Nennung der strafbewährten Normen im BeschSchG und damit in einem Gesetz, das dem Privatrecht zuzuordnen ist, macht darauf aufmerksam, dass diese Verhaltensweisen parallel nach dem BeschSchG zu sanktionieren sind, was bedeutet, dass Arbeitgeber oder Dienstvorgesetzte bei begründetem Verdacht einer strafbaren Handlung die im BeschSchG bezeichneten Maßnahmen einleiten müssen und betroffene Opfer nicht etwa nur auf eine Strafanzeige verweisen dürfen.[960]
Eine solche Verbindung erscheint deshalb sinnvoll, weil Opfer von sexueller Belästigung oftmals gar keine strafrechtlichen Sanktionen für den Belästiger wünschen. Ihr vorrangiges Ziel ist es, an einen belästigungsfreien Arbeitsplatz zurückkehren zu können. Kann der Arbeitgeber eine Arbeitsplatzmaßnahme bei begründetem Verdacht vornehmen und muss das Opfer keine Anzeige erstatten, so kann ihm eine unter Umständen unangenehme Aussage im Strafprozess erspart bleiben. Opfer sollten zwar nicht entmutigt werden, auch ihre strafrechtlichen Rechte wahrzunehmen, aber gerade in diesem sensiblen Bereich müssen sie darüber selbst entscheiden können.

Sonstige Handlungen gemäß Nr. 2

Da in Nr. 2 „sonstige sexuelle Handlungen und Aufforderungen zu diesen“ als Tatbestandsmerkmale genannt werden, ist davon auszugehen, dass der Gesetzgeber diesen Begriff weiter als in Nr. 1 derselben Vorschrift fassen wollte, da ansonsten eine weitere Regelung überflüssig gewesen wäre. Dies unterstützt insbesondere die Nichtbezugnahme auf das Strafrecht in Nr. 2.[961] „Einige Erheblichkeit“, wie in § 184 c Nr. 1 StGB, wird daher nicht erforderlich sein.

Herzog, 202 (1997); Schiek (1995), § 2 BeschSchG, Rn. 10, dies. in: AiB (1994), S. 456 f (1994); ErfK/Schlachter (2001), § 2 BeschSchG, Rn. 5.

958 Kritisch auch Vahle, ZBR 1994, S. 374, 376.

959 ErfK/Schlachter (2001), § 2 BeschSchG, Rn. 5; Worzalla, NZA 1994, S. 1016, 1018; Herzog (1997), S. 201; s. zu den hohen Tatbestandsanforderungen auch OLG Frankfurt NJW-RR 2000, S. 976 f.

960 Schiek u.a./Buhr/Klein-Schonnefeld (1996), Rn. 2697, 2706; Vahle, ZBR 1994, S. 374 f, hält die strafrechtliche Sanktionierung für ausreichend.

961 So auch Herzog (1997), S. 203, 204; ErfK/Schlachter (2001), § 2 BeschSchG, Rn. 7; Worzalla, NZA 1994, S. 1016, 1018, bezeichnet Nr. 2 als Auffangstatbestand.

1.2.4.2 Die Legaldefinition im § 2 II S. 1 BeschSchG

Während das Regelbeispiel in § 2 II S. 2 Nr. 1 BeschSchG klar gefasst ist,[962] weil eine Anlehnung an das Strafrecht möglich ist, wirft die Auslegung der Legaldefinition in § 2 II S. 1 BeschSchG Probleme auf.[963]
Belästigung ist danach vorsätzliches, sexuell bestimmtes Verhalten, das die Würde der Beschäftigten verletzt. Hier ergeben sich gleich drei auslegungsbedürftige Tatbestandsmerkmale.

Das Vorsatzerfordernis nach § 2 II S. 1 BeschSchG

Der Versuch, vorsätzliches Verhalten zu definieren, dürfte dabei noch am Einfachsten sein, weil der im BeschSchG verwendete Vorsatzbegriff dem des § 15 StGB entspricht, der durch Wissen und Wollen einer Tatbestandsverwirklichung definiert wird.[964] Bei der Auslegung des Vorsatzkriteriums kann daher auf umfangreiche Rechtsprechung und Kommentare zu § 15 StGB zurückgegriffen werden. Doch der belästigende Arbeitskollege, Kunde oder Vorgesetzte muss den Vorsatz nicht juristisch einordnen können. Es genügt, wenn der Belästiger sein Verhalten lebenswirklich einordnen kann.[965]
Er muss sich grundsätzlich darüber im Klaren sein, dass sein Verhalten ein sexualisiertes und dass dieses geeignet ist, die Würde der Arbeitnehmerin zu verletzen.
Weiter muss für ihn auch die Unangemessenheit seines Verhaltens erkennbar sein.[966] In diesem Zusammenhang spielen die strafrechtlichen Irrtumsproblematiken eine Rolle, denn ist dem Belästiger nicht bewusst, dass er etwas Verbotenes tut, so kann dies unter Umständen zu einem Schuldausschluss führen.[967] Bemerkenswert ist aber die grundsätzliche Übereinstimmung zwischen Männern und Frauen, welche Handlungen als sexuelle Belästigung einzustufen sind, so dass ein Rückzug des Belästigers auf ein Nichtwissen in der Praxis schwer möglich sein wird.[968]

---

962 Obwohl die Subsumierung von sexueller Belästigung unter die entsprechenden Tatbestände den meisten Arbeitgebern schwer fallen dürfte.

963 Vahle, ZBR 1994, S. 376 bemängelt, dass das verfassungsrechtliche Gebot der Normenklarheit hier nicht berücksichtigt wurde; Schiek u.a./Buhr/Klein-Schonnefeld (1996), § 2 BeschSchG, Rn. 2651, führen hierzu an, dass die Auslegungsbedürftigkeit von Tatbestandsmerkmalen nicht a priori diesen die gebotene Bestimmtheit nimmt.

964 Schiek u.a./Buhr/Klein-Schonnefeld (1996), § 2 BeschSchG, Rn. 2674.

965 Tröndle/Fischer (1999), § 15, Rn.3.

966 Schiek u.a./Buhr/Klein-Schonnefeld (1996), § 2 BeschSchG, Rn. 2675; Herzog (1997), S. 200.

967 S. Herzog (1997), S. 200 f, zu den Problematiken, die sich aus der Anwendung der verschiedenen strafrechtlichen Theorien ergeben können, s. auch Schiek u.a./Buhr/Klein-Schonnefeld (1996), § 2 BeschSchG, Rn. 2690 ff.

968 ErfK/Schlachter (2001), § 2 BeschSchG, Rn. 4 mit Beispielen.

Es kann daher mit guten Gründen behauptet werden, dass ein Vorsatzerfordernis im BeschSchG fehl am Platze ist, weil es die Lebenswirklichkeit ignoriert.[969]

Das Vorsatzerfordernis stellt zu hohe Beweisanforderungen an die betroffene Arbeitnehmerin und im Vorfeld an den Arbeitgeber. Welcher Arbeitgeber kann schon zutreffend einordnen, ob ein Belästiger die ganze Tragweite seines Verhaltens erkannt hat und wollte?

Der Belästiger muss einerseits bewusst unerlaubtes und unerwünschtes, sexualisiertes Verhalten anderen gegenüber ausgeübt und diese dadurch in ihrer Würde verletzt haben; andererseits muss er dies auch noch gewollt oder zumindest billigend in Kauf genommen haben. Welcher Belästiger wird schon den Vorsatz zugeben, er habe jemand in seiner Würde verletzen wollen? Er wird allenfalls zugeben, dass es sich um sexualisiertes Verhalten handelte, das aber nur ‚Spaß' gewesen ist.[970]

Nun hängt die Einstufung natürlich von der Schwere des Vergehens ab. Wird ein Belästiger tätlich, so weiß er, dass ein solcher Angriff geeignet ist, die Würde einer anderen Person zu verletzen. Eine schwierige Einordnung bleibt jedoch bei den Fällen verbaler Injurien und den anderen im Regelbeispiel Nr. 2 aufgezeigten Verhaltensweisen, auf die das Vorsatzerfordernis ebenfalls anwendbar ist.

Somit werden an den Arbeitgeber fast unzumutbare Beweisanforderungen gestellt, um festzustellen, ob sexuelle Belästigung vorliegt.[971] Doch die setzt ein Tätigwerden im Rahmen des Maßnahmenkataloges gemäß § 4 BeschSchG voraus.

Schließlich ist aber das Vorsatzerfordernis in der Struktur des BeschSchG nicht notwendig. Im Gegensatz zum Strafrecht wird hier der Belästiger nicht mit Freiheitsstrafe oder Geldstrafe bedroht, sondern sein Verhalten wird mit vergleichsweise milden arbeitsrechtlichen Sanktionen gemäß § 4 BeschSchG geahndet, die auch abgestuft nach der Schwere seines eigenen Verhaltens verhängt werden und voll durch die Arbeitsgerichte nachprüfbar sind.

Baer führt weiter an, dass auch das deutsche Zivilrecht bereits eine verschuldensunabhängige Haftung für Diskriminierung kennt, da § 611 a BGB tatbestandsmäßig eine Benachteiligung wegen des Geschlechtes annimmt, auch wenn sie nicht in feindseliger Absicht erfolgt.[972] Sie hält schließlich das Vorsatzerfordernis für unzulässig, weil es gegen europäisches Recht verstoße, da

---

969 So auch Baer (1995), S. 245.

970 Baer (1995), S. 248, führt an, daß sich Belästiger oft wirklich nicht darüber im Klaren sind, welche Schäden sie mit ihrem Verhalten anrichten.

971 So auch Schiek u.a./Buhr/Klein-Schonnefeld (1996), Rn. 2686.

972 Baer (1995), S. 249.

der EuGH klargestellt habe, dass eine Sanktionierung diskriminierender Tatbestände nicht vom Vorsatz abhängig gemacht werden dürfe.[973]
Die hier auftauchende Problematik ergibt sich aus der Einordnung der deutschen Normensetzung unter den verfassungsrechtlichen Würdebegriff. Hätte das BeschSchG in seiner Zielsetzung stärker auf die Ausschaltung von Diskriminierung fokussiert, so wäre in der Tat das Vorsatzerfordernis unzulässig.
Da das Diskriminierungsverbot aber neben der Würde ein (wenn auch ungenanntes) Ziel des Gesetzes ist, ist der geforderte Vorsatz zumindest ein unbrauchbares Instrument, das erschwerte Bedingungen an den Beweis des Vorliegens von sexueller Belästigungen stellt.
Die in Art. 2 (2) der Änderungsrichtlinie der EU aufgenommene Definition der sexuellen Belästigung beinhaltet kein Vorsatzerfordernis, sondern erfordert alternativ, dass die Belästigung bezweckt oder bewirkt, dass ein feindliches Arbeitsumfeld geschaffen wird.[974]
Das Bezwecken käme einem vorsätzlichen Verhalten des Belästigers nahe, das Bewirken zielt jedoch auf den Horizont des Opfers bzw. eines objektiven Betrachters ab, was einen Vergleich mit der Rechtsfigur der reasonable person des amerikanischen Rechts zulässt. Da die Begriffe alternativ nebeneinander verwendet werden, wird bei der Umsetzung der Richtlinie das Vorsatzerfordernis des BeschSchG in der bisherigen Form nicht aufrecht erhalten werden können. Wünschenswert wäre, dass sich der Gesetzgeber entschließt, den strafrechtlichen Terminus in diesem Gesetz ganz zu streichen. Es handelt sich hier nicht um die Sanktionierung strafrechtlich relevanten Verhaltens im Arbeitsverhältnis, sondern um die Sanktionierung diskriminierenden Verhaltens.

Das Tatbestandsmerkmal „sexuell bestimmtes Verhalten“ im § 2 II S. 1 BeschSchG

Das zweite auslegungsbedürftige Tatbestandsmerkmal des sexuell bestimmten Verhaltens soll die überwiegend von Frauen als typisch erlebten Formen sexueller Belästigung widerspiegeln.[975] Diese typischen Verhaltensweisen, die von Männern und Frauen bei abstrakter Betrachtung erstaunlicherweise oft übereinstimmend als sexuelle Belästigung gewertet werden,[976] können den einschlägigen empirischen Untersuchungen entnommen werden.
Frauen erleben danach als sexuelle Belästigung:

---

973 Baer (1995), S. 249, mit Hinweis auf die Dekker-Entscheidung des EuGH, in: Streit 1993, S. 53 ff (Dekker); s. auch die verschuldensunabhängige Haftung in § 611 a II BGB.

974 RL 2002/73 EG, Abl. L 269 vom 05. Oktober 2002, S. 0015-0020.

975 BT-Drs. 12/5468, S. 46.

976 S. Beispiele bei Schiek u.a./Buhr/Klein-Schonnefeld (1996), Rn. 2653 ff, die sich auf die Dortmunder Studie (Holzbecher u.a. 1991) und die Untersuchung von Schneble/Domsch (1990) stützen sowie die Tabelle bei Linde, BB 1994, S. 2413.

- anzügliche Bemerkungen über die Figur oder über sexuelles Verhalten im Privatleben,
- Telefonate oder Briefe mit sexuellen Anspielungen,
- Po-Kneifen oder Klapse,
- unerwünschte körperliche Annäherungen (Küsse, Umarmungen),
- Berühren der Brust oder der Genitalien,
- Androhen beruflicher Nachteile bei sexueller Verweigerung,
- Versprechen beruflicher Vorteile bei sexuellem Entgegenkommen,
- Zurschaustellung der Genitalien/Exhibitionismus,
- Aufforderung zum Geschlechtsverkehr oder zu anderen sexuellen Handlungen.[977]

Somit ist für die Auslegung des Begriffes ‚sexuell bestimmtes Verhalten' grundsätzlich genügend empirisches Material vorhanden und dürfte daher in der Praxis keine Probleme bereiten.[978] Auf Grund der übereinstimmenden Wahrnehmung von Frauen und Männern hinsichtlich sexualisierten Verhaltens am Arbeitsplatz lässt sich aus dem Beispielkatalog auch die Ansicht einer „vernünftigen objektiven Person" herleiten.[979] Diese entspricht der von der amerikanischen Rechtsprechung entwickelten Rechtsfigur der reasonable person, deren Objektivität durch das subjektive Empfinden des konkreten Opfers spezifiziert wird.[980]
Obwohl Frauen und Männer in ihrer abstrakten Bewertung zu übereinstimmenden Ergebnissen kommen, ist doch die Berücksichtigung der Opferperspektive im BeschSchG wichtig, um die Unerwünschtheit im konkreten Fall zu belegen. Auf die Perspektive des Belästigers wird schon durch das Vorsatzerfordernis Rücksicht genommen, so dass der Einfluss einer Opferperspektive zumindest als Korrektiv hinzugezogen werden muss.
Die EU-Richtinie sieht vor, dass es sich um ein unerwünschtes Verhalten sexueller Natur handeln muss, das in Form von verbalen oder nichtverbalen Äußerungen oder in physischer Form zum Ausdruck kommt, um sexuelle Belästigung festzustellen.[981]

---

977 Zitiert nach Linde, BB 1994, S. 2412.

978 Anders Baer (1995), S. 253, 254, die auf Grund des Begriffes „bestimmt" davon ausgeht, dass dies aus der Täterperspektive einzuordnen ist, der bestimmt, ob sein Verhalten sexuell bestimmt gemeint gewesen sei. Baer ist daher der Ansicht, dass das Tatbestandsmerkmal die Anwendung des BeschSchG einschränkt.

979 S. Schiek u.a./Buhr/Klein-Schonnefeld (1996), Rn. 2659; zu den unterschiedlichen Wahrnehmungen von Frauen auf Grund verschiedener Statusebenen und Männern auf Grund der Rollenzugehörigkeit Kuhlmann (1996), S. 108 ff.

980 S. Kapitel B 5.4 in dieser Arbeit. Herzog (1997), S. 199, plädiert für eine objektive Ausgestaltung, bei der für den Sexualbezug die Perspektive eines neutralen Dritten gewählt wird, der dem Geschlecht des Opfers angehören sollte.

981 RL 2002/73 EG, Abl. L 269 vom 05. Oktober 2002, S. 0015-0020.

Meines Erachtens ist der Bezug auf empirisches Material, das eine objektive Perspektive erlaubt – verbunden mit dem subjektiven Element der Opferperspektive – geeignet, die Frage nach der Bewertung als sexuelles Verhalten zu beantworten.[982]
Da die Erfordernisse des BeschSchG auch unter diesem Gesichtspunkt als zu weitgehend einzustufen sind, ist auch hier eine Neuregelung zu erwarten.

Die Verletzung der Würde

Als drittes Tatbestandsmerkmal muss der Würdebegriff ausgelegt werden. Würde am Arbeitsplatz setzt voraus, dass Frauen und Männer in ihrem beruflichen Umfeld grundsätzlich als das wahrgenommen werden, was sie in erster Linie sind: Kolleginnen und Kollegen. Es widerspricht daher eindeutig der Würde einer Frau, wenn sie am Arbeitsplatz an ihrem Aussehen gemessen, durch Kommentare und Anfassen als sexuell verfügbar disqualifiziert oder in sonstiger Weise zum Sexualobjekt degradiert wird.[983]
Das Bundesverfassungsgericht sieht eine Verletzung der Menschenwürde gemäß Art. 1 GG dann als gegeben an, wenn der konkrete Mensch zum Objekt oder zur vertretbaren Größe herabgewürdigt wird.[984]
Da bei den meisten aufgezählten Beispielen sexueller Handlungen die Person der Arbeitnehmerin nicht im Vordergrund steht, sondern die Frau als Sexualobjekt angesehen wird, ist es meines Erachtens berechtigt, davon auszugehen, dass sexuell bestimmtes Verhalten, das von der Betroffenen unerwünscht ist, per se die Würde der Arbeitnehmerin verletzt. So ist auch die europarechtliche Wertung zu verstehen und es sollten hinsichtlich der Auslegung des sexuell bestimmten Verhaltens, das die Würde verletzt, keine übermäßigen, der Realität zuwider laufenden Anforderungen gestellt werden.
Wird die Legaldefinition in der vorgeschlagenen Weise verstanden, so birgt die Definition des Regelbeispiels Nr. 2 an sich keine weiteren Probleme in sich, da es sich bei den aufgeführten Formen sexueller Belästigung lediglich um Beispiele des sexuell bestimmten Verhaltens gemäß § 2 II S. 1 BeschSchG handelt. Problematisch ist allerdings die Definition des Begriffs ‚Pornographie', da Nr. 2 das Zeigen und sichtbare Anbringen von pornographischen Darstellungen verbietet.

1.2.4.3 Der Begriff der Pornographie im § 2 II S. 2 Nr. 2 BeschSchG

Die Einordnung von Darstellungen als Pornographie, hat schon in der strafrechtlichen Judikatur zu umfangreicher Kasuistik geführt.[985]

---

982 So im Ergebnis wohl auch Herzog (1997), S. 199.

983 Schiek u.a./Buhr/Klein-Schonnefeld (1996), Rn. 2661-2663.

984 BVerfGE 50, S. 166 (S. 175), so genannte Objektformel.

985 Vahle, ZBR 1994, S. 376, Fn. 28; Worzalla, NZA 1994, S. 1019; Schaub (2000), § 166, Rn. 42; s. auch Herzog (1997), S. 206 ff.

Darstellungen sind gemäß § 11 III StGB Schriften, Abbildungen sowie Erzeugnisse auf Ton- und Bildträgern, somit Medien, die geeignet sind, sinnlich wahrnehmbare oder vorstellbare Gedanken auszudrücken.[986] Im Zusammenhang mit sexueller Belästigung am Arbeitsplatz werden zukünftig der Computer und der Zugang zum Internet hinsichtlich der Möglichkeit zur Präsentation von Darstellungen der oben genannten Art Bedeutung haben.

Legt man den strafrechtlichen Begriff der Pornographie zu Grunde, der nicht jede Zurschaustellung von Nacktheit oder den Geschlechtsorganen als Pornographie einstuft, sondern die aufreißerische, vergröbernde, verzerrende Darstellung sexueller Dinge verlangt, die auf das lüsterne Interesse an sexuellen Vorgängen abzielt,[987] so ist das Aufhängen von Bildern mit leicht bekleideten Frauen und so genannten Pin-up-Kalendern wohl nicht als Pornographie zu verstehen.[988]

Das Zeigen und Anbringen von Bildern mit sexuell bestimmtem Inhalt wäre hier die adäquate Lösung gewesen und von der Legaldefinition in S. 1 umfasst worden. Denn gerade das Aufhängen von Kalendern und Bildern mit Abbildungen nackter Frauen stellt, wie die empirischen Untersuchungen belegen,[989] eine Form der sexuellen Belästigung am Arbeitsplatz dar. Korrigiert würde eine zu rigide Auslegung durch das Erfordernis der „erkennbaren Ablehnung“, das bei allen Alternativen von Nr. 2 zu beachten ist.

Dass der Gesetzgeber explizit den Begriff ‚Pornographie‘ verwendet, lässt den Schluss zu, dass er sexuelle Belästigung nur durch die gesteigerte Form bildnerischer Darstellungen entsprechend der strafrechtlichen Definition anerkennt und Bilder sexuellen Inhalts nicht unter S. 1 subsumiert werden können, weil der dort verwendete Begriff „sexuell bestimmtes Verhalten“ nicht weiter gehen kann als die Regelbeispiele.[990] Gegen diese Einstufung spricht allerdings die Systematik des Gesetzes, da in Nr. 1 des zweiten Absatzes ausdrücklich strafrechtlich relevantes Verhalten erwähnt ist, Pornographie ein solches strafrechtlich relevantes Verhalten gemäß § 184 StGB darstellt und daher die Erwähnung in Nr. 2 eigentlich überflüssig wäre, wenn hier mit Pornographie der strafrechtliche Pornographiebegriff gemeint wäre.

Daher ist das Regelbeispiel der Pornographie verfehlt, weil auch das Zeigen und Anbringen von Bildern oder Kalendern mit leichtbekleideten und/oder nackten Frauen den Grad sexueller Belästigung im Einzelfall erreichen kann.[991]

---

986 Tröndle/Fischer (1999), § 11 Rn. 44.

987 Tröndle/Fischer (1999), § 184 Rn. 7.

988 So Schaub (2000), § 166, Rn. 42, Worzalla, NZA 1994, S. 1016, 1019; Herzog (1997), S. 207, der aus diesem Grund die Anwendung des strafrechtlichen Pornographiebegriffes auf das BeschSchG ohne Modifizierung ablehnt.

989 S. Holzbecher u.a. (1991), S. 194 f; Beispiele bei Baer (1995), S. 24 f.

990 Herzog (1997), S. 207; Worzalla, NZA 1994, S. 1016, 1019.

991 So auch Baer (1995), S. 72.

1.2.4.4 Erkennbare Ablehnung des Verhaltens

Nach der hier vertretenen Ansicht findet das Tatbestandsmerkmal der erkennbaren Ablehnung nur auf die in § 2 II S. 2 Nr. 2 genannten Regelbeispiele Anwendung, da die Legaldefinition bereits implizit die „Unerwünschtheit" des behaupteten Verhaltens enthält. Denn nur unerwünschtes Verhalten kann den Tatbestand einer Belästigung erfüllen. Die geforderte erkennbare Ablehnung durch die Betroffenen allerdings stellt einen höheren Anspruch an den Grad der Betätigung durch die Betroffenen als die bloße implizite Unerwünschtheit der Legaldefinition, wodurch ein Wertungswiderspruch entsteht.
Erkennbare Ablehnung erfordert, dass sich das Opfer wehrt und unmissverständlich klarstellt, dass es das sexualisierte Verhalten nicht wünscht.[992] Die Darlegungs- und Beweislast liegt beim Belästigungsopfer, was einen zusätzlichen Beweisantritt erfordert.[993] Dies ist jedoch gar nicht nötig, wenn bereits das vorsätzliche sexuell bestimmte Verhalten, das von der Betroffenen nicht gewünscht wird, ihre Würde verletzt und den Tatbestand der sexuellen Belästigung erfüllt.
Weiterhin stellt sich die sexuelle Belästigung oft als ein Problem einer hierarchischen Machtausübung dar, wenn man die Stellung von Belästigern und Belästigten im Betrieb betrachtet, wodurch de facto eine Gegenwehr des Opfers erschwert wird.[994]
Eine Frau handelt oft nicht angemessen nach dem Erfordernis des erkennbar ablehnenden Verhaltens, weil sie berechtigterweise um ihren Arbeitsplatz, ihren Ruf und um den Betriebsfrieden fürchtet.[995] Somit läuft das Erfordernis eines erkennbar ablehnenden Verhaltens dem Gesetzeszweck zuwider und ist überflüssig, weil es durch die implizierte Unerwünschtheit angemessen ersetzt werden kann.[996]

---

992 Worzalla, NZA 1994, S. 1016, 1018.

993 Herzog (1997), S. 209.

994 Linde, BB 1994, S. 2412, 2415, gibt eine Übersicht über die Struktur der Belästiger und Belästigten, die sich mit den Ergebnissen der EG-Studien deckt; Baer (1995), S. 42, bezeichnet diesen Typ von Belästiger als „Dominanz-Belästiger" meines Erachtens sehr treffend, weil es nicht um Erotik, sondern um die Ausübung von Macht im Betrieb geht; s. auch Langelan (1993), S. 178, nach der strategische Belästigung dazu verwendet wird, um Frauen aus männerdominierten Arbeitsfeldern herauszuwerfen oder Estrich (1991) in: Stan (1995), S. 80; Däubler (1998), Rn. 1590, ist der Ansicht, dass das Tatbestandsmerkmal „erkennbare Ablehnung" problematisch ist und die Anwendung des Tatbestands insgesamt sehr einschränkt.

995 Linde, BB 1994, S. 2414, die der Meinung ist, Frauen können sich nur falsch verhalten; Hohmann/Moors, KJ 1995, S. 164, die auf die Quid-pro-Quo-Fälle aus der amerikanischen Rechtsprechung verweisen, in denen Frauen aus Angst um ihren Job sexuelle Handlungen erduldeten, weshalb in den USA die Unerwünschtheit an die Stelle der Freiwilligkeit trat; Baer (1995), S. 258.

996 So wohl im Ergebnis auch Herzog (1997), S. 209; Kasseler Handbuch/Weber (2000) 3.5. Rn. 109; Hohmann/Moors, KJ 1995, S. 164, und Baer (1995), S. 254, die aller-

Das OLG Frankfurt kommt in seiner Entscheidung vom 26. August 1999, in der es um Schadensersatz- und Schmerzensgeldansprüche einer sexuell belästigten Postzustellerin gegen ihren Arbeitskollegen ging, zwar zu dem Ergebnis, dass auf Grund der Beweisaufnahme fest stünde, dass am Arbeitsplatz eine Atmosphäre herrschte, in der häufig Gespräche mit sexuellem Inhalt geführt wurden, sexualbezogene Witze an der Tagesordnung waren, nach den sexuellen Vorlieben der Klägerin gefragt wurde sowie das Anfassen ihrer Brüste durch den Beklagten angedeutet wurde, die Klägerin sich zu Recht sexuell belästigt fühlen durfte. Verneint wird ein Anspruch der Klägerin aber unter anderem, weil sie sich nicht aktiv, vehement und wiederholt zur Wehr gesetzt habe. Das LG als Vorinstanz war noch der Meinung, dass die Klägerin auf Grund der durch die erlittenen Belästigungen ausgelösten Depression nicht in der Lage gewesen sei, sich zur Wehr zu setzen. Dieser Einwand wird vom OLG dahingehend beantwortet, dass sie sich auch zuvor nicht beschwert habe, obwohl ein Zeuge, der sich im Prozess als Personaleinsatzbeamter, Personalrats- und Gewerkschaftsmitglied bezeichnete, für Gespräche zur Verfügung gestanden hätte und selbst auch nicht an dem Verhalten seiner Kollegen teilgenommen hatte.[997]
Diese Entscheidung verdeutlicht die faktische wie rechtliche Problematik des Erfordernisses der erkennbaren Ablehnung. Psychisch tief verletzt, war die Frau nicht zur aktiven Gegenwehr in der Lage, darüber hinaus hatte sie sich nicht beschwert. Mit keinem Wort geht das OLG darauf ein, ob der Zeuge überhaupt der richtige Ansprechpartner für eine Beschwerde gewesen wäre. Ein gestellter Strafantrag wurde nicht zu ihren Gunsten gewertet. Die Frau war über eine lange Zeit krankgeschrieben, und ihre Übernahme als Beamtin auf Lebenszeit wurde abgelehnt.[998]

1.3 Zwischenergebnis

Insgesamt leidet § 2 II BeschschG an einer Definitionsschwäche, weil durch den Versuch, sexuelle Belästigung zu konkretisieren, die Vorschrift mit weiteren auslegungsbedürftigen Tatbestandsmerkmalen überladen wurde. Hohmann schlägt daher zur Verbesserung der Definition die Ergänzung des BeschSchG durch Anlehnung an die von der EEOC aufgestellten Richtlinien zur sexuellen Belästigung am Arbeitsplatz vor.[999] Aus der Definition der EEOC können wertvolle Lösungsansätze entnommen werden. Die Legaldefinition könnte bestehen bleiben, wenn man das unangemessene Vorsatzerfordernis streicht.

---

dings auch die „Unerwünschtheit“ für zu weitgehend hält; anders Vahle, ZBR 1994, S. 376, der die gesamte Definition in S. 2 Nr. 2 für nichtssagende Gesetzessprache hält.

997 OLG Frankfurt, NJW-RR 2000, S. 976, 977.

998 OLG Frankfurt, NJW-RR 2000, S. 976.

999 Hohmann, ZRP 1995, S. 168; Vahle, ZBR 1994, S. 375, hält das ganze Gesetz für überflüssig; Baer (1995), S. 269 f.

Daneben sollte explizit dargelegt werden, dass es zwei Kategorien von sexueller Belästigung gibt: Die Quid-pro-Quo-Fälle und die Fälle der feindlichen Arbeitsumgebung, die wie im Recht der USA[1000] beide sanktioniert werden, aber unterschiedliche haftungsrechtliche Konsequenzen nach sich ziehen. Gehen arbeitsplatzbezogene Maßnahmen mit der Belästigung einher, so gibt es keine Entlastung für den Arbeitgeber. Geht es um die Schaffung bzw. Aufrechterhaltung einer feindlichen Arbeitsumgebung, so kann er sich exkulpieren, wenn er beweisen kann, dass er effektiv gegen sexuelle Belästigung am Arbeitsplatz vorgeht und die Betroffenen bei ihrer Beschwerde unterstützt.
Weiterhin sollte überdacht werden, ob das Tatbestandsmerkmal der pornographischen Darstellung nicht zu hohe Anforderungen an die Toleranzgrenze von Mitarbeiterinnen stellt, sofern der Pornographiebegriff des Strafgesetzbuches hier Anwendung findet.
Die Erkennbarkeit der Ablehnung ist meines Erachtens ersatzlos zu streichen, weil sie dem Opfer unzumutbare und lebensfremde Abwehrmaßnahmen abverlangt und außerdem durch die Unerwünschtheit, die gegebenenfalls explizit in der Legaldefinition genannt werden könnte, angemessen ersetzt werden kann.
Der Änderungsentwurf der EU sieht keine erkennbare Ablehnung, sondern lediglich die Unerwünschtheit des Verhaltens vor,[1001] so dass das BeschSchG bzw. eine andere gesetzliche Normierung durch das Umsetzungserfordernis angepasst werden müsste.

1.4 Beschwerderecht der Beschäftigten gemäß § 3 BeschSchG

1.4.1 Zuständige Beschwerdestelle gemäß § 3 I und 3 II BeschSchG

§ 3 I BeschSchG gewährt den Betroffenen ein Beschwerderecht, wenn sie sich vom Arbeitgeber, Vorgesetzten, anderen Beschäftigten oder Dritten belästigt fühlen. Die Beschwerde ist an die „zuständige Stelle" des Betriebes oder der Dienststelle zu richten. § 3 II BeschSchG verpflichtet den Arbeitgeber, die Beschwerde zu prüfen und geeignete Maßnahmen zu treffen.
Zunächst geht aus dieser Vorschrift hervor, dass die Betroffenen ein Recht haben, sich gegen sexuelle Belästigung durch sämtliche Angehörige des Betriebes, unabhängig von ihrer Position, zur Wehr zu setzen. Auch das Verhalten von betriebsfremden Dritten kann gerügt werden. Somit ist die Vorschrift erfreulich weit gefasst.
Das Gesetz definiert jedoch nicht, wer oder wo die zuständige Stelle ist. Es können jedenfalls nicht die in § 84 BetrVG genannten zuständigen Stellen oder

1000 Vgl. Kapitel B 6 in dieser Arbeit.
1001 RL 2002/73 EG, Abl. L 269 vom 05. Oktober 2002, S. 0015-0020.

der Betriebrat gemäß § 85 BetrVG gemeint sein, denn dieser Weg bleibt gemäß § 3 I BeschSchG ausdrücklich neben der genannten zuständigen Stelle bestehen, und Betroffene konnten sich auch bereits vor Inkrafttreten des BeschSchG bei diesen Stellen beschweren.[1002]
Aus dem Wortlaut des § 3 I BeschSchG geht jedoch eindeutig hervor, dass es sich bei der zuständigen Stelle um eine betriebsinterne Stelle handelt.[1003]
Da die Beschwerdestelle nicht näher benannt ist, ist davon auszugehen, dass hier der Arbeitgeber zu einer eigenen Ausgestaltung aufgerufen ist und entscheidet, wo und mit wem diese Stelle eingerichtet wird.[1004]
Fehlt eine ausdrückliche Benennung, so ist die Beschwerde wohl beim Vorgesetzten oder Dienstvorgesetzten vorzubringen. Handelt es sich dabei um den Belästiger selbst, muss die Beschwerde dem nächsthöheren Vorgesetzten vorgebracht werden. In kleineren Betrieben wird die Beschwerdeinstanz danach der Arbeitgeber selbst sein.[1005]
Dies erscheint wenig sinnvoll, da es sich bei einer kompetenten Beschwerdestelle um eine unabhängige handeln sollte. In größeren Betrieben sollte hierfür eigens eine Position geschaffen werden, die der Betroffenen neben der Anhörung auch Beratung geben kann. Die von der Größe des Betriebes abhängige Personenzahl, mit der die Beschwerdestelle besetzt werden müsste, muss ein effektives Arbeiten garantieren. Die Beschwerdestelle sollte spezifisch geschult sein, um psychologisch behutsam mit der Materie umzugehen. Weiter sollte sie genügend Rechtskunde besitzen, um eine vorläufige Bewertung des Sachverhaltes vornehmen und die möglichen rechtlichen Konsequenzen aufzeigen zu können. Die Beschwerdestelle sollte einen Bericht über die Vorkommnisse fertigen, dem Opfer jedoch auf Wunsch und so weit möglich Anonymität gewähren.

1.4.2 Kompetenzen der Beschwerdestelle

Die eigentliche Problematik besteht darin, dass das BeschSchG der Beschwerdestelle gar keine Kompetenzen einräumt. Sie ist nur zur Entgegennahme der Beschwerde und Einleitung eines Verfahrens sowie zur Anhörung der Beteiligten berechtigt.[1006]
Die Überprüfung des Sachverhaltes und das Treffen von geeigneten Maßnahmen fällt allein dem Arbeitgeber bzw. Dienstvorgesetzten gemäß § 3 II

1002 Linde, ArbuR 1995, S. 398, hält den Weg gemäß § 85 BetrVG für den effektiveren, weil er mit weitergehenden Rechten ausgestattet ist.

1003 S. Herzog (1997), S. 226.

1004 So auch Herzog (1997), S. 226.

1005 Worzalla, NZA 1994, S. 1019; Schiek (1995), § 3 BeschSchG, Rn. 1; anders aber Schiek u.a./Buhr/Klein-Schonnefeld (1996), Rn. 2732, wonach Arbeitgeber und Vorgesetzte ausscheiden.

1006 BT-Drs. 12/5468, S. 47; weitergehend wohl Herzog (1997), S. 228.

BeschSchG anheim. Der Arbeitgeber ermittelt dann den Sachverhalt durch Anhörung der Betroffenen und Dritter, wobei ihm keinerlei Zwangsmittel zur Verfügung stehen.[1007]

Stellt der Arbeitgeber ein pflichtwidriges Verhalten des Belästigers fest, so ist er umgehend dazu verpflichtet, dem Belästiger weitere Belästigungen zu untersagen. Diese Maßnahme muss im Vorfeld der in § 4 BeschSchG aufgeführten Sanktionen getroffen werden, um die Integrität und Würde des Opfers nach Einleitung des förmlichen Beschwerdeverfahrens zu schützen. Unterlässt der Arbeitgeber dies, so macht er sich unter Umständen Schadensersatzpflichtig, weil er seiner Schutzpflicht aus § 2 I BeschSchG nicht nachgekommen ist.[1008]

Die mangelnde Handlungskompetenz, mit der die zuständige Beschwerdestelle ausgestattet ist, berechtigt zur Kritik. Sie macht die betriebsinterne Beschwerdestelle eigentlich sogar überflüssig, wenn sie nur zur Entgegennahme einer Beschwerde berechtigt sein soll. Die Einrichtung von effektiven und kompetenten Beschwerdestellen ist aber für das Funktionieren des BeschSchG unumgänglich.

Das Vorhandensein einer innerbetrieblichen Beschwerdestelle könnte jedoch für den Arbeitgeber positiv bewertet werden, wenn man davon ausgeht, dass solche Stellen präventive Funktionen gemäß § 2 I BeschSchG übernehmen, da sie deutlich machen, dass es dem Arbeitgeber ernst ist bei der Eliminierung von sexueller Belästigung und er aktiv seine Firmenpolitik in die Praxis umsetzt. Dies könnte im Falle eines Prozesses dahingehend gewertet werden, dass das kumulative Vorhandensein von positiver Firmenpolitik und einer effektiven Beschwerdestelle, die die Opfer schützt, zu einer Exkulpation für den Arbeitgeber führt. Der gegenteilige Fall könnte für den Arbeitgeber eintreten, wenn er es unterlässt, die genannte Stelle einzurichten.[1009]

Allerdings müsste hierfür das BeschSchG geändert werden, da dem Arbeitgeber die Pflicht auferlegt worden ist, selbst zu ermitteln und die gegebenenfalls notwendigen Maßnahmen nach § 4 BeschSchG zu ergreifen. Würde er sich dazu einer Beschwerdestelle bedienen, könnte er sich unter Umständen erneut ersatzpflichtig machen. Fraglich ist, inwieweit der Arbeitgeber seine Pflichten aus dem BeschSchG delegieren kann.

In einer ganz anderen Fallkonstellation erweist sich § 3 II BeschSchG ebenfalls als nicht effektiv, nämlich dann, wenn der Belästiger der Arbeitgeber selbst ist.

1007 BT-Drs- 12/5468, S. 47.

1008 Worzalla, NZA 1994, S. 1020.

1009 Auch in diesem Zusammenhang sei auf die Behandlung präventiver Maßnahmen und amerikanischer Rechtsprechung verwiesen; s. auch 29 CFR, § 1604.11 (f) und Meritor Savings Bank v. Vinson, 106 S. Ct., 2399 (1986).

1.4.3 Externe Beschwerdestelle

Nachdem die Richtlinie 76/207 EWG durch die Richtlinie 2002/73 EG geändert worden ist, wird die Einrichtung externer Beschwerdestellen erforderlich werden. Dies wurde bereits in Kapitel F 1.4.3 dieser Arbeit erörtert. Auch eine Verbandsbeteiligung wie in den Vorschriften des UKlaG und des UWG zur Wahrung der Rechte der Verbraucher ist vorgesehen. Somit wird es bereits eine zweigleisige außerbetriebliche Unterstützung für Opfer diskriminierenden Verhaltens am Arbeitsplatz geben. Ob die externe Stelle mit Schlichtungskompetenz wie die EEOC ausgestattet sein wird, bleibt abzuwarten.[1010]
Wünschenswert wäre es, wenn der bundesdeutsche Gesetzgeber zur Bekämpfung der Diskriminierung am Arbeitsplatz eine unabhängige Stelle etablieren würde, an die sich – wie in den USA – alle Beschäftigten wenden könnten und deren Befugnisse klar ausgestaltet sind. Dies ist einerseits für die Opfer von Diskriminierung wichtig, damit sie einordnen können, ob es effektiv sein kann, sich mit einem Anliegen an eine solche Stelle zu wenden. Andererseits ist es auch für die Arbeitgeber wichtig zu wissen, dass es überbetriebliche Stellen gibt, die sich für die Rechte Diskriminierter einsetzen und notfalls auch unter Einbeziehung der Opfer den Klageweg beschreiten können.
Meines Erachtens sollten die Kompetenzen nicht auf verschiedene Stellen verteilt werden, so dass Rechtsunsicherheit herrscht, wer welche Befugnisse hat bzw. wer Rechte durchsetzen kann. Im Hinblick das Umsetzungserfordernis von Art. 8 a der Richtlinie 2002/73 EG wird sich Deutschland entscheiden müssen.
Für betriebsinterne Stellen bleibt neben den externen Stellen ein Bedarf, um zunächst eine Regelung zwischen den Vertragspartnern herbeiführen zu können. Des Weiteren ist das Vorhandensein einer internen Stelle für die mögliche Exkulpation des Arbeitgebers von Bedeutung.

1.5 Sanktionen des Arbeitgebers gemäß § 4 I BeschSchG

Hat sich eine Arbeitnehmerin beschwert und der Arbeitgeber herausgefunden, dass tatsächlich Belästigung stattgefunden hat, so ist er gemäß § 4 BeschSchG zur Ergreifung von abgestuften Maßnahmen verpflichtet.[1011]
§ 4 BeschSchG besagt, dass der Arbeitgeber die im Einzelfall angemessenen arbeitsrechtlichen Maßnahmen wie Abmahnung, Umsetzung, Versetzung oder Kündigung zu ergreifen hat.

1010 Lichtenberg/Eidmann/Smith berichten, dass eine Umfrage unter Arbeitsrichtern ergab, dass 40% bis 50% der Richter die Einrichtung externer Stellen mit Streitschlichtungskompetenz ablehnen würden (S. 4 ff, ohne Jahr).

1011 A. A. Mästle (2000), der meint, das BeschSchG enthalte keine Sanktionen.

Die Aufzählung ist nicht abschließend. Andere Maßnahmen (wie die Ermahnung oder sogar die außerordentliche Kündigung[1012]) können im Einzelfall angemessen sein, um der Belästigung wirksam zu begegnen.[1013]
Will der Arbeitgeber jedoch dem Belästiger gegenüber die außerordentliche Kündigung gemäß § 626 I BGB aus wichtigem Grund aussprechen, so liegt die Beweislast für das Vorliegen des wichtigen Grundes in einem späteren Kündigungsschutzprozess bei ihm.[1014] Ein solcher wichtiger Grund kann darin liegen, dass eine strafrechtliche Verurteilung des Arbeitnehmers wegen sexueller Nötigung zu einer konkreten Störung des Betriebsfriedens geführt hat.[1015] Die außerordentliche Kündigung mit ihren weitreichenden Folgen für den Belästiger kann nur in schwerwiegenden Fällen sexueller Belästigung ausgesprochen werde. Hierbei können die Intensität sowie die Dauer der Belästigung, meines Erachtens jedoch auch die Position des Belästigenden in dem Unternehmen, von Bedeutung sein.[1016]
Berichtet die sexuell belästigte Arbeitnehmerin unmittelbar nach dem Vorfall ihren Arbeitskollegen über sexuelle Übergriffe des Arbeitgebers, darf dieser ihr nicht aus wichtigem Grund gemäß § 626 I BGB außerordentlich kündigen.[1017]
Die Gesetzesbegründung verweist darauf, dass sich die arbeitsrechtliche Maßnahme nach dem Grundsatz der Verhältnismäßigkeit richten und die Möglichkeit eröffnen soll, der Schwere der Belästigung und dem Schutz des Opfers gerecht zu werden.[1018]
§ 4 I Nr. 1 BeschSchG lässt die Mitbestimmungsrechte des Betriebsrates bei mitbestimmungspflichtigen Entscheidungen unberührt. Obwohl der Begriff „Angemessenheit" erneut zu Auslegungsproblemen führen kann, ist es zunächst wichtig zu betonen, dass der Arbeitgeber verpflichtet ist, bei festgestellter Belästigung irgendeine Maßnahme zu ergreifen, um das Opfer zu schützen. Hierbei kann er unter Umständen verpflichtet sein, eine räumliche Trennung von Opfer und Belästiger durchzuführen, die nicht zu Lasten des Opfers gehen darf.[1019]
Der Arbeitgeber muss berücksichtigen, dass die getroffene Maßnahme immer den Schweregrad der festgestellten Belästigung widerspiegeln muss.[1020] An-

1012 BAG vom 9. Januar 1986, DB 1986, S. 1339; LAG Hamm vom 22. Oktober 1996, BB 1996, S. 99, wonach eine außerordentliche Kündigung nur angemessen ist, wenn der Umfang und die Intensität der sexuellen Belästigung sowie die Abwägung der beiderseitigen Interessen diese Maßnahmen rechtfertigen.

1013 Worzalla, NZA 1994, S. 1020; Schiek u.a./Buhr/Klein-Schonnefeld (1996), Rn. 2765.

1014 BAG, AuR 2000, S. 396.

1015 LAG Düsseldorf, AuR 2000, S. 191.

1016 Herzog (1997), S. 151, bejaht ein außerordentliches Kündigungsrecht des Arbeitgebers bei strafrechtlich relevantem Handeln des Belästigers.

1017 ArbG Hamburg, Streit 3, 1992, S. 121 f.

1018 BT-Drs. 12/5468, 46; LAG Hamm vom 22. Oktober 1996, BB 1996, S. 99 f.

1019 Hessisches LAG vom 24. August 1995, Streit 3, 1996, S. 132.

1020 S. zu möglichen Handlungsformen des Arbeitgebers Linde, BB 1994, S. 2417.

sonsten wird dem Arbeitgeber wohl ein Ermessens- und Beurteilungsspielraum zustehen, welche Maßnahme er nach dem BeschSchG ergreift.[1021]
Die einschneidendste arbeitsrechtliche Maßnahme ist nach dem BeschSchG die Kündigung. Während es bei der normalen verhaltensbedingten Kündigung grundsätzlich einer vorherigen Abmahnung bedarf,[1022] handelt es sich bei den auf sexuelle Belästigung gestützten Kündigungen um Störungen der arbeitsvertraglichen Nebenpflichten, die zu einer Störung im Betriebsbereich führen.[1023] Bei solchen Verhaltensweisen, bei denen der Belästiger von vornherein nicht mit Billigung seines Verhaltens rechnen konnte, bedarf es zur rechtmäßigen Kündigung keiner vorherigen Abmahnung.[1024]
Vor Ausspruch der Kündigung als ultima ratio ist in jedem Fall vom Arbeitgeber der Einsatz milderer Maßnahmen zu prüfen.[1025] Ist die festgestellte Belästigung jedoch besonders schwer und die Fortsetzung sexueller Belästigung kann nicht anders unterbunden werden, so hat der Arbeitgeber die Kündigung ohne vorherige Abmahnung auszusprechen.[1026] Scheut er sich vor einem Kündigungsschutzprozess, so steht ihm als Zeugin die belästigte, durch ihn geschützte Arbeitnehmerin zur Verfügung.[1027] Ist der Arbeitgeber selbst der Belästiger, so stehen dem Wortlaut nach keine geeigneten Maßnahmen aus dem BeschSchG zur Verfügung.
Es fällt weiter auf, dass im Sanktionenkatalog des § 4 BeschSchG keine finanziellen Schadensersatzansprüche der belästigten Arbeitnehmerin vorgesehen sind.[1028]
Wie hier bereits in Kapitel C 1.2 dargestellt, lässt die Angst amerikanischer Arbeitgeber, zur Zahlung von *punitive damages* sowie anderen finanziellen Wiedergutmachungen verurteilt zu werden, sie zu präventiven Maßnahmen und Etablierung von effektiven Schutzmechanismen greifen. Dies hätte auch im BeschSchG aufgegriffen werden können, da eine Kompensierung für das Opfer leichter beim Arbeitgeber als beim belästigenden Kollegen zu erreichen ist.[1029]

1021 Schaub (2000), § 166 V, Rn. 47, der der Meinung ist, die belästigte Arbeitnehmerin könne keine konkrete Maßnahme klageweise geltend machen.

1022 S. Schiek u.a./Buhr/Klein-Schonnefeld (1996), Rn. 2766 m.w.N. zur Rechtsprechung.

1023 Schiek u.a./Buhr/Klein-Schonnefeld (1996), Rn. 2767.

1024 LAG Berlin vom 30. Januar 1991, Streit, 1991, S. 148; Hessisches LAG vom 24. August 1995, Streit 3, 1996, S. 132; LAG Hamm vom 22. Oktober 1996, BB 1997, S. 99; ArbG Aachen vom 4. Juli 1991, HzF P 56, Entscheidung Nr. 13.

1025 Schiek u.a./Buhr/Klein-Schonnefeld (1996), Rn. 2770; Hessisches LAG vom 24. August 1995, Streit 3, 1996, S. 132.

1026 LAG Hamm vom 22. Oktober 1996, BB 1997, S. 99 f; ArbG Wilhelmshaven vom 13. März 1978, HzF P 56, Entscheidung Nr. 3.

1027 So auch Linde, BB 1994, S. 2417.

1028 Kritisch hierzu auch Mästle (2000), S. 81.

1029 S. Baer (1995), S. 291, die die Entwürfe der SPD zur Etablierung von Schadensersatz und Geldbußen im BeschSchG diskutiert.

Entbehrlich wäre ein solcher Schadensersatz nur dann, wenn er bereits durch andere Normen in ausreichender Form gewährleistet wird.[1030] Ob dies durch die vorhandenen zivilrechtlichen Normen gewährleistet ist, soll weiter unten behandelt werden.

1.6 Leistungsverweigerungsrechte gemäß § 4 II BeschSchG

Hat der Arbeitnehmer keine oder offensichtlich ungeeignete Maßnahmen gegen die sexuelle Belästigung ergriffen, so kann die Betroffene ihre Tätigkeit am betroffenen Arbeitsplatz einstellen, ohne den Verlust ihres Arbeitsentgeltes befürchten zu müssen. Dieses Recht der Arbeitnehmerin ist jedoch mit Vorsicht zu genießen. Einerseits muss die Belästigung zweifelsfrei stattgefunden haben (und als solche die Erheblichkeitsschwelle in § 2 II BeschSchG erreicht haben), andererseits muss eine gewisse Wiederholungsgefahr bestehen, oder die betroffene Maßnahme ist offensichtlich ungeeignet, wie das Belassen des Belästigers und der Belästigten in einem gemeinsamen Büroraum.[1031] Außerhalb des Tatortes besteht die Leistungspflicht fort.
Da das Leistungsverweigerungsrecht enge Tatbestandsvoraussetzungen hat und die volle Beweislast für die Inanspruchnahme bei der Arbeitnehmerin liegt, sollte es nur nach eingehender Prüfung aller Umstände unter Umständen nach vorheriger Rechtsberatung in Anspruch genommen werden.[1032]

1.7 Zwischenergebnis

Das BeschSchG beinhaltet zwar Rechte und Pflichten für Arbeitnehmerin und Arbeitgeber, aber außer ihrem Beschwerderecht und gegebenenfalls ihrem Leistungsverweigerungsrecht kann die Arbeitnehmerin kaum Rechte aus dem BeschSchG geltend machen, da ihr die Forderung nach konkreten Maßnahmen des Arbeitgebers nach dem BeschSchG nicht zusteht.[1033]
So muss die Arbeitnehmerin zur Wahrung weiterer, vor allem finanzieller Ansprüche auf das allgemeine Zivilrecht verwiesen werden. Die rechtlichen Möglichkeiten der Strafverfolgung, aus dem Berufsausbildungsrecht, den Vorschriften des Jugendarbeitsschutzrechtes, aus der Gewerbeordnung, dem Betriebsverfassungsgesetz und Arbeitsförderungsrecht sollen hier nicht behandelt werden.[1034]

1030 So Vahle, ZBR 1994, S. 375.

1031 Worzalla, NZA 1994, S. 1021.

1032 Schiek u.a./Buhr/Klein-Schonnefeld (1996), Rn. 2815.

1033 Schaub (2000), § 166 V, Rn. 47.

1034 Pfarr/Bertelsmann (1989), S. 425-427; sehr ausführlich zum Strafrecht Baer (1995), Teil C III; Linde, BB 1994, S. 2413 f; Bertelsmann, AiB 1987, S. 127 ff; Schmitt/Bartling/ Heiliger, in: Gerhart/Heiliger/Stehr (1992), S. 87 ff.

Der Schwerpunkt der Arbeit wurde auf die Darstellung und mögliche Fruchtbarmachung des amerikanischen Rechtes sowie auf die Überlegungen und Rechtssetzungen der europäischen Organe zum Bereich der sexuellen Belästigung gelegt.
Weiterhin sollte ausgiebig die Frage diskutiert werden, wie die deutsche Antwort auf die Forderung der EU nach Maßnahmen gegen sexuelle Belästigung am Arbeitsplatz in Gestalt des BeschSchG definiert werden kann und welchen Nutzen sie für die Problematik ergeben hat. Aus diesem Grunde sollen die allgemeinen zivilrechtlichen Instrumentarien, die bereits vor Inkrafttreten des BeschSchG ihre Gültigkeit besaßen und umfangreich in der Literatur[1035] dargestellt wurden, nur in einem kurzen Überblick gezeigt werden.
Die Instrumentarien, die der Arbeitnehmerin gegen den Belästiger[1036] (etwa Schadensersatz- und Unterlassungsansprüche) selbst zustehen, sollen ganz außer Acht gelassen werden.
Nach der hier vertretenen Ansicht handelt es sich bei der sexuellen Belästigung um ein strukturelles Problem, das eine Diskriminierung auf Grund des Geschlechtes darstellt. Daher sind die Ansprüche, die ein Opfer gegen den Belästiger selbst geltend machen könnte, nur für den Einzelfall relevant und bestehen selbstverständlich neben denen, die das Opfer gegen den Arbeitgeber hat.[1037]
Die rechtliche Handhabung sexueller Belästigung sollte aber zu einer Verbesserung für die Arbeitnehmerinnen im Berufsleben führen. Nur der Arbeitgeber kann Verbesserungen am Arbeitsplatz durchführen.

2 Handlungsmöglichkeiten gegen den selbst belästigenden Arbeitgeber

2.1 Arbeitsvertragliche Fürsorgepflichten

Dem Arbeitgeber selbst ist jede sexuelle Belästigung von Arbeitnehmern untersagt, da ihn der Arbeitsvertrag nicht nur zur Einhaltung von Hauptpflichten, sondern auch zur Beachtung der daraus resultierenden Nebenpflichten verpflichtet.[1038]

1035 S. dazu: Herzog (1997), S. 108-186; Baer (1995), S. 53-118; Pfarr/Bertelsmann (1989), S. 421-441; Linde, BB 1994, S. 2413; Degen, Streit 1, 1991, S. 139-144; Meschkutat/Holzbecher/Richter (1993), S. 33-43; Bertelsmann, AiB 1987, S. 127-137; Bertelsmann/Colneric/Pfarr/Rust, HzF 1996.

1036 S. dazu Baer (1995), S. 71, 98, 286; Bertelsmann, AiB 1987, S. 130; Herzog (1997), S. 134 ff.

1037 Kasseler Handbuch/Weber (2000), 3.5 Rn. 111, im konkreten Fall verneinend OLG Frankfurt, NJW-RR 2000, S. 976 f.

1038 S. Herzog (1997), S. 109.

Hierzu gehört auch die Fürsorgepflicht des Arbeitgebers für die Arbeitnehmer, nach der er Beeinträchtigungen der Person und des Persönlichkeitsrechtes der Arbeitnehmerin zu unterlassen hat. Zu diesen Beeinträchtigungen gehören auch sexuelle Belästigungen am Arbeitsplatz durch den Arbeitgeber.[1039]
Diese sind nun zusätzlich spezialgesetzlich durch die in § 2 I BeschSchG konstituierten Schutzpflichten normiert.
Weiter resultieren seine Fürsorgepflichten aus § 618 BGB, da es sich bei sexueller Belästigung in vielen Fällen um eine Gesundheitsgefährdung handelt bzw. eine gesundheitliche Beeinträchtigung hieraus erwachsen kann.[1040]
Es könnte sich daher bei schuldhafter Verletzung der Fürsorgepflicht ein Anspruch auf Schadensersatz entsprechend den Regeln der positiven Vertrags-Verletzung (pVV) gemäß § 280 BGB geben.
Weiter könnte der betroffenen Arbeitnehmerin auch ein allgemeines zivilrechtliches Leistungsverweigerungsrecht oder bei andauernder Belästigung ein Beseitigungsanspruch zustehen.[1041] Ein solcher Anspruch könnte etwa durch Entfernung von Pin-up-Bildern oder -Kalendern vom Arbeitsplatz befriedigt werden.[1042]
Bei schwerwiegenden Verletzungen kann die Arbeitnehmerin gemäß § 626 II fristlos aus wichtigem Grund kündigen und gemäß § 628 II Schadensersatz gegen den Arbeitgeber geltend machen.[1043]

2.2 Ansprüche gemäß § 611 a BGB

Es ist nach der hier vertretenen Ansicht nicht beabsichtigt gewesen, mit dem BeschSchG eine abschließende gesetzliche Regelung zu treffen. Vielmehr wird durch den Maßnahmenkatalog des § 4 BeschSchG die Anwendung anderer Anspruchsgrundlagen nicht ausgeschlossen.[1044]
Bei sexueller Belästigung am Arbeitsplatz handelt es sich auch um Benachteiligung wegen des Geschlechtes, die im BGB durch § 611 a BGB sanktioniert wird.
Diese Vorschrift passt vor allem dann, wenn für sexuelles Entgegenkommen Vorteile versprochen werden (diese Kategorie muss mitberücksichtigt werden,

1039 Mästle (2000), S. 101; Bertelsmann, AiB 1987, S. 131, Schiek (1995), § 4 BeschSchG, Rn. 5.

1040 Herzog (1997), S. 109 f; Schiek u.a./Buhr/Klein-Schonnefeld (1996), Rn. 2623; Degen, Streit 4, 1991, S. 143, die durch die Rechtsprechung entwickelten Grundsätze des Nichtraucherschutzes auf sexuelle Belästigung entsprechend anwendbar hält.

1041 So auch Herzog (1997), S. 122.

1042 S. auch Herzog (1997), S. 123.

1043 So auch Mästle (2000), S. 159, und Degen, Streit 4, 1991, S. 144.

1044 So auch ErfK/Schlachter (2001), § 4, Rn. 2; Herzog (1997), S. 118, 121; Mästle (2000), S. 123, 159, 168.

weil eine Frau den Eindruck haben müsste, dass sie bei Ablehnung von sexuellen Avancen Nachteile zu befürchten hat) oder bei Verweigerung der geforderten Handlungen Nachteile angedroht oder verwirklicht werden.[1045]
Da § 611 a BGB insbesondere auch Diskriminierung von Stellenbewerberinnen sanktionieren will, geht der Anwendungsbereich dieser Vorschrift über den Schutzbereich des BeschSchG hinaus, der nur das bestehende Arbeitsverhältnis erfasst,[1046] wodurch auch dem Erfordernis der EU-Richtlinie Genüge getan werden könnte, die den Schutz vor sexueller Belästigung am Arbeitsplatz beim Zugang und der Einstellung beinhaltet.[1047]
Die Benachteiligung auf Grund des Geschlechtes ergibt sich daraus, dass der Arbeitgeber ein solches Verhalten nicht von seinen männlichen Angestellten fordern würde.[1048]
Das Gleiche muss aber dann gelten, wenn der Arbeitgeber durch sein sexualisiertes Verhalten für die Arbeitnehmerinnen eine feindliche Arbeitsumgebung schafft, während die männlichen Arbeitskollegen nicht davon betroffen sind. Dies wäre dann der Fall, wenn der Arbeitgeber nur gegenüber weiblichen Angestellten sexuell gefärbte Bemerkungen über die Figur, die Kleidung oder das Privatleben macht oder in sonstiger Weise eine sexualisierte Arbeitsumgebung aufrecht erhält.
Werden dem Arbeitgeber sexuelle Belästigungen in seinem Betrieb zur Kenntnis gebracht und unterlässt er es, diese zu unterbinden, liegt ebenfalls eine Benachteiligung auf Grund des Geschlechtes vor, da eine solche auch durch Unterlassen erfolgen kann.[1049]

2.2.1 Anwendbarkeit von § 611 a BGB auf sexuelle Belästigung am Arbeitsplatz

Hat eine Angestellte nun auf Grund der sexuellen Belästigung einen rechtlichen oder finanziellen Schaden erlitten, weil ihr beispielsweise gekündigt wurde oder sie Nachteile beim Aufstieg hatte, so stünde ihr neben einer Kündigungsschutzklage bei schuldhaftem Handeln des Arbeitgebers Schadensersatz aus pVV bzw. aus § 823 II BGB i.V.m. § 611a BGB zu, da diese Vorschrift Schutzgesetz im Sinne von § 823 II BGB ist.
Daneben könnte die betroffene Arbeitnehmerin ihren Anspruch auf § 611 a BGB stützen und gemäß § 611 a II BGB eine angemessene Entschädigung in

1045 Schiek (1995), § 4 BeschSchG, Rn. 9.
1046 S. Kapitel G 1.1 in dieser Arbeit und Herzog (1997), S. 192.
1047 RL 2002/73 EG, Abl. L 269 vom 05. Oktober 2002, S. 0015-0020.
1048 Zur Problematik des bisexuellen Arbeitgebers s. Mästle (2000), S. 161.
1049 Bertelsmann, AiB 1987, S. 131.

Geld verlangen, die jedoch auf drei Monatsverdienste beschränkt[1050] ist, wenn sie nicht die bestqualifizierte Bewerberin für die entsprechende Stelle ist. Handelt es sich um die bestqualifizierte Bewerberin, ist der mögliche Schadensersatz nicht nach oben begrenzt.[1051] Der Wortlaut der Vorschrift zielt jedoch auf den Zugang zur Arbeitsstelle ab und wird gemäß § 611 a V BGB auch auf Diskriminierung beim beruflichen Aufstieg angewandt. Der Arbeitnehmerin hätte dann den Vorteil der Beweiserleichterung aus § 611 a I S. 3, nach der sie die sexuelle Belästigung lediglich glaubhaft machen müsste, was sie durch eine eidesstattliche Versicherung gemäß § 294 ZPO erreichen könnte.

Praktische Relevanz lässt sich allerdings nur für die Fälle vorstellen, in denen die Arbeitnehmerin im bestehenden Arbeitsverhältnis nicht auf sexuelle Avancen reagierte und sie deshalb Nachteile beim beruflichen Aufstieg erlitten hat oder wegen einer solchen Verweigerung nicht eingestellt worden ist.[1052]

Die praktisch sehr relevanten Fälle der feindlichen Arbeitsumgebung ließen sich zwar bei Unterlassung der Abhilfe durch den Arbeitgeber unter § 611 a BGB subsumieren, aber es ist schwer vorstellbar, daß sie eine Auswirkung auf die in § 611a BGB vorgesehenen Maßnahmen des Arbeitgebers haben.

Meines Erachtens lässt sich die Vorschrift des § 611a BGB nicht als eine angemessene Reaktion auf Fälle von sexueller Belästigung am Arbeitsplatz qualifizieren, weil begrifflich nur die Fälle einer Quid-pro-quo-Belästigung infrage kommen und der praktisch relevante Bereich der feindlichen Arbeitsumgebung meines Erachtens nicht unter § 611 a BGB zu subsumieren ist.[1053]

Fraglich ist hingegen, ob die Beweiserleichterung[1054] des § 611 a BGB nicht auch Einbindung in das BeschSchG erfahren könnte. § 611 a BGB hat den Schutz vor Diskriminierung wegen des Geschlechts zum Ziel.

1050 Schiek (1995), § 611 a BGB, Rn. 75; s. dazu auch die Entscheidung des EuGH (Rs. C 180/95, Slg. 1997, I, 2195): Nils Draehmpaehl gegen Urania Immobilienservice OHG, wonach die Begrenzung auf drei Monatsgehälter für alle Bewerberinnen des alten § 611a BGB im Widerspruch zur Richtlinie No. 76/207/EWG stand und nicht abschreckend genug gewesen ist. Inwieweit die verschuldensabhängige Haftung des Arbeitgebers gegen EG-Recht verstößt, kann hier nicht weiter ausgeführt werden, s. dazu Pfarr, RdA (1995), S. 208, und EuGH (Rs. C 180/95, Slg. 1997, I, 2195). Zur Entwicklung des § 611 a BGB im Lichte der Rechtsprechung des EuGH s. auch Freis, AuA 1998, S. 155 ff, und Annuß, NZA 1999, S. 738 ff.

1051 Nach der seit 1998 geltenden Fassung des § 611 a BGB, dessen Änderung eine Reaktion auf die Rechtsprechung des EuGH darstellt (s. Kapitel G 2.2.2 in dieser Arbeit). Zum generellen Einfluss Europas auf das deutsche Arbeitsrecht s. Konzen, EuZW 1995, S. 39 ff, und Blomeyer, NZA 1994, S. 633, 638.

1052 So auch Mästle (2000), S. 162, weitergehend Herzog (1997), S. 121.

1053 Anders Herzog (1997), S. 117, 121; wie hier: Mästle (2000), S. 162; Annuß, NZA 1999, S. 738, hält § 611 a BGB für in der Praxis unbedeutend, weil die Erfolgsaussichten unsicher und der materielle Anreiz gering ist. Dem ist zuzustimmen.

1054 Zur Beweiserleichterung vgl. Herzog (1997), S. 118 f.

Zum erklärten Ziel des BeschSchG gehört zwar der Schutz der Würde der Beschäftigten, aber das Diskriminierungsverbot[1055] sollte ebenfalls als Gesetzeszweck Eingang in das BeschSchG finden und wird es finden müssen, wenn die EU-Richtlinie umgesetzt wird, in der die sexuelle Belästigung neben einer Würdeverletzung ausdrücklich als Diskriminierung bezeichnet wird.[1056]
Qualifiziert man nun sexuelle Belästigung am Arbeitsplatz als Diskriminierung auf Grund des Geschlechtes, so müssten konsequenterweise die sehr hohen Beweisanforderungen im BeschSchG heruntersetzt und eine Glaubhaftmachung als ausreichend angesehen werden, damit unterschiedliche Bewertungsmaßstäbe bei unterschiedlichen Formen von Diskriminierung am Arbeitsplatz vermieden werden.
Dem Arbeitgeber könnte seinerseits die Möglichkeit einer Exkulpation eröffnet werden, wie sie im Recht der USA vorgesehen ist und wie sie ebenfalls in § 611 a I S. 3, 2. Halbsatz durch Beweis von sachlichen Gründen für die arbeitsplatzbezogene Maßnahme vorgesehen ist. In Fällen der feindlichen Arbeitsumgebung können keine sachlichen Gründe angeführt werden, so dass auch wieder erkennbar wird, dass § 611 a BGB in seiner derzeitigen Form nicht auf die Diskriminierung durch sexuelle Belästigung am Arbeitsplatz passt.

2.2.2 Das pönale Moment des § 611 a BGB

Die Urteile, die durch den EuGH hinsichtlich der Europarechtskonformität von § 611 a BGB gesprochen worden sind, enthalten in ihrem Argumentationskern die Hauptaussage, dass die in § 611 A BGB geregelten Ansprüche abschrekkend sein müssten und sich nicht auf einen symbolischen Schadensersatz beschränken dürften.[1057]
Der EuGH hielt die deutsche Ausgestaltung bis zur jetzigen Fassung für nicht abschreckend genug.[1058] Die ursprüngliche Version aus dem Jahre 1980 brachte der Vorschrift sogar den spöttischen Namen „Portoparagraph" ein, was sich auf die Rechtsfolge, nämlich den Ersatz des Vertrauensschadens bezog, der abgewiesenen Bewerberinnen nur den Ersatz der Bewerbungskosten ermöglichte.[1059]

1055 Vgl. Kapitel G 1 in dieser Arbeit.

1056 RL 2002/73 EG, Art. 1, 2 (3), Abl. L 269 vom 05. Oktober 2002, S. 0015-0020.

1057 EuGH vom 10. April 1984, Slg. 1984, 1891 (Colson und Kamann); vom 10. April 1984, Slg. 1984, 1921 (Harz); vom 22. April 1997 (Nils Draehmpaehl), DB 1997, S. 983 ff, dazu Freis, AuA 1998, S. 155 ff; Volmer, BB 1997, S. 1582 ff; Kocher, ArbuR 1998, S. 221 zur verfassungsrechtlichen Seite von § 611 a BGB; Schiek, BB 1998, S. 586 ff.

1058 s. Quellenangaben in vorheriger Fn. 1057.

1059 Annuß, NZA 1999, S. 738, 740; Freis, AuA 1998, S. 155.

Da der Gesetzgeber der Pflicht zur europarechtskonformen Umsetzung der Richtlinie 76/207 EWG bis zur Novellierung zunächst nicht nachkam, gewährte das BAG bei erlittener Geschlechtsdiskriminierung neben dem als zu gering erachteten Schadensersatzanspruch aus § 611 a BGB einen immateriellen Schadensersatz gemäß §§ 823, 847 BGB wegen einer Persönlichkeitsrechtsverletzung, weil eine Benachteiligung auf Grund des Geschlechtes eine solche darstelle.[1060]

1994 wurde die Vorschrift erstmals geändert, um den Anforderungen des EuGH nach einer wirksamen Abschreckung Genüge zu tun. Das neue Gesetz sah eine angemessene Geldentschädigung in Höhe von höchstens drei Monatsgehältern vor, abhängig davon, ob der Arbeitgeber die Diskriminierung zu vertreten hatte. 1997 sah der EuGH jedoch das Verschuldenserfordernis sowie die summenmäßige Höchstbegrenzung als unvereinbar mit EG-Recht an.[1061]

Auf dieser erneute Rüge des EuGH hat der Gesetzgeber schnell reagiert. Nunmehr gilt seit dem 29. Juni 1998 die dritte Fassung des § 611 a BGB, durch die die Verschuldensabhängigkeit abgeschafft wurde und die summenmäßige Höchstbegrenzung nur für Minderqualifizierte aufrecht erhalten wurde.

Der Anspruch der Bestqualifizierten ist in § 611 a BGB nicht mehr begrenzt.[1062]

So macht die Neufassung deutlich, dass sich die Diskriminierung nicht nur an eine Person, nämlich an die, die konkrete Maßnahmentrotz bester Qualifizierung nicht erlangt hat, sondern auch an weitere richten kann.[1063]

Die in § 611 a BGB enthaltene Möglichkeit, bei erlittener Diskriminierung eine angemessene Entschädigung in Geld zu erhalten, setzt nicht den Nachweis eines materiellen oder eines immateriellen Schadens voraus, sondern knüpft lediglich an die Diskriminierung an.[1064]

Es sollte durch die Neufassung explizit eine „wirklich abschreckende Wirkung", wie vom EuGH gefordert, erzielt werden,[1065] wodurch in die zivilrechtliche Regelung ausdrücklich der Pönalgedanke aufgenommen wurde, der dem deutschen Zivilrecht eigentlich fremd ist.[1066]

Aus dem Pönalcharakter von § 611 a BGB wurde dann auch gefolgert, dass *punitive damages* nun auch Einzug in das deutsche Zivilrecht gehalten hätten, was

---

1060 Vgl. BAG, NZA 1990, S. 21, 24; ablehnend Volmer, BB 1997, S. 1582, 1584; Hermann, ZfA 1996, S. 19, 49 ff; Annuß, NZA 1999, S. 738, 741; Wisskirchen (1994), S. 146.

1061 EuGH vom 22. April 1997 (Nils Draehmpaehl), DB 1997, S. 983 ff.

1062 Zur Beweisproblematik hinsichtlich der Einstufung als Bestqualifizierte s. Schiek, BB 1998) S. 586.

1063 Zwanziger, DB 1998, S. 1330 f.

1064 So auch Annuß, NZA 1999, S. 738, 741.

1065 Bt-Drs. 13/10242, S. 6.

1066 BGHZ 118, S. 312 ff, weil eine Bestrafung dem Monopol des Staates vorbehalten ist; s. auch Burst (1994), S. 124.

zu umfangreicher Diskussion und teilweise zu Ablehnung führte,[1067] auf die hier nur verwiesen werden soll.
Blickt man auf das in der Richtlinie 2002/73 EG abermals betonte Erfordernis vom wirksamen, angemessenen und abschreckenden Schadensausgleich,[1068] so bleibt festzustellen, dass mit den bisher angesprochenen Rechtsgrundlagen eine solche Abschreckung nicht erreicht werden kann. Da die Richtlinie jedoch so umzusetzen ist, dass sie Europarechtskonformität erreicht, wird in Zukunft ein Schadensersatzanspruch materieller und immaterieller Art bei Diskriminierung durch sexuelle Belästigung am Arbeitsplatz zu schaffen sein.[1069]

2.3 Ansprüche aus dem Deliktrecht

2.3.1 Ansprüche auf Schadensersatz gemäß § 823 II BGB in Verbindung mit einem Schutzgesetz

Wie bereits oben dargestellt, könnte eine Arbeitnehmerin einen Schadensersatzanspruch auf § 823 II i.V.m. § 611a BGB stützen, was die Möglichkeit eines immateriellen Schadensersatzes gemäß § 253 BGB eröffnen würde. Grundsätzlich sah das BAG zwar die Regelung in § 611 a BGB als abschließend an, eröffnete jedoch später die Möglichkeit des Schmerzensgeldanspruches bei Diskriminierung, da eine solche eine Verletzung des Persönlichkeitsrechtes darstelle und im Lichte der EuGH-Rechtsprechung der frühere § 611 a BGB als nicht ausreichend angesehen wurde.[1070]
Da die Fassung des § 611 a BGB nunmehr Schadensersatzmöglichkeiten enthält, könnte diese Vorschrift insofern abschließende Wirkung entfalten. Dem ist jedoch in Fällen der sexuellen Belästigung am Arbeitsplatz entgegen zu halten, dass § 611 a BGB, wie oben bereits dargestellt, allenfalls auf die Fälle von Quid-pro-quo-Belästigung Anwendung findet und bisher in keiner Vorschrift eine finanzielle Entschädigung für Opfer vorgesehen ist.

1067 S. Volmer, BB 1997, S. 1582 ff; Hermann, ZfA 1996, S. 19 ff; Blomeyer, NZA 1994, S. 633 ff; Kocher, ArbuR 1998, 221 ff, die darauf hinweist, dass es im deutschen Recht keine ähnlich hohen Ausurteilungen geben wird und und auch das Verfassungsrecht gemäß Art. 3 II GG eine abschreckende Sanktion verlangt; Annuß, NZA 1999, S. 738, 741 bezeichnet § 611 a BGB als Fremdkörper in deutschen Schadensersatzrecht, Zwanziger, BB 1995, S. 1404, 1406, vergleicht § 611 a BGB ebenfalls mit amerikanischen *punitive damages* und misst der Entschädigung aus § 611 a BGB eine systemsprengende Wirkung zu, die darauf zurückzuführen sei, dass der deutsche Gesetzgeber die logische europarechtsnahe Konsequenz, nämlich Einstellung oder Beförderung, umgehen wollte.

1068 RL 2002/73 EG, Abl. L 269 vom 05. Oktober 2002, S. 0015-0020.

1069 S. auch Kapitel F 1.5.2 in dieser Arbeit.

1070 S. BAG, NZA 1990, S. 21, 24; vgl. auch Wisskirchen (1994), S. 141 ff.

Als neue deliktische Anspruchsgrundlage käme § 823 II BGB i.V.m. § 2 I BeschSchG infrage, weil § 21 BeschSchG ebenfalls ein Schutzgesetz im Sinne von § 823 II BGB ist.[1071] So könnten Schadensersatz- und Schmerzensgeldansprüche gemäß §§ 253, 823 II BGB i.V.m. § 2 I BeschSchG von der betroffenen Arbeitnehmerin geltend gemacht werden.
Bei einer ähnlichen Fallkonstellation, bei der als Schutzgesetz im Sinne von § 823 II BGB § auf 185 StGB zurückgegriffen wurde, wurde ein entsprechender immaterieller Schadensersatzanspruch zugebilligt. In diesem Fall hatte der Mitinhaber einer Firma im Beisein mehrerer Angestellter einer weiblichen Angestellten unter anderem vorgeworfen, sie habe auf einem Betriebsfest getanzt wie eine Dirne.[1072] Das ArbG Bocholt stellte sowohl eine Persönlichkeitsrechtsverletzung als auch eine Beleidigung fest und verurteilte den beklagten Firmenmitinhaber sowie die ebenfalls beklagte Firma zur Zahlung eines Schmerzensgeldes in Höhe eines Bruttomonatslohnes, wobei sich die Haftung der Firma für das Verhalten des Firmenmitinhabers aus § 628 II BGB ergab.
Das Gericht ließ in diesem Fall offen, ob sogar eine höhere Entschädigung infrage gekommen wäre, doch hielt es die beantragte Summe in Höhe eines Bruttoverdienstes jedenfalls für angemessen.[1073]
Im vorliegenden Fall handelte es sich zwar um eine Beleidigung, doch sind auch die Fälle der sexuellen Belästigung vergleichbar zu behandeln, da es hier auch regelmäßig um Persönlichkeitsrechtsverletzungen geht.

2.3.2 Ansprüche aus § 823 I BGB wegen Persönlichkeitsverletzung

Das BAG hat weiter festgestellt, dass die geschlechtsspezifische Benachteiligung gemäß § 611 a BGB eine Persönlichkeitsrechtsverletzung im Sinne von § 823 I BGB darstellt und daher Ansprüche gemäß § 611 a BGB neben Schadensersatzansprüchen wegen Persönlichkeitsrechtsverletzung bestehen.[1074] Es führt aus, dass „in der Benachteiligung eines Menschen auf Grund seines Geschlechtes zugleich eine Verletzung seiner Würde als Person liege".[1075]
Da es sich nach der hier vertretenen Ansicht bei der sexuellen Belästigung auch um eine Benachteiligung auf Grund des Geschlechtes handelt, sind meines Erachtens die hier aufgestellten Grundsätze auch dann anzuwenden, wenn nicht

1071 So auch Mästle (2000), S. 176; Herzog (1997), S. 240; anders OLG Frankfurt, NJW-RR 2000, S. 976, 977, zumindest wenn der Schadensersatzanspruch sich an den belästigenden Arbeitskollegen richtet.

1072 ArbG Bocholt vom 5. April 1990, BB (1990), S. 1562.

1073 ArbG Bocholt vom 5. April 1990, BB (1990), S. 1562.

1074 BAG vom 14. März 1989, DB 1989, S. 2280; a.A.: Volmer, BB 1997, S. 1582, 1583; Annuß, NZA 1999, S. 738, 741; Hermann, ZfA 1996, S. 19, 49 f.

1075 BAG vom 14. März 1989, DB 1989, S. 2279.

eine Benachteiligung gemäß § 611 a BGB vorliegt (dieser passt – wie bereits ausgeführt – nicht auf alle Fallkonstellationen von sexueller Belästigung), sondern ein Verstoß gegen das BeschSchG festgestellt wird.
Dies würde auch keinesfalls zu einer unzulässigen Ausweitung des Maßnahmenkataloges aus § 4 BeschSchG führen, weil dort keine finanzielle Entschädigung vorgesehen ist. Man könnte zwar die Auffassung vertreten, der Gesetzgeber hätte eine Schadensersatzanspruchsgrundlage in das BeschSchG aufnehmen können, wenn er diese Maßnahme gewollt hätte. Aber es ist nicht der Umkehrschluss zu ziehen, dass keine finanzielle Entschädigung vorgesehen sei, weil der Gesetzgeber diese Norm nicht in den Gesetzestext aufgenommen habe.
Das Bundesarbeitsgericht hat auch im vorliegenden Fall das Korrektiv über das Deliktrecht hergestellt, um die unzureichenden finanziellen Entschädigungen des § 611 a BGB zu kompensieren.[1076] Denn hier liegt ein weiterer Mangel des BeschSchG. Es sieht keine Schmerzensgeldansprüche für die Opfer von sexueller Belästigung am Arbeitsplatz vor.
Meines Erachtens das einschneidendste Argument für die Beachtung des Verbotes von sexueller Belästigung ist immer noch – genau wie in den USA – das Finanzielle, was auch indirekt durch die Rechtsprechung des EuGH zum Erfordernis der abschreckenden Wirkung von § 611 a BGB bestätigt wird.
Wie bei der Benachteiligung eines Stellenbewerbers wegen des Geschlechtes regelmäßig eine erhebliche Persönlichkeitsrechtsverletzung vorliegt,[1077] so liegt bei der Benachteiligung einer Arbeitnehmerin durch sexuelle Belästigung ebenfalls regelmäßig eine erhebliche Persönlichkeitsrechtsverletzung vor.[1078]

2.3.2.1 Bemessungsgrundlage für ein angemessenes Schmerzensgeld

Nicht zu folgen ist dem BAG jedoch bei der Bemessung der Schadensersatzhöhe. Das BAG hielt im zitierten Fall ein Schmerzensgeld in Höhe eines Bruttomonatsgehaltes für angemessen und machte dies auch zur grundsätzlichen Bemessungsgrundlage.[1079]
In seiner Begründung stellt das BAG fest, dass sich die nationalen Gerichte die Wertentscheidungen aus den geltenden gesetzlichen Bestimmungen zu eigen machen müssten. Dies bedeute, dass der – obwohl vom EuGH als unvereinbar mit der Richtlinie Nr. 76/207/EWG angesehene – Ersatz des Vertrauensscha-

---

1076 BAG vom 14. März 1989, DB 1989, S. 2280; auch das Bundesverfassungsgericht geht davon aus, dass neben § 61 a BGB weitere Anspruchsgrundlagen in Betracht kommen, s. BVerfG E 89, S. 276, 291.

1077 BAG vom 14. März 1989, DB 1989, S. 2280.

1078 Im Ergebnis auch Mästle (2000), S. 170, und Herzog (1997), S. 126.

1079 BAG vom 14. März 1989, DB 1989, S. 2281, während das LAG sechs Monatsverdienste für angemessen hielt.

dens aus § 611a BGB trotzdem als Wertentscheidung des Gesetzgebers anzusehen und bei der Bemessung des Schadensersatzes mit einzubeziehen sei.[1080]
Da der EuGH die zu diesem Zeitpunkt gültige Form des § 611a BGB als erneut unvereinbar mit der Richtlinie Nr. 76/207/EWG angesehen hat[1081] und die Vorschrift 1998 erneut geändert wurde, bleibt abzuwarten, wie hoch in Zukunft Entschädigungen für Persönlichkeitsrechtsverletzungen ausfallen werden, wenn sich der deliktische Schadensersatz an der arbeitsrechtlichen Vorschrift weiter orientieren soll oder ob § 611 a BGB als abschließende Norm anzusehen und der Rückgriff auf § 823 BGB entbehrlich oder gar unzulässig ist.
Es muss jedoch betont werden, dass die Diskriminierung durch sexuelle Belästigung nach der hier vertretenen Ansicht nicht in das Regelungsgefüge des § 611 a BGB passt und daher eine abschließende Anwendung von § 611 a BGB nicht zwingend ist.
Da es sich bei dem Anspruch aus §§ 253, 823 II BGB i.V.m. § 2 I BeschSchG nicht um einen Anspruch handelt, der direkt auf § 611 a BGB zurückgeführt wird, könnten hier bereits heute andere Bemessungsgrundlagen herangezogen werden. Hierbei bieten sich als Faktoren die Schwere und Dauer der erlittenen Belästigung ebenso wie die Dauer der Betriebszugehörigkeit der Arbeitnehmerin – etwa im Falle einer Eigenkündigung – an.
Da auch das BAG davon ausgeht, dass die Grundsätze des BGH zur Bemessung eines Schadensersatzanspruches bei einer Verletzung des allgemeinen Persönlichkeitsrechtes in Fällen der geschlechtsbedingten Diskriminierung anzuwenden seien, könnten ebenfalls andere, würdebezogene Maßstäbe herangezogen werden.
Der BGH führt aus, dass es sich bei der Entschädigung wegen Verletzung des allgemeinen Persönlichkeitsrechtes nicht um einen Schmerzensgeldanspruch im eigentlichen Sinne des § 847 a.F. BGB handele, sondern um einen Rechtsbehelf, der auf den Schutzauftrag aus Art. 1, 2 I GG zurückgehe.
Die Zubilligung einer Geldentschädigung beruhe auf dem Gedanken, dass ohne einen solchen Anspruch Verletzungen der Würde und Ehre eines Menschen häufig ohne Sanktionen blieben. Aus diesen Gründen stehe, anders als bei Schmerzensgeldansprüchen, der Gesichtspunkt der Genugtuung des Opfers im Vordergrund. Außerdem solle der Rechtsbehelf der Prävention dienen.[1082]
Da auch im Falle der sexuellen Belästigung der Präventivgedanke eine große Rolle spielt, wie sich aus dem BeschSchG selbst und aus den Rechtssetzungen der EG ergibt, könnte diesem durch Gewährung höherer Schadensersatzsummen

1080 BAG vom 14. März 1989, DB 1989, S. 2281.
1081 EuGH vom 22. April 1997 (Rs. C 180/95, Slg. 1997, I, 2195; Nils Draehmpaehl).
1082 BGH vom 15. November 1994, NJW 1995, S. 864, 865: Caroline von Monaco; im genannten Fall kam erschwerend hinzu, daß die Zeitung zur Auflagensteigerung und zur Verfolgung kommerzieller Interessen gehandelt hat, s. dazu auch Prinz, NJW 1995, S. 820.

Rechnung getragen werden. Auch der Gedanke der angemessenen Würde der Betroffenen ließe diesen Schluss zu.
Zu folgern, dass der Arbeitgeber bei Unterlassung von Präventivmaßnahmen und Nichteinrichtung von Beschwerdestellen eine ähnliche Gewinnerzielungsabsicht wie die im BGH Urteil beklagte Zeitung verfolgt, würde wohl zu weit führen. Müssten aber Arbeitgeber bei Nichtbeachtung von Prävention und angemessener Beschwerdestelle höhere Zahlungen fürchten, so könnten sie unter dem Aspekt der ökonomischen Analyse des Rechts eher geneigt sein, eigene betriebsinterne Anstrengungen zu unternehmen.

3 Haftung des Arbeitgebers für belästigendes Verhalten von Kollegen und Vorgesetzten

Bezüglich der arbeitsvertraglichen und deliktischen Haftung des Arbeitgebers für seine Angestellten und Vorgesetzten gelten die allgemeinen Vorschriften des BGB. Hiernach steht der Arbeitgeber gemäß § 278 BGB für die Handlungen seiner Erfüllungsgehilfen ein, wenn sie in einem inneren Zusammenhang mit der Aufgabe des Arbeitnehmers stehen. Da männliche Arbeitnehmer ihre Kolleginnen wohl nicht in Ausführung ihrer arbeitsvertraglichen Pflichten belästigen, sondern dies wohl eher bei Gelegenheit tun, ist eine Haftung des Arbeitgebers hierfür gemäß § 278 BGB auszuschließen.[1083]
Bei deliktischen Handlungen haftet der Arbeitgeber gemäß § 831 BGB für seine Verrichtungsgehilfen, soweit diese Handlungen in Ausführung ihrer Verrichtung erfolgen.
Hatte der Arbeitgeber von dem belästigenden Verhalten seines Verrichtungsgehilfen ohne Vorgesetztenfunktion keine Kenntnis, so kann ihm dessen Handlung nicht gemäß § 831 BGB zugerechnet werden.[1084]
Anders stellt sich die Situation beim BeschSchG dar, da hier die sexuelle Belästigung einer Arbeitnehmerin durch Kollegen gemäß § 2 III BeschSchG eine Verletzung der arbeitsvertraglichen Pflichten durch den Arbeitnehmer darstellt, woraus eine unmittelbare Haftung des Arbeitgebers erwächst.
Die Haftung des Arbeitgebers für belästigendes Verhalten von Vorgesetzten ist anders zu bewerten. Übt der Vorgesetzte seine an ihn delegierte Macht aus, um sexuelle Gefälligkeiten von einer Arbeitnehmerin zu erlangen, verletzt er seine Arbeitsvertragspflichten. Auf Grund der Delegation von Autorität an den Vorgesetzten muss dem Arbeitgeber jedoch dessen Handeln gemäß §§ 278 bzw. bei deliktischem Handeln gemäß § 831 BGB zugerechnet werden.[1085] Dies ergibt sich aus der Weitergabe von Machtbefugnissen durch den Arbeitgeber an den Vorgesetzten.

1083 Pfarr/Bertelsmann (1989), S. 435; anders Mästle (2000), S. 181 f.
1084 Pfarr/Bertelsmann (1989), S. 435; anders Mästle (2000), S. 179 f.
1085 Pfarr/Bertelsmann (1989), S. 436.

In heutigen Firmenstrukturen, in denen der Arbeitgeber in den seltensten Fällen noch alle Entscheidungen selbst fällen kann, würde es zu unbilligen Ergebnissen führen, wenn sich der Arbeitgeber dadurch exkulpieren könnte, dass er beweist, nichts vom Tun seiner Vorgesetzten gewusst zu haben. Auf Grund der Machtdelegation muss ein Arbeitgeber verschärft für seine Vorgesetzten haften.
Eine weitere Haftungsmöglichkeit des Arbeitgebers für Angestellte und Vorgesetzte käme durch ein Organisationsverschulden des Arbeitgebers in Betracht.[1086]

H Zusammenfassung

Blickt man auf das BeschSchG, so fällt auf, dass es an erheblichen Definitionsproblemen leidet und in vielen Bereichen der näheren Ausgestaltung durch Arbeitgeber (Beschwerdestellen) oder Rechtsprechung bedarf.
Weiter stellt es durch das Vorsatzerfordernis dem Ziel unangemessene Beweiserfordernisse.
Zuletzt sind die angebotenen Sanktionen nicht ausreichend, um potentielle Opfer wirksam und präventiv zu schützen und ihnen im Einzelfall Genugtuung zu verschaffen. Betroffene Frauen können zwar Rechte herleiten, aber kaum geltend machen. Der prozessuale Schutz bei den in Aussicht gestellten Sanktionen verbleibt beim Belästiger, während das Opfer kein Recht hat, eine bestimmte Maßnahme zu verlangen. Ist der Arbeitgeber selbst der Belästiger, kann nicht auf das BeschSchG zurückgegriffen werden.
Kündigt das Opfer, stehen ihm aus dem BeschSchG ebenfalls keine Maßnahmen zur Verfügung. Das Opfer muss auf das bisher geltende Recht zurückgreifen mit teilweise ebenso hohen Beweisanforderungen.
Wird dem Opfer ein Schadensersatz zugesprochen, so ist dieser nach geltendem Recht zu niedrig, um abschreckend und präventiv zu wirken.
Zum großen Teil sind die Belästiger Kollegen. Die Haftung des Arbeitgebers für diesen Personenkreis ist eher fraglich, wenn nicht ausgeschlossen.
Das BeschSchG muss, um wirklich effektiven Rechtsschutz gewährleisten zu können, seine Definitionen klarer gestalten. Hierbei kann sehr gut auf die Erfahrung der amerikanischen Rechtsprechung sowie die Richtlinien der EEOC zurückgegriffen werden, denn dort wurde in jahrzehntelanger Rechtsprechung eine der Praxis angemessene Definition erarbeitet.
Weiter müssen finanzielle Wiedergutmachungen in das BeschSchG aufgenommen werden. Für die betroffene Arbeitnehmerin ist nicht zu durchschauen, welche rechtlichen Instrumentarien ihr im Falle einer sexuellen Belästigung im Betrieb zustehen. Wenn ihr das Zivilrecht schon immateriellen Schadensersatz zu-

1086 Baer (1995), S. 109, sowie Münchener ArbR 1992/Blomeyer, § 95, Rn. 26.

billigt, sollte dies in einer speziellen Norm geschehen, die im BeschSchG verankert ist.
Um über den Schutz vor sexueller Belästigung zu informieren, enthält das Gesetz die Bekanntgabepflicht gemäß § 7 BeschSchG. An dieser Stelle müssten auch die Haftungsmöglichkeiten des Arbeitgebers für seine Angestellten geregelt sein, oder es müsste zumindest ein Hinweis erfolgen, wonach sich diese richten. Auch hier kann die amerikanische Erfahrung durchaus zu Grunde gelegt werden, die mittlerweile für jeden infrage kommenden Fall eine Bewertung der Haftung vorgenommen hat.
Der zugesprochene Schadensersatz müsste deutlich höher sein, als bisher ausgeurteilt, um wirkliche Abschreckung zu erreichen. Dies kann im deutschen Recht nicht durch *punitive damages* erreicht werden, weil ein Strafcharakter im Zivilrecht unbekannt und unvereinbar mit deutschem Recht ist.[1087] Hierzu könnte aber die oben genannte Lösungsmöglichkeit des BGH in anderen Fällen der Persönlichkeitsrechtsverletzung dienen, um einen wirklich angemessenen Schadensersatz durchsetzen zu können.
Deutsche Arbeitsgerichte sollten – wie ihre amerikanischen Kollegen – durchaus die Bemühungen des Arbeitgebers zur Vermeidung und Wiedergutmachung von festgestellter sexueller Belästigung in Fragen der Haftung und der Höhe des Schadensersatzes berücksichtigen.
Alternativ könnte das BeschSchG in die arbeitsrechtlichen Vorschriften des BGB integriert werden, wie es in anderen Bereichen auch den Bestrebungen der Schuldrechtsreform entspricht. § 611 a BGB müsste dann entsprechend ergänzt werden, damit die sexuelle Belästigung durch Schaffung bzw. Aufrechterhaltung einer feindseligen Arbeitsumgebung tatbestandlich hier eingeordnet werden könnte. Eine Definition von sexueller Belästigung müsste an dieser Stelle ebenfalls erfolgen.
Der Integration in § 611 a BGB wäre der Vorzug zu geben, weil dadurch klargestellt würde, dass es sich bei sexueller Belästigung um Diskriminierung handelt, welche auch finanziell sanktioniert wird. Insofern würde der EU-Richtlinie entsprochen werden.
Eine Verbandsbeteiligung ist für die Zukunft durch die EU-Richtlinie ebenso vorgesehen wie die Unterstützung der Diskriminierungsopfer durch national zu bestimmende Stellen.[1088] Im Bereich der Belästigung durch eine feindselige Arbeitsumgebung kann durchaus eine Vielzahl von Arbeitnehmerinnen betroffen sein, wie die Beispiele aus den USA zeigen. Eine Möglichkeit zur kollektiven Durchsetzung unter Berücksichtigung der Individualinteressen stärkt die Rechte der Betroffenen durch Beweiserleichterungen, das Gefühl, nicht allein gegen den Betrieb vorgehen zu müssen und vermehrten – auch finanziellen –

1087 Das wird bisher ganz überwiegend so gesehen, s. Zekoll (1987), S. 156.
1088 Vgl. hierzu Däubler, ArbuR 1995, S. 305, 308, 311, der auch die Anwendung der *class action* im deutschen Arbeitsrecht anspricht, sowie Pfarr/Kocher (1998).

Druck auf den Arbeitgeber. Diesem wird jedoch in einem Kollektivverfahren die Möglichkeit geboten, mehrere streitige Fälle auf dieselbe Weise zu lösen, was für seine finanzielle Prognose, aber auch für den Betriebsfrieden, förderlich sein kann.[1089]

1089 Vgl. den Vorschlag von Pfarr/Kocher (1998) mit dem Entwurf eines Kollektivverfahrens.

Glossar

Actual Notice	tatsächliche Kenntnis
Age Discrimination in Employment Act	Gesetz zum Schutz vor Altersdiskriminierung im Arbeitsleben
Amendment	Zusatzartikel der amerikanischen Verfassung
American with Disabilities Act	Gesetz zum Schutz behinderter Menschen im Arbeitsleben
Apparant Authority	Anscheinsvollmacht
Arbitration	Schiedsgerichtsbarkeit
Assault	gewaltsame Drohung (tätlicher Angriff)
Assumption of Risk	Risikoübernahme
Back Pay	Lohnnachzahlungen
Battary	Körperverletzung, Misshandlung
Blue Collar Jobs	Stellen für Arbeiter
Caps	Kappungsgrenzen für Schadensersatz
Case Law	Einzelfall-, Präzedenzfallrecht
Chairman	Vorsitzender
Chief Justice	Oberrichter
Chilling Effect	unerquickliche Wirkung
Circuit	Bezirk, Gerichtsbezirk
Class Action	Gruppen-, Sammelklage
Common Law	nicht kodifiziertes Recht
Compensatory Damages	ausgleichender Schadensersatz
Concurring Opinion	übereinstimmendes Urteil mit eigener Begründung
Constructive Discharge	Eigenkündigung durch Arbeitgeberverhalten veranlasst
Constructive Notice	fiktive Kenntnis
Defamatation	Ehrverletzung
to distinguish	den Unterschied zu einem Präzedenzfall beschreiben
Dissenting Opinion	abweichende Meinung
Dissenting Judgment	abweiches Urteil
District Court	erstinstanzliches Bundesgericht

Diversity Jurisdiction	Gerichtszuständigkeit wegen unterschiedlicher Staatsangehörigkeit der Parteien
Due-Process Clause	Recht auf ein ordnungsgemäßes Verfahren
EEOC	US-amerikanische Gleichstellungsbehörde
Employee Handbook	Arbeitsordnungen
Employment at will Doctrine	jederzeit kündbares Arbeitsverhältnis
Enforcement Plan	Zielgebungsplan der EEOC
Equal Pay Act	Gesetz zur gleichen Entlohnung im Arbeitsleben
Fair Labor Standards Act	Mindestarbeitsbedingungen
Federal Rules of Civil Procedure	Zivilprozessrecht des Bundes
Federal Rules of Evidence	Beweisrecht des Bundes
Front Pay	Lohnvorauszahlung
Hostile Work Environment	feindselige Arbeitsumgebung
Impeachment	Amtsenthebung
Infliction of Emotional Distress	Zufügung seelischer Leiden
Invasion of Privacy	Eingriff in die Privatsphäre
Jury Trial	Geschworenenprozess
Justice	Richter
Letter of Detremination	Ermittlungsbericht
local rules	Örtliche Sonderregeln
Master and Servant	Arbeitgeber und Arbeitnehmer Dienstherr und Angestellter
Minimum contacts	Minimalkontakte zum Gericht
Negligence	Fahrlässigkeit
Pattern and Practise	Verhaltensmusterbeweis
Precedent	Präzedenzfall
Pre-Trial Discovery	Beweisermittlungsverfahren vor dem Hauptverfahren
Punitive Damages	Strafschadensersatz
Rape Shield Rule	Regel zum Schutz von Vergewaltigungsopfern
Reasonable Person/Victim	vernünftige Person/Opfer
Rebuttal	Widerlegung
Remedy	Wiedergutmachung

Respondeat Superior	Delikthaftung des Arbeitgebers für den Arbeitnehmer
Restatement of Torts	Neudarstellung des Deliktrechtes
Retaliation	Vergeltung
Right to Sue Letter	Klageerlaubnis
Same Sex Harassment	gleichgeschlechtliche Belästigung
Scope of Employment	Geltungsbereich des Arbeitsverhältnisses
Seniority	Dienstalter, Betriebszugehörigkeit
severe	schwer, schlimm
Sexual Harassment	sexuelle Belästigung
Stare Decisis	Grundsatz der bindenden Wirkung von Präjudizien
Strict Liability	verschuldensunabhängige Haftung
Subject Matter Jurisdiction	sachliche Gerichtszuständigkeit
Subpoena, to subpoena	Vorladung, vorladen
to opt out	austreten (aus einer Sammelklage)
to overrule	ein Urteil aufheben
Vicarious Liability	stellvertretende Haftung
Vice Chairman	Vize-Vorsitzender
Writ of Certiorari	Zulassung eines Rechtsmittels durch den US Supreme Court

Verzeichnis der wichtigsten US-amerikanischen Gerichtsentscheidungen

Alexander v. Gardner-Denver, Co., 415 US 36 (1974)
Barett v. Omaha National Bank, 726 F. 2d 214 (8th Cir. 1984)
Barnes v. Costle, 561 F. 2d 983 (D.C. Cir. 1977)
BMW of North America, Inc. v. Ira Gore, 116 S. Ct. 1589 (1996)
Burlington Industries, Inc. v. Ellerth, 118 S. Ct. 2257 (1998)
Ellison v. Brady, 925 F. 2d 872 (9th Cir. 1991)
EEOC und Boureslan v. Aramco, 111 S. Ct. 1227 (1991)
Faragher v. City of Boca Raton, 118 S. Ct. 2275 (1998)
Harris v. Forklift Systems, Inc., 114 S. Ct. 367 (1993)
Henson v. City of Dundee, 682 F. 2d 897 (11th Cir. 1982)
Jensen v. Taconite Co., 57 Fair Empl. Prac. Cases (BNA) 867 (D. Minn. 1991)
Jones v. Clinton, 117 S. Ct. 1636 (1997)
Meritor Savings Bank v. Vinson, 106 S. Ct. 2399 (1986)
Oncale v. Sundowners Offshore Services, 118 S. Ct. 998 (1998)
Rabidue v. Oseceola Refining Co., 805 F. 2d 611 (6th Cir. 1986)
Williams v. Saxbe, 413 F. Supp. 654 (D.D.C. 1976)

Literaturverzeichnis

Abrams, Douglas E.: Arbitrability In Recent Federal Civil Rights Legislation: The Need For Amendment, 26 Conn. L. Rev., 521 ff (1994)

Abrams, Kathryn: Gender Discrimination And The Transformation Of Workplace Norms: 42 Vand. L. Rev., 1183 ff (1989)

Aiken, Jane Harris: Sexual Character Evidence In Civil Actions: Refining The Propensity Rule, Wis. L. Rev., 1221 ff (1997)

Almony, Patricia J.: Ellison v. Brady: A Legal Compromise With Reality In Cases Of Sexual Harassment, 37 Villanova L. Rev., 195 (1992)

Anderson, Katherine S.: Employer Liability Under Title VII For Sexual Harassment After Meritor Savings Bank v. Vinson, 87 Colum. L. Rev., 1258 ff (1987)

Annuß, Georg: Grundfragen der Entschädigung bei unzulässiger Geschlechterdiskriminierung, NZA, 1999, S. 783 ff

Apruzzese, Vincent J.: Selected Recent Developments In EEO Law: The Civil Rights Act of 1991, Sexual Harassment, And The Emerging Role Of ADR, 17 Lab. L. J., 325 ff. (1992)

11. Arbeitsrechtliche Jahresarbeitstagung: Brennpunkte des Arbeitsrechts: Neuregelung des § 611 a BGB, Köln 2001

Baer, Susanne: Würde oder Gleichheit? Zur angemessenen grundrechtlichen Konzeption von Recht gegen Diskriminierung am Beispiel sexueller Belästigung am Arbeitsplatz in der Bundesrepublik Deutschland und den USA, Baden-Baden 1995

Baker, Angela: The „Reasonsable Woman" Standard Under Ellison v. Brady: Implications For Assessing The Severity Of Sexual Harassment And The Adequacy Of Employer Response, 17 J. Corp. L., 691 (1992-1993)

Bales, Richard A.: Compulsory Arbitration Of Employment Claims: A Practical Guide To Designing And Implementing Enforceable Agreements, 47 Baylor L. Rev., 591 ff (1995)

v. Bar, Christian: Empfehlen sich gesetzgeberische Maßnahmen zur rechtlichen Bewältigung von Massenschäden? Gutachten A für den 62. Deutschen Juristentag 1998

Basore Elliot, Polly: Sex Harassment Filings Keep Rising, Dallas Morning News, October 25, 1992, 5 H

Bass, Stuart L.: Recent Court Decisions Expand Role Of Arbitration In Harassment And Other Title VII Cases, 46 Lab. L. J., 38 ff (1995)

Bauchner, Kerri Lynn: From Pig In A Parlor To Boar In A Boardroom: Why Ellerth Isn't Working And How Other Ideological Models Can Help Reconcetualize The Law Of Sexual Harassment, 8 Colum. J. Gender & L., 303 ff (1999)

Bauer, Kristoff T.: Kongress Finds The Key to Extraterritoriality? 45 Lab. L. J., 417 ff (1994)

Baxter, Gregory W.: Over There: Enforcing The 1991 Civil Rights Act Abroad, 19 Employee Relations L. J., 257 ff (1993)

Belton, John: Remedies in Employment Discrimination Law, John Wiley And Sons, 1992

Bentert, Holger: Das pönale Element – ein Fremdkörper im deutschen Zivilrecht? Zugleich ein Diskussionsbeitrag zur Frage der Anerkennung US-amerikanischer „punitive damages"-Urteile, Berlin, Univ., Diss., 1996

Berg, Richard K.: Title VII: A Three Years' View, 44 Notre Dame Lawyer, 311 (1969)

Bergwitz, Christoph: Die neue EG-Richtlinie zur Beweislast bei geschlechtsbedingter Diskriminierung, DB, 1999, S. 94 ff

Berish Brown, Barbara; Germanis, Intra L.: Hostile Environment Sexual Harassment: Has Harris Really Changed Things? 19 Employee Relations L. J., 567 (1994)

Bernstein, Anita: Treating Sexual Harassment With Respect, 111 Harvard L. Rev., 445 ff (1997)

Bertelsmann, Klaus: Sexuelle Beeinträchtigung im Betrieb, AiB 1987, S. 123 ff

Bertelsmann, Klaus; Colneric, Ninon; Pfarr, Heide M.; Rust, Ursula: Handbuch zur Frauenförderung, Bd. III, Neuwied/Kriftel/Berlin 1996

Birk, Rolf: Arbeitsrecht und Internationales Privatrecht, RdA 1999, S. 13 ff

Blomeyer, Wolfgang: Der Einfluß der Rechtsprechung des EuGH auf das deutsche Arbeitsrecht, NZA 1994, S. 633 ff

Bloom, Jeffrey P.: Employing Arbitration, Legal Times, September 16 (1996), 1

Böhmer, Christoph: Spannungen im deutsch-amerikanischen Rechtsverkehr in Zivilsachen, NJW 1990, S. 3049 ff

Bompey, Stuart H.; Pappas, Michael P.: Is There a Better Way? Compulsory Arbitration Of Employment Discrimination Claims after Gilmer, 19 Emloyee Relations L. J., 197 ff (1993-94)

Branegan, Jay: Clinton's Tormentor Finally Settles, Time (November 23, 1998), 50

Braswell, Michael K.; Poe, Stephen L.: Employment Discrimination And FCN Treaties: Are Foreign Companies Exempt From Title VII? 44 Lab. L. J., 727 ff (1993)

Brazil, Wayne, D.: The Adversary Character Of Civil Discovery: A Critique And Proposals for Change, 31 Vand. L. Rev., 1295 (1981)

Breidenbach, Stephan: Mediation: Struktur, Chancen und Risiken der Vermittlung im Konflikt, Köln 1995; zugl. München, Univ., Habil-Schr., 1993/1994

Browne, Kingsley R.: Title VII as Censorship, Hostile Environment Harassment And The 1st Amendment, 52 Ohio St. L. J., 481 ff (1991)

Brugger, Winfried: Verfassungsgerichtspolitik à la USA, ZRP 1987, S. 52 ff

Bull, Christina A.: The Implications Of Admitting Evidence Of A Sexual Harassment Plaintiff's Speech And Dress In The Afternath Of Meritor Savings Bank v. Vinson, 41 UCLA L. Rev., 117 ff (1993)

Burns, Jr., James A.: Sexual Harassment And Free Speech, 17 Employee Relations, L. J., 693 (1992)

Burns Jr., James A.: Sexual Harassment: Is It Always „Unwelcome"? 18 Employee Relations L. J., 681 ff (1993)

Burst, Silke: Pönale Momente im ausländischen Privatrecht und deutscher ordre public, Frankfurt a.M. u.a. 1994; zugl. Freiburg i.Br., Univ., Diss., 1994

Burstein, Paul; Monaghan, Kathleen: Equal Employment Opportunity And The Mobilization Of Law, 20 Law & Soc'y Rev., 355 ff (1986)

Cahill, Kelly Ann: Hooters: Should There Be an Assumption Of Risk Defense To Some Hostile Work Environment Sexual Harassment Claims? 48 Vand. L. Rev., 1107 ff (1995)

Cherian, Joy: Enforcement Of American Worker's Rights Abroad, 43 Lab. L. J., 563 ff (1992)

Childers, Jolynn: Note, Is there A Place For A Resonable Woman In The Law? A Discussion Of Recent Developments In Hostile Environment Sexual Harassment, 42 Duke L. J., 854, 862 (1993)

Cohn, Debra L.W.: Equal Employment Opportunity For Americans Abroad, 62 N. Y. U. L. Rev., 1288 (1987)

Coil III, James H.; Weinstein, Amy: Past Sins Or Future Transgressions: The Debate Over Retroactive Application Of The 1991 Civil Rights Act, 18 Employee Relation L. J., 5 ff (1992)

Comment, An Employer's Guide To Understanding Liability For Sexual Harassment Under Title VII: Meritor Savings Bank v. Vinson, U. Cin. L. Rev., 1181 ff (1987)

Comment, The Domestic And Extraterritorial Application Of United States Employment Discrimination Law To Multinational Corporations, 4 Connecticut J. Int'l L., 145 ff (1988)

Conte, Alba: Sexual Harassment in The Workplace: Law And Practice, John Wiley & Sons, Inc., 1990

Crabtree, Kristen: The Employment Regulation of Americans Abroad And In Foreign Owned Businesses in The U.S., 43 Lab. L. J., 719 ff (1992)

Crinion, Gregory P.; Schubert, Michael v.: Court-Annexed Alternative Dispute Resolution, DAJV-Newsletter 1, 12 ff (1999)

Currie, David P., Wyatt, Harry N.: Die Gewaltenteilung in den USA, JA 1991, S. 261 ff

Däubler, Wolfgang: Arbeitsrecht und Politik, RdA 1999, S. 18
Ders.: Das Arbeitsrecht 2, 11. Aufl., Reinbek 1998
Ders.: Kollektive Durchsetzung individueller Rechte? ArbuR, 1995, S. 305 ff
Degen, Barbara: Sexuelle Gewalt am Arbeitsplatz, Streit 4, 1991, S. 139 ff
Dessem, R. Lawrence: Pretrial Litigation, 2nd Edition, St. Paul, Minn., 1996
Deutsch, Erwin: Über die Zukunft des Schmerzensgeldes, ZZP 1998, S. 291 ff)
Dieterich, Thomas; Hanau, Peter; Schaub, Günter: Erfurter Kommentar zum Arbeitsrecht, 2. Aufl., München 2001
Donohue III, John J.; Siegelman, Peter: Law And Macroeconomics: Employment Litigation Over The Business Cycle, 66 Cal. L. Rev., 709 ff (1993)
Donohue III, John J.; Siegelman, Peter: The Changing Nature Of Employment Discrimination Litigation, 43 Stan. L. Rev., 983 ff (1991)
Dowling, Jr., Donald C.: Preparing For The Internationalization Of U.S. Employment Law Practice, 43 Lab. L. J., 350 ff (1992)
Drouven, Ralph: Die Haftung für Zufügung seelischer Schmerzen im Recht der USA, München 1987
Dubrinsky, Paul R.: The Essential Function Of Federal Courts: The European Union And The United States Compared, 42 American J. Com. L., 295 (1994)
EEOC Compliance Manual, Volume/Binder 1 605:0139, Appendix M (1996), 9-21
Ehrenreich, Nancy S.: Pluralist Myths And Powerless Men: The Ideology Of Reasonableness In Sexual Harassment Law, 99 Yale L. J., 1177 (1990)
Epstein, Deborah: Can A „Dumb Ass Woman" Achieve Equality In The Workplace? Running The Guntlet Of Hostile Environment Harassing Speech, 84 Georgetown L. J., 399 ff (1996)
Estes, R. Wayne; Futch, Jennifer L.: Psychological Injury Not Essential For Sexual Harassment Claim, 45 Lab. L. J., 182 ff (1994)
Estrich, Susan: It's A Case Of The Powerless Versus The Powerful, 79; in: Stan, Adele M.: Debating Sexual Correctness: Pornography, Sexual Harassment, Date Rape And The Politics Of Sexual Equality, New York 1995
Dies.: Sex At Work, 43 Stan L. Rev., 813 ff (1991)
Farley, Lin: The Sexual Shakedown Of Women On The Job, New York 1978
Fein, Bruce: A Circumscribed Senate Confirmation Role, 102 Harvard L. Rev., 672 (1989)
Feldman-Schorrig, Sara P.; Mac Donald, Jr., James J.: The Role Of Forensic Psychiatry In The Defense of Sexual Harassment Cases, 20 J. Psychiatry & L., 5 ff (1992)

Fiebig, André: Die Bedeutung der konservativen Ära des US-US Supreme Court, DuR 1992-1993, S. 86 ff

Forell, Caroline: Essentialism, Empathy, And The Reasonable Woman, U. Ill. L. Rev., 769 ff (1995)

Franke, Janice R.; Whittaker, Maria: The Extraterritoriality Issue: A Title VII Case Study, 30 American Business L. J., 143 ff (1992-93)

Franke, Katherine M.: What's Wrong With Sexual Harassment? 49 Stan L. Rev., 691 (1997)

Frankel Paul, Ellen: Bared Buttocks And Federal Cases (1991); in Wall, Edmund: Sexual Harassment: Confrontations And Decisions, Buffalo, N.Y., 151 (1992)

Freis, Gerhild: § 611 a BGB und (k)ein Ende?, AuA 1998, S. 115 ff

Gamillscheg, Franz: Arbeitsrecht, Band I: Arbeitsvertrags- und Arbeitsschutzrecht, 8. Aufl., München 2000

Gleß, Sabine: „Ist doch nur Spaß ...!" Nicht mehr. Rechtliche Konsequenzen sexueller Belästigung am Arbeitsplatz in den USA, Streit 1, 1994, S. 15 ff

Godsil Cooper, Christine: Where Are We Going With Gilmer? – Some Ruminations On The Arbitration Of Discrimination Claims, 11 St. Louis U. Pub. L. Rev., 203 (1992)

Gomberg, Andra: Beyond Politics As Usual: The City Of Chicago Sexual Harassment Office, 34 Wake Forest L. Rev., 27 ff (1999)

Gordon, Robert W.: Imprudence And Partisanship: Starr's OIC And The Clinton-Lewinsky Affair, 68 Fordham L. Rev., 639 ff (1999)

Gottwald, Peter: Grundfragen der Anerkennung und Vollstreckung ausländischer Entscheidungen in Zivilsachen, ZZP 103, 1990, S. 257 ff

Gould, William B.: Einführung in das Arbeitsrecht der USA, 2. Aufl., Frankfurt/Main 1988

Green, Tristin K.: Making Sense Of The McDonell Douglas Framework: Circumstancial Evidence And Proof Of Disparate Treatment Under Title VI, 87 Cal. L. Rev., 983 ff (1999)

Greenlaw, Paul S.; Kohl, John P.: Proving Title VII Sexual Harassment: The Court's View, 43 Lab. L. J., 164 ff (1992)

Griessbach, Lothar; Cordero, David: BMW v. Gore – praktische Folgen, Auswirkungen der Entscheidung des US Supreme Court auf die Vollstreckbarkeit von „punitive damages" in Deutschland, RIW 1998, S. 592 ff

Gunther, Gerald: Constitutional Law, 12. Aufl., Westbury, N.Y. 1991

Gunther, Gerald: Constitutional Law And Individual Rights In Constitutional Law, 1996 Supplement, bearb. v. Frederick Schauer, Westbury, N.Y. 1996

Hager, Günter; Leonhard, Marc: Maßnahmen zur rechtlichen Bewältigung von Massenschäden, ZRP 1998, S. 302 ff

Hames, David S.: An Actionable Condition Of Work-Related Sexual Harassment, 43 Lab. L. J., 430 ff (1992)

Hamilton, Arthur J.; Veglahn, Peter A.: Sexual Harassment and Employment-at-Will: The Intersection Of Two Policies, 45 Lab. L. J., 586 (1994)

Haney, Marian C.: Litigation Of A Sexual Harassment Case After The Civil Rights Act of 1991, 68 Notre Dame L. Rev., 1037 ff (1993)

Hartstein, Barry A.; Wilde, Thomas M.: The Broadening Scope of Harassment in The Workplace, 19 Exmployee Relations L. J., 639 ff (1994)

Hauck, Vern E.; Pearce, Thomas, G.: Sexual Harassment And Arbitration, 43 Lab. L. J., 31 ff (1992)

Hay, Peter: Einführung in das amerikanische Recht, 3. Aufl., Darmstadt 1990

Hebel, Johann Peter: Age Discrimination In Employment. Das Problem der Diskriminierung älterer Arbeitnehmer im US-amerikanischen Recht, Frankfurt/Main u.a. 1992, zugl. Augsburg, Univ., Diss., 1992

Heidenberger, Peter: Deutsche Parteien vor amerikanischen Gerichten: Erfahrungen aus der Praxis, Heidelberg 1988

Ders.: Zustellung amerikanischer Punitive-damages-Klagen weiterhin ein Problem, RIW 1995, S. 705 ff

Hermann, Elke: Die Abschlußfreiheit – ein gefährdetes Prinzip. Zugleich der Versuch einer dogmatischen Erfassung der vorvertraglichen Regelungen des § 611 a BGB, ZfA 1996, S. 19 ff

Herzog, Ulrich: Sexuelle Belästigung am Arbeitsplatz im US-amerikanischen und deutschen Recht, Heidelberg 1997; zugl. Freiburg i.Br., Univ., Diss. 1996

Hirschberg, Lothar: Die Bekämpfung der Rassendiskriminierung im Arbeitsrecht der USA, RIW 1980, S. 346 ff

Hoffman, Sharona: Mandatory Arbitration: Alternative Dispute Resolution Or Coercive Sispute Suppression? 17 Berkeley J. Employment & Lab. L., 131 ff (1996)

Hohmann, Harald: Thesen zur Weiterentwicklung des Beschäftigtenschutzgesetzes mit dem Ziel eines besseren Schutzes vor sexueller Belästigung am Arbeitsplatz, ZRP 1995, S. 167 ff

Hohmann, Harald; Moors, Christiane: Schutz vor sexueller Belästigung am Arbeitsplatz im Recht der USA (und Deutschlands), KJ 1995, S. 151 ff

Holzbecher, Monika; Braszeit, Anne; Müller, Ursula; Plogstedt, Sybille: Sexuelle Belästigung am Arbeitsplatz, Schriftenreihe des BM für JFFG, Bd. 260, Stuttgart/Berlin/Köln 1991 (Dortmunder Studie)

Homburger, Adolf; Kötz, Hein: Klagen Privater im öffentlichen Interesse, Frankfurt/Main 1975

v. Hyningen-Huene, Gerrick: Belästigungen und Beleidigungen von Arbeitnehmern durch Vorgesetzte, BB 1991, S. 2215 ff

Juenger, Friedrich K.; Reimann, Mathias: Zustellung von Klagen auf punitive damages nach dem Haager Zustellungsübereinkommen, NJW 1994, S. 3274

Junker, Abbo: Discovery im deutsch-amerikanischen Rechtsverkehr, Heidelberg 1987

Ders.: Internationales Arbeitsrecht im Konzern, Tübingen 1992

Ders.: Die Discovery-Reform des Jahres 1993: Zeitwende oder Gesetzeskosmetik? ZZP Int'l 1996, S. 235 ff

Kasseler Handbuch zum Arbeitsrecht, Bd. 1, 2. Aufl., Neuwied 2000

Kaesebier, Tara: Employer Liability In Supervisor Sexual Harassment Cases: The US Supreme Court Finally Speaks, 31 Ariz. St. L. J., 203 ff (1999)

Kästle, Florian: Die Haftung für toxische Massenschäden im US-amerikanischen Produkt- und Umwelthaftungsrecht, München 1993; zugl. München, Univ., Diss., 1993

Kalven, Jr., Harry; Zeisel, Hans: The American Jury, Boston 1966

Kindler, Thomas: Produkthaftung und Produktsicherheit im US-amerikanischen Recht. Die Entwicklung der Strict Liability in Rot, der Rückruf fehlerhafter Produkte, Reformvorschläge, Bremen, Univ., Diss., 1998

Kittner, Michael; Däubler, Wolfgang; Zwanziger, Bertram: Kündigungsschutzrecht, 5. Aufl., Köln 2001

Kittner, Michael; Kohler, Thomas C.: Kündigungsschutz in Deutschland und den USA, BB, Beilage 4 vom 30. März 2000

Koch, Harald: Kollektiver Rechtsschutz im Zivilprozeß. Die class action des amerikanischen Rechts und deutsche Reformprobleme, Frankfurt/Main 1976

Koch, Harald; Magnus, Ulrich; Winker von Mohrenfels, Peter: IPR und Rechtsvergleichung, 2. Aufl., München 1996

Kocher, Eva: Verfassungsrechtliche Anforderungen an die Umsetzung des Gleichbehandlungsgebotes – Zur Neuregelung des § 611 a BGB und Streichung des § 61 b ArbGG, ArbuR 1998, S. 221 ff

Kohl, John P.: Equal Employment Opportunity In America: An Historical Past And Emerging Trend, 36 Lab. L. J., 835 ff (1985)

Konzen, Horst: Der europäische Einfluß auf das deutsche Arbeitsrecht nach dem Vertrag über die Europäische Union, EuZW 1995, S. 39 ff

Kotkin, Minna J.: Public Remedies For Private Wrongs: Rethinking The Title VII Back Pay Remedy, 41 Hastings L. J., 1301 ff (1989-90)

Krapp, Thea: Schlichtung, modifiziertes Schiedsverfahren, neutrale Bewertung und ihre Praxis an amerikanischen Gerichten, in: Streitschlichtung: Rechtsvergleichende Beiträge zur außergerichtlichen Streitbeilegung, hg. von Gottwald, Walther; Strempel, Dieter, Köln 1995

Kroll, Bernd: Der US Supreme Court – das obsterste Gericht der USA, JUS 1987, S. 944 ff

Kuhlmann, Ellen: Gegen die sexuelle Belästigung am Arbeitsplatz. Juristische Praxis und Handlungsperspektiven, Pfaffenweiler 1996

Kuhn, Michael: Rezensionen jüngerer Entscheidungen aus dem US Employment Law, RIW 1997, S. 654 ff 1997

Langbein, John: The German Advantage In Civil Procedure, 52 U. Chi. L. Rev., 823 ff (1985)

Lange, Dieter G.; Black, Stephen F.: Der Zivilprozeß in den Vereinigten Staaten, Heidelberg 1987

Langelan, Martha J.: Back Off! How To Confront And Stop Sexual Harassment And Harassers, New York, N.Y., 1995

Lansing, Paul; Podhajsky, Deb.: The Conservative Shift In U.S. US Supreme Court Decisions During the 1988-1989 Term, 41 Lab. L. J., 67 ff (1990)

Larson, David Allen: What Can You Say, Where Can You Say It, And To Whom? A Guide To Understanding and Preventing Unlawful Sexual Harassment, 25 Creighton L. Rev., 827 (1992)

Larson, Lex K.: Employment Discrimination, 2nd Ed., Cumulative Supplement, Volume 4, Matthew Bender & Co., Inc., New York, N.Y.; Oakland, Ca. 1966

Lester, Toni P.: Should Courts Penalize Harassment Victims Who Adopt Passive Coping Strategies? 46 Lab. L. J., 323 (1995)

Lichtenberg, Hagen; Eidmann, Dorothee; Smith, Lesley Jane: Equality Litigation Utilization Project: Report On Germany (unveröff. Manuskript), S. 4 ff

Linde, Godela: Sexuelle Belästigung am Arbeitsplatz, BB 1994, S. 2312 ff

Dies.: Beschwerde und Einigungsstellenverfahren bei sexueller Belästigung am Arbeitsplatz, ArbuR 1995, S. 398 ff

Lindemann, Barbara; Kadue, David D.: Sexual Harassment In Employment Law, Second Printing, Washington 1992

Lindemann Schlei, Barbara; Grossman, Paul: Exmployment Discrimination Law, Fourth Printing, Washington 1994

Lorenz, Stephan: Die Neuregelung der pre-trial-Discovery im US-amerikanischen Zivilprozeßrecht – Inspiration für den deutschen und europäischen Zivilprozeß? ZZP 111, 1998, S. 35 ff

MacKinnon, Catharine A.: Sexual Harassment As Sex Discrimination (1979), in: Wall, Edmund: Sexual Harassment: Cronfrontations und Decisions, Buffalo, N.Y. 1992

Dies.: Sexual Harassment Of Working Woman: A Case Of Sex Discrimination, Westford, Mass. 1979

Mästle, Tobias: Der zivilrechtliche Schutz vor sexueller Belästigung am Arbeitsplatz, Berlin 2000; zugl. Augsburg, Univ., Diss., 1999

Mankowski, Peter: Der gewöhnliche Arbeitsort im internationalen Privat- und Prozeßrecht, IPRax 1999, S. 332 ff

Mark, Jürgen: Amerikanische Class Action und deutsches Zivilprozeßrecht, EuZW 1994, S. 238 ff
Marshall, Shauna: Class Actions As Instruments Of Change: Reflections On Davis v. City and County of San Francisco, 29. U.S. F. L. Rev., 911 (1994-1995)
Martens, Dirk-Reiner: Erfahrungen mit dem Rechtshilfeersuchen aus den USA nach dem Haager Beweisaufnahme-Übreinkommen, RIW 1981, S. 725 ff
McGolrick, Susan J.: Revised AAA Arbitration Procedures Reflect Due Process Task Force Scheme, DLR No. 102, A 1 f (28. Mai 1996)
McGuire, Powers: Harris v. Forklift Systems, Inc. And Hostile Work Environment Harassment, 46 Lab. L. J., 314 (1995)
Mc Keever, Robert J.: The United States US Supreme Court: A Political And Legal Analysis, Manchester/New York 1997
Mehren v., Arthur Taylor: Recognition Of United States Judgments Abroad And Foreign Judgments In The United States, 57 RabelZ, 449 ff (1993)
Mehren v., Arthur Taylor: The Case For A Convention-Mixte Approach to Jurisdiction and Enforcement Of Foreign Judgments, 61 RabelZ, 86 ff (1997)
Meschkutat, Bärbel; Holzbecher, Monika; Richter, Gudrun: Strategien gegen sexuelle Belästigung am Arbeitsplatz: Konzeptionen, Materialien, Handlungshilfen, Köln 1993
Minson, J.P.: Social Theory And Legal Argument (1991), in: Wall, Edmund: Sexual Harassment: Confrontations And Decisions, Buffalo, N.Y. 1992
Mishkind, Charles S.: Sexual Harassment Hostile Work Environment Class Actions: Is There Cause For Concern? 18 Employee Relations L. J., 141 (1992)
Mittmann, Andreas: Das Zweite Gleichberechtigungsgesetz – eine Übersicht, NJW 1994, 3048 ff
Mogin, Paul: Why Judges, Not Juries, Should Set Punitive Damages, 65 Stan. L. Rev., 179 (1998)
Monaghan, Henry Paul: The Confirmation Process: Law Or Politics? 101 Harvard L. Rev., 1202 (1988)
Monath, Ph. D.; Jonathan, S.; Gomez, Angel: Decisional Standards Used By Arbitrators In Sexual Harassment Cases, 37 Lab. L. J., 712 (1996)
Monnin, Paul Nicholas: Proving Welcomeness: The Admissibility Of Evidence Of Sexual Harassment Claims Under The 1994 Amendment To Federal Rule Of Evidence 412, 48 Vand. L. Rev., 155 ff (1995)
Mucklow, Pamela F.: Title VII As The Regulation Of The Secondary Effects Of Speech, 46 Lab. L. J., 301 ff (1995)
Müller, Christoph J.: „Sexual Harassment"-Unternehmenshaftung im US-Arbeitsrecht, RIW (1998), 765 ff

Münchener Handbuch zum Arbeitsrecht, Bd. 1, Individualarbeitsrecht 1 (Richardi, Reinhard; Wlotzke, Otfried), 2. Aufl., München 2000

Mullane, Joy Sabino: Eymployer Liability For Hostile Environment Sexual Harassment Created By Supervisors Under Title VII: Towards A Clearer Standard? 51 Fla. L. Rev., 559 ff (1999)

Norris, Megan P.; Random, Mark A.: Sexual Orientation And The Workplace: Recent Developments In Discrimination And Harassment Law, 19 Employee Relations L. J., 233 ff (1993)

Note: Sexual Harassment Claims Of Abusive Work Environment Under Title VII, 97 Harv. L. Rev., 1449 ff (1984)

Note: The Afternath Of Meritor: A Search For Standards In The Law Of Sexual Harassment, 98 Yale L. J., 1717 ff (1989)

Oh, James J.: Internal Sexual Harassment Complaints: Investigating To Win, 18 Exmployee Relations L. J., 227 ff (1992

Omillian, Susan M.: Sexual Harassment In Employment, 1987

o.V.; Jensvold, Margaret F.: Workplace Sexual Harassment: The Use, Misuse, And Abuse of Psychiatry, 23 Psychiatry Annals, 438 ff (1993)

Paetzold, Ramona L.; O'Leary-Kelly, Anne M.: Continuing Violations And Hostile Environment Sexual Harassment: When Is Enough Enough? 31 American Business L. J., 365 ff (1993-94)

Parliman Gregory C.; Kelly, Theresa A.: The Evolving Case Law Of Sexual Harassment,21 Employee Relations L. J., 77 (1995-96)

Paulus, Christoph: Discovery, Deutsches Recht und das Haager Beweisübereinkommen, ZZP 104, 1991, S. 397 ff

Perritt, Jr., Henry H.: Employee Dismissal Law And Practice, Wiley & Sons, 3rd Ed. 1992, Supplement 1992

Petersen, Donald J.; Massengill, Douglas P.: Sexual Harassment Cases Five Years After Meritor Savings Bank v. Vinson, 18 Employee Relations L. J., 489 ff (1992-93)

Pfarr, Heide M.: Das Zweite Gleichberechtigungsgesetz, RdA 1995, S. 204

Pfarr, Heide M.; Bertelsmann, Klaus: Diskriminierung im Erwerbsleben, Baden-Baden 1989

Pfarr, Heide M.; Kocher, Eva: Kollektivverfahren im Arbeitsrecht. Arbeitnehmerschutz und Gleichberechtigung durch Verfahren, Baden-Baden 1998

Pfeiffer, Thomas: Internationale Zuständigkeit und prozessuale Gerechtigkeit. Die Internationale Zuständigkeit im Zivilprozeß zwischen effektivem Rechtsschutz und nationaler Zuständigkeitspolitik, Frankfurt/Main 1995

Phillips, Michael J.: Employer Sexual Harassment Liability Under Agency Principles: A Second Look At Meritor Savings Bank, FSB v. Vinson, 44 Vand. L. Rev., 1229 ff (1991)

Pilny, Karin L.: Präjudizienrecht im anglo-amerikanischen und im deutschen Recht: Eine rechtsvergleichende und methodologische Analyse unter besonderer Berücksichtigung des Verfassungsrechts, Baden-Baden 1993, zugl. München, Univ., Diss., 1993

Piskorski, Thomas J.: Fortino v. Quasar Co.: Are Japanese-Owned Companies Immune From Title VII? 18 Employee Relations L. J., 52 ff (1992)

Piskorski, Thomas J.: Reinstatement Of The Sexual Harasser: The Conflict Between Federal Labor Law And Title VII, 18 Employee Relations L. J., 617 ff (1993)

Polinsky, A. Mitchell; Shavell, Stephen: Punitive Damages: An Economic Analysis, 111 Harvard L. Rev., 869 ff (1998)

Pollack, Kenneth: Introduction For Current Issues In Sexual Harassment Law, 48 Vand. L. Rev., 1009 ff (1995)

Posner, Richard A.: An Economic Analysis Of Sex Discrimination Laws, 56 U. Chicago L. Rev., 1311 (1989)

Prinz, Matthias: Der Schutz der Persönlichkeitsrechte vor Verletzung durch die Medien, NJW 1995, 817 ff

Probst, Thomas: Die Änderung der Rechtsprechung. Eine rechtsvergleichende methodologische Untersuchung zum Phänomen der höchstrichterlichen Rechtsprechungsänderung in der Schweiz und den USA, Basel/Frankfurt a.M. 1993, zugl. St. Gallen, Hochschule für Wirtschafts-, Rechts- und Sozialwissenschaften, Diss., 1992

Prosser, William L.; Keeton, W. Page: The Law Of Torts, 5th Ed., St. Paul 1984

Ravitch, Frank S.: Hostile Work Environment And The Objective Reasonableness Conundrum: Deriving A Workable Framework From Tort Law For Adressing Knowing Sexual Harassment Of Hypersensitive Employees, 26 Boston College L. Rev., 257 ff (1995)

Reder, Donald B.: Mediation As Settlement Tool For Employment disputes, 32 Lab. L. J., 602 (1992)

Reimann, Mathias: Amerikanisches Privatrecht und europäische Rechtseinheit – Können die USA als Vorbild dienen? in: Zimmermann, Reinhard (Hg.): Amerikanische Rechtskultur und europäisches Privatrecht, Tübingen 1995, 132 ff

Reimann, Mathias: Der Verzicht auf die Prozeßkostensicherheit US-amerikanischer Kläger nach § 110 Abs. 2 ZPO, IPRax 1998, S. 250 ff

Reimertshofer, Joachim: US Supreme Court dehnt die Verantwortlichkeit der Arbeitgeber für sexuelle Belästigung am Arbeitsplatz aus, DAJV-Newsletter 3, 1998, S. 84 ff

Reitz, John C.: Grundlegende Unterschiede zwischen dem deutschen und dem US-amerikanischen Zivilprozeßrecht: Vorzüge, die sich ausschließen? ZZP 104, 1991, S. 381 ff

Rempp, Ansgar C.; Lienemeyer, Max: Auswirkungen der Änderungen der US-amerikanischen „Rules Of Civil Procedure“ unter Berüccksichtigung des deutsch-amerikanischen Rechtsverkehrs, ZvglRWiss 94, 1995, S. 383 ff

Reufels, Martin J.: Pre-trial-discovery-Maßnahmen in Deutschland: Neuauflage des deutsch-amerikanischen Justizkonflikts? RIW 1999, S. 667 ff

Rhode, Lisa: Note, The Sixth Circuit Double Standard In Hostile Work Environment Claims: Davis v. Monsanto Chemical Co., 858 F. 2d, 345 (6th Cir. 1988), 58 U. Cin. L. Rev., 779 (1989)

Riess, Cornelia B.: Reagans Richter: Der US Supreme Court in der Innenpolitik der 80er Jahre, Frankfurt/Main 1993

Robinson, Robert K.; Fink, Ross L., Morgan Allen, Billie: Unresolved Issues In Hostile Environment Claims Of Sexual Harassment, 45 Lab. L. J., 110 ff (1994)

Röhm, Eberhard Heinrich; Koch, Robert: Neuere Entwicklungen im US-amerikanischen Zivilprozeßrecht, RIW 1995, S. 465 ff

Rutherglen, George: Sexual Harassment: Ideology Or Law? 18 Harvard J. L. & Pub. Pol'y, 487 ff (1995)

Sander, Frank E.A.: Gerichtliche und außergerichtliche Streitbeilegung. Überblick über die Erfahrungen in den USA, in: Streitschlichtung: Rechtsvergleichende Beiträge zur außergerichtlichen Streitbeilegung, hg. v. Gottwald, Walther; Strempel, Dieter, Köln 1995

Sangree, Suzanne: Title VII Prohibitions Against Hostile Environment Sexual Harassment And The First Amendment, 47 Rutgers L. Rev., 461 (1995)

Schack, Haimo: Internationales Zivilverfahrensrecht, 2. Aufl., München 1996

Schack, Haimo: Einführung in das US-amerikanische Zivilprozeßrecht, 2. Aufl., München 1995

Schaub, Günter: Arbeitsrechtshandbuch, 9. Aufl., München 2000

Schiek, Dagmar: Beschäftigtenschutzgesetz, AiB 1994, S. 456 ff

Dies: Zweites Gleichberechtigungsgesetz für die Privatwirtschaft, Textausgabe mit Kurzkommentierung, Köln 1995

Dies.: Draehmpaehl und die Folgen, BB 1998, S. 586 ff

Schiek, Dagmar; Buhr, Kornelia; Dieball, Heike; Fritsche, Ulrike; Klein-Schonnefeld, Sabine; Malzahn, Marion; Wankel, Sibylle: Frauengleichstellungsgesetze des Bundes und der Länder, Kommentar, Köln 1996

Schlachter, Monika: Wege zur Gleichberechtigung. Vergleich des Arbeitsrechts der Bundesrepublik Deutschland und der Vereinigten Staaten, München 1993

Dies.: Arbeitsrecht und Rechtsvergleichung, RdA 1999, S. 118 ff

Dies.: Sexuelle Belästigung am Arbeitsplatz – Inhalt und Funktion des Arbeitsplatzbezugs, NZA 2001, S. 212 ff

Schmitt, Irene; Bartling, Jutta; Heiliger, Anita: Recht haben und Recht bekommen, in: Gerhart Ulrike; Heiliger, Anita; Stehr, Annette: Tatort Arbeitsplatz. Sexuelle Belästigung von Frauen, München 1992, S. 87 ff

Schneble, Andrea; Domsch, Michel: Sexuelle Belästigung am Arbeitsplatz: Eine Bestandsaufnahme zur Problematik – bezogen auf den Hamburger Öffentlichen Dienst, Mering 1990

Schütze, Rolf A.: Deutsch-amerikanische Urteilsanerkennung, Berlin/New York 1992

Schultz, Vicki: Reconceptualizing Sexual Harassment, 107 Yale L. J., 1683 ff (1998)

Scharz, Eckard: „Sexual Harassment“ – Neue Verteidigungsmöglichkeiten für US-Arbeitgeber, RIW 1999, S. 253 ff

Schweitzer, Michael; Hummer, Waldemar: Europarecht. Neuwied/Kriftel/Berlin 1996

Schwung, Siegfried: Der US-Prozess in der Beratung des deutschen Rechtsanwalts, AnwBl. 1993, S. 436 ff

Seeland, Rolf: Das Gleichberechtigungssystem in den USA und in den Mitgliedstaaten der EG unter besonderer Berücksichtigung des Verhältnisses von Männern und Frauen im Arbeitsleben, ZvglRWiss 81, 1982, S. 286 ff

Segrave, Kerry: The Sexual Harassment Of Women In The Workplace, 1600 to 1993, North Carolina 1994

Selmi, Michael: The Value Of The EEOC: Reexamining The Agency's Role In Employment Discrimination Law, 57 Ohio State L. J., 1 ff (1996)

Shearer, Robert A.: The Impact Of Employment Arbitration Agreements On Sex Discrimination Claims: The Trend Toward Nonjudical Resolution, 18 Employee Relations L. J., 479 ff (1992-93)

Shestowsky, Donna: Where Is The Common Knowledge? Empirical Support For Requiring Expert Testimony In Sexual Harassment Trials, 51 Stan. L. Rev., 357 ff (1999)

Simon, Howard A.; Brown, Frederick: International Enforcement Of Title VII: A Small World After All? 16 Employee Relations L. J., 281 ff (1990-91)

Slobodien, Andrew M.: The Revenge Of The American Worker, DAJV-Newsletter 4, 1998, S. 98 ff

Smith, Sheila M.: Justice Ruth Bader Ginsburg And Sexual Harassment Law: Will The Second Female US Supreme Court Justice Become The Women's Rights Champion? 63 U. Cin. L. Rev., 1893 ff (1995)

Staszewski, Glen Allen: Using Agency Principles For Guidance In Finding Employer Liability For A Supervisor's Hostile Work Environment Sexual Harassment, 48 Vand. L. Rev., 1057 ff (1995)

Stein, Ursula: Punitive Damages – eine Herausforderung für die internationale Wirtschaftsschiedsgerichtsbarkeit? EUZW 1994, S. 18 ff

Stiefel, Ernst C.; Maxeiner, James R.: Civil Justice Reform In The United States – Opportunity For Learning From „Civilized“ Eruopean Procedure Instead Of Continued Isolation? 42 A. J. C. L., 147 ff (1994)

Stiefel, Ernst C.; Petzinger, Walter F.: Deutsche Parallelprozesse zur Abwehr amerikanischer Beweiserhebungsverfahren? RIW 1983, S. 242 ff

Stiefel, Ernst C.; Stürner, Rolf; Stadler, Astrid: The Enforceability Of Excessive U.S. Punitive Damage Awards In Germany, 39 A. J. C. L., 779 ff (1991)

Strauss, Marcy: Sexist Speech In The Workplace, 25 Harvard C. R.-C. L. L. Rev. (1990)

Streseman, Kent D.: Headshrinkers, Manmunchers, Moneygrubbers, Nuts And Sluts: Reexamining Compelled Mental Examinations In Sexual Harassment Actions Under the Civil Rights Act of 1991, 80 Cornell L. Rev., 1267 ff (1995)

Tafuri, Sandra: Title VII's Antiretaliation Provision: Are Employees Protected After The Employment Relationship Has Ended? 71 N. Y. Univ. L. Rev., 797 (1996)

Terpstra, David E.: The Process And Outcomes Of Sexual Harassment Claims, 44 Lab. L. J., 632 (1993)

Thau, Jens T.: Arbeitsrecht in den USA, München/Berlin/Rehm 1998

Thiele, Clemens: Der Ersatz von punitive damages in den USA – aktuelle Entwicklungen. Zugleich eine Besprechung von BMW of North America, Inc. v. Gore, ZfRV (1997), 197 ff

Tribe, Lawrence H.: God Save This Honorable Court. How The Choice Of US Supreme Court Justices Shape Our History, New York/Scarborough, Ont. 1985

Tröndle, Herbert; Fischer, Thomas: Strafgesetzbuch und Nebengesetze, 49. Aufl., München 1999

Turner, Sabrina C.: The Shadow Of BMW of North America, Inc. v. Gore, Winsconsin L. Rev., 427 ff (1998)

Vahle, Jürgen: Schutz gegen sexuelle Belästigung per Gesetz? Anmerkungen zum sogenannten Beschäftigtenschutzgesetz, ZBR 1994, S. 374 ff

Veidt, Cynthia Wilson: Where There's Smoke. There Must Be Fire: Rights Of The Accused Sexual Harasser, 19 Rev. Litig., 71 ff (2000)

Volmer, Michael: „Punitive Damages“ im deutschen Arbeitsrecht? BB 1997, S. 1582 ff

Volokh, Eugene: Freedom Of Speech And Workplace Harassment, 39 UCLA L. Rev. 1791 (1992)

Vorwerk, Hannah K.: The Forgotten Interest Group: Reforming Title VII To Address The Concerns Of Workers While Eliminating Sexual Harassment, 48 Vand. L. Rev., 1019 (1995)

Watson, Jerome R.: Employer Liability For The Sexually Harassing Actions Of Its Customers, 19 Employee Relations L. J., 227 ff (1993-94)

Weddle, Justin S.: Title VII Sexual Harassment: Recognizing An Employer's Non-Delegable Duty To Prevent A Hostile Workplace, 95 Columbia L. Rev., 724 ff (1995)

Weitzman, Allan H.: Employer Defenses To Sexual Harassment Claims, 6 Duke Gender L. & Pol'y, 27 ff (1999)

Westfall, David; Thüsing, Gregor: Das Arbeitskampfrecht der Vereinigten Staaten und der Bundesrepublik im Überblick, RdA 1999, S. 251 f

Wines, William A.: Title VII Interpretation And Enforcement In The Reagan Years (1980-89): The Winding Road To The Civil Rights Act Of 1991, 77 Marquette L. Rev., 645 (1993-94)

Wisskirchen, Gerlind: Mittelbare Diskriminierung von Frauen im Erwerbsleben. Die Rechtsprechung des Bundesarbeitsgerichtes, des Europäischen Gerichtshofes und des US Supreme Court, Berlin 1994

Worzalla, Michael: Das Beschäftigtenschutzgesetz in der Praxis, NZA 1994, S. 1016 ff

Wymer III., John F.; Sudbury, Deborah A.: Employment Discrimination „Testers" – Will Your Hiring Practices „Pass"? 17 Employee Relations L. J. 623 ff (1992)

Yeazell, Stephen C.: Federal Rules Of Civil Procedure, Boston u.a. 1996

Yung, David J.: Extraterritorial Application of Title VII To American Employees Abroad, 17 J. Corp. L., 459 ff (1991-92)

Zekoll, Joachim: US-amerikanisches Produkthaftpflichtrecht vor deutschen Gerichten, Baden-Baden 1987

Zimmerman, James Michael: Extraterritorial Application Of Federal Labor Laws: Congress's Flawed Extension Of The ADEA, 21 Cornell Int'l L. J., 103 ff (1988)

Zwanziger, Bertram: Die Neuregelung des Verbots der Geschlechterdiskriminierung im Arbeitsrecht, DB 1998, S. 1330

Zwanziger, Bertram: Die Rechtsprechung des EuGH: Ein Sprengsatz für das nationale Arbeitsrechtssystem? BB 1995, S. 1404 ff

Zweigert, Konrad; Kötz, Hein: Einführung in die Rechtvergleichung, 3. Aufl., Tübingen 1996

RECHT DER ARBEIT UND DER SOZIALEN SICHERHEIT

Band 1 Ulrike Wagner: Mitbestimmung bei Bildschirmtechnologien. 1985.

Band 2 Karin Dierks: Zwischen Arbeits- und Sozialrecht. Beschäftigungsverhältnisse in der Werkstatt für Behinderte. 1986.

Band 3 Inge Böttcher: Gemeinsame Ausübung eines Zurückbehaltungsrechts. 1986.

Band 4 Gabriele Peter: Frauendiskriminierung durch Teilzeitbeschäftigung. Insbesondere bei betrieblichen Sozialleistungen und der Vergütung von Überstunden. 1988.

Band 5 Uwe Schumacher: Rechtsfragen der Teleprogrammierung. Statusrechtliche Einordnung und urheberrechtlicher Schutz. 1989.

Band 6 Nashrine Ismail: Recht und Praxis bei der Bekämpfung illegaler Arbeitnehmerüberlassung. 1991.

Band 7 Karen Klöver: Der Sozialplan im Konkurs. Schutz der Sozialplangläubiger im Konkurs und alternative Regelungsmöglichkeiten in einem neuen Insolvenzrecht. 1993.

Band 8 Andrea Rudolph: Die Kooperation von Strafrecht und Sozialhilferecht bei der Disziplinierung von Armen mittels Arbeit. Vom Arbeitshaus bis zur gemeinnützigen Arbeit. 1995.

Band 9 Wolfgang Däubler: Rechtsexport. Die Einführung des bundesdeutschen Arbeitsrechts im Gebiet der früheren DDR. 1996.

Band 10 Ines Kalisch: Die Entwicklung des Verbots der mittelbaren Diskriminierung wegen des Geschlechts im Sozialrecht. Grundlagen, Analyse und exemplarische Anwendung auf Gesetze im Rentenrecht. 1999.

Band 11 Matthias Hirschfeld: Die Dienstgemeinschaft im Arbeitsrecht der evangelischen Kirche. Zur Legitimitätsproblematik eines Rechtsbegriffs. 1999.

Band 12 Véronique Demarne: Anwendung nationaler Tarifverträge bei grenzüberschreitenden Arbeitsverhältnissen. Ein deutsch-französischer Vergleich (Avec résumé et conclusions en français). 1999.

Band 13 Alexander Scharf: Das Arbeitsrecht der Russischen Föderation und der Republik Belarus. 1999.

Band 14 José João Abrantes: Contrat de travail et droits fondamentaux. Contribution à une dogmatique commune européenne, avec référence spéciale au droit allemand et au droit portugais. 2000.

Band 15 Oliver Tieste: Karôshi, ein japanisches Phänomen? Ursachen und rechtliche Hintergründe für den Tod am Arbeitsplatz. Eine rechtsvergleichende Studie. 2000.

Band 16 Detlev Reichelt: Die arbeitsrechtliche Stellung der Rote-Kreuz-Schwestern. Eine Untersuchung zur Arbeitnehmereigenschaft mitarbeitender Vereinsmitglieder und Gesellschafter am Beispiel der Krankenschwestern der Schwesternschaften vom Deutschen Roten Kreuz e.V. 2000.

Band 17 Herbert Böker: Tarifunterschreitung durch Betriebsvereinbarung und Arbeitsvertrag. 2001.

Band 18 Tatjana Aigner: Antworten auf Arbeitnehmerfehlverhalten. Reaktionen, Interventionen und Sanktionen in Österreich und Deutschland. 2002.

Band 19 Alexandra Nöth: Materieller und prozessualer Rechtsschutz gegen sexuelle Belästigung am Arbeitsplatz in den USA, Europa und Deutschland. 2003.

Band 20 Oliver Tieste: Der Tod durch Überarbeitung. Arbeits- und sozialversicherungsrechtliche Hintergründe. Materiellrechtliche, epidemiologische und betriebliche Rahmenbedingungen des Karôshi-Phänomens in Japan und Deutschland. 2003.

FSC
www.fsc.org
MIX
Papier | Fördert
gute Waldnutzung
FSC® C083411

Kolibri 360 GmbH
Ferdinand-Jühlke-Straße 7
99095 Erfurt, Deutschland
produktsicherheit@kolibri360.de

Druck:
CPI Druckdienstleistungen GmbH
im Auftrag der
Kolibri 360 GmbH
Ferdinand-Jühlke-Str. 7
99095 Erfurt